中国区域

求实华题

"十二五"国家重点图书

中国主题公园与区域经济

林焕杰 著

经济科学出版社

图书在版编目（CIP）数据

中国主题公园与区域经济/林焕杰著. —北京：经济
科学出版社，2013.6（2015.1 重印）（2016.12 重印）
（中国区域与城市发展丛书）
ISBN 978 - 7 - 5141 - 3285 - 4

Ⅰ. ①中…　Ⅱ. ①林…　Ⅲ. ①主题 - 公园 - 研究 - 中国
②区域旅游 - 旅游经济 - 研究 - 中国　Ⅳ. ①G246②F592.3

中国版本图书馆 CIP 数据核字（2013）第 079409 号

责任编辑：柳　敏　宋　涛
责任校对：苏小昭
版式设计：代小卫
责任印制：李　鹏

中国主题公园与区域经济
林焕杰　著
经济科学出版社出版、发行　新华书店经销
社址：北京市海淀区阜成路甲 28 号　邮编：100142
总编部电话：010 - 88191217　发行部电话：010 - 88191522
网址：www. esp. com. cn
电子邮件：esp@ esp. com. cn
天猫网店：经济科学出版社旗舰店
网址：http://jjkxcbs. tmall. com
北京汉德鼎印刷有限公司印刷
三河市华玉装订厂装订
710×1000　16 开　23.25 印张　380000 字
2013 年 5 月第 1 版　2016 年 12 月第 4 次印刷
ISBN 978 - 7 - 5141 - 3285 - 4　定价：50.00 元

序

林焕杰博士的学术处女作是他的经济学文集《走出困惑的理论思考》。时隔 11 年之后，他的第二部著作《中国主题公园与区域经济》即将问世，我感到非常振奋和喜悦。这 11 年对林焕杰博士来讲是非凡的，他还是那样矢志不移地坚持自己所选择的学问之路，渴望学习，善于学习，在干中学，在学中干。在实践中寻找知识的导引，在知识中解疑实践中的困惑。在担任极为繁重的工作的同时，仍以坚强的毅力攻读博士研究生课程并顺利获得博士学位，并被北京师范大学政治学与国际关系学院聘为该校的兼职教授和合作导师。

令人高兴的是林焕杰在这一段期间担任广东锦峰集团有限公司所投资的汕头方特欢乐世界·蓝水星主题公园总经理，负责整个项目的策划、规划与工程建设管理工作。从零起步，经过 6 年困苦奋战，蓝水星主题公园工程终于在他一手策划与管理下于 2010 年 1 月竣工，项目大功告捷。自从 2004 年接手这个主题公园项目后，他就痴迷于主题公园的策划与建设工作，尤其关切中国主题公园的现状与未来发展趋势。他不仅积极参与全国多个城市主题公园的策划工作，还执著地对中国主题公园的发展进行深层次的理论思考与研究。中国主题公园，尤其是中国主题公园与区域经济的研究成果鲜见，而林焕杰博士基于对全国宏观经济发展的战略视角，立足于主题公园理论的学术前沿，对中国主题公园发展出现的迫切问题进行潜心研究。由于国内对于主题公园的理论研究尚不成熟，可参阅的文献有限，这就增加了他研究的难度，但这并没有难倒林焕杰博士，困境成为他深入研究的动力，经过近4年的理论研究，他终于写出了一部有关主题公园与区域经济关系的学术专著，这是值得庆贺的一件事情。

该书在介绍主题公园的概念、关键判据、分类体系和基本特征后，叙述了主题公园的发展历程。在阐述主题公园理论基础后，论证了区域性因素对主题公园的影响。从区域性角度来看，影响主题公园的客观因素主要包括两个必要条件和两个限制条件。必要条件是影响主题公园的基础，包括客源市场和交通条件以及区域的经济发展水平，它们关系到游客市场的大小、基础设施条件、投资能力和游客的消费水平。限制条件是城市的旅游感知形象和主题公园在区域内的集聚和竞争，它们影响着游客的决策行为。影响主题公园的主观因素是投资者决策行为和政府决策行为。投资者决策行为包括宏观区位确定、微观选址、投资规模和主题选择，其受客观因素的影响很大。理性投资者在进行决策时，一般都会对客观因素进行考量。政府决策行为关系到主题公园的微观选址，以及基础设施的配套等优惠条件。在这些因素中，当宏观区位确定后主题选择对于主题公园的发展至关重要，城市旅游感知形象和空间集聚与竞争、微观区位也是重要的影响因素。只有协调好上述影响主题公园的主客观两个方面的关系，主题公园的开发才会成功。若不具备客观因素，主题公园开发注定要失败；若客观因素具备，但主观因素不能与之协调，主题公园发展也难以为继。

主题公园发展到一定程度，由于自身规模经济效应，旅游流集中所带来的成本降低，以及政府政策改善和范围经济的作用，会逐渐出现主题公园产业集聚现象。主要表现在：主题公园在空间上的聚集；游客流在地理空间上的聚集；旅游信息在空间上的聚集；相关产业的聚集，即与酒店业、地产业、交通业等行业的集聚。主题公园的集聚模式分为市场导向型集聚和政策导向型集聚两种方式。

主题公园对区域经济发展具有良好的推动效应。主题公园创建与发展会促进高效、合理地利用本地资源，扩大区域绿色经济收入，创造就业机会；调节区域收入差距，提高城市化水平；能优化区域旅游业产业结构，促进区域内酒店业、交通业的发展，提高城市形象。对所在区域的房地产业和文化产业也有一定的促进作用。聚集在一起的主题公园能形成以游客体验为核心的价值链，促进相关产业的发展，促使区域经济结构转型与可持续发展，提升区域旅游核心竞争力，推动区域相关产业的市场化进程，促使产业形成良好的竞争氛围。但在产业发展中，要避免主题公园经营带来的不利影响及主题公园经营不善带来的负面效应，如物价上涨、经济结构的改变等。每年我国都有很多新建的主题公园，也有相当一大部分主题公园因经营不善而纷纷倒闭，这无疑会造成区域社会资源的巨大浪费，阻碍区域社会经济发展水平提高。因此，应该对主题公园发展建设进行认真调研、规划与布局，在任何一个环节都要考虑主题公园对区域经济影响，以及主题公园相关产业的后续发展。为了促进产业发展，政府应坚持市场主体意识，加强对主题公园发展与集聚的引导，争取在市场体制下破除各种行政壁垒，逐步在更大的区域内推进主题公园及相关产业集聚建设，以促进区域经济的蓬勃发展。

该书第十章首先从系统角度分析了主题公园与区域经济的协调发展，区域经济系统与主题公园子系统的关系以及主题公园与区域系统的物质能量交换；然后分析了主题公园对区域经济促进作用的循环积累；最后归纳了促进循环作用的积累政策作用。第十一章论证了主题公园发展的区域间合作，重点分析了区域经济动力机制和微观动力机制。该书最后一章即第十二章阐述了我国主题公园的发展前景。其一，引入 PEST 模型对主题公园的发展环境包括政治法律、经济、社会（文化教育、生活方式、社会习俗、思想意识、道德观念、公众的价值观念等）、技术（产品寿命、新技术、新工艺的出现、技术变化速度、发展趋势及应用前景等）进行分析。其二，阐述了我国未来主题公园发展面临的新变化，包括国内竞争尤其是国外主题公园巨头入驻带来的竞争加剧以及世博模式的潜在影响。其三，对我国主题公园未来发展趋势作了预测性的理论分析，包括经营增长盈利模式、物业增值盈利模式、品牌延伸盈利模式、客源共享盈利模式等。其四，对发展主题公园的启示。主要强调主题和选址，主题公园成功与否，在根本上取决于选址和主题。选址和主题这二者关系密不可分，只有将这二者综合统筹考虑与谋划，才能在合适的地址上创建合意的主题。指出第一要在深入调研和科学选址，主题选择不仅要创新，而且要与区位因素相适应，还要与地域文化相结合，主题选择必须具有浓郁的、独特的文化内涵；第二要高度注重品牌建设问题；第三要有灵活的营销策略；第四要重新规划盈利模式与产业联动发展，即主题公园产业化发展；第五要顺应休闲时代的发展趋势理念；第六要企业行为与政府调控有机结合；第七要实现主题公园与城市发展的良性互动。其五，对我国各地盲目建设主题公园的担忧。最近几年，全国各地刮起了来势凶猛的盲目争建主题公园的浪潮。为打造主题公园，各地政府"名人故里"之争，离奇古怪，此起彼伏，狼烟四起。中国主题公园发展已出现难以遏制的泛滥趋势，同质化竞争严重、文化内涵薄弱、经营模式单一等深层次问题日益凸显，主题公园业乱象丛生确实令人担忧。

在中国主题公园投资为什么如此火爆，达到几近疯狂的无理性状态？因为它隐藏着强大的地产角力。一些地方借主题公园之名来圈地，用以开发房地产项目，这已经引起中央政府的高度警戒。为了遏制这种主题公园争建潮，纠正恶性浪费中对资源配置的扭曲，2011年8月国家发展和改革委员会、国土资源部、住房和城乡建设部联合下发通知，针对总占地面积在300亩以上或总投资在人民币5亿元以上的主题公园项目，采取严厉的叫停、严控措施。主题公园运营的杂乱无序直接影响了行业的健康发展，禁令的提出凸显了中央政府对主题公园行业加强整合与规范的决心。

目前，我国千帆竞发的主题公园业既充溢了各种激情与梦想，又隐藏着巨大隐患。面对这样似乎繁荣的乱象，我们更需要冷静地分析和思考。梳理我国主题公园的沉浮史，难免会让人心惊肉跳：像被施了魔咒，有热闹登场，有黯然落马。有数据显示，20世纪80年代至今，中国已累计开发了大小不等的近3000个主题公园，这个数字远远超过全国目前地级以上的城市总量。其中，高达70%亏损，20%保本，只有10%的主题公园才有幸取得盈利，约有90%难以收回投资。主题公园主题定位的重复和"撞车"，是我国主题公园建设过程中的突出问题。跟风建设、过度开发，必然会引起主题公园的同质化竞争，最终导致几败俱伤。

　　吸引开发商疯狂地挤进主题公园产业的动力，主要是主题公园项目背后隐藏着巨大的利润诱惑。因为主题公园项目带有公益性，土地价格非常便宜，配套费用低，手续简单，开发成本较小。有些企业为了逃避房地产调控政策，就以建设主题公园为名迂回圈地，最终投资于房地产项目。这就是说，目前我国相当一部分主题公园建设并不是把主题公园作为投资的首要目标，主题公园项目不过是为了经营房地产赚取巨额利润这一强大目标的陪衬和工具。企业经营的首要目标是房地产，主题公园不过是企业迂回圈地的敲门砖，圈地成为企业对主题公园项目启动真正的动力机制，这样主题公园自然地也就淡出企业经营内在目标视线之外，圈地的条件约束取代了主题公园创建所需要的客观条件和主观条件的制约。结果，企业为了迫切地能够成功圈地，就疯狂扎堆于主题公园领域。而地方主题公园建设又迎合了地方政府业绩工程显示的需要，于是就导演了全国各地一哄而上，大兴土木，互相攀比，过度竞争，争上主题公园的一幕幕闹剧。本来主题公园建设是个独立的有广阔前景的投资领域，但在圈地强大动力机制中却变为投资附属物，本来主题公园周边房地产业是主题公园建设成功后的附属物，却在极为功利的圈地动机下上升为企业追求的唯一目标。房地产业喧宾夺主于主题公园，主题公园投入与建设的目标被扭曲了，主题公园与房地产的关系被本末倒置了。

也就是说，企业投资战略并没有把主题公园的建设放在首位，它被消极地置于应付状况，其建设规模控制在能够圈地的限界。企业投资主题公园项目从一开始就做好了不盈利的预期，这些企业从未打算从主题公园的建设本身经营来收回投资。这样势必造成主题公园建设普遍存在着对市场需求的无视与麻痹，缺乏认真的科学论证，主题缺乏新意，产品缺乏创新和经营收益链较短，盈利模式过于单一等问题。况且国内所建的主题公园绝大部分是对国内外主题公园成功案例运营模式的简单复制和粗制滥造。项目繁多，但无精品，缺乏鲜明主题，模式同质。难以激发游客兴趣，致使客源大减，利润降低，甚至严重亏损、倒闭。

由于主题公园开发商的投资偏好在于主题公园项目能给他们带来的圈地以及由此而来的房地产开发，利益驱动致使房地产业扩张过度，市场供大于求，逐渐产生泡沫。而开发商融资过大，投资难回收，引发金融风险概率高。而主题公园投资尤其是后续投资遭冷落，致其发展变得不可持续。主题公园建设难以成功地为区域经济发展带来应有的促进作用，甚至成为区域经济发展的沉重累赘。这样，主题公园也就不能和区域经济形成相互促进发展的良性循环。由于主题公园项目搁浅，导致主题公园周边地价下跌，继而出现房地产业萧条残局，主题公园开发商最终什么也没有得到。因此，端正主题公园的投资动机很重要，一旦主题公园强制被附加了地产动力，并被提升为唯一经营目标，主题公园建设成功的概率就会很低。在国外主题公园投资与建设的历史经验中，尚缺乏类似我国主题公园被房地产业喧宾夺主的记录，主题公园投资方会全心投入主题公园的建设，如迪士尼乐园项目尽管带动其周边房地产价格的飙升，但迪士尼乐园从不涉足房地产业，而是专心致志地对乐园本身不断进行创新性的滚动投资，不断增添新的游乐场所和器具及服务方式来吸引游客和让来过的游客再来，进而使迪士尼乐园成为永远处于动态的、永远建不完的乐园。主题公园的成功无疑会带动区域经济的振兴，继而会给主题公园投资商带来主题公园周边地产的升值。但它只是主题公园成功后的附属物，而不是事先算计的产物。当前我国亟须矫正主题公园与房地产的关系，切断主题公园与地产的龌龊关系，纯洁主题公园的投资路径。但这还有赖于土地制度以及一系列其他制度的深入变革。

尽管我国主题公园建设在实践中很大部分被扭曲走样，而且就全国主题公园建设来看仅有一成取得成功，但这并不能说明我国主题公园发展前景暗淡，已至尽端。相反，中国迎接大型主题公园的时代才刚刚开始，我们应以热情、自信、科学、智慧来迎接这一时代的到来。美国经济研究事务所研究人员说，中国的主题公园"每年至少有 1 亿人次的潜力尚未开发"。市场空白点是主题公园的商机。应该相信，那些历经坎坷的中国文化创意产业运作团队，有能力承担时代的这一重任，最终会使中国出现让外人称赞的杰出的主题公园产业体系。随着中国经济的崛起和城市化进程的加快，主题公园这种都市型的旅游休闲产品必将逐渐成为人们闲暇游憩的首选消费场所。

我国主题公园建设与发展之所以出现如此严重乱象，除去有关土地制度等因素外，最主要的还是主题公园的理论匮乏所致，主题公园建设缺乏成熟的科学理论的引导。几败俱伤的主题公园疯狂投资热，既伤害了资本也伤害了劳动，既造成国家资源的严重浪费，也拖累了区域经济的正常发展。为了促使我国主题公园能够走一条健康之路，林焕杰博士的这部著作精心地梳理了有关主题公园的理论与实践，虽然不是主题公园的百科全书，但从中国主题公园与区域经济这一视角提供的主要理论框架与论述，对当前我国主题公园建设具有宝贵的参考价值。在我国有关主题公园的理论专著不多，林焕杰博士的这部用心之作，既释放出他对主题公园事业倾注与热爱的能量，也表达出他对业已出现的我国主题公园发展道路扭曲现象的强烈关切与担忧。应该说，迄今为止我国主题公园的理论探讨尚处于幼年期，而林焕杰博士则力求脱去这一理论稚嫩的外衣，试图建造一个较为完善与完整的理论架构，使之系统化、成熟化，可喜可贺。但作为一部新的学术探索专著难免有舛误之处，作为林焕杰博士的老师，我很高兴看到林焕杰博士在学术上所取得的可喜成果，祝愿他今后在我国主题公园理论上取得更大的学术成绩，在主题公园的建设实践上作出卓越的贡献。

是为序。

赵学增

2013 年 2 月 19 日晚于华南师范大学中区

总序一:

促进区域协调发展
加快城镇化进程

陈崇兴

　　区域和城市发展问题关系到我国经济社会发展的大局。作为一个地域辽阔、人口众多的发展中大国,由于区位、资源禀赋、人类开发活动的差异,我国各区域之间、城乡之间经济社会发展水平存在较大差距,近年来还有不断扩大的趋势。从东部、中部、西部及东北四大区域 GDP 占全国比重看,2001 年为 53∶20∶17∶10,而 2005 年为 55∶19∶17∶9,东部地区的比重进一步升高。城乡居民收入差距也在不断扩大。1985 年城镇居民人均可支配收入是农民纯收入的 1.86 倍,1990 年为 2.2 倍,1995 年上升到 2.71 倍,到 2007 年高达 3.33 倍。统筹区域和城乡发展是缩小区域、城乡发展差距的重要方式,是全面建设小康社会的必由之路。胡锦涛总书记在中共"十七大"报告中提出了推动区域协调发展,优化国土开发格局,走中国特色城镇化道路的战略方针,为推动我国区域和城市发展指明了方向。

　　继续实施区域发展总体战略是统筹区域发展的重大战略举措。今后,将继续发挥各地区比较优势,深入推进西部大开发,全面振兴东北地区等老工业基地,大力促进中部地区崛起,积极支持东部地区率先发展,使区域发展差距扩大的趋势得到进一步缓解。还应当在国土生态功能类型区的自然地理基础上,按照形成主体功能区的要求,调整经济布局与结构,明确开发类型与强度,完善投资、产业、土地和人口等政策,改善生态环境质量,提高可持续发展能力。20 世纪末,国家开始实施西部大开发战略,加大了对基础设施、生态保护建设、特色经济和科技教育等方面的支持力度,西部经济发展速度明显加快。按照公共服务均等化原则,在资金、政策和产业发展等方面,继续加大对西部等欠发达地区的支持,尽快使欠发达地区公共服务落后的状况得以改变，逐步形成东中西良性互动、公共服务水平和人民生活水平差距趋向缩小的区域协调发展格局。

城市或城镇具有区域性和综合性特点，是所在区域的政治、经济、文化中心，对区域具有辐射和带动功能。规模经济、聚集经济和城市化经济是区域社会经济发展的重要动力源，城镇化是区域城乡统筹发展的重要途径。我国尚处于工业化的中期阶段，进一步实现工业化和现代化仍是我们不懈追求的目标，而城镇化对于工业化和现代化来说具有决定性意义。分散的乡村人口、农村劳动力和非农经济活动不断进行空间聚集而逐渐转化为城镇的经济要素，城镇化也相应成为经济发展的重要动力。城镇化进程不只是城镇人口比例的提高，它还是社会资源空间配置优化的过程，它将带来城镇体系的发展和城镇分布格局的转变，按照统筹城乡、布局合理、节约土地、功能完善、以大带小的原则，促进大中小城市和小城镇协调发展。推进城镇化进程，意味着将有更多的中小城市和建制镇发展起来，构成一个结构更为合理的城镇体系，有利于产业布局合理化和产业结构高度化。因此，城镇化是21世纪中国经济社会发展的大战略，也是伴随工业化和现代化的社会经济发展的必然趋势。

应当合理发挥大中城市在城镇化过程中的龙头带动作用。国内外经验表明，在一定时期内城市经济效益随城市规模扩大而上升。因此，应以增强综合承载能力为重点，以特大城市为依托，形成辐射作用大的城市群，培育新的经济增长极。特别是西部地区受自然环境的限制，城镇空间分布的非均衡性非常明显。西部地区的城镇化发展必须认真考虑自然条件的差异及环境条件的制约，通过对城市主导产业培育，提高现有大中城市的总体发展水平，并促使条件好且具有发展潜力的中等城市和小城市尽快发展成为大城市和中等城市，形成区域性中心城市，从而成为带动区域发展的新的经济增长极。

这里，必须强调，发展小城镇也是推进城镇化进程的重要力量。我国小城镇的数量大、分布广、"门槛"低，有利于就近吸纳农村富余劳动力，减轻城镇化进程中数量庞大的富余劳动力对大中城市社会经济的剧烈冲击。因此，小城镇的健康发展也是不容忽视的大问题。应结合社会主义新农村建设，在不断加强乡村建设的基础上，大力推进小城镇建设步伐。在重视基础设施建设的同时，还应不断健全和改善农村市场和农业服务体系，建立和完善失业、养老、医疗、住房等方面社会保障制度，加快建立以工促农、以城带乡的长效机制，努力形成城乡社会发展一体化新格局。

还必须指出，当前在我国（以及其他国家，特别是亚洲的不少发展中国家）的各类开发区建设已经成为一些区域和城乡发展的重要带动力量。在开发园区里的若干高新技术企业集群组成的产业园区，进行研究开发（R&D）支撑这些企业集群的科技园区，以及服务于这两类园区的居住园区，在空间上配置于一体共同推动区域社会经济快速发展，其增长极效应十分明显。这种现象也越来越多地引起包括区域经济学家在内的各方面专家、学者、官员等的关注与重视。

区域经济学是从空间地域组织角度，研究区域经济系统，揭示区域经济运动规律，探索区域经济发展途径的学科。肖金成同志主编的《中国区域和城市发展丛书》，汇集了近年来在国内有一定影响的区域经济学者对区域和城市发展等重大问题进行深入研究的一批成果，内容涵盖区域发展、城市发展、空间结构调整、城市体系建设、城市群和小城镇发展等内容。其中，有的是为中国"十一五"规划进行前期研究的课题报告，有的是作者们多年探索的理论成果，也有的是课题组接受地方政府委托完成的实践成果。这些著作既贴近现实，又具有一定的理论深度。丛书的出版，不仅可以丰富区域与城市发展的理论，而且对促进区域科学发展、协调发展以及制定区域发展规划和发展政策具有重要的参考价值。

2008 年 3 月 15 日于北京

（陈宗兴：十一届全国政协副主席　农工党中央常务副主席
陕西省原副省长　西北大学原校长　西北农林科技大学原校长）

区域经济和城市发展的新探索

陈栋生

国民经济由区域经济有机耦合而成。区域协调发展是国民经济平稳、健康、高效运行的前提。作为自然条件复杂的多民族大国，区域协调发展不仅是重大的经济问题，也是重大的政治问题和社会问题。故此，促进区域协调发展，成为"五个统筹"的重要内容，是落实科学发展观，构建社会主义和谐社会的必然要求。

从空间角度研究人类经济活动的规律，或者说，用经济学的理论方法探寻人类经济活动的空间规律，既是科学发展不可缺少的重要领域，也是各级政府非常关心的实践课题。正因为如此，区域经济学不仅是一门不可或缺的学问，亦是目前国内发展最快的学科之一。区域经济学的兴起和发展，既促进了我国经济学和社会科学的繁荣，也为地区发展做出了重要贡献。

区域经济运动错综复杂，区域经济学必须紧紧围绕区域发展和可持续发展的客观规律，着重探讨区域发展过程中的时间过程、动力机制、结构演变、空间布局特点，剖析人口、资源、环境与经济之间的既相互制约又相互促进的复杂关系，抓住区域与城市、区域分工与合作等重大问题，揭示区域发展与可持续发展的内在规律。

国内外经验表明，一个地区经济的发展，说到底是靠内生自增长能力，但也不排斥政策扶持的作用，特别是初期启动和对某些障碍与困难的克服。西部地区和东北三省近几年的初步转变，充分证明了有针对性的政策扶持的重要作用。

中国经济布局与区域经济的大格局，20 年前我概括为两个梯度差，即大范围的东、中、西部地带性的三级梯度差和区域范围内的点、面梯度差。近20多年来的快速发展，除东部沿海的部分地区（如珠江三角洲、长江三角洲、京津冀、山东半岛）工业化的高速发展，点、面梯次差距大幅度收敛以外。总的来讲，两个梯度差都呈扩大之势。除去主客观条件的差异，地区倾斜政策是重要原因。从某种意义上说，这是大国经济起飞不得不支付的成本。西部大开发的决策和实施，标志着中国经济布局指向和区域经济政策的重大调整，将地区协调发展、逐步缩小地区发展差距，作为经济发展的重要指导方针，把地区结构调整纳入经济结构战略性调整之中，使支持东部地区率先发展和加快中西部地区经济的振兴更好地结合起来。

今后东部地区要继续发挥引领国家经济发展的引擎作用，优先发展高技术产业、出口导向产业和现代服务业，发挥参与国际竞争与合作主力军的作用。东部地区要继续发挥有利区位和改革开放先行优势，加快产业结构优化升级的步伐，大力发展电子信息、生物制药、新材料、海洋工程、环保工程和先进装备等高新技术产业，形成以高新技术产业和现代服务业为主导的地区产业结构。在现有基础上，加快长江三角洲、珠江三角洲、京津冀、闽东南、山东半岛等地区城市群的形成与发展；推进粤港澳区域经济的整合。国内外大型企业集团、跨国公司的总部、地区总部、研发中心与营销中心将不断向中心聚集，加快沿海城市国际化的步伐，成为各种资源、要素在国内外两个市场对接交融的枢纽。在各大城市群内，将涌现一批新的中、小城市，它们有的是产业特色鲜明的制造业中心，有的是某类高新技术产业园区，有的是物流中心，环境优美的则可能成为休憩游乐中心等等。这些中小城市的崛起，既可支持特大城市中心城区的结构调整与布局优化，又可成为吸纳农村劳动力转移的载体。总之，东部地区今后将以率先提高自主创新能力、率先实现结构优化升级和发展方式转变，率先完善社会主义市场经济体制为前提与动力，率先基本实现现代化。

东北是20世纪五六十年代我国工业建设的重点，是新中国工业的摇篮，为国家的发展与安全作出过历史性重大贡献；同时亦是计划经济历史积淀最深的地区。路径依赖的消极影响，体制和结构双重老化导致的国有经济比重偏高，经济市场化程度低、企业设备、技术老化，企业办社会等历史包袱沉重、矿竭城衰问题突出、下岗职工多、就业和社会保障压力大等问题，使东北地区经济在市场经济蓬勃发展的大势中一度相形见绌。2003年10月以来，贯彻中共中央、国务院振兴老工业基地的战略决策，在国家有针对性的政策扶持下，东北振兴迈出了扎实的步伐；今后辽、吉、黑三省和内蒙古东部三市两盟（呼伦贝尔市、通辽市、赤峰市、兴安盟、锡林郭勒盟）作为一个统一的大经济区，将沿着如下路径，实现全面振兴的宏伟目标，使东北和蒙东成为我国重要经济增长区域，成为具有国际竞争力的装备制造业基地、新型原材料基地和能源基地、重要的技术研发与创新基地、重要商品粮和农牧业生产基地和国家生态安全的可靠屏障。

1. 将工业结构优化升级和国有企业改革改组改造相结合；改善国企股本结构，实现投资主体和产权多元化，构建有效的公司法人治理结构；营造非公有制经济发展的良好环境，鼓励外资和民营资本以并购、参股等形式参与国企改制和不良资产处置，大力发展混合所有制经济；围绕重型机械、冶金、发电、石化、煤化工大型成套设备和输变电、船舶、轨道交通等建设先进制造业基地，加快高技术产业的发展，优化发展能源工业，提升基础原材料行业。

2. 合理配置水、土资源，保护、利用好珍贵的黑土地资源，推进农业规模化、标准化、机械化和产业化经营，提升东北粮食综合生产能力和国家商品粮基地的地位；发展精品畜牧业、养殖业和农畜禽副产品的深加工，延长产业链，提高附加值。

3. 积极发展现代物流、金融服务、信息服务和商务服务等生产性服务业，规范提升传统服务业，充分利用冰雪、森林、草原等自然景观，开发特色旅游产品，壮大旅游业。

4. 从优化东北、蒙东区域开发总格局出发，东部、西部和西北部长白山与大、小兴安岭地区，宜坚持生态优先，在维护生态环境的前提下科学开发；优化开发和重点开发的地区摆在松辽平原、松嫩平原和辽宁沿海地区，具体地说，以哈（尔滨）大（连）经济带和东起丹东大东港、西迄锦州湾的沿海经济带为一级轴线，同时培养若干二级轴线，形成"三纵五横"[①]，以线串点、以点带面，统筹区域城乡协调发展；积极扶植资源枯竭城市培育接续替代产业，实现可持续发展。

中部六省在区位、资源、产业和人才方面均具相当优势。晋豫皖三省是国家的煤炭基地，特别是山西省煤炭产量与调出量居各省之冠，其余5省都属农业大省，粮食占全国总产量近30%，油料、棉花产量占全国近

---

① "三纵"指哈大经济带、东部通道沿线和齐齐哈尔至赤峰沿线，"五横"指沿海经济带、绥芬河到满洲里沿线、珲春到阿尔山沿线，丹东到霍林河沿线和锦州到锡林浩特沿线。

40%，是重要的粮棉油基地；矿产资源丰富，是国家原材料、水、能源的重要生产与输出基地；地处全国水陆运输网的中枢，具有承东启西、连南接北、吸引四面、辐射八方的区域优势；人口多、人口密度高、经济总量达到相当规模，但人均水平低，6 省城镇居民和农民的人均收入都低于全国平均值。中部 6 省地处腹心地带，国脉汇集的战略地位，大力促进中部地区崛起，努力把中部地区建设成为全国重要的粮食生产基地、能源原材料基地、现代装备制造及高新技术产业基地和连接东西、纵贯南北的综合交通运输枢纽，有利于提高国家粮食和能源的保障能力，缓解资源约束；有利于扩大内需，保持经济持续增长，事关国家发展的全局和全面建设小康社会的大局。

作为工业有相当基础、结构调整任务繁重的农业大省、资源大省、人口大省，要发展为农业强省、工业强省、经济强省，实现科学发展、和谐发展，需做到下述一系列"两个兼顾"：①坚持立足现有基础，注重增量和提升存量相结合，特别要重视依靠科技与体制、机制创新激活存量资产；用好国家给予中部地区 26 个地级以上城市比照执行东北老工业基地的政策，抓紧企业的技术改造与升级。②加快产业结构调整。既坚持产业升级、提高增长质量，又充分考虑新增就业岗位，推动高技术、重化工、装备制造业、农产品加工和其他劳动密集型产业、各类服务业和文化创意产业的"广谱式"发展；作为农业大省，要特别重视以食品工业为核心的农产品加工业，充分发挥龙头企业引领农业走向市场化、现代化的功效，使工业化、城镇化、农业现代化和社会主义新农村建设有机结合。③在空间布局上，将发展省会都市圈培育增长高地、重点突破和普遍提升县域经济相结合，用好 243 个县（市、区）比照执行西部大开发相关政策，扶植贫困县经济社会发展。④在企业结构上，既重视培育大型企业集团，包括跨省（区）、跨国（境）经营的大企业集团，更要支持中、小企业广泛发展，形成群众性的良好创业氛围。⑤在资金筹措上，既充分利用本地社会资本，又重视从省（市）外、境外、国外引资；充分发挥地缘优势，承接珠三角、长三角加工贸易的转移，发展相关配套产业。

"十五"期间，实施西部大开发战略，西部地区生产总值平均增长10.6%，"十一五"开局之年，增长13.1%，2006 年西部地区生产总值达到 3.88 万亿元。在新的起点上，今后将继续加强基础设施建设，完善综合交通运输网络，加强重点水利设施和农村中小型水利设施建设，推进信息基础设施建设，抓好生态建设和环境保护，着力于资源优势向产业优势、经济优势的转化，培育包括煤炭、电力、石油和天然气开采与加工、煤化工、可再生能源（风能、太阳能、生物质能等）、有色金属、稀土与钢铁的开采和加工，钾、磷开采和钾肥、磷肥和磷化工，以及一系列特色农、畜、果产品加工的特色优势产业；进一步振兴和提升西部大中城市的装备制造业（如成渝、德阳、西安的电力装备，柳州、天水、宝鸡、包头的重型工程机械装备等）和高技术产业。充分利用西部的自然景观、多彩的民族风情、深厚的文化积淀，大力发展旅游业，培育旅游品牌。在开发的空间布局上，重点转化成渝经济区、关中天水经济区、环北部湾经济区和各省会（自治区首府）城市、地区中小城市及其周边、重要资源富集区与大型水能开发区、重点口岸城镇；及时推广重庆成都综合配套改革试验区统筹城乡发展的经验，普遍提升县域经济和少数民族地区经济，为社会主义新农村建设提供就近的支撑；推进基本口粮田建设和商品粮基地建设，提高粮食综合生产能力，利用西部特有的自然条件，在棉花、糖料、茶叶、烟草、花卉、果蔬、天然橡胶、林纸和各种畜禽领域，壮大重点区域，培育特色品牌，延伸产业链，提高附加值，通过市场化、产业化、规模化、集约化推进西部传统农业向现代农业的转化。东西联动、产业转移是推进西部大开发的战略性途径；据不完全统计，2001 年以来东部到西部地区投资经营的企业达 20 万家，投资总额达 15000 亿元。西南、西北还将分别利用中国—东盟自由贸易区建设，和上海合作组织的架构，进一步扩大对外开放，吸引东中部的优强企业，共同建设边境口岸城镇，推进西部传统农业向现代农业的转化。东西联动、产业转移是推进西部大开发的战略性途径；据不完全统计，2001 年以来东部到西部地区投资经营的企业达 20 万家，投资总额达 15000 亿元。西南、西北还将分别利用中国—东盟自由贸易区建设和上海合作组织的架构，进一步扩太对外开放，吸引东中部的优强企业，共同建设边境口岸城镇，推进与毗邻国家的商贸往来和经济技术合作。

上述是我——一个从事区域研究工作 50 多年的学者对区域经济和中国空间布局的点滴思考，借中国区域和城市发展丛书出版之际再做一次阐述，希望和区域经济理论界的同仁、区域经济学专业的同学们共同讨论。

丛书中《中国空间结构调整新思路》、《区域经济不平衡发展论》、《京津冀区域合作论》、《中国十大城市群》、《中国城市化与城市发展》等，是肖金成等中青年区域经济学者近几年的研究成果。其鲜明的特点是聚焦中国区域发展的现实，揭示、剖析现实存在的突出问题，进而提出促进区域协调发展的政策建议。如《中国空间结构调整新思路》一书，是2003年度国家发展和改革委员会委托的"十一五"规划前期研究课题的成果。研究成果以新的科学发展观为基本指导思想，分析了我国经济空间结构存在的三大特征、五大问题，阐述了协调空间开发秩序的六大原则、八个对策和"十一五"期间调整空间结构的八大任务。提出了建立"开字型"空间布局框架、确定"7＋1"经济区、中国重要发展潜力地区和问题地区等设想。并根据"人口分布和GDP分布应基本一致"的原则，提出了引导西部欠发达地区的人口向东中部发达地区和城市流动的观点。成果中的一些建议得到了区域理论界的广泛认同，有的已为"十一五"规划所吸纳。

丛书的作者刘福垣、程必定、董锁成、高国力、李娟等都是区域经济学界很有造诣、在国内很有影响的专家学者。他们的加盟使丛书的内容更加丰富和厚重。

本丛书主编肖金成是我指导的博士研究生，他大学毕业后先后在财政部、中国人民建设银行和国家原材料投资公司工作。为了研究学问，探索中国经济社会发展的诸多问题，他于1994年放弃了炙手可热的工作岗位，潜心研究区域经济，尤其是对西部大开发倾注了大量心血与汗水，提出了许多思路和政策建议，合作出版了《西部开发论》、《中外西部开发史鉴》等书籍。后来又主持了若干个重大研究课题，如《协调我国空间开发秩序与调整空间结构研究》、《北京市产业布局研究》、《天津市滨海新区发展战略研究》、《京津冀产业联系与经济合作研究》、《工业化城市化过程中土地管理制度研究》等。特别是天津滨海新区发展战略研究课题为其纳入国家战略从理论上作出了充分铺垫，我参加了该课题的评审，课题成果获得了专家委员会的高度评价，课题报告出版后在社会上形成广泛影响。故此，我愿意将这套丛书郑重地推荐给各地方政府的领导、大专院校的师生及从事区域经济理论研究的学者们，与大家共享。

2008 年 1 月 30 日

（陈栋生：中国社会科学院荣誉学部委员，
中国区域经济学会常务副会长）

目　　录

导　　论

一、主题公园的现实背景

第二次世界大战以后，随着人们生活水平的提高和闲暇时间的增多，旅游业成为世界上成长最快的产业之一。作为旅游产品中的一个重要类型，主题公园已成为现代旅游业中成长较快的一种现代旅游资源，成为在这几十年以来世界旅游业发展过程中的新星。它以其特有的主题文化将娱乐内容、科学技术、休闲要素和服务接待设施融为一体，带给人们最直观的体验与快乐。1955 年 7 月迪士尼乐园（Disneyland）在洛杉矶诞生以来，主题公园作为一种概念化的旅游形态很快被大众认同和接受，并逐步推广到了全世界。经过几十年的发展，随着科技的发展和人们对历史文化的深入挖掘，主题公园的表现手段更加丰富多彩，其"主题性、娱乐性"的特点更加突出。受到了以青少年和儿童为主的广大旅游者的喜爱。

20 世纪 70 年代以后，在美国诞生了许多具有大公司背景的主题公园。与此同时，主题公园在日本和欧洲的发展尤为迅速，形成了很大的产业规模。各国迅速发展的主题公园产业加大了竞争压力，许多小型主题公园因为竞争压力难以为继，纷纷倒闭。而一些传统主题公园经过改造扩大经营规模，逐渐形成自己的品牌。

到了 20 世纪末，主题公园行业进入了激烈竞争的时代，新的主题公园不断涌现。目前，世界各地的主题公园年营业额都很大，对当地经济的贡献也不容忽视。1990 年，全世界 225 个主题公园创造了 70 亿美元的收入，吸引了 3 亿多人次的游客，而到 2000 年，所有数据都翻了一番。这些数据充分显示了成功主题公园的巨大魅力。

自从我国第一座突破传统的主题公园——广东中山长江乐园于 1982 年建成后，主题公园迅速发展。随后，全国各地兴建了不少"正定府"、

"西游记宫"和游乐场。1989年8月建成开放的深圳华侨城"锦绣中华"旅游微缩景区,被专家认为是中国真正意义上的现代主题公园。"锦绣中华"投资1亿元人民币,短短1年时间就收回了投资;"民俗文化村"投资1.1亿元,1年半时间就收回了投资;"世界之窗"投资6亿元,3年半时间就收回了投资。在13年的时间里,华侨城主题公园仅开发了近2平方公里,累计投资18亿元,累计营业收入就已达到50.1亿元,利润总额已达15.2亿元。① 然而,在20世纪80年代兴建的主题公园,很多都已经经营惨淡,甚至于破产。

自20世纪90年代末以来,主题公园又得到大发展。特别是最近几年,全国各地又刮起新一轮主题公园的开发热潮。从2006年起,有北京的"欢乐谷";天津还在筹划的环球影城主题公园;2009年8月8日正式营业的上海"欢乐谷"主题公园;总投资约20亿元,占地1000亩的安徽芜湖"方特欢乐世界"、"方特梦幻王国";总投资10亿元,占地405亩的广东省汕头市"方特欢乐世界蓝水星"主题公园;山东泰安的"方特欢乐世界";湖南株洲"方特欢乐世界";青岛"方特梦幻王国";沈阳"方特欢乐世界"以及6月28日刚刚开业的河南郑州"方特欢乐世界"等。近几年各地政府又兴起抢夺名人故里、以各种理由甚至以灾难为噱头积极兴建主题公园,显示出了各地政府对主题公园的高涨热情。

二、主题公园研究现状

20世纪80年代,学术界开始关注主题公园的发展并对其进行研究。目前,关于主题公园的专业研究机构主要有主题公园在线(Theme Parks Online)、美国国家娱乐公园历史协会(NAPHA)、国际娱乐园协会(IAAPA)和经济研究所(ERA)四家,而且国际上关于主题公园的文献并不多。已有的主题公园研究文献主要集中在两个方面:一是对主题公园发展历史和过程的总结,例如,安·邱奇(Ann Church)和约翰·布朗(John Brown)介绍了主题公园在欧洲的发展历程,② 理查德·莱昂(Richard Lyon)梳理了美国主题公园的情况;③ 二是日本经济学家石崎肇

---

① 姜国芳:《中美主题娱乐公园营销策略对比研究》,对外经济贸易大学企业管理学院硕士学位论文,2006年。

② John Brown and Ann Church. Theme Parks in Europe. Travel and Tourism Analyst, 1987 (2).

③ Richard Lyon. Theme Parks in the United States. Travel and Tourism Analyst, 1987 (1): 31–43.

士、音哲丸介绍了主题公园在日本的发展情况。[①] 华盛顿城市土地研究所（The Urban Land Institute）1989 年所做的研究结果表明主题公园选址的区位条件：位于没有强烈竞争的市场地区、各级市场地区的人口要达到相应的数目、交通设施及生活设施完善、土地充裕等。[②]

近几年，有关主题公园的研究范围得以拓展，包括：主题公园市场需求研究；主题公园价格和竞争策略研究；主题公园产品设计；主题公园与区域旅游互动机制；旅游者情绪分析；主题公园效益最大化研究，主题公园在区域旅游发展中所起的重要作用等。在主题公园门票与竞争力方面，美国佛罗里达大学的布莱德雷·布朗（Bradley Braun）和马克·索斯金（Mark Soskin）通过分析引起主题公园门票价格的变化的影响因素，阐述了主题公园如何才能减少投入成本、增大收益的方法。[③] 中国台湾郑友超等通过大量的数据分析了主题公园的广告预算问题，指出广告对主题公园经营的影响。[④] 韩国学者对比了传统的效益管理、酒店管理与主题公园管理，指出主题公园管理有些地方和其他管理有相似之处，对主题公园管理者的收益管理模式提出了建议。[⑤] 恩里克·比涅（Enrique Bigné）、路易莎·安德勒（Luisa Andreu）和于尔根·铬诺特（Juergen Gnoth）通过环境心理学和认知理论的两个模型，分析了主题公园对游客满意度以及旅游行为的影响，指出了游客体验过程中的情绪极大影响了对主题公园的忠诚度，主题公园管理者应该运用这一特点管理主题公园。[⑥] 曾仁杰（Ren - Jye Dzeng）和李欣运（Hsin - Yun Lee）认为主题公园的发展可以分为很多个阶段，在每个阶段中，餐饮、购物等旅游设施对它的影响很大。虽然这些设施不一定能吸引游客，甚至于不能做到完全赢利，但是它们仍然具有开发价值。作者通过建立模型来帮助决策者在不同的阶段投资不同的设

① ［日］石崎肇士、音哲丸，郭生发译：《主题公园在日本》，载《造园季刊》1991 年第 9 期。

② Eric Smart, et al. Recreation Development Handbook. Washington DC: the Urban Land Institute, 1989.

③ Bradley Braun and Mark Soskin. Theme Park Competitive Strategies. Research Notes and Reports, 1998.

④ Yoau - Chau Jeng and Fei - rung Chiu. Allocation Model for Theme Park Advertising Budget. Quality & Quantity, 2010, 44 (2): 333 - 343.

⑤ Cindy Yoonjoung Heo and Seoki Lee. Application of Revenue Management Practices to the Theme Park Industry. International Journal of Hospitality Management, 2009, 28 (3): 446 - 453.

⑥ Enrique Bigné, Luisa Andreu and Juergen Gnoth. The Theme Park Experience: An Analysis of Pleasure, Arousal and Satisfaction. Tourism Management, 2005 (6): 833 - 844.

施，以利于主题公园的发展。[①] 彼特·戴贝达尔（Peter Dybedal）通过对挪威的四个主题公园进行案例研究，详细描述和分析这几个主题公园的游客结构、区位选址和主要功能，概述了主题公园的经济影响力，认为成功的主题公园对区域旅游有很大的贡献。[②] 麦考姆·库柏（Malcolm Cooper）通过介绍澳大利亚的一个滨海小镇哈维湾（Harvey Bay）如何利用主题公园吸引游客的情况，阐述了主题公园如何通过扩展现有旅游产品以提高收益和影响力。[③]

在我国主题公园刚刚产生的时期，主题公园的学术研究成果很少，甚至没有统一的专用术语定义这种新的旅游形态。很多研究主题公园的论文中，主题公园都是以"人造景观"的定义出现。[④] 随着主题公园在我国大规模的建设，到了1994年许多学者开始关注研究主题公园，人们对"主题公园"这种模式称谓有了一致看法，并在定义上将"主题公园"与"人造景观"进行了区分。[⑤] 此后，主题公园的实证研究文献也开始有所增加，研究热点呈多元化，主要集中在以下方面：

（一）探讨主题公园的区位选址布局与发展影响因素

在主题公园选址方面，薛凯与洪再生认为主题公园选址要综合考虑区域消费能力与客源基础以及土地价格等对主题公园经营影响比较大的因素，同时也要结合主题公园对区域经济的影响来考虑主题公园的选址。[⑥]

保继刚认为大型主题公园的布局要综合考虑城市感知形象、区位、区域产业集中与分散程度等因素。[⑦] 影响主题公园的发展因素方面有：客源市场和交通条件以及区域的经济发展水平；城市感知形象和主题公园的空间集聚和竞争；投资者的决策行为和政府的决策行为。只有各个方面的关

---

① Ren – Jye Dzeng and Hsin – Yun Lee. Activity and Value Orientated Decision Support for the Development Planning of a Theme Park. Expert Systems with Applications，2007，33（4）：923 –935.

② Peter Dybedal. Theme Park as Flagship Attractions in Peripheral Areas. Research Center of Bornholm，1998.

③ Malcolm Cooper. The Development of Tourism in a New Urban Environment：Using a Theme Park to Re – establish Tourist Flows to the City of Harvey Bay. Theory and Practice of Urban Tourism，2001.

④ 董观志：《旅游主题公园管理原理与实务》，广东旅游出版社2000年版。

⑤ 董观志、李立志：《近十年来国内主题公园研究综述》，载《商业研究》2006年第4期。

⑥ 薛凯、洪再生：《基于城市视角的主题公园选址研究》，载《天津大学学报》2011年第1期。

⑦ 保继刚：《大型主题公园布局初步研究》，载《地理研究》1994年第3期。

系协调，主题公园的开发才会成功。①

（二）总结中国已建成主题公园现状，并介绍建设与管理的经验和体会

楼嘉军认为主题公园对区域经济影响非常大，具有自己独特的特点，但是我国主题公园也存在很多问题：景观设置采取单纯的"橱窗效应"，综合配置功能不健全，主题表达方式单一，项目开发和管理机制都存在问题。②

董观志认为中国主题公园的主要问题有：（1）公园建设贪大求多；（2）主题选择雷同，缺乏个性，复制模式居多；（3）规划设计不到位，工程施工不精致，现代技术利用少；（4）客源市场本地化；（5）行业自律机制不健全，政府主导作用尚未到位，企业自主能力差；（6）主题公园高素质人才短缺。③

王颖认为我国主题公园由于认识误区，使得门票价格较高，使得一部分游客因为高门票价格而对主题公园望而却步④。

彭红霞与李娟文认为我国主题公园建设的误区有：（1）认识上的误区，主要表现在不清楚我国主题公园发展所处的阶段，缺乏对客源市场的认识，缺乏对投资回报期的正确认识，缺乏对管理重要性的认识等方面；（2）开发决策的误区，主要表现在盲目投资，选题重复缺乏个性，表现手段单一等方面；（3）经营管理上的误区，主要表现在品牌意识差等方面；（4）政府宏观管理不合理，造成盲目建设与恶性竞争并存。避免这些问题，需要政府发挥主管部门的作用，做好宏观调控，做好调研与规划设计工作。同时需要主题公园企业努力扩展产业，实现盈利多元化、专营化。⑤

王莹认为我国主题公园发展过程中存在的问题有：游乐设施重复性高，主题公园管理紊乱，盈利模式单一。这些原因使主题公园亏损较多，但是由于主题公园的兴建模式大多是由当地政府出地、投资商出

① 保继刚：《主题公园发展的影响因素系统分析》，载《地理学报》1997年第5期。
② 楼嘉军：《试论我国的主题公园》，载《桂林旅游高等专科学校学报》1998年第3期。
③ 董观志：《旅游主题公园管理原理与实务》，广东旅游出版社2000年版。
④ 王颖：《主题公园不可盲目兴建》，载《价格月刊》2000年第5期。
⑤ 彭红霞、李娟文：《我国主题公园开发的误区与对策》，载《湖北大学学报》2002年第5期。

钱，政府的目的是借主题公园刺激地方经济，公园本身经济效益不在考虑之内；而投资商则着眼于投资附带的优惠补偿（如开发房地产）谋利。尽管我国主题公园出现大面积的亏损，但现在各地仍然还处在盲目建设之中。①

（三）旅游者行为、营销策略等方面问题的探讨

在旅游者行为方面，董观志通过问卷调查，得出结论：（1）游客分布具有明显的地域性；（2）对交通方式依赖性较强；（3）城市对游客的吸引力与城市辐射力有关；（4）游客具有年龄层次偏低化，学历程度偏高化，收入水平中档化等趋势；（5）游客重视口碑，注重信息强化与互证；（6）游客选择偏好的趋同性。②

在营销策略上，杨睿通过调查问卷，指出主题公园的营销策略可以从产品整体、价格折扣、口碑宣传、品牌营销等方面进行。主题公园应该注意产品创新，采取灵活票价，通过媒体树立形象，最终形成自己的品牌。③

此外，姜国芳通过对比中美营销策略，指出我国主题公园营销策略的不足，而我国主题公园的特色在于本土化，所以，应该从这方面着手做好主题公园的营销策划工作。④ 周春青通过对虚拟主题公园的研究，指出网络营销对主题公园的重要性。⑤

（四）主题公园产业发展研究

在主题公园可持续发展上，龚映梅指出主题公园的可持续发展可以有以下四种模式：（1）创造市场模式，即基于已有资源进行整合来开拓市场的模式；（2）横向延伸模式，即主题公园为突破客源市场在空间分布上呈区域性特征的限制，避免造成其生命周期的衰竭和市场空间萎缩，不断向外围或其他地区以主题公园的方式进行的拓展；（3）功能拓展模式，即联动互补开发拓展模式，向园区外围进行产业拓展和产业联合，使得许多旅

---

① 王莹：《我国主题公园的行业发展反思》，载《经济研究导刊》2007年第11期。

② 董观志：《深圳华侨城旅游客源分异规律的量化研究》，载《经济地理》1999年第6期。

③ 杨睿：《我国主题公园市场营销组合策略实证分析》，华东交通大学经济管理学院硕士学位论文，2009年。

④ 姜国芳：《中美主题娱乐公园营销策略对比研究》，对外经济贸易大学企业管理学院硕士学位论文，2006年。

⑤ 周春青：《主题公园虚拟体验营销研究》，青岛大学旅游管理学院硕士学位论文，2010年。

游产业生产要素在一定空间聚集，产生聚集效应和范围经济，形成主题公园深层次发展的经济格局；（4）产业化发展模式。①

聂献忠与刘泽华对主题公园的集聚与集群化发展进行了研究。指出主题公园的空间集聚模式有水平拓展、横向拓展、纵深拓展三种模式。主题公园的集群能使区域主题公园具有规模化发展、差异化发展的优势。为此，区域政府要规划主题公园发展战略，来促进主题公园的发展。②

李伟认为主题公园集群与一般的工业集群存在不同，在成长机制和形成模式上都有自己独特的地方。集群方式上主要有市场主导和政府主导两种方式，并分析了两种方式的不同特点。③

综上所述可以看出，国内外对主题公园的研究主要着眼于实用层面，对于主题公园和区域经济之间关系研究文献零散而不系统。大多数研究成果只是从某一个角度研究主题公园与区域经济的单向关系，例如保继刚侧重于主题公园的影响因素研究，并没有对主题公园对区域经济的促进作用进行深入研究；聂献忠与刘泽华研究了主题公园产业集聚会给主题公园带来发展优势。国外的彼特·戴贝达尔等也只是根据案例来描述和分析了主题公园的游客结构、区位选址、主要功能以及主题公园的经济影响力。

总之，有关对主题公园产业与区域经济关系的研究尚不充分，尤其缺乏区域经济中主题公园集聚机制的研究。

三、本书的研究框架与结构

本书研究对象是主题公园与区域经济发展的关系，研究框架可以分为理论支撑、研究方法和研究程序三个部分。

本书具有比较系统的理论支撑：以旅游规划、城市区域规划学科为理论基础，借助经济学、管理学、地理学、社会学、心理学统筹归纳、运用建筑学等相关学科中的理论作为全书的理论依据。

---

① 龚映梅：《主题公园原理与可持续发展模式研究》，昆明理工大学企业管理学院硕士学位论文，2004 年。

② 聂献忠、刘泽华：《主题旅游流的空间集聚及主题旅游集群发展研究》，载《商业研究》2005 年第 16 期。

③ 李伟：《主题公园集群的成长机制与形成模式比较》，载《企业经济》2009 年第 11 期。

本书采用了多种研究方法：（1）比较分析法：将现有的各类有关于主题公园的理论资料进行比较分析，总结主题公园概念、特点、分类、功能等，作为本书研究的基础理论；（2）理论与实际相结合：运用多学科理论综合分析主题公园与区域经济发展的相关问题，其间结合大量实例进行同步论证，用理论指导实践，再以实践检验理论；（3）案例分析法：收集国内外主题公园发展轨迹的典型实例及主题公园带动区域经济发展、促进产业发展、影响区域文化的案例，之后对个案逐一分析及对总体全面归纳，以支撑书中的相关论点。

本书遵循科学严谨的研究程序。首先说明研究背景、目的、国内外研究现状，进行主题公园的基础理论研究；其次导入主题公园与区域经济关系相关问题的研究，分析现状，提出问题，同时结合大量的案例分析；最后得出主题公园与区域经济发展的政策建议。

本书的研究结构可以分为四个部分：第一部分是第一章到第三章，总结了主题公园的相关基础理论；第二部分是第四章、第五章，全书核心内容，研究了区域经济对主题公园的影响；第三部分是第六章到第九章，也是全书核心内容，深入研究了主题公园对区域经济的影响；第四部分是第十章到第十二章，阐述了主题公园与区域经济协调发展、跨区域合作以及我国主题公园的发展前景。

第一章主要阐述了主题公园定义、主题公园的关键判据、分类体系和基本特征；第二章分别总结了世界主要地区主题公园及我国主题公园的发展历程和现状；第三章详细研究了主题公园的产业定位、生命周期理论、需求层次理论、旅游体验论、品牌认知论、代际转换理论等。

第四章对区域直接和间接因素对主题公园的影响进行了系统分析；第五章依据空间聚集理论基础，阐述了区域性因素对主题公园空间集聚的影响以及主题公园空间集聚模式的主导性差异。

第六章依据乘数效应理论、旅游卫星账户理论、投入产出法等评价方法模型，结合案例分析研究了主题公园对区域经济的影响；第七章研究了主题公园对区域产业发展的促进，包括对旅游业、房地产业、文化产业等的促进；第八章研究了主题公园对区域文化的影响和社会文化效应；第九章从中心地理论、旅游核心—边缘理论、生态化发展理论和空间区位理论入手，重点阐述了主题公园空间影响的若干机制和效应。

第十章从系统角度分析主题公园与区域经济的协调发展，分析了主题公园对区域经济促进作用的循环积累及其政策作用；第十一章从区域合作理论基础和动力机制出发，结合我国粤港澳跨区域合作为案例，研究了目前主题公园区域间合作的现状及发展趋势；第十二章从政治法律、经济、社会、技术等因素分析我国主题公园未来发展可能面临的新变化以及展望我国主题公园发展前景。

第一章

主 题 公 园 概 述

第一节　什么是主题公园

一、主题公园的定义

自从 1955 年第一座主题公园迪士尼乐园开业之后，主题公园的内涵和类型一直在实践中不断地扩展，使得主题公园在国际和国内都没有一致被广泛认可的定义。国外文献对主题公园也没有严格的界定，"Theme Park"是国外对主题公园比较一致的称谓。

美国国家娱乐公园历史协会（National Amusement Park History Association）认为，主题公园是指："乘骑设施、吸引物、表演和建筑围绕一个或一组主题而建的娱乐公园"。美国"主题公园在线"（Theme Parks Online）给出的定义是："这样一个公园，它通常面积较大，拥有一个或多个主题区域，区域内设有表明主题的乘骑设施和吸引物"。美国马里奥特（Marriott）公司对主题公园的定义是："以特定的主题或历史区域为导向，将具有连续性的服装和建筑结合起来，利用娱乐和商品提升幻想氛围的家庭娱乐综合体。"美国都市与土地研究室将主题公园定义为：主题公园是一个可以营造某种特殊氛围的游乐场所。综合起来，在欧美国家，主题公园的定义大致包括如下内容：为旅游者的消遣、娱乐而设计和经营的场所；具有多种吸引物；围绕一个或多个主题；包括餐饮购物等服务设施，开展多种主题活动；实行商业经营等。

国内专家学者周向频、保继刚、楼嘉军、董观志等对主题公园定义也进行了探讨，比较有代表性的观点归纳如下：保继刚认为，主题公园是一种人造旅游资源，它着重于特别的构想，绕着一个或几个主题创造一系列有特别的环境和气氛的项目吸引旅游者。[①] 陈光照认为，人造景观（主题公园的旧式称谓）是指现代所建的为满足旅游业的需要，经过人为创意新建造的经营性旅游吸引物。[②] 周向频认为，公园是一种以游乐为目标的拟态环境塑造，或称为模拟景观的呈现；它的最大特点就是赋予游乐以某种主题，围绕既定主题来营造游乐内容与形式，园内所有的色彩、造型、植被等都为主题服务，共同构成游客容易辨认的物质和游园的线索。[③] 楼嘉军的定义是：主题公园是现代旅游业在旅游资源的开发过程中所孕育产生的新的旅游吸引物，是自然资源和人文资源的边际资源、信息资源与旅游企业经营活动相结合的休闲度假和旅游活动空间，是根据一个特定的主题，采用现代化的科学技术和多层次空间活动的设置方式、集诸多娱乐内容、休闲要素和服务设施为一体的现代旅游目的地。[④] 吴承照认为，主题公园是根据特定的主题而创造出的舞台化的游憩空间，具有明显的商业性。[⑤] 马志民认为，主题公园是作为某些地域旅游资源相对贫乏，同时也是为了适应游客多种需要与选择的一种补充。[⑥] 魏小安等认为，主题公园是以特有的文化内容为主体，以现代科技和文化手段为表现，以市场创新为导向的现代人工景区。[⑦] 王兴斌认为，主题公园是一种为本地居民和外来游客设计建造，并以某一主题为内涵，具有鲜明特色的大型休闲、娱乐场所。[⑧] 董观志认为，旅游主题公园是为了满足旅游者多样化休闲娱乐需求和选择而建造的一种具有创意性游园线索和策划性活动方式的现代旅游目的地形态。[⑨]

以上对主题公园定义的各种表述从不同的角度切入，观点各异，但可

---

① 保继刚：《大型主题公园布局初步研究》，载《地理研究》1994 年第 3 期。

② 陈光照：《对我国当前人造景观的描述与思考》，载《中国园林》1996 年第 12 期。

③ 周向频：《浅论公园主题建设与园林文化精致原则》，载《城市规划学刊》1995 年第 4 期。

④ 楼嘉军：《试论我国的主题公园》，载《桂林旅专学报》1998 年第 3 期。

⑤ 吴承照：《旅游区游憩活动地域组合研究》，载《地理科学》1999 年第 5 期。

⑥ 马志民：《对中国主题公园发展的几点看法》，载《中国旅游报》1995 年 5 月 25 日。

⑦ 魏小安、刘赵平、张树民：《中国旅游业新世纪发展大趋势》，广东旅游出版社 1999 年版。

⑧ 王兴斌：《主题公园游客群体特征探讨》，载《21 世纪中国主题公园发展论坛》，中国旅游出版社 2003 年版。

⑨ 董观志：《旅游主题公园管理原理与实务》，广东旅游出版社 2000 年版。

以从中概括出主题公园的三个基本要素：第一，主题公园是满足旅游者娱乐需求的旅游吸引物之一；第二，主题公园具有一个或几个特定的主题；第三，主题公园是一种人造旅游资源。基于这些认识，我们可以将主题公园定义为：为满足旅游者的娱乐休闲需求，围绕既定的主题，利用科技、文化等表现手法，通过人工建造的吸引物以营造一系列有特别的环境和气氛的大型现代的休闲、娱乐场所。

二、主题公园概念的演进

我国实业界、舆论界和学术界明确地感觉到了主题公园这种新的旅游形态的价值，并积极在各自的专业领域试图给它一个确切的项目定位。1989 年 9 月 11 日，深圳市的锦绣中华景区建成开园，不论是锦绣中华景区的对外宣传资料，还是各种新闻媒体的报道，都称之为"深圳锦绣中华微缩景区"。学术界对这种"景区"定位没有给予积极反应，只是用"人造景观"或"人造微缩景观"概念来框定这一旅游形态。随后主题公园经历了"大设计、大投入、大制作"的大规模建设阶段，旅游开发者的特别关注和热情引起了舆论界、学术界、从业者乃至全社会的关注，但是仍然没有对这种旅游模式给予肯定，具体表现在称谓上仍然用"人造景点"或"人造景观"来界定这种新型旅游形态。

1998 年 10 月 1 日，深圳市的"欢乐谷"建成开放，与此同时，许多"规模化投入、市场化运作"的主题公园也相继建成并开放，对我国的旅游市场形成了强烈的冲击。这个时期，随着对主题公园这种旅游形态研究的深入，"主题公园"这一概念才逐渐取代以前"人造景区"的称谓。从"人造微缩景观"到"主题公园"这种称谓上的变化，一方面反映了主题公园在我国的不断发展和提高；另一方面也反映了人们对这种新型旅游形态的接受和认同。

（一）人造微缩景观

"锦绣中华"景区从 1989 年 9 月开园纳客以来，它的游园指南和对外宣传资料上一直是以"深圳锦绣中华微缩景区是世界上面积最大，反映今日历史、文化、艺术、古代建筑最丰富的实景微缩景区"这样的概念来给项目定位。"人造微缩景观"是指按照一定的比例对原有景物进行微缩制作而成的景物；在景观开发技术上，具有对原有景观按缩小了的比例尺进行移植仿造的含义。但以"人造微缩景观"概念来界定这种旅游新形态，似嫌以偏概全。因为"锦绣中华"后建的许多景区，并没有"微缩景观"，而是"真景观"即"正常比例尺大小的景观"。

（二）人造景观

于英士认为凡是人工制作的景物都是人造景观，[①] 这种称谓具有一定的代表性，至今仍有一些学者这样定义人造景观。采用"人造景观"概念来特指这种"旅游新形态"，显得有些牵强。因为"人造景观"主要表现为对其他景观复制的特点，而"旅游新形态"并没有这种复制痕迹。之所以将"旅游新形态"以"人造景观"一概之，只能说明在当时人们对"旅游新形态"还陌生的情况下，对"旅游新形态"理解的片面性与局限性。

（三）人工景区

有一段时期，在新闻媒体上经常会采用"人工景区"即人工制作的优美的风景区成为这种新的旅游形态，这个概念注重了这种新旅游形态与自然旅游景区的差异和分离，在"人造景观"的基础上增加了空间概念。它也没有抓住"旅游新形态"的本质特征，正因为如此，它也就不能把人工景区如城市里的"中山公园"、"解放公园"、"儿童公园"等市政公园，与"旅游新形态"区别开来。

（四）主题公园

1995 年以后，学术界感觉到采用以上概念很难界定这种新旅游形态的确切含义，人们开始试图采用更确定的称谓来界定这种新旅游形态。于是，具有拿来主义色彩的"主题公园"概念出现了，因为，英文著作里就是采用"Theme Park"来特指这种旅游形态的。

《中国旅游报》于 1999 年 5 月 25 日第 3 版发表了享有"中国主题公园之父"美誉的马志民的《对中国主题公园发展的几点看法》。他认为，"主题公园是作为某些地域旅游资源相对贫乏，同时也是为了适应游客多种需要与选择的一种补充"。这一观点应该是对"主题公园"认识的一种

---

① 于英士：《关于"人造景观"的实践与理论的探讨》，载《中国旅游报》1995 年 12 月 2 日。

升华，它更加明确了主题公园的基本涵义即旅游者的一种需求形态和选择方间。

以上讨论反映了我们对"旅游主题公园"这种新旅游形态发展规律的认识的不断深化和超越。《旅游学刊》1999 年第 3 期发表了董观志先生的《深圳华侨城旅游经营模式的创新研究》，在这篇论文中第一次使用"旅游主题公园"概念并用它来重新界定"锦绣中华"、"中国民俗文化村"、"世界之窗"和"欢乐谷"等大型景区的性质。

（五）主题公园概念发展的总结

从人造微缩景观、人造景观、人工景区到主题公园的演绎，主题公园概念随其建造特点和服务特色的升级而不断更新丰富内涵。按照一定比例对原有景物进行微缩制作而成的"人造微缩景观"是"旅游新形态"最粗糙的形式，由于人们对于新景观的渴求和这种旅游形式的扩展又促使模仿经典的"人造微缩景观"升级为"人造景观"，"人造景观"虽然增加了很多按真实比例的景观，但仍难摆脱人造之嫌。"人工景区"作为区别于城市中心公园的一片娱乐休闲乐土，虽然给旅游形式注入新的活力，人们可以徜徉在人工景区营造的舒心惬意的环境中，享受新的旅游体验，但它仍旧还是发展过程中的旅游形态。"主题公园"是人工景区发展的升级版本，是补充自然景区资源不足的缺陷，是景观开发技术不断提升的重要标志，更是创新性开发资源的不断尝试和新型旅游目的地创新的成功典范。

主题公园承载着显著的商业性，以特有的文化为主体，以现代科技和文化手段为支撑，以市场创新为导向的现代旅游形式。它是人们不断寻求精神和身体放松，以缓解压力，改善生存状态的休闲娱乐强劲需求的产物，随着社会不断进步及开发技术水平的不断提升，"主题公园"的商业性、文化服务性加之市场导向性会促使主题公园内涵不断地向更深层次、更多元化的方向演进。

那么，主题公园这个概念到底应该如何理解呢？笔者认为：其一，旅游主题公园是旅游业发展到一定阶段的特殊产物。这种特殊产物是在旅游者的审美需求和休闲娱乐方式选择日益多样化的条件下，依托大量投入（智力、财力、人力、物力等）而建立起来的旅游活动场所。其二，旅游主题公园是一种相对于传统旅游景区（即以自然遗产为主体的自然旅游景区和以文化遗产为主体的人文旅游景区）而言的新型旅游景区。旅游主题公园始于传统旅游景区而又高于传统旅游景区，在承载更多的科技含量的基础上，在人文底蕴方面进行更深入的挖掘，在保留自然的质朴性的基础上更加突出了人造景观高超的艺术设计与美感的享受。其三，旅游主题公园与以前所有的旅游景观相比最大的特点在于它的主题定位与选择。"主题"的创意、策划、塑造是旅游主题公园的精华，也是它生命力强盛的根基。它注重的是对一个或多个主题的创层、策划与塑造，开辟具有震撼力效果的游园线索，让旅游者参与其中并获得始料未及的惊奇的刺激的娱乐性的，在所有感官上的充分休闲性的特殊感受。其四，旅游主题公园是一种汇集多种特殊旅游产品和相应活动的完整的旅游产品所展示的景区。这个产品通过设计、开发到生产，产品生产出来后，从景点布局、娱乐项目组织、空间的呼应、游览线路选择、接待和服务方式的衔接等都具有自己独特的方式，作为能够满足多方面需求的旅游产品，它满足了旅游者差异化的多种选择。综上所述，旅游主题公园就是为了满足旅游者多样化休闲娱乐需求而建造的一种具有创意性游园线索和策划性活动方式的现代旅游目的地形态。该定义既包容了旅游者方面多样化休闲娱乐需求，也囊括了经营管理者的专业化生产经营活动，主题公园作为一种专门为旅游休闲活动设计建造的娱乐场所，既超越了"人造景观"、"人工景区"等内涵的局限，也更加凸显出旅游主题公园的特征、性质及发展方向。

三、主题公园的概念性特征

董观志认为主题公园概念有五个关键方面：

第一，主题公园是旅游业发展到一定阶段的特殊产物。它是在旅游者的审美需求和休闲娱乐方式选择日益多样化的条件下，依托大量投入（智力、财力、人力、物力等）而建立起来的为旅游者服务的旅游活动场所。第二，主题公园是一种相对于传统旅游景区而言的新型旅游景区。传统旅游景区有两种类型即以自然遗产为主体的自然旅游景区和以文化遗产为主体的人文旅游景区。前者如庐山风景名胜区、桂林山水风景名胜区、五大连池风景名胜区等，后者如北京故宫、西安古城、敦煌石窟、万里长城等。第三，主题公园是注重一个或多个主题的创意、策划与塑造的旅游景区。所谓"公园"只是借用传统意义上的"公园"概念，用来为旅游景区的空间形态和形象定位；而"主题"是指人工创作出来的一种具有震撼力效果的游园线索，让旅游者参与其中并获得特殊感受；"主题"的创意、策划、塑造在主题公园中居于核心位置。第四，主题公园是一种具有特殊旅游活动规律的旅游景区。主题公园内景点的布局、娱乐活动的组织、游览线路的设计、接待服务的方式等都具有与传统旅游景区截然不同的差异性。第五，主题公园是旅游企业对旅游资源进行开发后形成的旅游景区，是直接提供给旅游者消费的旅游产品，以满足旅游者的多种需求和选择①。董观志对主题公园概念的分析务实、客观，近年来得到了学术界和实业界的广泛认同。

第二节　主题公园的关键判据

主题公园之所以能够形成一种具有商业感召力的现代旅游目的地形态，不仅仅是因为它具有故事、乘骑、表演、巡游、购物五个基本的内生性判据，而且在发展过程中还延伸出五个市场化的外生性判据：资本、技术、收益、创新和服务。这正是主题公园的十个关键判据，它们之间的关系具体如图 1－1 所示。故事、乘骑、表演、巡游、购物等判据已经在 2000 年 6 月出版的《旅游主题公园管理原理与实务》一书中有比较详细的分析，这里只对资本、技术、收益、创新、服务五个外生性判据进行阐述。

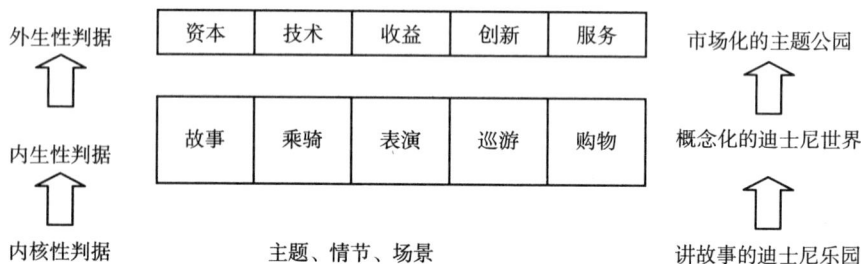

外生性判据	资本	技术	收益	创新	服务	市场化的主题公园
内生性判据	故事	乘骑	表演	巡游	购物	概念化的迪士尼世界
内核性判据	主题、情节、场景					讲故事的迪士尼乐园

图 1－1　主题公园十大关键判据图谱

一、资金密集型

资本方面，主题公园属于典型的资金密集型产业，尤其是随着主题公

① 董观志：《旅游主题公园管理原理与实务》，广东旅游出版社 2000 年版。

园的文化多元化、技术现代化以及项目个性化，主题公园涵盖的活动越来越丰富，占地面积和投资规模必然随之不断上升，资金密集度上升。例如，深圳华侨城集团的四大主题公园中，"锦绣中华"微缩景区是目前世界上面积最大、内容最丰富的实景微缩景区，占地30公顷，投资1.2亿元；"中华民俗文化村"占地19.8公顷，投资1.1亿元；"世界之窗"占地49.8公顷，投资8亿元；而深圳"欢乐谷"占地35万平方米，一期、二期、三期建设的总投资达到了17亿元。珠海"圆明新园"占地100公顷，投资6亿元。"苏州乐园"，占地96公顷，投资6亿元。"杭州宋城"占地16公顷，投资3.2亿元。安徽芜湖"方特欢乐世界"占地80公顷，投资20亿元。实践表明，成功的主题公园不仅要有精心策划和塑造的新颖主题，而且还要有大量资金的投入，其本质就是高效的商业经营与资本运作。

高投资意味着高风险，因此，主题公园对潜在游客的市场规模、消费能力以及旅游习惯等有着很强的依赖性。此外，主题公园的投入多以固定投资为主，形成的固定资产因主题公园的个性特色而具有明显的资产专用性，新旧资本转换成本非常高，同时固定资产又不易变现，加剧了主题公园的投资风险。

二、技术密集型

技术进步是主题公园产品形态升级的关键原动力。随着技术水平的不断提高，主题公园的产品形态经历了从手工业产品形态到机器产品形态再发展到现代社会的体验产品形态三个不同的阶段。每一次产品形态的升级都意味着技术密集度的提高。

随着科学技术的加速度发展，信息技术和虚拟技术的日益普及，主题公园将不断提高产品的科技含量，增强技术与技术之间、技术与项目之间、项目与游客之间的互动性，总体趋势表现为：第一，手工产品、机器产品和信息产品体系相互渗透，相互作用，更加具有互动性，促进产品形态体系多样化；第二，在高科技的支持下，新动力、新材料、新性能的机器产品形态将不断涌现，高度更高、坡度更大、速度更快、晕眩感更强、高安全保障的乘骑产品将更加丰富；第三，随着智能技术和虚拟技术的成熟，主题公园项目智能化和虚拟化的潮流不可阻挡。

三、收益密集型

主题公园不仅对宏观经济环境变动保持着很高的敏感度，而且在企业化经营过程中一直追求收益最大化。资本密集型和追求收益最大化决定了主题公园具有收益密集型的基本特征。如果没有密集的收益，主题公园很难构建有效的价值链体系，从而没有价值空间，这就是目前一些主题公园业出现"两高一低现象"（高投入、高门票和低回报率）的根本原因所在。

收益最大化依赖于对目标市场和竞争对手的准确定位。2005 年 9 月开业的中国香港迪士尼乐园门票定位是平日 295 港元、节假日 350 港元，这个价位对于第一目标市场的中国内地就显得太贵，明显高于一河之隔的深圳世界之窗、欢乐谷、锦绣中华 120 元人民币的价位。因为游客的消费不仅仅只是门票，还有交通、住宿、餐饮等关联消费，两者之比一般要高于1∶5 的比例，而且游客还有身体精力与心理感知的消耗，这些因素都会对游客的消费选择产生直接影响，必须纳入主题公园的营销策划方案，才能制定出合理的门票价格。

另外，市场的推进与竞争的演化将促使主题公园出现集群或者在一定地域的集聚化，这种集聚将导致主题公园产业链向房地产、零售业、金融保险业、技术咨询业、文化艺术等领域延伸，出现以主题公园群为依托的主题社区，从而成为独立形态的旅游目的地。这种主题社区进一步提高了主题公园的收益密集度。

四、创新密集型

创新导向是主题公园最显著的关键判据之一。主题公园的创新是全方位的，从盈利模式到员工服务，主题公园经营管理的过程都离不开"创新"二字。而其中最基本的则是主题公园游园线索的创意和休闲娱乐方式的策划，也就是主题公园"主题"的创新。主题是主题公园形成鲜明特色和独特个性的灵魂，也是主题公园影响旅游者休闲娱乐选择方向的根本依据。主题公园主题的创造性构想应该建立在人类审美规律的基础上，并且要把握住旅游者休闲娱乐的总体选择方向和现代旅游业的基本发展趋势，进而通过各种技术手段和艺术手法塑造出各种主题化的旅游环境和娱乐氛围。

五、服务密集型

主题公园是商业性投资，经营过程中存在高风险，必然要求以高绩效的服务来提高市场营销的竞争力。主题公园应切实从旅游者的角度出发，制定出反映旅游者态度、爱好和动机的企业营销方案，合理地把环境、游乐、表演和商业四要素统一起来，使旅游者得到满意甚至超出预期的游乐体验。在这样的要求下，精益化管理与精致化服务是不可或缺的，这种服务的操作系统在 2004 年 8 月出版的《主题公园营运力管理》中有具体的阐述。

针对旅游者消费心理和消费行为在信息不对称的环境下经常变动的特点，主题公园应该为游客的消费行为提供方便快捷的附加服务。在网络技术的支持下，主题公园可以通过提供超市化的刷卡式消费促进游客的二次消费，从而不断提高景区的盈利能力。

第三节　主题公园的分类体系

一、从主题公园的特征类型来划分

明确主题公园分类法，旨在统一各个阶段中不同类型的主题公园，以便分别分析其不同发展过程中的特点及存在的问题。目前尚无统一的关于主题公园的分类标准。划分标准不同，则划分出的类型也不同。

吴承照按照吸引力的大小和投资、占地规模两个标准对主题公园进行了分类。按照吸引力的大小，主题公园可以分为国际吸引力、区域吸引力和地方吸引力三种类型。[①] 具有国际吸引力的主题公园标准是：（1）年游客量1000 万人次以上，1983 年迪士尼世界接待了2300 万名游客，营业收入6 亿美元；（2）10000～20000 名固定员工；（3）初期投资超过15 亿美元（迪士尼世界"未来世界"部分的投资数）。具有区域吸引力或国家吸引力（欧洲概念）的主题公园标准是：（1）年游客量100 万～400 万人

---

① 吴承照：《旅游区游憩活动地域组合研究》，载《地理科学》1999 年第 5 期。

次；（2）100～300 名固定员工，旺季增加 300～700 名临时员工；（3）初期投资 5000 万～1 亿美元，年营业收入 1500 万～5000 万美元。具有地方吸引力的主题公园标准是：（1）年游客量 10 万～50 万人次；（2）50～100 名员工；（3）初期投资 500 万～1500 万美元，年营业收入 200 万～500 万美元。

董观志按照多种方法对主题公园进行了分类，这些分类方法分别是：根据旅游主题公园所在的位置划分，可分为城市旅游主题公园、城郊旅游主题公园、乡村旅游主题公园、海滨旅游主题公园、交通干线沿线旅游主题公园等类型。根据旅游主题公园的主要功能划分，可分为静景观赏型旅游主题公园、动景观赏型旅游主题公园、艺术表演型旅游主题公园、活动参与型旅游主题公园、项目挑战型旅游主题公园等类型。根据旅游主题公园的造园原理来划分，可以分为以园林景观为环境载体的旅游主题公园和以非园林景观为环境载体的旅游主题公园，也称为园林类旅游主题公园和非园林类旅游主题公园。根据旅游主题公园的表现形式划分，可分为室内旅游主题公园和室外旅游主题公园、地上旅游主题公园和地下旅游主题公园等类型。根据旅游主题公园的主题内容划分，可分为以人类文明为选题轴线的主题公园和以非人类文明为选题轴线的主题公园，即人文类和自然类两大种。人文类又可以分为文化类和非文化类。文化类又可以分为历史文化旅游主题和民俗文化旅游主题公园。非文化类又可以分为机械类和智能类。自然类又可以分为生命类（动、植物）和非生命类（山、水等）。根据旅游主题公园的规模划分，将投资 25 亿元人民币、占地 60 英亩以上规模的称为大型旅游主题公园；将投资 0.5 亿～1 亿元人民币、占地规模相对较小的称为小型旅游主题公园。

根据旅游主题公园的投资性质划分，在我国可分为国有旅游主题公园、集体旅游主题公园、合资旅游主题公园、外商独资旅游主题公园、私有旅游主题公园等类型。根据旅游主题公园的客源市场划分，分为地方性旅游主题公园、区域性旅游主题公园、全国性旅游主题公园、国际性旅游主题公园和世界性旅游主题公园等类型。根据旅游主题公园的经营管理方式划分，可分为单个景区的独立性经营管理、多个景区的集体化经营管理、专业管理公司的连锁式经营管理等旅游主题公园类型。根据旅游主题公园的高科技含量来划分，可分为传统技术型（以机械技术为主）旅游主题公园、现代技术型（以电子技术为主）旅游主题公园、高新技术型（以网络化技术、数字化技术、虚拟现实技术为主）旅游主题公园等类型。

方志稳在其硕士论文中对主题公园的分类工作做了探索性的尝试。采用的方法如下：根据主题公园的规模划分，根据主题公园的主题内容划分，根据主题公园的不同表现形式划分，根据主题公园的主要项目活动类型划分，根据主题公园的存在环境划分，根据主题公园的所在区域背景划分。

克里斯·约西把主题公园分为游乐园，小规模公园和景点，科技中心、博物馆、水族馆等教育性景点几种类型。[①]

郑维、董观志从地理位置、主要功能、造园机理、表现形式、主题内容、市场腹地等角度出发，将主题公园划分为目的地主题公园、地区性主题公园、游乐园、地方性主题公园、小规模主题公园5种基本类型。[②]

根据旅游体验类型，主题公园可分为五大类，分别是：情境模拟、游乐、观光、主题和风情体验。游乐型主题公园亦称游乐园，提供了刺激的游乐设施和机动游戏，为寻求刺激感觉的游客乐此不疲，如：苏州乐园（苏州）、锦江乐园（上海）、梦幻水城（珠海）等。情景模拟型主题公园，具体的即是各种影视城的主题公园、航天航空博物馆的整体公园，如：三国水浒城（无锡）、浙江横店影视基地（浙江东阳）、上海科技馆（上海）等。观光型的主题公园则浓缩了一些著名景观或特色景观，让游客在短暂的时间欣赏最特色的景观，如：锦绣中华、世界之窗（深圳）等。主题型主题公园即各式各样的水族馆和野生动物公园。风情体验型主题公园，即将不同的民族风俗和民族色彩展现在游客眼前。

从上述的各种划分类型中可看出，划分标准的角度不同，则得出的结论也是不同的。

在这几种划分方法中，我们认为，郑维、董观志的分类方法有一定的合理性。在其所分的5种类型中，每种类型在主题选择、投资规模、市场腹地、游客量、停留时间等方面有比较大的差异，类型划分清晰可辨，可操作性强。而其他的分类方法，实际上是将主题公园的多种特征细化，这样所划分出的类型较零散。因此，本书拟采用郑维、董观志的分类方法。明确主题公园的分类方法，能更好地对不同时期、不同特点的主题公园进行梳理与分析，如表1-1所示。

---

① 克里斯·约西：《世界主题公园的发展及对中国的启示》，载《21世纪中国主题公园发展论坛》，中国旅游出版社2003年版。

② 郑维、董观志：《主题公园营销模式与技术》，中国旅游出版社2005年版。

表1-1   主题公园的分类

类型	特征					个案
	主题选择	投资规模	市场腹地	年游客量	停留时间	
目的地主题公园	主题鲜明或有多个部分的主要品牌吸引力	超15亿美元	国际市场	1000万人次	8小时以上	迪士尼
		约10亿美元	全国市场	500万人次	6~8小时	华侨城
地区性主题公园	主题的路线和表演	约2亿美元	省内和邻省市场	150万~350万人次	4~6小时	香港海洋公园
游乐园	有限主题	约1亿美元	所在城市及其周边	100万~200万人次	约3小时	苏州乐园
地方性主题公园	一定主题	300万~800万美元	所在城市	20万~100万人次	2小时以内	杭州宋城
小规模主题公园	水族馆博物馆	300万美元以下	所在城市	10万人次以下	时间更短	青岛海洋馆

二、从主题公园的商业化运作模式分类

（一）资源化资本模式（RCM）

资源化资本模式是主要针对一些自然和人文资源本身比较丰富的主题公园而设计。这种模式是利用主题公园拥有的不可替代性资源通过资本化的手段展开经营。其资本化的部分包括土地、林产、水资源等，首先明确旅游资源的所有权归国家所有，国家只转让经营开发权，由于主题公园作为旅游资源具有明显的外部性，所以其行政管理权、规划权和文物保护权就必须由政府行使。可以在其收入中划拨一部分固定费用加以维护。而转让的开发经营权包括公园管理权、开发权、招商权、门票收益权、经营项目开发与收益权等。旅游经营权本身可以抵押，所持门票收益权可以向相关金融机构贷款，而土地使用权可以质押贷款。这样的形式应由法律形式加以确认。例如森林公园和温泉公园以及一些有特殊文化吸引力的公园，他们的设计都可以从资源资本化模式去经营。

（二）独特性产品吸引模式（UPAM）

独特性产品吸引模式是在资源本身不够形成游客吸引力的情况下，通过注入性的产品打造来设计出游客吸引力。这种模式的运用需要结合四个方面因素加以考虑：一是所在地经济发展水平；二是旅游目的地的形象感知；三是主题公园产品的无替代性或稀缺性；四是决策者行为。[①] 在分析以上四个方面的因素后，结合当地实际，创造性地挖掘本地和吸收外来文化元素，打造独特性的产品。江苏的吴文化公园和深圳的华侨城就是典型的例子。

（三）价值链模式（VIM）

美国作业成本科技公司和美国供应链局共同给价值链下了一个定义：价值链是一种高层次的物流模式，它由原材料作为投入资产开始，直至原料售予顾客的所有过程为止，当中所有的增值活动都是价值链的组成部分。现在价值链的分析已经成为企业和其他经营主体一个非常重要的分析营运绩效的依据。在主题公园发展模式分析中，也试图通过它找到有益的价值点，以求得最佳的投资运营方案（最佳价值链结构）。主题公园的价值链包括主体链、分支链和子链三个部分，其中主体链包括门票、游乐项目；分支链包括餐饮、住宿、旅游纪念品；子链包括公园会展、对外招商和其他对外盈利服务。

第四节　主题公园的基本特征

主题公园作为一种专门为旅游者提供特殊环境氛围开展旅游活动的现代旅游景区，之所以能从以自然遗产为主体的旅游景区和以文化遗产为主体的旅游景区的景区类型中脱颖而出，成为一种具有震撼力和生命力的现代旅游景区类型，从而影响了旅游选择方向和旅游资源开发方式，是因为主题公园这种独立的旅游目的地形态具有明显不同于原赋自然和人文旅游景区的识别特征和整体形象。概括地说，主题公园具有市场准入限制性、高投入高风险性，主题选择大众化和特色化相结合，主题活动常变常新、高参与性，景观虚拟性，产品经济化、表现手段高科技化，产业运营关联度高，对区域经济影响显著等特点。

---

① 　保继刚：《武汉市主题公园发展探讨》，载《地域研究与开发》2000 年第 1 期。

一、市场准入限制性

市场准入限制性主要表现在以下几个层面：

一是选址论证严密性。主题公园与原赋自然、人文景区的一个很大的差别在于，主题公园首先要选择一个区位进行建设，而且区位选择是主题公园开发规划的关键性环节。良好的区位对一个主题公园意味着充足稳定的客源市场，没有充足稳定的客源，主题公园其他方面经营得再好也只能面临失败的命运。因此主题公园在投资兴建之前，必须对影响客源市场的主要因素进行严密的论证与系统的分析。研究数据表明：一般的主题公园客源市场以当地居民为主，交通距离应当在300公里范围内（或车程两小时之内），当地游客占游客总数的2/3，重游率应接近5%。以美国的主题公园为例，中小主题公园客源市场半径为150英里，大型主题公园客源市场辐射半径为320公里，市场占有率为80%。季节限制也是选址的限制因素之一，迪士尼乐园选择奥兰多作为它的一个乐园地址，其中一个因素是希望乐园"全年都能进行室外活动"。当地政府的政策支持力度对于主题公园选址同样有着不可忽视的影响力，迪士尼乐园落户巴黎和中国香港并非偶然，巴黎市政府以及中国香港政府对于迪士尼都持积极支持的态度。相反，政府对主题公园项目态度消极也会影响主题公园的最终选址，如"锦绣中华"原本计划落户上海，但由于上海市政府热情度不高，最终在深圳建成。由于选址论证对主题公园成败影响巨大，精心严格的选址论证成为主题公园有别于其他景区、旅游产品的一大特点。

二是规划建设的限制性。主题公园的规划建设过程比较复杂，总体规划上要统领全局突出主题特色，具体建设中严格控制细节，具有整体性、创新性、专业性的特点。首先体现在功能布局上，主题公园是为旅游者精心打造的非日常的舞台化世界，因而应该十分周到、准确地将满足旅游者需要的各项流程以及服务于这些流程的各项设施纳入总规划方案，将反映"主题"精髓的各个功能区按旅游审美的要求进行组织和布局；主题公园规划建设的限制性还体现在建筑风格的设计要求极强的专业性以及对于建设工期的控制有着很高的要求。

三是产品设计的限制性。由于主题公园占地面积大，并且大部分游乐项目体积庞大和不可移动，旅游者往往须借助交通工具才可以完整体验。因此，虽然主题公园产品同电力、保险等产品一样，一旦达到收支平衡点之后，随之而来的是相当高的边际收益，但是，在市场半径和规模都有限的基础上，设计者们须从旅游者的角度来规划主题公园的布局。

四是门票价格的限制性。虽然门票收入并不是国际上成熟主题公园的主要营业收入来源，但我国主题公园行业目前仍存在着过分依赖门票收入以及门票价格较高的客观事实。较高价位的门票使得其目标市场往往集中在中上层收入的群体，并由此产生了不同的客源市场结构。不同文化背景、经济实力和交通条件的旅游者对同一个主题公园所做出的反应差异很大，这种差异反映到目标市场方面来就是明显的层次性。这种目标市场的层次性决定了主题公园的市场策略组合和营销拓展行为的差异化和多元化。

二、高投入、高风险性

主题公园投资额巨大。在我国，小型主题公园投资规模在 5000 万元到 1 亿元人民币之间。据不完全统计，已建成的大中型主题公园中投资额在 1 亿元人民币以上的有 142 个，超过 20 亿元的有 12 个，最多的达 100 亿元。其中，深圳锦绣中华投资 1 亿元人民币，苏州乐园投资 6 亿元，北京世界公园投资 1.5 亿元，大连圣亚海洋世界投资 1 亿元，华强郑州方特欢乐世界投资 25 亿元等。主题公园是一种商业行为，高投入增加了这种商业行为的风险性，投资越高，风险越大。目前我国 2500 余个主题公园中，有一定规模的有 1200 多个，有经营效益的有 300 多个，余下的不是昙花一现就是勉强维持经营，甚至精心选址、质量上乘、品牌卓越的法国迪士尼乐园也未能逃脱亏损的阴影，从开业第一天起，法国的迪士尼一直在亏损，到 1994 年年底亏损额达到 150 亿美元之巨。

三、主题选择大众化和特色化相结合

主题公园主题结合了大众化和特色化的特点，既有一般游玩者熟悉的大众项目，又有独具特色的个别项目，是旅游大众化和个性化趋势下产生的现代旅游目的地。迪士尼乐园的主旨是带给人们"珍贵的梦想与真诚的爱"，这一主题突破了年龄的界限，获得全世界的人们，无论是儿童还是成人的一致喜爱。锦绣中华的创始人马志民的理想是"让世界了解中国"，中国民俗文化村的宣传口号是"让世界认识我们的民族"，世界之窗的主题精神是"崛起的中国正在走向世界，开放的中国需要了解世界"，这些都是合乎大众口味，对人们有普遍吸引力的主题选择。主题公园是营造特殊氛围的娱乐场所，依靠"人无我有，独步天下"的特色风格吸引游客。富有特色的主题公园不仅设计、创意有独特之处，还善于结合当地独有的旅游资源形成个性色彩浓厚的主题，使其他旅游地无法进行模拟仿建，保持了主题的独有魅力。如好莱坞"宇宙制片厂之旅"长盛不衰的魅力来源于它作为影视文化中心无法复制的地理优势。

四、主题活动常变常新，参与性强

持续创新机制是主题公园长盛不衰的秘密。通过不断创新主题活动来增强吸引力和强化旅游形象，从而达到提高主题公园游客重游率、延长主题公园生命周期的目的。深圳华侨城主题公园开业 10 多年来，不断推出新产品。1989 年锦绣中华落成，1991 年中国民俗文化村开业，1994 年世界之窗对外开放，1998 年欢乐谷开张，1999 年欢乐干线开通，一路创新不断，培育出了具有规模效益的主题公园群，提升了旅游功能，深化了品牌形象。参与性产品是主题公园逐步顺应大众旅游需求而设计的，是未来主题公园发展的趋势之一。因为传统以观赏性为主题的主题公园正如观赏性旅游景区一样，为观赏而重游的游客比率一般不高，但是游客却愿意多次体验趣味无穷的参与性活动。例如在迪士尼乐园，游人可以与卡通偶像米老鼠一块聊天、合影，还可以参观它的住处。

五、景观的虚拟性

景观环境是主题公园着意营造独特旅游氛围的关键。景观环境的功能规划、文化定位和建筑设计是奠定主题公园未来成功的根本要素。主题公园的景观环境具有极强的整体性、连贯性和复杂功能性，必须由规划、设计、建筑、艺术等多方面的专业人士根据独立的、完整的、专业化的"景观环境"理念去创造性地完成。主题公园是旅游者的游乐空间和情感体验对象，是一个非日常的舞台化世界，因而在景观环境的营造过程中，应提倡"创造性思维"的原则，围绕"主题"尽一切可能"与众不同、别出心裁"地烘托艺术气息和塑造文化氛围，创造出有节奏、有情调的人格化景观环境和想象力丰富的空间形象，并且通过这种景观环境阐述的"主题"理念，赢得旅游者的共鸣、认同和喜爱，形成主题公园与旅游者之间的双向交流与沟通。如果只是简单生硬地模仿、抄袭，或者照搬一些"习惯做法"的套路去仿造景观，就是纯粹的"人造景观"了，当然形成不了主题公园的品位效应和品牌形象。譬如，深圳华侨城的"欢乐谷"，就是以"感受惊险和刺激"为主题构想理念，依托现代高新科学技术手段，构筑了童趣浪漫的卡通城、激情洋溢的冒险山、闲情雅致的欢乐岛和神秘荒蛮的玛雅海滩等现代休闲娱乐的拟态环境，让旅游者在参与中感受惊险，在游玩中体验刺激，在活动中享受欢乐，在休闲娱乐中品味人生的奇妙和真谛。"欢乐谷"作为我国新一代主题公园的代表，在景观环境的开发方面做出了有益的尝试，具有开拓性的意义。

六、产品精致化，表现手段高科技化

主题公园设计制作切忌粗制滥造，草率上马，精心构思、精致施工是主题公园高质量的基本保证。主题公园中需要以质量取胜的部分包括两方面：硬件部分和软件部分。硬件部分包括主体游乐景区设施和非游乐配套设施两部分。前者是主题内涵的实体外壳，其设计与施工对内涵的显现、休闲娱乐的质量有极大影响。成功主题公园的设计施工无不精巧，如锦绣中华的万里长城，构思与建筑质量均达到世界一流水平。软件是指服务质量，服务质量可创造经济效益，弹性很大，优质服务带来的利益是无法衡量计算的。高科技运用于主题公园的产品创造，可获得动态、多彩、立体化的效果，提高项目的参与性、娱乐性，是打造精品主题公园的必备手段，也是世界主题公园创造娱乐空间的发展趋势。

七、产业运营的关联性

主题公园产业运营的关联性首先表现为围绕或者发端于主题公园价值链的混合经济模式。以深圳华侨城集团为例，其成功管理的主题公园群直接驱动了旅游业在当地的兴旺，进一步带动发展了与旅游业直接相关的产业部门，如餐饮、住宿、交通运输、租赁与商业服务、邮政通讯等。旅游业的快速发展也为整个华侨城社区营造了良好的文化氛围和生态环境，并吸引了房地产业、金融业、教育、高新技术制造业在华侨城内的集聚。结构合理的混合经济模式不仅可以扩大企业自身的知名度和实力，增强主题公园的市场竞争力，而且还可以大幅度降低主题公园、甚至整个旅游产业的运营成本，从而提高主题公园的收益。

主题公园还是一种劳动密集型行业。它作为一种独立的休闲娱乐方式和旅游开发选择方向，已经成为现代旅游业具有开拓性的新支柱之一。主题公园具有明显的旅游业就业乘数效应。例如，迪士尼乐园在海外的第一个跳板——东京迪士尼乐园在 1983 年 4 月开业时正式员工 900 多人，兼职员工 3000 多人。1996 年无锡"唐城"、"三国城"和"水浒城"的开业提供了 2464 个就业机会。1997 年上海环球乐园提供了 1200 个就业机会。另外，如上面所述，主题公园还带动了周边产业的发展，间接提高就业率。

主题公园产业运营的关联性还表现在社会效应的广泛性上。主题公园独特的环境氛围和游乐体验在对旅游者产生吸引力和震撼力的同时也把一种创新的文化理念传播给了旅游者，进而通过现代社会的信息技术传播给社会大众；社会大众如果认同了这种"休闲文化"，就会改变休闲娱乐方式的选择方向，甚至在一定的条件下改变工作方式和生活方式，如美国迪士尼的米老鼠和唐老鸭，就成了我们生活中随处可见的装饰物和点缀品，更成了一种卡通艺术的代名词；又如深圳华侨城"中华民俗文化村"和"世界之窗"的广场表演艺术形式，正逐渐被各种大型文艺表演活动所借鉴和采用，形成了一种大众化的艺术表演形式。

八、对区域经济影响显著

成功的主题公园在大区域范围内对创造就业、刺激消费、促进整个地区的经济发展等方面有显著的作用。据最保守的估计，香港迪士尼乐园在未来 40 年间，将会给香港带来 1480 亿港元的经济效益，每年预计迪士尼会吸引 500 万人次游客，为社会直接或间接创造 1840 个工作岗位。同时，成功地开发一个主题公园会使其相邻地区受益，不仅交通运输和宾馆酒店受益显著，主题公园邻近的土地也会迅速升值。华侨城区在锦绣中华未建成前楼价是全市最低的，1988 年每平方米楼价仅为 2015 港元，而地价最高的罗湖区为 3061 港元；开发主题公园后，华侨城区的楼价倍增，与罗湖区并驾齐驱，1992 年每平方米楼价罗湖为 7692 港元，华侨城为 7556 港元。目前，华侨城所在区域的房价是全深圳市最高的。因此，主题公园及周边土地升值将为投资者带来可观的回报，主题公园也成为区域经济新的增长亮点。

第二章

主题公园的发展历程

作为旅游业新支柱之一，旅游主题公园发展迅猛，表现出其作为一种休闲娱乐方式和旅游开发方向的可持续发展优势和前景。旅游主题公园是从一种娱乐公众和吸引顾客的形式逐渐发展演变而来的。迪士尼乐园的诞生，标志着旅游主题公园进入了"主题鲜明"的发展时期。这个时期，旅游主题公园市场体现了规模化、专业化和系统化的特征，旅游主题公园的开发开始更多地关注旅游者休闲娱乐的需求和选择，旅游主题公园的经营管理开始更加注重经济背景、文化环境、市场机制、运作规律和相关产业的制约因素，为旅游主题公园的可持续发展创造了广阔的空间。

第一节　世界主题公园的发展历程

从世界范围来看，旅游娱乐业的兴起和发展是与国家工业化水平和人们生活水平的改善密切相连的。现代主题公园作为从西方起源的新事物，其雏形在西方已有悠久的历史。在古希腊、古罗马时代，主题公园的雏形表现为以射击、狩猎、竞技等为主要项目的游乐园。继游乐园后，在17世纪初欧洲兴起了以绿地、广场、花园与设施组合再配以背景音乐、表演和展览活动的娱乐花园。[①]

旅游主题公园的产生和发展过程源远流长，大体经历了从贸易媒体到户外娱乐活动形式，再从户外娱乐活动形式发展成专门化娱乐场所，然后从专门化娱乐场所演变成为游乐园，后来从游乐园发展成了旅游主题公园

---

① 吴承照：《旅游区游憩活动地域组合研究》，载《地理科学》1999 年第 5 期。

的历史进程，这是一个漫长的积累、演变、转化和提升的发展过程。①

一、欧洲孕育了游乐园

（一）从贸易媒介演变成户外娱乐活动

传统意义上的"旅游主题公园"起源于欧洲，它的形式最早可以追溯至古希腊、古罗马时代的集市杂耍，这种杂耍（variety show）的目的就是想通过音乐、舞剧、魔术表演、博彩游戏等方式来营造热闹气氛、愉悦公众和吸引顾客，从而完成商品交易活动或获利谋生。这种杂耍游戏现象，在世界各地广泛传播，形成了一种相对独立的民间传统娱乐活动形式。主要以小型群体流动方式存在，如吉普赛人的生活方式和谋生方式；有的活动形式一直保存至今，如流传在民间的杂技、魔术、博彩等群众性娱乐形式。

（二）从户外游乐场演变为娱乐园

随着手工业的发展、城邦的出现和贸易形态的转变，这种吸引人的贸易媒介也随之演变成了专门的户外游乐场。17 世纪初，欧洲兴起了以绿地、广场、花园与设施组合再配以背景音乐、表演和展览活动的娱乐活动，它的形式比较轻松温和。18～19 世纪，欧洲各国在社会、政治、经济、技术等方面经历了一系列的大变动、大改革。几次大规模的资产阶级革命，以及以蒸汽机的发明为标志的工业革命，促进资本主义机器化大生产方式从封建手工业工场中脱颖而出，吸引着大量破产的农民涌向城市，推动了城邦向城市化方向发展。随着大量农业人口涌入城市，原先那种随农时变化而忙闲有致的多样化农业劳动开始被枯燥重复的单一性大机器工业劳动所替代。这一变化最终导致了人们对新娱乐休闲形式的迫切需求。人们开始在娱乐花园的发展过程中逐步融入了一些机械类游乐器具，以满足城市居民新的娱乐需求。1897 年，维也纳在城市公园（City Park）里建设了历史上最悠久的摩天轮观光塔，它那粗大的钢缆和钢架，宽大古朴的观光箱体，至今依然屹立在公园里，向人们述说着它的历史和 100 多年前

---

① 周向频：《浅论公园主题建设与园林文化精致原则》，载《城市规划学刊》1995 年第 4 期。

给人们带来的新奇和震撼。1904 年，加拿大创建了维多利亚布查特花园。经过精心的经营，布查特花园成为北美最大、最具国际名声的历史花园，园内四季花开，庭园造景更是令人叹为观止，有秀丽的低洼花园、清幽雅致的日本花园、优雅浪漫的意大利花园、迷人的罗斯喷泉、玫瑰园、烟火瞭望台、音乐会草坪等。在 1937 年的维也纳世界博览会，人们对会议展出的乘骑及多种机械娱乐设施产生了浓厚的兴趣。世界各地纷纷效仿，以机械游乐器具为特色，追求喧哗、热闹、惊险、刺激的游乐园最终替代了气氛温和、轻松的娱乐花园。瑞典戈登堡市的里瑟本（Liseberg）公园、丹麦中央火车站附近的蒂沃利（Tivoli）公园、德国的汉斯公园、荷兰的 Efteling 公园等都是在这个时代从一个个小游乐场或儿童乐园发展成规模不断扩大，设备不断更新，主题日益突出的游乐园。

二、美国推进了游乐园

（一）机械工业大举进军游乐业

随着 19 世纪末工业革命在英国、法国、德国、美国和日本等国家相继完成，机械工业技术取得了突飞猛进的发展，机械工业开始大规模地向娱乐业渗透，新型机械娱乐器具纷纷诞生和推广，使游乐园打破了传统的温和与轻松，彻底地抛弃了娱乐表演和游人自娱的形式，主要依赖通过不断增加机械娱乐设施来满足游人对惊险、刺激游乐项目的需求。

（二）美国导入游乐园理念

游乐园作为一种深受游客欢迎的娱乐形式，迅速从欧洲策源地向世界各地传播。19 世纪末美国纽约的康尼岛建成了世界上第一个封闭式游乐园，即著名的赛马乐园。其后的几年，月亮公园和梦幻乐园相继建成。随后，新的游乐园如雨后春笋般地在美国各州建立起来。1910～1930 年是机械游乐园的黄金时期，这个时期，美国成为了世界游乐园发展的先锋，以旋转木马、摩天轮、过山车等刺激性游乐设施为主体的游乐园在美国蔚然成风，高峰时游乐园数量超过 2000 个。

20 世纪 30 年代，美国经历了世界恐慌、经济大萧条、电影技术显著进步的时期，经济萧条使人们在娱乐休闲上的开支急剧下降，大多数游乐园的经营受到了冲击和影响。同时，人们的娱乐焦点转移到了日益丰富多彩的电影上。第二次世界大战结束以后，机械化的游乐园开始陷入危机。造成这种局面的原因主要有：一是随着科学技术的迅猛发展和经济迅速增长，人们的生活方式日趋多样化，休闲娱乐选择偏好也随之发生了变化，一部分人开始厌倦被动的机械游乐方式，与此同时，"童话乐园"、"探险乐园"、"野生动物园"、"假日乐园"相继发展起来。二是汽车工业的蓬勃发展导致了交通形态的改变，家庭汽车拥有率越来越高，人们可以到更远的地方去休闲、娱乐和度假。三是因为游客娱乐选择方向的改变，造成了许多游乐园的游客量开始急剧下降，游乐园经营管理者们为了保持盈利水平只好减少设备更新和降低人力资源的管理费用，甚至停开某些游乐机械，缩短营业时间，从而造成了游乐园经营管理的恶性循环，降低了游乐园的品质。游乐园的竞争力开始下降，人们开始青睐电影院、溜冰场、赌场等参与性互动性更强的娱乐活动方式。四是随着工业化进程的不断加快，大量人口涌入城市，造成了城市规模的不断扩大，城市逐步向周边地区扩展，引起了城市新扩展地区地价及税收的上涨，这种压力迫使许多游乐园经营管理者纷纷把原来位于城市市郊的游乐园改建为购物中心或住宅，以期获得更高的利润。正因为如此，许多游乐园难以承受纷至沓来的不利因素冲击，纷纷歇业或干脆关闭，到50年代中期美国只剩下极少数的游乐园还在苦苦支撑度日。机械性游乐园的危机有目共睹，从这种危机中我们也可以认识到，机械性游乐园的衰落并不意味着人们对游乐需求的放弃，只不过人们的游乐需求和选择方向已经发生了变化，人们需要一种符合时代发展趋势、更能满足人们多样化休闲娱乐需求的新型娱乐形态。正是美国工业化时代的来临，才使人们改变了游乐选择方向。在这种情况下，旅游主题公园作为一种现代休闲娱乐的旅游目的地形态脱颖而出。

三、现代主题公园的诞生

第二次世界大战后，经济迅速恢复增长，生活方式日趋多样化，主题公园成为一个新的旅游景观概念。"童话乐园"、"探险乐园"、"野生动物园"、"假日乐园"等相继在欧美国家发展起来。

1950年，荷兰的马都洛夫妇为纪念他们死在第二次世界大战纳粹集中营的爱子，以与实物1∶25的比例将荷兰典型城镇缩小建成世界上第一个小人国"马都洛丹"（Madurodarn），这很快成为主题公园发展利用的一种新素材。这种对现实世界的浓缩方式在短时间内、小范围内展示了悠久的历史和广阔的空间，成为主题公园营业模式最受欢迎的一种。特别是 1955 年美国在洛杉矶建起第一个现代意义上的主题公园后，以主题公园为代表的旅游娱乐业在世界各地得到广泛发展，从规模到技术水平和文化含量上都有较大突破。

在西方的主题公园发展过程中，体现了一种西方思想，即寻求极度的感官享受，并通过具有极大发展张力的活动形式，充实和完善以自我为主体的人格意识。1955 年美国迪士尼乐园的成功使迪士尼世界应运而生，并使之成为世界上最大最为壮观的主题公园。迪士尼乐园的开放极大地改变了娱乐公园行业，它扩大了娱乐公园的概念，使娱乐公园不再是单纯的坐车旅行及举行狂欢节活动的场所。同时它具有完整序列的旅游区，顶级游乐设施及尖端科技，创造出糅合经典与崭新概念的迪士尼娱乐体验。随着迪士尼主题公园的成功，一大批模仿者和大公司相继加入了主题公园行业。20 世纪 70 年代，美国出现了许多由大公司投资建立的主题公园，这些大公司有马里奥特公司、Penn Central 公司、Nheuser-Busch 公司、Tatf 广播公司、Mattel 公司和 Harcourt Brace Jovanovich 公司。大型主题公园之间的激烈竞争挤垮了许多家庭经营的小型传统公园。但也有一些传统公园经过革新改造扩大了经营规模，已经可以与新一代的主题公园抗衡，如宾夕法尼亚匹兹堡的 Kennywood 公园、俄亥俄 Aurora 的 Geauga 湖公园、犹他州法明敦的 Lagoon 公园和宾夕法尼亚 Hershey 的 Hersheypark 公园等。

亚洲也相继出现了一些主题公园。日本 1965 年建成了明治村。它把明治时代遗留下来的有保存价值且属重要文物的建筑（包括建筑的一部分）近 60 件相继迁到名古屋市北一片约 1 平方公里的丘陵地上，经复原后展出。"民俗村"成为亚洲主题公园的新类型之一。1977 年中国香港建成了亚洲最大的海洋公园，占地达 4 平方公里。新加坡在 20 世纪 70 年代投资几十亿新元建成了圣淘沙主题公园，以后又相继建成了鳄鱼公园和世界上最大的飞禽及海底世界。中国台湾地区于 1983 年建立了亚哥花园主题公园。

四、主题公园的海外扩张

20 世纪末，主题公园行业进入了激烈竞争的时代。新的主题公园不断涌现同时又有不少经营不善而倒闭的例子。在美国，迪士尼世界、

Busch Gardens、CyPress Gardens、佛罗里达海洋世界等主题公园通过各种竞争策略维持强势。而像佛罗里达的 Boardwalk and Baseball 主题公园基本上处于亏本经营，最终关闭。1992 年伊利诺斯州的 Six Flgas Great America 主题公园蝙蝠侠过山车乐园建造出第一个倒立的过山车道，立即引起了轰动。1997 年加利福尼亚六面旗魔术山的超人过山车乐园对外开放，其 126 米高车道和每小时 160 公里的行驶速度均打破了当时的世界纪录。目前，美国的大型主题公园已达 40 余个。加上 50 多个年接待量在 50 万～100 万人次的中型主题公园，美国的主题公园年接待量达 1.2 亿人次，总收入近 45 亿美元。其中两处迪士尼主题公园早在 20 世纪 90 年代初期游客就均超过每年 1000 万人次，收入 15 亿美元。欧洲现代化大型主题公园共 19 个，年收入约 15 亿美元。日本目前已有主题公园 29 个，年接待量 7500 万人次，收入 15 亿美元。

随着主题公园概念的普及，国外主题公园的发展不仅从原先的主题方面进行了充实，而且不断探索新的主题内容和表现形式。日本的明治村、夏威夷的波黑尼西亚文化中心等都是新型的娱乐综合主题公园。它们成为主题公园在新时代的主要发展方向。

第二节　世界主要地区主题公园发展现状

一、美国主题公园发展现状

美国既是现代主题公园的发源地，也是全球主题公园的引领者和主导者。1955 年迪士尼乐园的开业扭转了美国游乐园业由于电视出现和城市衰退导致的萎靡不振态势，标志着现代主题公园时代的来临。在经过 20 世纪 50 年代末期至 60 年代中期的起步阶段之后，美国主题公园行业于 60 年代末进入了高速增长阶段。进入 80 年代，由于成本的不断攀升和缺乏足够的市场容量，美国本土主题公园增长速度逐步放缓。很多主题公园开发商或运营商将视线转移到海外，1983 年日本东京迪士尼乐园开业，1992 年法国巴黎迪士尼乐园对外开放。到目前为止，迪士尼公司在美国本土和海外已拥有 11 座主题公园，分别是：美国加州迪士尼乐园、加州迪士尼冒险乐园、美国佛罗里达迪士尼世界的五个主题公园（神奇王国、EP-

COT、迪士尼—米高梅影城、迪士尼动物王国、水公园）、法国巴黎迪士尼乐园、日本东京迪士尼乐园、迪士尼海洋公园和香港迪士尼乐园；六旗（Six Flags）公司自 1997 年收购欧洲 Walibi Family Parks 以来，至今也已拥有和管理着海外 10 家主题公园。

自 1985～1995 年，美国主题公园复合增长率约为 3%，其中一半源于新公园的加入。1995 年，美国游客接待量超过 100 万人次的大型主题公园约为 40 家，游客接待量在 50 万～100 万人次之间的中型主题公园约为 55 家。全年游客接待量合计 1.59 亿人次，营业收入 45 亿美元。由于本土主题公园行业已进入成熟阶段，行业内的购并整合开始大规模展开，通过不断收购单体公园和连锁公园，迪士尼、六旗、环球影城（Universal Studios）、派拉蒙（Paramount）等主要企业逐渐形成寡头垄断之势，在游客接待规模和主题公园收入上均已占据了垄断地位。

二、亚洲主题公园发展现状

亚洲是全球主题公园行业的第二大主导者。1996 年，亚洲主题公园投资额高达 40 亿美元。在经历了亚洲金融危机之后，亚洲主题公园进入了加速建设时期，其发展的速度高于 20 世纪 90 年代全球其他地区，游客接待量也处于强劲增长中。

从亚洲不同地区市场运营情况来看，主题公园行业在日本已进入平稳运营的成熟阶段，在韩国处于高速增长阶段，在中国香港地区表现十分强劲，在中国台湾地区行业素质较低，在中国大陆则处于快速变化之中。在作为全球主题公园大国的日本，1983 年开业的东京迪士尼乐园为首家大型主题公园，自此拉开了日本主题公园行业蓬勃发展的序幕，一些大型主题公园纷纷在岛内建造并投入运营，主要集中在东京、大阪和神户地区，其中规模最大的东京迪士尼乐园 2001 年以其超过 1700 万人次的游客接待量位列全球第一。1995 年，日本拥有年游客接待量超过 100 万人次的大型主题公园 29 家，年游客接待量超过 50 万～100 万人次之间的中型主题公园 30 家。全年游客接待量合计 7500 万人次，年营业额为 15 亿美元，约为美国同期收入的 30%，其中游客人均消费额与美国极为接近。日本之所以居于亚洲主题公园市场主导地位，一方面是受日本迪士尼乐园的轰动性成功运营影响；另一方面，日本国民在休闲娱乐上的高支出和日本政府对于休闲娱乐行业的强有力扶持优惠政策也是重要原因之一。2005 年香港迪士尼的建成开业将进一步提高亚洲在全球主题公园行业的地位，预计 10 年后游客接待量可达到 1000 万人次/年，2011 年香港迪士尼乐园共接待游客 594 万人次。

值得注意的是，亚洲主题公园收入并未与游客接待量同步增长，单体公园收入稳定在 3700 万美元左右，游客人均消费由 1990 年的 30 美元下降到 2000 年的不足 24 美元，降幅超过 20%。这表明亚洲主题公园的竞争集中在价格竞争上。

三、欧洲主题公园发展现状

1995 年，欧洲已拥有 19 个年游客接待量超过 100 万人次的大型主题公园和 45 个年游客接待量在 50 万～100 万人次之间的中型主题公园，整个行业全年游客接待量为 7000 万人次，营业收入 15 亿美元，约为美国同期收入的 1/3。

欧洲的主题公园大多数集中在德国、法国、比利时、荷兰、卢森堡、英国等西欧国家。目前，主题公园行业逐步向西班牙、意大利、土耳其、希腊等南欧国家扩张。北非和中东地区不少国家也有兴建主题公园的计划。

随着欧洲主题公园行业的不断成熟，其最终趋势仍是行业内的购并整合。早在 1990 年就开始有主题公园的购并事件，拥有几家小型主题公园的 Madame Tussauds 收购了 Alton Towers；Walibi 组织收购了 Smurf 公园，使其控制的主题公园达到 4 家。随着欧洲的统一和主题公园行业的逐步成熟，这种购并整合活动将持续进行。从主题公园访问率来看，与美国 80% 的访问率和亚洲高于 50% 的访问率相比，欧洲访问率仅为 25%。整个欧洲地区只有丹麦的两大主题公园访问率接近美国，得益于高比例的国际旅游者。荷兰受惠于大量来自边境交界的游客，主题公园年游览率高于欧洲平均水平。法国主题公园年游览率之所以高于欧洲平均水平，部分源于法国迪士尼的魔术王国，其接待游客量（年游客量达到 1250 万人次）比欧洲第二大主题公园高出 4 倍。英国和德国主题公园行业竞争十分激烈，但整体访问率均未超过 20%。波兰等东欧国家经济尚未发展到足以保障主题公园投资的阶段，但随着其经济的逐步强大和人们可支配收入的提高，主题公园访问率将呈上升趋势。

第三节 我国主题公园的发展历程

一、我国主题公园的发展轨迹

我国的主题公园行业起步较晚，经历了从传统的庙会、集市式的游乐场所到机械式游乐场所，然后，再到主题公园的一个过渡历程。在 20 世纪初叶，上海作为远东第一城，发展了许多游乐设施。其中，"大世界"便是把传统的庙会、集市节目表演集中在一个建筑综合体内形成的大型游乐场所。而现代意义上的主题公园直到 1978 年改革开放后才真正走上大发展的道路。香港亚洲电视台的老总邱得根先生，集资 1500 万港元，于 1979 年建成的以张泽端《清明上河图》为蓝本的"宋城"，开我国主题公园之先河。

此后，中国内地相继兴建了很多游乐性质的主题公园。1982 年，广东中山长江乐园是大陆建设的第一座突破传统的主题公园。中山长江乐园突破了以自然风景名胜和文物古迹的保护性修缮开发为主的"游山、玩水、看庙"的旅游形式，大胆地引进国外机械技术设施，形成以机械游乐为主要形式的主题公园，很快在国内掀起一股建设热潮。在一段时间内，这种类型的游乐场所曾风靡全国。香蜜湖中国娱乐城、深圳的深圳湾游乐场、广州的东方乐园和上海的锦江乐园等，就是在这个时期建造的。这些游乐场由一些外国引进的、简易的乘骑如过山车、碰碰车、旋转木马、摩天轮等组成，与欧美早期的娱乐园的概念是一致的。机械游乐场在风靡了几年之后，便开始沉寂下来。另外，国内出现了粗浅概念上的微缩景区或者叫主题公园的雏形，例如最初为了拍摄影视剧《红楼梦》而兴建的北京"大观园"以及河北正定的"荣国府"。

我国真正意义上的主题公园起步于 20 世纪 80 年代后期。首先中国台湾的主题公园在 80 年代获得大发展。到 80 年代后期，大陆的主题公园开发也开始兴起，其中标志性的事件就是启动目前世界上最大规模的微缩景区——"锦绣中华"的建设。"锦绣中华"由香港中旅集团投资 1 亿元港币兴建，并于 1989 年 9 月 21 日成功开业。此后，"锦绣中华"连续追加投资，目前已形成以"中国民俗文化村"、"世界之窗"、"欢乐谷"等四大主题公园为主体，以华夏艺术中心、欢乐干线、海景酒店、生态广场、雕塑公园、暨大中旅学院等为辅，集文化、旅游、娱乐、休闲、商务于一体，面积达 3000 平方米的旅游度假区，平均每年接待游客逾 500 万人次，居中国时下主题公园游客量第一位，是国内第一个在建设、管理、服务等各方面均接近国际水平的主题公园区。

据不完全统计，从 20 世纪 90 年代至今，我国的主题公园已经有 2500 多家，主题涵盖丰富，从中外名胜、历史古迹、神话传说、山海人文到休闲娱乐、科幻刺激等等，古今中外，无奇不有。发展区域已遍及全国绝大部分省市，据有关人士提供的数字表明，全国至少已有"西游记宫"近 40 个，各类"世界之窗"、"世界公园" 10 多个，已建和待建的大型"海底世界"类主题公园 10 余个。其中一些主题公园取得了很好的经济效益，如深圳欢乐谷主题乐园 2011 年全年入园人数达 330 万人次，经营收入、营业利润均大幅增长。深圳世界之窗到 2011 年，共接待游客 4415 万人次，经营总收入近 51 亿元，实现利润近 20 亿元。伴随全球主题公园业的发展，我国主题公园也逐渐得以成长和发展。

2004 年在上海召开的中国主要景点国际峰会上，中国旅游研究报告指出：中国现有 2500 多个主题公园，沉淀了 150 亿元投资，但是其中 70% 处于亏损状态，20% 盈亏持平，只有 10% 左右的主题公园有盈利能力。主题公园的建设一度陷入僵局。直到 2009 年我国迎来主题公园发展的一个新高潮。2009 年 11 月 1 日，梁山水浒文化主题公园启动仪式举行；2010 年 1 月 29 日世界上第一个以巧克力文化为主题的"世界巧克力梦公园"在"鸟巢"北侧广场开园，继在北京造成的轰动效果之后，于 2011 年 12 月 16 日至 2012 年 2 月 19 日在上海浦东喜马拉雅中心开园；而受迪士尼的刺激，民族品牌"喜羊羊"也开始谋划建设喜洋洋主题公园；2012 年 4 月 1 日海南省琼海市宣布正在策划建设一个占地 100 亩左右的"博鳌海洋家族"主题公园。新一轮主题公园建设热潮再次来临。

二、我国主题公园发展历程的分类

我国主题公园发展虽然起步比较晚，但是发展速度很快。由于研究方法和视角的不同，众多学者对于我国主题公园发展的历史阶段的划分也不同。其中较有代表性的观点可归纳为以下几种：

（1）魏小安等认为中国主题公园发展经历了起步阶段（1983～1988

年），中国内地开始建设主题公园；提升阶段（1988～20世纪90年代中期），表现为规模和质量的提升；反思和规范阶段，20世纪90年代下半期，开始注重论证、注重市场、注重文化内涵、注重精品意识三个阶段。①

（2）保继刚认为中国开发主题公园经历了两个阶段：第一个阶段是20世纪80年代中期以前以兴建游乐场为主；第二个阶段始于20世纪80年代末期，以仿古文化、民族文化、世界文化为主题。②

（3）庄志民认为中国主题公园已经历了三个发展阶段：第一阶段，临摹微缩景观，如"锦绣中华"；第二阶段，参与性的仿古、仿真景观，如"民俗文化村"；第三阶段，高技术含量的含义深广、情调浪漫、充满想象的、兼具游乐、休闲、观赏等多种价值的梦幻景观，如杭州的"未来世界"。③

（4）董观志认为如果从时间来划分，我国主题公园经历了探索性发展时期（1978年年底至1989年9月）、旅游主题公园概念化时期（1989年9月至1997年9月）及从1997年9月开始的把旅游主题公园建设成现代旅游目的地的发展模式演进时期。④另外，董观志认为如果从阶段特征来划分，我国主题公园大致经历了概念孕育、主题探索、形态诞生和成熟发展四个发展阶段。在概念孕育阶段，传统的主题公园虽然以民间艺术和节庆活动的形式出现，但已经孕育出了现代主题公园的一些基本要素，有的活动已经颇具规模。在主题探索阶段里，无论是国外还是国内，主题选择愈显鲜明，重点都放在"新奇、刺激"上，以满足游客多样化的需求。虽然这个阶段的游乐项目规模不大，但专业化游乐场的出现和科技含量的提高，给主题公园创造了"呼之欲出"的发展条件。在形态诞生阶段，我国首座主题公园——深圳"锦绣中华"的出现掀起了我国主题公园的建设热潮，使我国主题公园的发展实现了"从无到有"、"表现形式"、"技术手段"等的跨越。在主题公园的成熟发展阶段，主题公园有了"产品开发方面"、"经营管理方面"、"战略管理方面"的深化。

任何事物都有一个由量变到质变的过程，在这个过程中都有标志性事

① 魏小安、刘赵平、张树民：《中国旅游业新世纪发展大趋势》，广东旅游出版社1999年版。

② 保继刚：《武汉市主题公园发展探讨》，载《地域研究与开发》2000年第1期。

③ 庄志明：《旅游服务的八大文化趋势》，载《南开管理评论》1999年第5期。

④ 董观志：《旅游主题公园管理原理与实务》，广东旅游出版社2000年版。

件来显示事物的变化。在我国主题公园产业发展进程中，华侨城"锦绣中华"的建成和华侨城"波托菲诺"的成功对产业的发展来说是具有标志性意义的事件。1989 年 9 月由华侨城集团建成开园的"锦绣中华"是中国主题公园发展的里程碑，标志着在我国诞生了具有真正主题意义的现代主题公园。这形成一种示范作用，在全国掀起了一股建设主题公园的热潮，并使这种新的旅游形态在中国旅游业中的内涵得到了拓展和深化。2003 年，华侨城的旅游地产项目——波托菲诺销售金额超过了深圳地产的"老大"——万科深圳公司。此后，主题公园加地产模式成为华侨城的新模式，也影响着主题公园产业与各地政府的发展思路。中国的主题公园产业开始了多元化发展道路。

综合前人的研究成果，笔者认为可将我国主题公园发展过程划分为三个阶段：第一，起步时期（1978 年至 20 世纪 80 年代末）。从改革开放初期我国对主题公园的摸索探讨开始，到 20 世纪 80 年代末，为起步时期。第二，大发展时期（20 世纪 90 年代至 21 世纪初），从 20 世纪 90 年代开始，是我国主题公园大发展时期。第三，多元化时期（21 世纪初至今），我国主题公园逐步走向成熟，商业模式也有了很多中国自己的特点。

三、我国主题公园起步时期的特点

我国主题公园的发展始于 1982 年诞生于广东省中山市的首家大众游乐园"长江乐园"。长江乐园很快获得了良好的经济效益和社会效益，短时期内在全国引起了建设游乐园的热潮。1983 年广州东方乐园、南湖乐园建成，1984 年深圳湾游乐场、1985 年深圳香蜜湖中国娱乐城、太阳岛乐园及珠海"珍珠乐园"建成。另外，还有上海"锦江乐园"、北京"龙潭湖乐园"和"大观园"、四川"成都游乐园"、无锡"太湖明珠乐园"以及河北保定的"西游记宫"等相继建成。

从投资规模上来看，这个时期建成的主题公园投资额都在 1 亿元左右。从这些主题公园的名称可以看出，主题比较单调，以机械项目游乐为主。目标市场主要是在其所在城市及其周边地区，年游客量大约在 100 万 ~ 200 万人次。这个时期的主题公园主要聚集在珠江三角洲地区，呈现总体数量不多、区域布局聚焦化的特征。地域分布的不均衡性，说明了主题公园对城市发达程度的依托性。旅游业的发展与所在城市的经济发达程度有明显的相关性。主题公园作为一种现代旅游产品，从其诞生时就与城市有着紧密的联系。主题公园活动设施越来越多地与城市空间单元交织在一起，使得主题公园旅游活动成为改变现代城市空间的重要力量。主题公园与城市之间的相互影响、相互作用，一方面使一些城市的旅游感知形象强化；另一方面，城市的发展对主题公园的区域影响作用也是不可忽视的。主题公园和区域经济的协调发展关系在第十章展开论述。

另外，这个时期的主题公园盈利模式比较单一，仅是以门票收入为主，抗风险能力较低。从经营情况来看，机械游乐园效益期不长。国际旅游协会第一个中国会员广州东方乐园曾经创下了中国日游客 10 万人纪录，由于固守单一的盈利模式、不变的产品形态，最终在 2004 年 9 月 7 日宣布歇业。深圳湾游乐场投资 6000 万港元建成，到 1990 年却只能以 300 万元人民币贱卖并改建为中华民俗文化村。中国娱乐城投资 1.8 亿元港币，从 1987 年开始接待人数逐年下降，至 1994 年陷入困境。广东的几个游乐园中只剩下南湖乐园仍在惨淡经营。而这一时期的主题公园营销观念局限于项目推销。生产企业只按自己的想法生产产品，很少根据客源市场变化来调整营销策略。其核心概念是"你买我卖"，出发点是短期利益。营销管理追求的目标是单纯交易的利润最大化，以价格竞争为主。主题公园的经营者更多关注的是市场占有率，而不是游客的回头率及其忠诚度。

总体来说，这一阶段我国主题公园的特点有：

（一）主题的单调性

"主题"代表着一种个性，是吸引游客和获得利润的关键。中国主题公园在起步阶段的发展模式都比较单一，主要以游乐、观赏型的人造景观为主。这一时期的"长江乐园"、"东方乐园"、"南湖乐园"、深圳"香蜜湖中国娱乐城"、"太阳岛乐园"及珠海"珍珠乐园"、深圳"湾游乐场"、上海"锦江乐园"、北京"龙潭湖乐园"和"大观园"等主题公园多是"游乐主题"的模式。主题的单调性，使得中国主题公园在起步阶段的发展具有局限性。另外主题的单调性，使得主题公园产品更易模仿。

（二）产品单一性

活动设施是满足旅游者娱乐需求最主要的硬件。起步时期我国主题公园的活动设施局限于单纯的机械游乐和惊险刺激，主要表现为以机械游乐为特色、追求喧哗刺激的游乐活动。活动设施类型单一性使得旅游者的游乐方式机械化，可参与的活动内容比较少，不能满足旅游者的多样化需求。在休闲娱乐活动方式上，以"景静人静"、"景动人静"的观看模式、和"景动人动"的参与模式为主。但观看模式和参与模式相对独立，没有做到几种模式之间的互动。例如深圳香蜜湖中国娱乐城内设的30多项从日本和意大利引进的大型水陆机动游艺机和近50项儿童游乐项目就是以"景动人动"的单一模式为主。在起步时期建成的这些游乐园，多是从博览的形式让旅游者增长知识、感受旅游情趣。为了增加游客参与性，这一时期的主题公园均在其后期发展的阶段中渗透了一些节目表演，逐渐使游客感受到了多种互动的娱乐模式。但主题公园产品主要以游乐为特色，缺乏文化性。产品的单一性不能满足游客的多种游乐需求，忽略了游客的心理需求动向。

（三）缺乏文化性

在开发与规划理念上，这个时期的主题公园还没有在文化上做到深度挖掘，使得主题公园产品欠缺文化底蕴和附加价值。在这种建造理念的指导下，主题公园产品显得单一，而且缺乏能够持久吸引游客的魅力。由此，在主题公园整个生命周期中，巩固阶段持续时间短，致使停滞和衰落阶段过早地到来。在我国主题公园的起步开发时，制作手段机械化，主要运用建筑模拟和机械控制运作，做工技术较粗糙，给游客的震撼力不够大。建园理念，多采用传统园林形态的观景造园理念。这种造园理论的出发点都是为少数人服务的，因而它的美的吸引力具有较大局限性。

四、我国主题公园发展时期的特点

1991年，国务院办公厅明确了旅游行业和行业管理的范畴，并成立了国家旅游事业委员会。1992年，中共中央、国务院在《关于加快发展第三产业的决定》中，把旅游业列为加速发展的重点产业。1995年，中共中央十四届五中全会又把旅游业确定为第三产业中积极发展的新兴产业序列的第一位。1999年的中央经济工作会议把旅游业列入了国民经济新的增长点之一。政府的一系列政策，不仅使旅游业有一个良好的发展环境，而且为主题公园的发展也提供了良好的平台。

20世纪90年代以后，尤其从1996年实行双休日以来，人民群众收入上升明显，生活水平普遍显著提高，个人可支配休闲娱乐时间长，国内旅游得到迅猛发展。我国旅游市场由单一的观光型旅游向多功能复合型旅游发展，由低层次的山水自然美的消遣旅游向高层次的度假、文化旅游发展。旅游消费者已不满足于走马观花式的山水风光旅游，而是追求"回归自然"和特色旅游，要求在新颖、动态的景点中通过参与、体验去求知、求新、求奇、求乐，要求同时满足行走、居住、饮食、游玩、娱乐、购物等需求。进入 21 世纪，经济发展对旅游业带来了新的冲击。据世界旅游组织（World Tourism Organization）业务理事会在一份名为"休闲时间对旅游业的冲击"的报告中预测：尽管 21 世纪旅行人数会增加，但人们花在旅游娱乐的时间会减少。这份报告认为 21 世纪的旅游者将有足够的金钱，但缺少时间，他们会寻找那些能在最短时间内提供最大欢娱的旅游产品。同时，由于工作压力加大，许多人会选择充分放松的旅游方式。从旅游管理者和开发者的角度来看，旅游供给体制和旅游开发方式也发生了相应变化。这些都对主题公园的进一步发展提供了广阔的舞台和空间，使得主题公园成为极有前景的旅游开发方式。

　　1989 年 9 月深圳"锦绣中华"开业，体现了我国文化主题公园建设高潮的到来，随后无锡吴文化公园、北京世界公园、云南民族村等相继建立。这些以仿古文化、民族文化、世界文化为主题的文化主题公园的兴起标志着我国主题公园进入了一个新的阶段，标志着旅游业上了一个新台阶，反映出旅游需求多元化和供给丰富化时代的到来。在这个阶段中，主题公园的总体数量增长很快。据有关部门的不完全统计，我国主题公园总体数量是以每 3 年上一个台阶的速度呈梯级增长态势：1989 年年底，有 30 多个（当时称之为"人造景观"），1993 年年初，增至 600 多个（当时称为"人工景区"），1996 年年底，发展到 1730 多个（当时称为"主题公园"），2002 年已达到 2500 多个。

　　我国主题公园的类型不仅仅局限于游乐园，而是呈现了目的地主题公园、地区性主题公园（游乐园）、地方性主题公园、小规模主题公园等多种类型并存的局面。由锦绣中华、世界之窗、中国民俗文化村、欢乐谷组成的华侨城投资总额超过约 10 亿元，年游客量达到 500 万人次，属于目的地主题公园类型。占地 0.53 平方公里的珠海圆明新园，投资 1.75 亿元人民币，其年游客量约 150 万~350 万人次，属于地区性主题公园。在这个发展阶段，仍然有新建成的游乐园，如苏州乐园，还有更小规模的主题公园，如青岛海洋馆。

　　从宏观上来看，大发展时期的主题公园空间分布格局呈现多元化、聚集化的特征。多元化，是指相对于中国主题公园在起步时期主要聚集于珠江三角洲的状况，大发展时期则主要集中在珠江三角洲、长江三角洲和环渤海地区等沿海地区，具体形成了以深圳、上海、无锡和北京四大城市为中心的主题公园群落。在中西部地区的成都、武汉、长沙等省会城市近年来也陆续兴建了一些颇具规模的主题公园。这种空间分布格局同我国区域经济发展水平、国内游客的地域分布和消费现状基本一致。从微观上来看，不同类型和规模的主题公园，位于城市的不同位置。投资规模大、占地面积大的主题公园，一般在大城市边缘区选址。因为城市边缘用地限制性较小，地价也相对便宜。而依附于所在城市客源的中小型主题公园，一般则建在城市的中心地带。

从经营方式上来看，逐渐形成主题公园产品的综合经营与关联产业延伸经营的模式。如深圳华侨城两大景区单是矿泉水、伞、盒饭这三种商品年利润就在千万元以上，另如纪念品、印刷品制作，广告、运输、演出、花木生产的专业化经营都能减支增收。以满足游客需要为出发点，运用灵活多变的经营管理方式为客人提供多种多样的服务设施和项目，不仅能通过非环境塑造手段主动地提升其文化与商业价值，而且促进了游客的二次消费，不断提高了主题公园的盈利能力，从而总体上有利于改变主题公园过于依赖门票收入的经营策略，延长了产品的生命周期。在设施设备等硬件的日常管理上，如环境卫生、设备维护等，我国主题公园日趋完善。如锦绣中华"全过程跟踪清扫"、"陪游园式闭园"、"洗手间文化"对其发展起了不可忽视的促进作用。在软件的经营管理上，我们应该把主题公园当做一项文化产业来经营，打文化品牌、营造文化氛围、用文化品位吸引游客。主题公园的魅力就在它的主题里，就在它的文化品位上。各个主题公园在创意、规划、设计时，都会有一个文化定位，从经营者、管理者直到每一个服务人员都要努力提高文化素质、提高管理和服务水平。

这一时期的主题公园经营理念也与起步时期完全不同。进入 20 世纪90 年代，以推销为主的主题公园产品已不能满足游客个性化的娱乐需求。一方面，以资本为核心资源的工业社会向知识经济转化过程中产生的生产交换模式发生了变化，以因特网为代表的信息技术飞速发展和以其为依据的消费者意识的转化和成熟度的提高，加剧了需求的个性化和多样化趋势；另一方面，随着市场竞争加剧，主题公园产品在技术上、主题上的易被模仿性，使得它的优势十分短暂。在这种背景下，我国主题公园的营销理念转变为以顾客为导向的市场营销理念。它要求企业正确判断目标市场的需求与欲望，利用各种营销技术，以高效、有利的方式传送目标市场所期望满足的产品。例如，深圳华侨城的"世界之窗"主题公园深入分析了消费者的心理和求知欲望的需求，在迎合目标对象所处的特定文化背景和心理需求的同时，也成功地建立起品牌。华侨城在开发时注意整体规划，联手营销具有突出互补性的"锦绣中华"、"民俗文化村"、"世界之窗"组合，以集团优势推向市场，因而占领了游客的心理制高点。杭州宋城在公关策划与广告宣传方面，尽量使每个到杭州的旅游者至少能接触到宋城的广告十次，这也是在以顾客为导向的市场营销理念下的提升其商业价值的营销策略。

总体来说，大发展时期我国主题公园的特点有：

（一） 主题的多样性

除了游乐、观赏型的主题外，这个时期的主题公园更多地借助文化、科技等手段，表现出丰富多样的主题，从而革新了以机械游乐为主题的游乐园。主题的创造手法有"小题大做式"、"古题今做式"、"借题自做式"、"一题多做式"等，也呈现了多样化的特征。这个时期主题里逐渐融入了文化内涵与审美功能。我国丰富的传统文化是主题开发最主要的源泉。

除了以游乐和将古典文学名著中的建筑、人物、重要情节形象地再现出来的旧式主题外，从主题内容看大致有以下几种新类型：（1）将中国或某一地域的名胜微缩荟萃于一园，如深圳锦绣中华、太原三晋览胜微缩景区；（2）形象地表现中华民族传统文化，如福州中华民族文化大观园、无锡吴文化公园、武汉东湖楚文化旅游区、杭州宋城；（3）展现少数民族风情，如深圳的中国民俗文化村、昆明民族园；（4）表现神话传说、宗教故事，如山东八仙幻宫、四川丰都鬼城；（5）以历史题材及历史人物为主题，如北京秦始皇艺术宫、河南天波杨府；（6）移植国外名胜，如深圳世界之窗、北京世界公园；（7）用高科技为手段，表现宇航、科幻等主题如中山市宇游科幻城。

（二） 游乐多元化

注重游客的参与性。大发展时期主题公园的活动设施已不再局限于单纯的机械游乐、惊险刺激型，而是集文化、教育、科技与游乐为一体，呈现出多元化、巨型化、情节化和环境化的局面。同时设备的造型设计中常融入一定的故事情节及与之适应的环境因素，使之更富戏剧性，这是主题公园活动设施内涵丰富发展特征的主要表现。活动设施的多样化及内涵丰富突破了起步时期仅仅满足游客的感官刺激娱乐需求的情况，更多地融入文化性，寓教于乐，满足了多种娱乐需求。许多旅游主题公园已经致力于追求景区与游客之间的"互动关系"。"景静人静"、"景动人静"的观看模式和"景动人动"的参与模式之间实现了互动。从博览的形式让旅游者增长知识、感受旅游情趣到邀请游客参与节目表演，使游客感受到了多种互动的娱乐模式。主题的多样性满足了游客的多种游乐需求。

（三）制作高科技化

主题公园的设计建造上灵活运用各种技术，切合主题公园主题多元化的潮流。我国主题公园的主题选择日趋多元化，从"锦绣中华"模式的"仿景观"概念和"民俗村"模式的"仿文化"概念，到出现"真景观"和"真文化"概念，以及"仿"与"真"二元复合型概念。在注重继承自然遗产和历史文化遗产的基础上，开始了对现代文明成果和高新技术的转化应用，乃至对未来文明的探索。在建园理念上，突破了传统园林形态的观景造园理念，形成了以"主题"为线索、以满足游乐需求为目标的新造园理念，使人们走出了"小桥流水"、"曲径通幽"、"亭台楼阁"的"诗情画意"，走进了求新、求奇、求知、求趣的"主题娱乐"环境。在制作手段上，从运用建筑模拟和机械控制动作，发展到运用高科技手段制作大型项目。如深圳"世界之窗"，建设者们按照"纵览世界，汇集精华，尊重历史，突出重点"的建园原则，在"模仿"和"再造"的过程中，力求做工技术完美，让游客感觉艺术的魅力；力求景观环境真实，让游客有身临其境之感；力求景区氛围宏大，给人以强烈的震撼力。为了追求"世界之窗"世界广场晚会表演的震撼效果，1999 年 9 月，深圳世界之窗对现有的世界广场舞台进行了科技概念包装，使整个广场形成 360 度全景式表演区域。

（四）改变传统旅游方式

我国主题公园在大发展时期，不仅从自身的基本要素上得到了内涵上的扩张，而且从其发展的外延来看，主题公园已经成为一种改造旅游资源的方式。主题公园概念影响了像博物馆、展览馆、植物园、动物园等传统旅游资源的改革。以主题公园方式来改造这些传统旅游资源，在原有景观基础上，提升景观的主题，挖掘内涵，丰富文化内容，提高景点品位，产生了诸如展示植物生态及地理环境的植物主题园、展示动物生存环境和习性的动物主题园（野生动物园）和可让游客参与劳动和收获的农业主题园等，从而使传统旅游资源获得了新的发展空间。如前苏联退役航空母舰"明斯克"号经过修复停泊在深圳大鹏湾，成为当时世界上唯一的以4万吨级航空母舰改造成的大型军事主题公园。

第四节 我国主题公园的发展现状

一、我国主题公园发展现状描述

（一）主题公园的类型

从广义上来讲，我国主题公园的类型丰富。不仅有许多各种人为建造的游乐园，比如华侨城、宋城、民俗文化村、科幻城、大观园，影视城等，也有各种以自然人文资源为基础衍生的主题公园，包括各种森林公园、动植物园、地质公园、温泉公园、海洋公园、历史文化公园和城市公园等。我国主题公园的类型基本涵盖了科学、历史、文化、生态、游乐等门类。这是主题公园大发展时期以来主题公园业在横向领域开拓的表现，但也反映了"博而不精"的问题。种类繁杂，但是能发展壮大、作为典型示范的例子却不多。表2-1列举了我国一些可作为典型示范的主题公园例子。

表2-1　　　　　　　　我国主题公园典型示范的例子

主题类别	典型例子
民俗风情	民俗文化村（深圳、海南、云南、桂林、西安、北京）
生物景观	香江野生动物园（广州）、水族馆（北京）、海洋公园（香港）
历史文化	三国城、水浒城（无锡）、宋城（杭州）、太平天国城（南海）
微缩景观	锦绣中华（深圳）、世界之窗（深圳）、老北京微缩景园（北京）
体育运动	奥林匹克公园（益阳）、东方绿舟（上海）
娱乐运动	长隆欢乐世界（广州）、乐满地（桂林）、欢乐谷（深圳）

（二）主题公园的数量、分布和规模

据有关资料统计，目前我国各类主题公园大约有 2500 余个左右，其中有超过 30 个大型现代主题公园。这个数字和欧美及日本等发达国家相比虽然有一定的差距，但是随着我们的经济快速发展，以及 1996 年以后我国第二轮主题公园建设热潮的兴起，我国的主题公园数量将保持稳定增长的势头。20 世纪 90 年代经历了倒闭狂潮后，主题公园建设改变了"只求大，不求新，不求强"的模式，2002 年以来新建的主题公园在单个面积上有了收缩，但在投资建设的资金方面却有大幅度的提高，从侧面反映了我国主题公园的建设质量水平显著提高。

从主题公园分布的空间区位来看，主要集中在珠江三角洲、长江三角洲和环渤海地区等沿海地区。如果由南而北来看，已经形成以深圳、上海、无锡和北京四大城市为中心的主题公园群落。近年来中西部地区的成都、武汉、长沙等城市也陆续兴建了一些颇具规模的主题公园。

在规模上，从中东西部来看，东部的主题公园规模较大，大多数大型主题公园集中在珠江三角洲、长江三角洲和环渤海地区等沿海地区；中、西部次之，西部在数量上和规模上有超越中部的趋势。可能的原因是西部地区土地资源成本较低，并且政府推动的积极性较高。这种分布格局同我国地区经济的发展水平、国内游客的地域分布和消费现状基本吻合。经济发达地区仍是公园建设的首选，产业集聚将围绕这些经济发达的大中心城市展开；同时随着交通状况的改善，以特大城市为中心的"一小时经济圈"、"两小时经济圈"建设将会使中心城市的主题公园辐射距离更远，这也将加剧主题公园产业的集聚程度。

（三）主题公园的盈利状况

我国主题公园的建设轨迹是由深圳、上海、无锡和北京这几个城市蔓延到大部分省市，但随着市场竞争的加剧，一大批主题公园倒闭，目前看来经营状况比较好的区域仍是经济比较发达的两个三角洲地带和京津地区。

华美首席知识专家赵焕焱曾透露，目前中国有 1500 亿元巨资被套牢在 2500 多个主题公园上，其中 70% 处于亏损状态，20% 持平，仅有 10%

左右盈利（见图2-1）。① 大部分主题公园能够盈利或者维持经营的关键原因在于依靠"房地产链条"的"圈地吸金"模式。

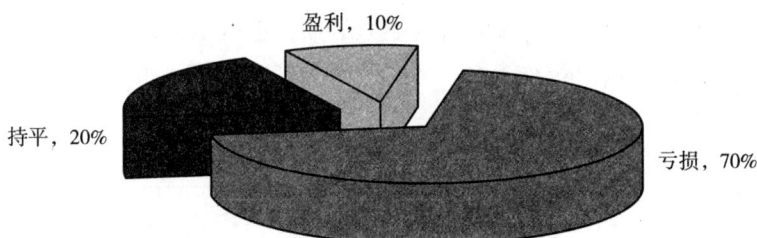

盈利，10%

持平，20%

亏损，70%

图2-1 我国主题公园盈利情况

本书选取华侨城、世博股份和大连圣亚、中视股份（第一控股股东为中央电视台无锡太湖影视城）四家主题公园上市公司分析其盈利状况。所引用数据主要来自深交所和上交所网站刊登的各上市公司有关年份的年报、半年报和季报，或根据财务报表基本数据自行计算所得。

1. 资产状况

从表2-2中可以看出，华侨城已当之无愧地成为我国主题公园行业的龙头企业，而且其领先优势在近几年不断扩大。根据2006年的数据，当时华侨城的资产规模为70.91亿元，为世博股份的5倍，为大连圣亚的10.83倍，两年之后差距已经翻番，规模效应和品牌效应作用非常明显。另外三家企业资产规模略显薄弱，特别是大连圣亚和世博股份经营范围较为单一，需要更多地引进新的实力股东，大胆拓展业务，力争做大做强。

表2-2　　　　　　　　主题公园上市公司 **2008 年资产状况**　　　　　　　单位：亿元

	华侨城	中视传媒	大连圣亚	世博股份
资产总额	139.47	17.93	6.01	12.39
净资产	55.84	8.44	2.66	5.73
负债总额	70.36	9.25	3.09	4.24
资产负债率	50.45%	51.59%	51.41%	34.22%

资料来源：各上市公司 2008 年财务报表。

---

① 杨倩：《主题公园项目仍未停建，全国1500亿元被套牢70%亏损》，载网易新闻 http：// news. 163. com/11/0826/10/7CCIL80800014AEE. html。

2. 盈利能力

2008 年报数据显示四家公司营业收入规模相差较大，这基本上是由各自的资产规模所决定的。

四家上市公司中华侨城的盈利能力最强，也就是说投入同样数量的资本，华侨城有更强的获益能力，可以获得更多的利润，如表 2-3 所示。

表 2-3   主题公园上市公司 2008 年盈利状况   单位：亿元

	华侨城	中视传媒	大连圣亚	世博股份
资产总额	139.47	17.93	6.01	12.39
净资产	55.84	8.44	2.66	5.73
营业收入	34.91	9.92	1.10	4.98
净利润	9.17	0.54	0.036	0.27
净资产收益率	16.4%	6.43%	1.37%	4.73%

资料来源：各上市公司 2008 年财务报表。

从外部大环境来讲，2008 年奥运会和国家对旅游行业发展的扶持政策营造了一个很好的环境，但是我国旅游业上市公司整体盈利能力不强，净资产收益率远低于市场平均水平，表现出明显的"行业强、企业弱"的特征。具体来看，旅游行业中的主题公园企业也是微利居多。华侨城盈利能力良好，但这主要得益于来自房地产领域的巨额投资收益，而非来自旗下主题公园的利润；世博股份能维持 4.73% 的水平也是其控股的房地产公司世博兴云成功运作了世博生态社区项目，而其主营的世博园区已经每况愈下，据报道 2003~2006 年世博园接待游客逐年下降，分别为 198 万人次、177 万人次、156 万人次和 136 万人次；年均门票价格逐年下滑，2004~2006 年依次为 59 元、52 元和 49 元。同样，大连圣亚的财务数据也不容乐观，主要是主题公园盈利能力偏弱和费用控制不力所造成。由此可见，近几年即使是资质较好的上市企业的主题公园业务也略显疲软，公园自身的盈利能力下滑，更多地需要开拓其他业务以带动利润增长。

二、我国主题公园发展过程中的优势

与国外主题公园相比，我国主题公园在发展过程中，仍然具有一定的优势。具体表现在以下几点：

（一）旅游资源丰富，开发基础好

在主题公园的整个价值链上，处于前端的就是开发与规划。我国可用于主题公园开发规划的物质资源与非物质资源非常充足，受限条件少，我国丰富多样的自然地理景观和深厚的历史文化底蕴可以形成数量众多、类型多样、质量优良的旅游景观。目前我国主题公园已经具有了展示型、体验型、互动性、复合型等多种产品形态，形成了集景观展示与参观游览、动态表演与休闲娱乐、旅游主题与影视拍摄、科技游乐与互动参与于一体，具有一定规模和复合功能的产品体系，能够满足人们多样化的休闲娱乐需求。

（二）产品具有独创性，受众范围广

目前，我国的主题公园多数以中国传统文化为立足点，对历史朝代、古典建筑、民族民俗文化等资源进行开发。其中典型例子有锦绣中华微缩景区、中华民俗文化村、宋城、大唐芙蓉园、横店影视城。它们充分利用中华文明的不可替代性与独特性，以新型旅游资源开发模式展现了我国传统人文主题，使主题公园项目能够契合广大受众的文化心理，容易引起共鸣，因此，我国主题公园产业具有深厚的群众基础和受众支持。

（三）文化需求旺盛，市场潜力大

旅游业的发展是以良好的宏观经济基础和高国民收入为前提的。我国经济保持高速增长，居民可支配收入持续增加，人民生活水平不断提高。国际经验表明，在恩格尔系数下降到30%～40%，人均GDP达到2000～5000美元之间，是从"小康"迈向"富裕"的阶段。2005年我国人均GDP为1700美元，2011年人均GDP飙升到5540美元，其中发达中心城市地区超过10000美元。随着人们收入的不断增加，我国居民的恩格尔系数将发生重要变化。我国正从"需求社会"向"丰裕社会"转化，旅游业的发展告别了短缺经济时代需求动力不足的环境，市场条件发生根本性好转。伴随着旅游消费市场的不断扩大，我国主题公园产业的发展市场空间也变得广阔起来。当前消费者更加重视旅游服务和产品的综合价值，尤其是对于旅游目的地的特色性、旅游产品的新颖性、旅游体验的多样性以及旅游内涵的文化性提出了更高的要求。这些旺盛的需求因素带动了主题公园旅游产品的供给以及主题公园项目建设水平的提升，为我国主题公园的产业升级提供了良好的市场条件。

三、我国主题公园发展过程中遇到的问题

目前，我国的大型主题公园主要集中在以广州、深圳为主体的珠江三角洲，以上海、苏州和无锡为代表的长江三角洲以及环渤海地区。此外，在长沙、武汉、成都、重庆等中西部地区城市也分布有较大规模的主题公园，同时国内其他各地新建及拟建的各类主题公园数以百计。我国主题公园的区域性竞争异常激烈。例如，仅在上海就有锦江乐园、上海森林公园、浦东世纪公园、梦幻乐园，以及南上海水上乐园、南华水上乐园、夏威夷水上乐园以及新开园的上海欢乐谷等大大小小近40个主题公园，其中绝大部分公园都存在产品雷同、缺乏特色等问题，从而造成了同一市场区域内各主题公园之间的恶性竞争。具体的，我国主题公园需应对的问题有：

（一）盈利模式单一

综观全球的各类主题公园，它们的盈利模式主要由以下几种盈利方式混合：

（1）提供初级体验（经历）的机会出让，如出售门票；

（2）提供有助于丰富体验（经历）的相关服务以及相应的服务体验本身，如提供餐饮，住宿服务；

（3）出让围绕旅游者（潜在旅游者）的消费能力所带来的可能的收益机会，如旅游区内的招商、景区节庆活动商业赞助；

（4）获取资本投入后在旅游项目所在地溢价收益的其他商业开发，如景区、旅游目的地的房地产开发；

（5）出让、出售具备知识产权特点的商品，如玩具、旅游工艺品、纪念品等；

（6）提供保证旅游景点景区内居民可以市场化的公共服务，如供水、供电等。

目前来看，国内的多数主题公园存在盈利模式单一的问题，门票收入占整体收入的80%以上，来自餐饮、娱乐等方面的收入甚少。而国外主题公园的门票收入在整体收入中占50%~60%，餐饮和购物占30%左右。

国外的实践经验证明，主题公园发展商通过合作开发销售有关主题的系列产品，不仅提高了主题公园的重游率，还带来了丰厚利润回报。例如出售主题产品便是主题公园产业的重要衍生物，是扩大主题公园市场影响、缓解主题公园投资风险的有效方法。但是我国的主题产品衍生产业尚未形成，因而未能给主题公园带来丰厚的盈利。

（二）主题缺乏创意，模仿、雷同现象较普遍

主题是主题公园的灵魂，因为主题公园对旅游者的吸引力和震撼力很大一部分来自有创意的、高品位的主题思想。我国主题公园的开发大多都缺乏新颖、有影响力的主题。许多主题公园仅是简单地模仿成功案例运营模式，而没有自己的核心亮点，没有去开发特色化的游戏产品与娱乐项目，虽然项目繁多，但没有精品，没有一个独特鲜明的主题去吸引消费者。如，从山海关到秦皇岛160公里长的海岸线上，3年内竟先后建起了30多个"西游记宫"，而全国近些年总共兴建了460多个"西游记宫"。主题公园其实是一种典型的创意产业，其独特新颖的"创意"便是其至关重要的核心竞争力。因而主题缺乏创意和雷同，成了国内大多数主题公园失败的根本原因。

（三）国内主题公园缺少专业的策划团队

与国外的主题公园相比，国内的主题公园很少有自己的专业化策划团队，主题公园的开发、设计、建设、经营过程涉及多种学科的专业知识技能，如市场调研、旅游规划、城市规划、建筑设计、园林设计、景观设计、工程施工、行业管理、宣传促销等，这就需要有一个各有所长的专家组来进行设计。国外一般由发达的咨询行业来组织策划。但由于我国针对主题公园的咨询行业很不发达，使得主题公园设计专家队伍的组织相当困难。例如，主题公园的生存发展必须依靠目标客源市场，从客源市场与交通条件及区域经济发展水平等方面入手，充分调查研究目标市场，做好可行性分析。但一些主题公园的投资经营者往往忽略这些客观原因，高估客源流量及人均消费水平，在没有做好充分调查的情况下便盲目投资开发，最终因为客源不足等原因，导致公园在开园后不久便因亏损而关闭。

（四）经营管理模式落后

我国的主题公园普遍存在经营方式僵化、管理技术落后、游乐设施陈

旧等缺陷。许多主题公园的经营方式单一，大多数经营管理缺乏主动服务和个性服务，园区内多以行业中的标准化和规范化的常规服务为主，注重静态观赏而少有参与性活动，缺乏游客融入主题情境的机会，降低了游客刺激体验的深度，无法满足游客日益提升的多层次心理要求。

（五）各地盲目开发造成恶性竞争，政府缺乏有效的宏观调控和管理

我国主题公园建设一直缺乏权威机构统一管理规范，各地项目投资建设比较随意。地方政府只盯着主题公园的预期利益，对本地发展主题公园的客观条件缺乏周全的考量，最终因政府宏观调控不得力，行业内部管理混乱，引发了同一地区内主题公园重复建设，形成恶性竞争，而且质量低劣的项目危害了主题公园整体产业的发展，盲目建设如不及时控制，将给主题公园行业带来巨大损失。另外，国家没有专门的主管单位部门对主题公园进行管理、监督和调控，经常产生资金流失，土地被占用等问题。表2-4是国内主题公园和国外主题公园的对比分析。

表2-4　　　　　　国内主题公园与国外主题公园对比分析

主要问题	国内情况	国外情况
盲目开发、重复开发、无序开发竞争严重	国内20年间，增加了2500个主题公园	美国50年，增加了30个主题公园
主题公园规模与区域有效客源不匹配	人均主题到访率不足0.25，人均消费不足12美元	人均主题到访率0.8，人均消费46美元
主题特色不足、粗制滥造，吸引力不足	重复模仿太多，人工痕迹太多	有专业创新研究团队，申请专利多
参与性游乐项目过少，重游率较低	顾客停留时间大约2~4小时	顾客停留时间6~12小时
持续创新不足，市场影响力逐渐降低	大部分后续投资	每年新内容的投资占全年总收入的4%~5%
人才不足，经营管理模式落后	有专业经验的管理人才少	员工工资占45%~60%，以高薪留住专业性人才
收入结构单一、衍生产品不足	国内80%来自门票收入，其他商品经营只占20%	国外门票收入只占20%~30%，其他经营收入占大多数
营销方式落后、品牌创造不足	国内有知名度的主题乐园数量少，经营营销模式落后	国外市场开发费用占总经营成本的9%~15%

第三章

主 题 公 园 的 理 论 基 础

第一节　主题公园的产业定位

一、主题公园产业的旅游定位

（一）旅游的定义与特点

旅游的定义大体可以分为两类：一类是概念性定义，是对某一类事物本质特征的概括，从理论抽象出发提供一种观念性的理论框架以确定概念的本质特征，往往是抽象的，操作性不高；另一类是技术性定义，是为实践运用作出的定义，以便进一步明确概念性定义的内容和范畴，明确具体分类指标，使对象明细化，便于实际操作。一个概念既给出概念性定义，也给出技术性定义，是国际上理论研究的一贯做法。

一般旅游的概念性定义："旅游是一种休闲活动，目的在于消遣、休息或是为了丰富其经历和文化教养"。这里将审美、消遣和自娱作为旅游活动的本质。

根据世界旅游组织和联合国统计委员会推荐，旅游的技术性统计定义："旅游是人们为了休闲、商务和其他目的，离开他们惯常的环境，到某些地方去以及在某些地方停留，但连续停留时间不超过一年的活动"。旅游目的包括六大类："休闲、娱乐、度假"、"探亲访友"、"商务、专业访问"、"健康医疗"、"宗教/朝拜"、"其他"。

不同学者对旅游的本质进行了多角度的阐述。罗马大学讲师马里奥蒂

1927 年在其代表性著作《旅游经济讲义》中首度从经济学的角度对旅游现象作了系统的剖析与论证。他在对旅游活动的形态、结构和活动要素的研究中得出一个结论：旅游活动是具有经济性质的一种社会现象。德国学者蒙根·罗德认为旅游是一种社会交往活动，即旅游从"狭义的理解是那些暂时离开自己的住地，为了满足生活和文化的需要，或各种各样的愿望，而作为经济和文化商品的消费者逗留在异地的人的交往"。美国著名旅游人类学家纳尔逊·格雷本率先提出：旅游是具有"仪式"性质的行为模式与游览的结合。他认为，那些带有自我考验性质的、艰苦的旅游，如探险旅游、野外生存等，则是一种界标式的人生通过仪式，经过这种"仪式"的考验，人们会变得高兴、愉悦，并创造出一种新的精神面貌。

我国学者沈祖祥认为，本质上旅游"是一种文明所形成的生活方式，是一种文化现象、一个系统，是人类物质文化生活和精神文化生活的一个最基本的组成部分，是旅游者这一旅游主体借助旅游媒介等外部条件，通过对旅游客体的能动的活动，为实现自身某种需要而作的非定居的旅行的一个动态过程的复合体"。经济学家于光远认为："旅游是现代社会中居民的一种短期性的特殊生活方式，这种生活方式的特点是：异地性、业余性和享受性"。在这里他特别强调了旅游是一种"异地性、业余性、享受性"的生活方式。学者冯乃康指出："旅游的基本出发点、整个过程和最终效应都是以获取精神享受为指向"。因此，"旅游不是一种经济活动而是一种精神活动，一种综合性的审美活动"。

事实上，形成上述对旅游本质不同看法的原因在于，混淆了旅游的概念性定义和技术性定义。认为旅游本质是休闲和审美的观点，是从旅游的概念性定义出发的，而认为旅游是一种经济行为的观点，是从旅游的技术性定义出发的。笔者研究认为，纯粹的旅游活动本质上属于休闲活动范畴，是一种出于旅游活动主体获得精神愉悦和审美体验的需要的社会性活动，但这种社会性活动客观上产生一系列经济行为和经济影响。因此，出于对这一社会性活动研究的需要，我们有必要进行技术性定义，来实现对旅游这一越来越普遍的大众行为的研究。从这个立场来讲，旅游具有一定的经济性。

在发达国家，社会发展更追求一种以人为本的发展价值观，注重人类的全面进步，旅游作为一种促进人们精神愉悦、身心健康，并能从体验中增长知识的活动，已经脱离了大众旅游的层次，进入到促进身体健康、人格健全的一种休憩型活动和福利，是一种社会进步的表现。

（二）旅游产业的定义与特点

旅游产业是指为了充分满足旅游者的旅游消费需求，由旅游目的地、旅游客源地以及两地之间的企业、组织和个人通过各种形式的结合，形成了旅游生产和旅游服务的一个有机整体，这个有机的整体可成为旅游产业。我们知道，旅游经济活动实际上是以市场交换联结的旅游供给和旅游需求的相互活动，而这种活动的实现是通过旅游产业的运动来完成的。因此，从这个意义上来说，在商品经济和商品交换条件下，旅游经济运行的主体是旅游产业，旅游产业不仅是实现旅游者活动的一种供给表现，同时，也是推动旅游经济运行与发展的一种主体力量。

旅游产业的概念之所以难以把握，原因在于旅游产品的特殊性。作为社会分工发展的产物，旅游产业是一个内涵和外延都非常宽泛的产业。这里仅用为游客提供产品或服务这一基准来判断，旅游产业就不仅包括旅行社、旅游公司、旅游饭店和旅游景区等直接为旅游者服务的旅游企业以及旅游行业管理部门，也包括交通运输业、零售业、餐饮业、公共设施服务业、娱乐服务业、信息咨询服务业等部分为旅游者提供产品或服务的企业。旅游产业所包含的范围小到企业的某个部门、单个企业，大到整个行业、整个产业，体现出较强的层次性，这是任何别的产业所无法比拟的。旅游产业又是一个消费趋向型产业，它是应旅游者的需要而产生的综合性、跨行业、跨产业的特殊产业，具有很强的联动性。旅游产业几乎涉及所有传统意义上的产业，这些产业都或多或少地与旅游产业在经济上产生直接或者间接的联系。

总结起来，旅游产业的产业结构由里向外依次可以分为三个层次：即提供核心旅游产品的旅游资源开发经营业，提供组合旅游产品的旅行社业、旅游饭店业、旅游商品销售业、旅游交通业以及为旅游业提供相关服务和支撑的关联行业群。

长期以来，传统的制造业和贸易业没有将旅游和旅行看做一个产业，因为它们混合了其他产业的产品和服务，如交通、商业等；而且旅游业没有同质的产品以及在生产过程中应用不同的技术，使得无论是理论研究还是技术层面的应用和统计都难以对旅游产业有一个公认的界定。但随着世界范围内旅游业的快速发展以及旅游业对国家和区域经济的重要贡献，旅游业的重要产业地位越来越得到学术研究领域和各国政府的重视。根据产业经济学理论，产业可以界定为两层含义：一是在产业组织层面上，当分析同一产业的企业间市场关系时，"产业"是指"生产同类或有密切替代关系产品、服务的企业集合"；二是当考察整个产业的状况，以及不同产业间的结构与关联时，产业定义则更为宽泛，可以界定为"具有相同原材料、相同工艺技术或生产产品用途相同的企业的集合"。① 据此，旅游业虽然不具有相同原材料、相同工艺技术，但却是最终生产相同用途的产品——满足旅游者的旅游体验和需求的旅游企业的集合。因此，尽管仍有反对质疑的声音，但旅游业作为一项产业的客观性质基本得到认可。

需要说明的是，旅游业、旅游产业和旅游行业是对应于旅游经济的不同侧面和角度的说法，旅游业更多的是从旅游经济发展角度考虑，在讨论产业政策和区域经济结构时则使用旅游产业的提法，而旅游行业则主要用于旅游业内部组成的研究和探讨。一般来说，旅游行业、旅游业和旅游产业的范围应该是依次增大的，但三者的核心组成是相同的，尤其是旅游业和旅游产业，学者们在讨论和研究时往往把二者等同起来。

世界旅游组织对旅游行业的界定是"旅游行业是指随着旅行行为存在而存在的行业"，旅游行为涉及食、住、行、游、购、娱六大要素，旅游行业主要包括住宿业、餐饮业、交通运输业、商业、娱乐业等；联合国《国际产业划分标准》中的定义是"旅游业是由那些与旅游者直接发生联系并为之服务，且来源于旅游者的收入在总收入中占相对显著比例的行业组成；旅游业的构成应该包括旅行社业、以宾馆为代表的住宿业、交通运输业、餐饮业、游览娱乐业、旅游用品和纪念品销售业、各级旅游管理机构及行业组织"，这些行业结合了旅游业的实际情况和旅游活动的内容，是旅游企业的总体集合，构成了旅游业中的基本行业。有的国家对旅游产业的定义更为宽泛，甚至将民航、铁路、社会餐馆和商业等部分或全部列入旅游产业。

国内对旅游产业的界定并没有统一的标准，在我国国民经济行业分类中对旅游业也没有明确的界定。学术界界定的旅游业基本和世界旅游组织及联合国《国际产业划分标准》中所提的旅游行业或旅游业相同，但在国民经济统计中的旅游业仅指直接或主要从事旅游服务活动的行业和部门，包括旅行社、旅游服务公司、旅游饭店和旅游景点等。有的学者从"大旅

---

① 杨公朴、夏大慰：《现代产业经济学》，上海财经大学出版社2005年版。

游"理念的角度提出了"大旅游产业",认为大旅游产业是由满足旅游业七大要素需求（行、住、食、游、购、娱、学）而形成的大旅游主导产业,及与其直接、间接相关的行业部门由于经济、技术联系而共同构成的综合性产业体系,是产业价值链的不断延伸引发旅游产业链不断延长从而形成的由众多产业链组成的产业群体,是一个集开放性、多向互动性和效益综合性于一体的有机整体。笔者认为旅游产业的界定是应该从狭义还是宽泛的角度理解,需要根据研究和应用的具体情况而定。从产业集群的产业关联特征来看,"大旅游产业"的概念比较适用旅游产业集群的讨论。

关于旅游业或旅游产业特征的观点也较多,如综合性、敏感性、国际性、零散性、不稳定性等,而旅游产品则具有综合性、无形性、不可转移性、生产与消费的不可分割性、不可储存性等特点。从产业集群的角度考虑,笔者认为旅游产业区别于制造业的特征主要在于:

1. 产业内主要行业间的非贸易联系性

制造业集群强调的产业关联主要是基于上下游产业物质投入产出联系的贸易联系,但旅游产业的产业关联主要是产业链上专业化分工不同的企业共同提供完整旅游产品的关联。由于旅游产业的主要组成行业是满足旅游者不同的旅游需求,各行业的原材料、加工技术、服务供应等也各不相同,因此,旅游产业内行业间不像某一制造业之间存在原材料提供、初加工、精加工等物质投入产出的前后向联系,而是批发商在购买产品或消费者消费产品过程中产生的信息、知识等非贸易联系,不是通过生产环节而是通过消费者的消费组合联结而成,是通过为旅游者提供完整的产品而实现的;其内部的产业专业化分工主要不是由于生产环节的技术可分性,而是由于旅游者旅游需求的可分性和多样化导致了旅游产品和服务的可分性和多样化。

2. 旅游企业生产和产品消费的同步性

一般来说,制造业的生产和消费是产品生产过程中两个先后的环节,企业先生产产品,再把产品送入流通领域进行销售。但旅游产业链上不同类型企业生产的产品大部分是以服务的形式提供给消费者的,旅游者来到生产地点,旅游企业才生产产品并交付旅游者以使用权,因而各行业企业的产品生产过程和消费者消费过程是同一地点同时发生的,并且是在旅游产品生产地发生;一方面使旅游者无法在决定购买和消费前检验和验证旅游产品的质量;另一方面,也使得旅游产品难以在进入消费环节之前进行质量控制和检验。

3. 旅游业创新主要表现为"软"创新

随着人类需求的多样化，任何产业都需要不断进行创新才能维持竞争力和生命力，旅游业也不例外。但是旅游业创新和制造业不同，旅游业创新在关注技术变革和进步的同时，更多地表现为服务、管理和产品设计等方面的"软"创新。与制造业"产—研"密切联系不同，旅游业的创新与研发的联系相对较弱，其创新主要是通过旅游业频繁的"供—需"互动促进创新，通过不断改善服务质量和管理模式为旅游者提供满意的消费，从而使旅游地处于不断向前发展、持续繁荣的状态，旅游企业也从整体上获得更多的增加值。

二、主题公园产业的文化元素

人文环境特别是文化元素在现代旅游产业中的作用日益重要，从某种意义上可以说文化元素是一个主题公园的灵魂。虽然目前很多旅游区点都在设法建立文化旅游的氛围，但如何将文化元素真正融入到旅游产业之中，是一个值得深入研究的课题。下面从对两个主题公园项目的分析来说明文化元素的重要性。同样以主题公园为背景、以文化旅游为理念打造的"中华民族园"和"北京欢乐谷"，由于文化渗透度与驾驭方式的不同，取得的效果也不甚相同。

据相关企业与专家介绍，"中华民族园"景区项目在创建之初，在当时主题公园建设处于大发展的情况下，是一个很好的创意；"中华民族园"旨在建立一座集全国各民族风情与风景于一园的大型文化游览观光区，在园中可以欣赏传统民族建筑，领略各民族风情，观看歌舞表演，购置民族工艺品，甚至亲口品尝民族美食佳肴；当时的项目也在全国招标。但之所以在发展中遇到问题，最重要的原因是民族文化元素没有真正融入园区内，民族离开了它的原生地，所以魅力顿失；同时，园区以建筑为主要的代表，而不是以活动为主，观赏性的静态景观与动态活动失衡，观赏有余、动态不足，使整个景区丧失了活力。此外，园区在后期又转型做房地产，如宾馆、饭店等，就更失去了在主题公园方面的竞争力。

与之形成鲜明对比的是"北京欢乐谷"项目，据"欢乐谷"开发商世纪华侨城的负责人介绍，"欢乐谷"之所以取得今天的成功，与其对文化旅游的经营是分不开的。这主要体现在：第一，文化旅游、文化演绎、文化创新三大要素贯穿始终，实现用文化创造氛围，在游历"亚特兰蒂斯"、"失落玛雅"、"爱琴港"、"香格里拉"等主题区的过程中，在不同的主题区域里找到不同文化的根，甚至一件再小的道具也渗透着一段历史与文化的故事，而并不只是孤立存在的装饰品；第二，"欢乐谷"倡导了一种积极健康的生活方式，对文化消费形成了正面引导，当现代都市人在社会、经济高速发展的过程中郁积了巨大压力而无法释放的时候，"欢乐谷"恰逢其时地提供了一个积极、健康的释放压力的场所；第三，"欢乐谷"投入的不只是冰冷的、孤立的、没有注入活力的硬件设备，而是更多地开展节庆活动，利用不同的节日导入不同的元素，如在春节期间挖掘"逗乐"文化，引入滑稽、诙谐的异域元素，开展有别于传统的异样庙会；第四，除了不断创新的节庆活动，"欢乐谷"在产品的研发上也是厚积薄发，1 年构思、1 年建设、1 年打拼、3 年一循环，实现了稳步与跃进式地发展。据旅游行业专家分析，欢乐谷最大的优势，就是引入了用科技表现文化，而且其彰显的是一个时尚的文化，一个前进的文化，一个现代旅游业标志性的文化。

第二节　主题公园生命周期理论

一、产业生命周期理论

旅游地生命周期概念最早是由德国地理学家克里斯泰勒（W. Christaller）1963 年在研究欧洲旅游发展时提出的。斯坦斯菲尔德（C. Stansfield）1978 年在研究美国大西洋城旅游发展时也提出了类似的概念。生命周期理论认为，任何一个旅游地都有一个由发现、成长到成熟、衰落的过程。目前，被学者学界公认并广泛应用的旅游地生命周期理论是由加拿大学者巴特勒（R. W. Butler）1980 在《旅游地生命周期》（*The Tourism Area Life Cycle*）一书中提出的。巴特勒根据产品生命周期的概念，将旅游地生命周期分为六个阶段：即探索期、参与期、发展期、稳定期、停滞期、衰落或复苏期，并且使用了广泛的 SO 曲线来加以表述，如图 3 - 1 所示。

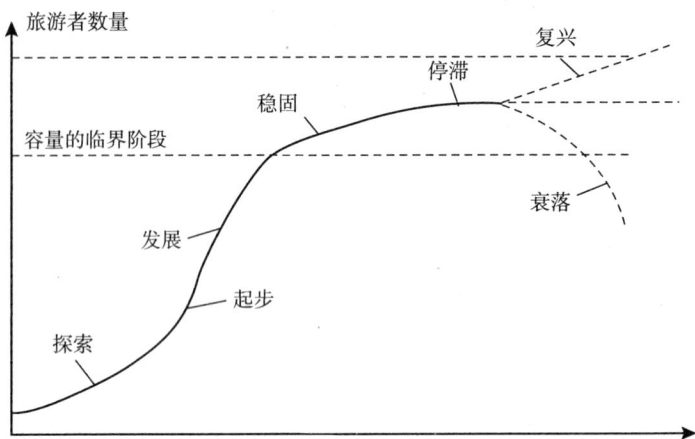

图 3-1 旅游地生命周期曲线

旅游地生命周期的六个阶段具有鲜明的特征。

（一）探索期

这是旅游地发展的初始阶段，特点是旅游地只有零散的游客，没有特别的设施，其自然环境和社会环境未因旅游的产生而发生变化。

（二）参与期

随着旅游者人数增多，旅游逐渐变得有规律，本地居民开始为旅游者提供一些简便的设施。随着这个阶段的到来，广告开始出现，旅游市场范围已基本可以被界定出来，旅游季节也逐渐形成，有组织的旅游开始出现，迫使地方政府和旅行机构增加、改善旅游设施和交通状况。

（三）发展期

在大量广告和旅游者的口碑宣传下，一个成熟的旅游市场已经形成，外来投资骤增，本地居民提供的简陋膳宿设施逐渐被规模大、现代化的设施取代，旅游地自然面貌的改变已比较显著。

（四）稳定期

游客增长率下降，但总游客量将继续增加并超过常住居民数量。旅游地大部分经济活动与旅游业紧密联系在一起，为了扩大市场范围和延长旅游季节，广告无所不在。常住居民，特别是那些没有参与旅游业的常住居民对大量游客的到来和为游客服务而修建的设施会产生反感和不满意。

（五）停滞期

在此阶段，游客量达到最大，旅游环境容量已趋饱和或被超过，环境、社会和经济问题随之而至。旅游地在游客中建立起的良好形象已不再时兴，旅游市场很大程度上依赖于重游游客、会议游客等。接待设施过剩，保持游客规模需要付出大量的努力。

（六）衰落或复苏期

在衰落期，旅游地市场衰落，无论是吸引范围还是游客量，已不能与新的旅游地相竞争。随着旅游业的衰落，房地产转卖率很高，旅游设施逐渐被其他设施取代，更多的旅游设施因旅游地对游客的吸引力下降而消失。这个阶段本地雇员和居民能以相当低的价格购买旅游设施，因此本地居民介入旅游业的程度大大增加。宾馆可能变为公寓、疗养院或退休住宅。最终，原来的旅游地可能变为名副其实的"旅游贫民窟"或完全失去旅游功能。另外，旅游地也可能进入复苏期，要进入复苏期，旅游地吸引力必须发生根本的变化。达到这个目标有两种途径：一是增加人造景观吸引力，但如果相邻具有竞争力的旅游地也如法炮制，这种效果就会降低；二是发挥未开发的自然和人文旅游资源的优势，重建市场。

二、主题公园的生命周期

主题公园作为旅游产品，与任何其他产品一样，也存在生命力和生命周期的问题，并且具有其生命周期特征。

（一）主题公园生命周期的特征

（1）我国的主题公园由于经济环境的特点，一般会出现开业时的轰动效应，迅速进入成长期和成熟期，这主要是由于市场不太成熟，游客急于猎新、猎奇所致。

（2）主题公园生命周期有越来越短的趋势，这是因为游客要求越来越高，游客需求变化越来越快，主题公园间的竞争越来越激烈，从而导致其生命周期越来越短。同时，由于旅游的文化积累性，使许多主题公园在开园之初就存在着很多竞争者，面对着巨大的市场竞争压力，相当部分主题公园生命周期过短，昙花一现。具体到我国实际情况，由于主题公园数量增长无序化、主题选择雷同化、设计建造粗糙化、人才短缺、管理混乱等问题，主题公园的生命周期变得更加短暂，从另一方面也说明，我国延长主题公园生命周期将面临巨大难度。

（3）主题公园生命周期的延长，主要依靠新增和更新改造公园项目。新增和更新改造公园项目成为主题公园经营管理的日常工作。如迪士尼的各个公园每年将其10%左右的收入用于新增和更新改造公园项目。

（4）有些主题公园即使进入衰退期，其产品也不会很快地消失。因为这类主题公园已经成为文化的象征，其功能主要是发挥社会效益，主题公园自身的经济效益已排在社会效益之后。例如博物馆、国家公园等类型的主题公园。

（5）由于竞争对手的存在，或者主题公园自身的改造、更新，公园的成本发生变化，主题公园因此会调整公园产品价格。例如，"欢乐谷"二期的推出，使原来的100元门票上升到120元，"民俗村"和"锦绣中华"合作共同推出120元游遍两个景点的促销计划。

（二）主题公园生命周期长度各异

我国从20世纪80年代以来，受成功主题公园投资者获得巨大经济利润的诱惑，很多旅游投资商纷纷上马同类项目。这种重复建设，客观上造成了各个项目独特性的弱化甚至丧失和市场辐射范围的缩小，造成游客量和利润下降，这样不仅加大了投资风险和经营难度，同时也加快了主题公园生命周期的萎缩。一些规模和水平一般又没有扩展余地的主题公园，在运营高峰之后开始进入经营低谷，甚至游客人次及收入已不足以维持经营成本，陷入面临停业的困境。这些主题公园的生命周期往往只有2~3年。

相比较而言，国外很多符合游客现实需求和意愿倾向而又品质精良、管理科学的主题公园就有强大的生命力，生命周期较长，能带来可观的经济效益。迪士尼乐园诞生至今已有近50年的历史，但在世界各地每天仍吸引着大量的游客，显示着蓬勃的生命力。德国的"欧洲乐园"、"梦幻乐园"、"汉莎乐园"、"假日乐园"、"沃内尔布罗斯电影世界"等游乐园，每年吸引游客均超过10万人次。日本共有各类游乐园320多个，占地46公顷的东京迪士尼乐园年接待1600多万人次，年营业额100多亿美元，并在1996年8月以其雄厚的经济实力买下了全美国第二大广播公司的股权。

另外，与自然遗产旅游资源（如黄山、九寨沟、美国黄石国家公园）

和文化遗产旅游资源（如故宫、长城、兵马俑）相比，主题公园具有可模仿性。因此延长主题公园生命周期最直接的办法就是不断产生好的创意，花样不断翻新。在我国，主题公园起步较晚，但像深圳"锦绣中华"，也已有14年的历史，依然屹立并继续受到游客的欢迎，其主要原因之一就是14年来，华侨城坚持不断创新求异。华侨城四大主题园之一的"世界之窗"为了创造更大的市场需求，不断从挖掘世界文化新内涵中产生创意，对产品不断进行创新，对游客产生持续的吸引力。五年来先后举办了国际民间艺术节、日本文化周、国际啤酒节、圣诞狂欢节等活动，推出了由500名中外演员同台共演的大型广场艺术《狂欢之夜》、《梦之旅》、《创世纪》，以宏大的气势、精彩的创意、精湛的表演创造了到访人数的一个又一个的高峰。

（三）主题公园的重组和复兴

关于主题公园的重组和复兴，每个主题公园的具体情况和当地的具体情况都不同，目前不存在一个可以适用于所有主题公园的战略模式来促进主题公园的复兴。不少学者通过分析不同主题公园复兴案例，进行了一定程度的总结，如表3－1所示。

表3－1　　　　　　　　　　主题公园复兴因素

主题公园复兴因素	案例
不断开发新产品	深圳华侨城主题公园群
引导游客消费的新习惯	苏州乐园"飞碟探险"项目等
提高园区服务质量，包括员工服务质量和完善服务设施	环球嘉年华

不断开发新产品。我国由于国情的不同，通常来说，主题公园的复兴都是采取旅游产品创新的方式，甚至用这种方式延缓衰落期的到来。就深圳华侨城主题公园群来说，1989年9月，"锦绣中华"正式开园营业，标志着我国真正意义上的主题公园正式诞生；1991年10月，"中国民俗文化村"对外营业；1994年6月，"世界之窗"正式开园；1998年10月"欢乐谷"投入运营；1999年春节，"欢乐干线"开通；2000年元旦，OCT生态广场建成投入使用；2002年5月，"欢乐谷"二期建成，2011年4月"欢乐谷"三期开门迎客；华侨城通过不断推陈出新来保持生命力。

引导游客消费的新习惯。苏州乐园的"飞碟探险"项目是世界上第一个将动感模拟与160°环幕电影技术相结合的高科技游玩项目。整个项目以乘坐飞碟、飞跃太空为主题，通过画面、音乐和活动平台所制造的综合效果，给人以全新的刺激感受。"飞碟探险"很好地引领了游客消费的新习惯，使刺激动态的高科技项目成为我国主题公园一个必不可少的项目之一。苏州乐园正是靠着不断引导游客消费新习惯的方式延长公园的生命周期，在一度走入低谷之后，走入新的复兴期。

提高园区服务质量，包括员工服务质量和完善服务设施。高质量的服务使游客感受到公园无微不至的人性化和个性化服务，使游客的心灵受到触动，从而使主题公园在游客心目中形成一个高大的形象，保证游客数量的稳定。环球嘉年华就做到了为游客个性化、人性化服务，使游客在游玩的同时感到温馨，这也促成了"嘉年华"在全球经久不衰的影响力。

目前，我国经营比较成功的"锦绣中华"也是通过重组，依靠不断创新来吸引新老游客，实现复兴的范例。"锦绣中华"和"中国民俗文化村"是深圳锦绣中华发展有限公司辖下的两大景区，为方便游客游览和管理，已于2003年元旦合二为一，称为"锦绣中华"。这是这两大主题公园重组复兴的里程碑一步，合并后的两园只需一张门票即可游遍两园。这两个景点成为深圳旅游的必玩之地，它们融参与性、观赏性、娱乐性、趣味性于一体，是全世界最大的现代中国文化主题公园，被国家旅游局誉为"开主题公园先河之作"。两园的重组使得这两个主题公园进入了一个再生期。再生期是旅游企业采取各种积极有效的决策，使企业的经济效益出现明显回升的时期，是生命周期循环的过渡期。为了再创新高，尽快导入再生期，"锦绣中华"及时提出了"再创求新、开源节流"的八字方针，并通过中华百艺盛会的推出，极大地扩张了市场潜力，充分显示了"锦绣中华"较强的市场适应能力、应变能力和内部系统的优化。为了高强度、高频率地刺激市场、激活市场，"锦绣中华"还拟订了一系列景区发展战略：在一两年内，相继推出水上大游行、儿童乐园、嬉水公园等大型项目。重组后的"锦绣中华"每天上演大型民族服饰舞蹈诗《东方霓裳》，大型原创历史实景剧《金戈王朝》，中国人的晚会——大型华夏综艺史诗《龙凤舞中华》等极具中华民族特色的表演。

"锦绣中华"通过重组复兴焕发了新的活力，数据显示，目前"锦绣中华"已接待中外游客5000多万人次，其中包括世界各地的国家元首、政府首脑、国际知名人士数百人次。

（四）主题公园周期性的质疑

很多国内外学者通过对旅游地及主题公园的实证研究，针对主题公园生命周期理论，提出了多方面质疑，这些质疑的焦点主要集中在三个方面：周期理论模型的有效性、运用潜力以及影响旅游目的地演进的因素。

1. 对周期理论模型有效性和周期阶段划分的质疑

一些实例的研究结果表明：极少有旅游地的生命周期完全符合巴特勒模型所描述的那种标准的 S0 型曲线，而是表现为各种异常的"S"型，尤其是在后部阶段如衰落、停滞。如"锦绣中华"主题公园，起步阶段与发展阶段之间并无明确的界限，而且没有单独完整的稳固、停滞、衰落与复兴阶段。由于竞争压力和获利动机，无论是在微观层次还是宏观层次都不允许停滞与衰落状态的长期存在。此外，很多外界因素都能对旅游目的地生命周期产生影响，例如汉城奥运会使韩国旅游业得到全新的快速发展。在很多数据里面，各个阶段是无法明确划分出来的，生命周期曲线的拐点[①]的位置也无法确定。一些学者希望通过利用旅游目的地生命周期中拐点的特性，建立旅游周期预警系统，如杨永丰、罗仕伟通过以资源变量、经济变量、环境变量等各种变量为参数寻求拐点的位置，但是都无法得到一个适合所有旅游目的地的参数模型。当然，对周期阶段划分和拐点的质疑并没有完全否定巴特勒的 S0 曲线模型，只是证明了它是一种理想模型，相反，所举的种种异常是对它的补充。不过，由此巴特勒模型的预测意义基本上被否定了。

2. 对生命周期理论运用潜力的质疑

库珀（Cooper）和杰克逊（Jackson）的研究表明，周期概念可以同样应用于某一设施和某一行政管理机构的发展和演进过程，因此，有些学者认为，一种能有效归纳旅游目的地方方面面的，或者说确定任何旅游目的地或主题公园处于何种周期阶段的单一量度是不存在的。实际上，对于一个具体的旅游目的地，它的生命周期反映着决策政策与管理效率，因此，周期阶段的划分和周期阶段之间的转折点只有在事后才能确定，而不能事先预知，也正因为如此，旅游地的生命周期是因地而异的。所以，这些学者总结认为生命周期理论模型并不能事先预测，它的用途只在于描述和分

---

① 生命周期的拐点是指在旅游目的地生命周期演化过程中，当发展速度在某点出现变化时，会出现一个转折点，此转折点之后旅游目的地发展方向会发生变化。

析主题公园的发展轨迹。

3. 对影响旅游目的地演进的因素的质疑

首先是需求因素的影响。从逻辑上来看，一个旅游地的产生总是由需求刺激而产生的，需求因素非常重要。然而，当旅游地被作为产品开发出来之后，相应的需求反应很可能与开发经营者的预期不一致。这也许是由于最初对需求的性质和潜力的理解和评估本来就不正确或不准确，也可能因为旅游地的实际建设者并没有完全理解规划者的意图，从而导致"产品形态"与预期模式错位，或者在旅游地开发的同时已有强有力的竞争对手出现等，这些变故都可导致预期的需求水平无法实现：需求很快出现萎缩或转移。如果这种情况出现于旅游地开发后的短暂时间内，那么，旅游地的经营就将面临着重重困难。在旅游地还未充分地经历一个稳定的发展、巩固和停滞之前就出现需求萎缩或转移，这种状况一旦发生，就必然预示着旅游地要迅速走向衰亡，这是不符合生命周期理论的。

另外，还有效应因素的影响。效应因素对旅游目的地生命周期的影响，主要表现在三个方面：即由旅游目的地的运行所引发的经济效应、社会效应和环境效应。积极的经济效应能够加速旅游地步入发展、巩固和成熟的阶段，增强其维持繁荣期的能力，同时会诱发旅游地的深度开发。相反，任何消极的经济效应，都将最直接地构成经营者自身的经营阻力并引发外部社会的负面反应，而这种状况只能加速旅游地衰退期的到来。社会效应是目前学术界研究中的一个弱区。由于我国尚处于总体上的初始开发阶段，人们对旅游地开发的社会效应还不够关注。然而，从西方旅游发达国家所走过的历程来看，旅游开发的社会效应在某些情况下确实足以影响旅游地的生命周期。旅游地的环境效应是一个日益引起人们关注的领域。以往人们倾向于认为旅游是一种不会引发环境负效应的活动，但越来越多的事实表明，旅游对环境的负面影响非常严重。一个本来为满足旅游者消费需求而开发出来的旅游地，如果因管理不善而带来严重的环境问题，就意味着旅游者前往该地的初衷事实上已无法得到实现，加之环境问题所引起的区域内各种利益集团的负面反应，就必然要加速旅游地衰退期的到来，影响周期性，从而和生命周期理论存在不符。

三、主题公园生命周期案例分析——锦江乐园

锦江乐园创建于 1985 年年初，地处上海市西南部日趋繁荣的梅陇地

区虹梅路 201 号，是改革开放后上海引进国外游乐设施建造的第一家大型游乐园，隶属于锦江集团。目前，锦江乐园除了主营游乐项目外，还兼营商贸以及跨省、市旅游的客运服务公司、锦江旅行社有限公司。

园区总占地面积 11 万平方米，现有 30 余项大中型游乐项目，其中 18 项大型机械旋转型项目全部从国外引进。近年来，乐园又先后引进了超过 100 米的"巨型摩天轮"、"欢乐世界"、"峡谷漂流"、"探空飞梭"、"双层豪华转马"、"自旋滑车"等大型游乐项目。此外，园区内还设有餐厅、茶室、咖啡室等配套设施；各种别具匠心的绿化景观，建筑小品和现代化风格的游乐设施互为衬托，相映成趣。

历史上，锦江乐园曾经达到年游客量 230 万人次的高峰，但随着乐园设备的老化，人民生活水平的提高，锦江乐园渐渐淡出了很多上海市民的娱乐菜单。近年来，锦江乐园不断地投入资金和人力，改造绿化景观以优化环境，同时通过举办专题活动和夜场游园活动聚拢人气，乐园逐渐恢复到了年游客量 80 万人次以上的水平。

综合来看，锦江乐园大体经历了以下几个阶段：

第一阶段，上升期。锦江乐园 1985 年开业后，是上海的第一个大型游乐园，建园之初游人如潮。随着改革开放和国民经济的不断增长，营业收入一直稳步上升。最鼎盛的是 1995 年，由于地铁 1 号线建成通车，锦江乐园的交通状况得到了很大的提升，游园人次达到 230 万人次，整个乐园里每天都是人挤人的景象。1992 年 7 月，"水上世界"建成开放，成为当时上海市首家综合性水上乐园。1998 年共投资 9000 余万元，相继建成了全国独创的具国际水平的"欢乐世界"和"峡谷漂流"两个项目，大大改变了锦江乐园的面貌，使锦江乐园的吸引力明显增强。

第二阶段，低潮期。从 20 世纪 90 年代末开始，我国游乐业开始了最痛苦的时期。此前，游乐业沉浸于各类游乐园、主题公园一哄而上的建设狂热，结果大部分陷入亏损，有些不得不倒闭。同时受到东南亚金融风波带来的我国国民经济紧缩的影响，锦江乐园的营收状况进入了一个逐年下降的低潮。到 1999 年和 2000 年，乐园的发展达到低谷。乐园营业收入虽然有所增长，但涨幅明显较低。同时乐园内很多设备都已经进入了老化、淘汰的阶段，而新建的项目由于投资较大、回收周期长，乐园每年的经营都处于亏损状态。

第三阶段，恢复期。进入了 21 世纪，我国的国民经济开始复苏，经济和国民收入开始快速增长，锦江乐园的营业收入也开始进入一个较好的上升阶段。近年来，锦江乐园不断地增添了新的项目，先后引进了国内外领先的大型游乐项目"欢乐世界"、"峡谷漂流"、"探空飞梭"、"水上骑士"，并改进了高架观光火车"锦乐新干线"。2002年5月锦江乐园引进了中国第一高的108米摩天轮——"上海大转盘"。经多方面的不懈努力乐园终于扭亏为盈。2003年的形势比较严峻，先是遭受"非典"疫情的惨重打击，"十一"黄金周又碰上了"环球嘉年华"秋季版的正面竞争。2003年5月开工建设大型豪华双层旋转木马项目，深得中外游客青睐。经过努力经营也达到了收益持平。从2004年开始逐渐恢复了盈利。

近年来锦江乐园营业收入恢复增长的主要原因有以下几个方面：第一，良好的宏观背景，国民经济的稳定、快速发展，人均可支配收入的不断提高，人们对娱乐需求的不断增长；第二，随着城市的发展，锦江乐园所处位置从市郊结合部变成了城市副中心地区，同时交通条件也不断得到改善；第三，近年来闵行区房地产业发展迅猛，人口导入速度极快，大量外来人口及其沪的亲属构成乐园新的客源；第四，近年游艺设备每年部分更新，乐园环境的不断改善，使得乐园的游客人数有所提高；第五，良好的管理和营销手段（如夜场的开放等），增加了乐园的营业收入。

四、主题公园规避生命周期案例及分析

（一）环球嘉年华

"环球嘉年华"（World Carnival）是世界知名的娱乐品牌，是与迪士尼主题公园、环球影城并驾齐驱的世界三大娱乐主题公园之一。"嘉年华"即狂欢节，最早可追溯到古埃及，后来演化成古罗马农神节的庆祝活动，近代风靡欧美各国。传统的狂欢节虽源于一脉，但各个国家不同的风土人情，赋予了不同的特色，如德国慕尼黑狂欢节、英国诺丁山狂欢节、巴西狂欢节、威尼斯嘉年华等，均成为当地各具文化特色的传统活动，不仅能为当地城市增添欢乐，更能为当地赢取丰厚的经济效益和社会效益。"嘉年华"是英文单词"Carnival"的中文译音。这个美丽的中文名字源于《圣经》中的一个故事：有一个魔鬼把耶稣困在旷野里，40天没有给耶稣吃东西，耶稣虽然饥饿，却没有接受魔鬼的诱惑。后来，为了纪念耶稣在这40天中的荒野禁食，信徒们就把每年复活节前的40天时间作为自己斋戒及忏悔的日子，这40天中，人们不能食肉、娱乐，生活肃穆沉闷，所以在斋期开始前一周或半周内，人们会专门举行宴会、舞会、游行，纵情欢乐。而"嘉年华"最初的含义就是"告别肉食"。如今已没有多少人坚守大斋期之类的清规戒律，但传统的狂欢活动却保留了下来，成为人们一个重要节日。120 年前，一位叫威廉·史蒂芬的英国人用毛驴车驮着简陋的设施四处游走，每到一地搭台表演，为人们创造欢乐。这就是最初的"环球嘉年华"。如今，经过家族六代人的不懈努力，"环球嘉年华"已发展成为全球同行业中无可争议的顶级品牌。"环球嘉年华"已经游历了法国巴黎、英国伦敦、马来西亚吉隆坡、新加坡、阿联酋迪拜、中国香港等诸多城市，受到各地的热烈欢迎，刮起了一阵阵狂欢的旋风，确立其与迪士尼、环球影城比肩的现代世界三大娱乐品牌。作为世界上最大和最成功的巡回式游乐场，"环球嘉年华"致力于把欧洲传统风格的大型民间嘉年华会引入中国市场，已先后 9 次成功地举办了大型主题游乐活动，成为国内拥有绝对领先优势的娱乐活动组织者。在上海举办的"环球嘉年华"从瑞典、英国、德国、意大利等国，用 200 多个集装箱装运来了世界顶级的游乐机；负责安装、操作和维护的外籍员工有 170 多人，分别来自 13 个国家和地区。游乐园是项目的主体，游乐园区占地约 150 亩，经营有 50 余项乘骑类游乐项目，以及极具世界民俗风情的巡游表演和马戏杂技。

"环球嘉年华"是世界上最大型的巡回移动式游乐场，带来全新的经营理念，其经营模式具有巡回性、多元性、自主性、互动性等特点。

具体地说，"环球嘉年华"的场地一般是向当地政府租借使用，使用期限即为活动时间，大致在一个月到两个月之间，而不是在固定场地上长期进行。另外，与固定式游乐场游乐设施从购买到报废"从一而终"不同的是，"环球嘉年华"大部分机器是租赁的，这里的机器来自 13 个国家和地区，设备提供商与"环球嘉年华"最后进行营业额分成。"嘉年华"的流动性和设备租赁模式保证了游艺设备的新奇感和严格的成本控制，合理地处理了游乐设备更新换代、日常维护、规避淡季和成本支出之间的矛盾。作为一家移动游乐场，"环球嘉年华"游乐场在空间上是移动的。对于固定游乐场来说，旅游的淡旺季投资回报相差很大，淡季里设施空置，维护成本很高，投入大产出少，造成资源浪费。而移动游乐场经营场所是在全球范围内选择，以巡回的方式，主动出击，制造了持续的旺季，避开了淡季主办方单方面出资维护设备，资金只出不进的困境，使得一年四季设备都能得到充分利用，并因此而获得投资回报。"环球嘉年华"这种模式成功避免了风景旅游区受节假日影响而有淡旺季之分的先天不足，用移动制造持续旺季，不为淡季付费。

（二）锦绣中华

国外专家、学者在研究了部分国家和地区的旅游经济之后，肯定了"旅游区的经济发展存在着经济寿命的周期性现象"。而旅游理论界一般将这种经济周期划分为四个不同的阶段：即导入期、增长期、成熟期、衰退期。国内旅游界普遍认为，导入期是旅游产品投放市场的初期阶段，销售量低，费用及成本高，基本是做赔本生意。增长期标志该产品的质量和使用价值已被越来越多的旅游消费者所了解，产品销路已经打开，销售额迅速增长，盈利增加。与此同时，竞争者也不断增加。产品销售进入高峰时期便是成熟期。此时市场相对稳定，旅游收益和盈亏之比，已由相等阶段转入盈利。市场达到了饱和状态，游客虽有大量增长，但速度相对缓慢。而旅游商品的成本已逐渐下降到最低点，利润在前期处于增长趋势，乃至达到高峰。到后期则逐渐呈下降趋势，虽然绝对利润仍然很大，但总趋势是开始向下发展。成熟期分为三个阶段：上升阶段、繁盛阶段、正常下滑后的平稳阶段。旅游产品处于衰退期时，销售量和利润已明显下降，旅游商品在旅游者心目中开始失去吸引力，旅游市场开始萎缩。

"锦绣中华"两景区（微缩景区、中华民俗文化村）并没有按照这个生命周期理论所显示的路径发展，它们呈现出与众不同的特点：开业即进入增长期，并且经过 6 年的发展，景区处于成熟期，属于成熟期中的平稳发展阶段。如何利用优势再创新高，是"锦绣中华"目前面临的重要课题，也是"锦绣中华"正全力以赴的营销重点。

具体地，"锦绣中华"两景区的生命周期的特征有三个方面：

1. 直接进入增长期

"锦绣中华"和"民俗村"在试营业期即先声夺人，获得了令人瞩目的成绩，"锦绣中华"微缩景区开业的第 99 天入园人数达 100 万人，"民俗村"则在开业后的第 82 天迎来高峰，当年平均每月达 37 万人次，也是该景区开业以来的最高值。

"锦绣中华"两景区直接进入增长期，关键在于两景区匠心独具的新颖构思。精选的景点、村寨民居、歌舞表演等本身已经被旅游市场所证明，是极具活力与魅力、是被广大旅游者认可了的优势产品。"锦绣中华"和"民俗村"的集中荟萃，使这些各具特色的单个产品获得了一种集中的优势，产生了一种集聚效应。在这种集聚效应的作用下，"锦绣中华"、

"民俗村"成了迅速吸引游客的强磁场。此外，以下几个方面因素的综合影响也是"锦绣中华"、"民俗文化村"两景区直接步入增长期的重要原因：

（1）宣传及时、覆盖面广。"锦绣中华"和"民俗村"还在筹建时期，各种形式的报道就不断见诸报端。开业当天，极具公关意识和轰动效应的庆典仪式通过周边地区的电台、电视台、报纸等新闻媒体的渲染，立即形成宣传高潮，一下子将"锦绣中华"推向市场。

（2）区位优势。"锦绣中华"位于深圳西部，与中国香港隔海相望。这里不仅环境优美，气候宜人，而且周边地区人均消费水平高，交通方便。另外，深圳是我国最为成功的特区之一，占据特殊的商业地位，进入香港的中转地，到深圳考察、商务或路经深圳的中外游客络绎不绝。据统计，每年出入深圳的游客达1000多万人次，全国25%的出国人员经深圳口岸出境。这无形中给"锦绣中华"提供了庞大的客源市场。

（3）模式独特。通过微缩或村寨形式将各地旅游资源中的精华进行集中展示，这在国内和海外周边地区尚属首次，基本不存在同类竞争者。

（4）管理优势。追踪清扫、一流的洗手间服务、诱导游客自律的管理、陪游式清场等构成景区独特的风景线，令游人眼界大开、津津乐道。参观一流景区的一流管理也成为一部分人士的时尚和口碑宣传的重点。

2. 锦绣中华两景区现阶段仍处于成熟期

旅游产品的生命周期不是指产品的使用寿命，而是指产品在市场上受欢迎的程度，即产品的市场寿命。对受欢迎程度的评判，传统理论上一般以经济效果为唯一标准。对于将景区的社会效益放在首位的"锦绣中华"而言，这种考察标准无疑具有一定的局限性。作为我国旅游资源的一个缩影，"锦绣中华"两景区开发成功与否的评价标准可按三大价值（历史文化价值、艺术观赏价值、科学考察价值）、三大效益（经济效益、社会效益、环境效益）、六大条件（地理位置及交通条件、景观的地域组合条件、景区旅游容量条件、市场客源条件、投资条件、施工条件）进行评估。开业后的轰动效果证明，"锦绣中华"的开发是成功的，并且在三大价值、三大效益上远远超过了原先的估计。随着时间的积累，"锦绣中华"的不断推进，服务体系的不断完善，其历史文化价值、艺术观赏价值、科学教育价值和社会、环境效益会越来越高。

"锦绣中华"促进了华侨城形象的确立，升华了华侨城的文化内涵。没有"锦绣中华"的带动和促进，没有"锦绣中华"的点缀和影响，华侨城似乎很难用美丽、文明、大气等词来形容，"锦绣中华"的教育功能日益显著。继中国香港地区教育署将"锦绣中华"景区定为中、小学历史、地理教育的课堂之后，深圳市、广东省先后正式将其命名为爱国主义教育基地。当年京津深百名优秀教师和国家教委的工作人员考察两景区后，更是"一见钟情"，立即相中了其独特的教育价值。"锦绣中华"的旅游品质正在不断优化。如今，两景区不但维修保养得美丽依旧，而且增加了一些新的景点，如世界名人植树区、寒山寺古钟等，丰富了水上表演，隆重推出中华百艺盛会。为提高服务质量，"锦绣中华"新近提出了"服务就是职责，服务就是管理"的口号，以务实规范、一丝不苟的工作作风狠抓优质服务和管理流程。产品适应性的逐步增强，销售渠道与销售手段的疏通与改进，地面接待系统、服务系统、支持系统的协调性能和质量的提升，使锦绣中华的旅游品质上升到了一个新的高度。

"锦绣中华"仍然具有庞大的市场潜力。广阔的内地、富裕的珠三角以及中国香港、中国台湾、韩国、日本等海外市场均是"锦绣中华"的目标市场。据初步统计，目前两景区的接待人数还不到周边地区的20%，80%的潜在游客，再加上部分重复消费的回头客，构成了"锦绣中华"巨大的市场潜力。游客回头率可观。据市场调查，目前两景区的回头率达到30%左右。有的游客重游次数竟达30次之多。许多回头的游客深有感触地说："锦绣中华"，看不够。游客构成正发生可喜变化。近期由于"锦绣中华"有意识地与国外旅行社、旅游机构进行联系，并多次组织踏线团参观考察，海外游客明显上升。

即便是非常成功的企业，也不能永远保持繁盛的发展势头。"锦绣中华"在历经好几年的繁盛之后，经过正常的相对下滑，现已转入平稳发展期。根据以上分析，比照成熟期的特点，我们完全可以断定："锦绣中华"目前仍然处于成熟期。

3. 积极导入再生期

再生期是旅游企业采取各种积极有效的决策，使企业的经济效益出现明显回升的时期，是生命周期循环的过渡期。为了再创新高，尽快导入再生期，"锦绣中华"及时提出了"再创求新、开源节流"的八字方针，并通过中华百艺盛会的推出，极大地扩张了市场潜力，充分显示了"锦绣中华"的市场适应能力、应变能力和内部系统的优异。为了高强度、高频率地刺激市场、激活市场，"锦绣中华"还拟订了一系列景区发展战略：在1～2年内，相继推出水上大游行、儿童乐园、嬉水公园等大型项目。

（三）案例分析小结

"环球嘉年华"和"锦绣中华"的生命周期都没有经历生命周期理论的四个阶段，然而它们仍然非常成功，这两个生命周期特色案例给予旅游界规避生命周期理论提供了多元化的视角。

规避周期可以采取多样性的方式：

（1）采用宣传及时、覆盖面广的营销模式，使消费者第一时间了解相关资讯并选择参与，让产品跳过导入期，直接进入增长期。

（2）凭借地理位置的优越性，最大限度地开发地理优势，使特色鲜明，建造合理，节约成本。

（3）运用独特的经营模式，"不走寻常路"的构想，让产品在增长期保持高度的新鲜感和生命力，在成熟期仍然具有其他地方所不能比拟的特殊吸引力。

（4）好的主题公园离不开好的管理，无论是人力、物力、财力的管理都对保持生命周期成熟期的生命力，规避生命周期的衰退期起到重要作用。

（5）最大程度寻找潜在客户。大的主题公园往往在世界也是有影响的，在给本国人民带来娱乐的同时，更是名声海内外，把产品推广到世界这个大舞台上无疑能为主题公园的发展和持续稳定吸引源源不断的客流。

（6）开源节流并举。在最大程度开发客源的基础上，控制并减少固定投资成本的方式让主题公园的成本控制更合理，有利于持续经营，如"环球嘉年华"采用的是租用各地游乐设施而非自家购买的方式。

"环球嘉年华"和"锦绣中华"还给我们很多启示，在设法规避生命周期的时候，还需明确几条原则：

（1）非常受市场欢迎的旅游产品并非必须经历生命周期的四个阶段。

（2）生命周期的本质是产品受市场的欢迎程度，经济效益是受欢迎程度的重要指标，但非唯一标准。游客回头率、对社会的影响等均是衡量受欢迎程度的重要指标，他们也应该作为判断生命周期的参考标准。

（3）在对生命周期进行判断时，要作系统的分析，要准确识别生命周期中的真伪现象。

（4）在激烈的市场竞争中，要迅速收回投资成本，必须选择那些导入期、成长期尽可能短或直接进入成熟期的产品。

（5）内容互补、特色互补的旅游产品，能够相互带动，比翼齐飞。

（6）真正有品质、具有特色具有内涵的旅游主题公园，它的价值是永恒的，经营者能够在已有的基础上坚持品质、坚持个性、坚持创新、奋斗不懈，以严谨而科学的精神去努力，按照客观和朴素的市场经济规律办事，旅游主题公园就可能实现可持续发展。

第三节 马斯洛需求层次理论

一、马斯洛需求层次理论

马斯洛是美国的一位心理学家，曾长期从事人类社会心理学研究，他的人本主义心理学形成了心理学中的"第三思潮"。马斯洛关于人的基本需要、发展需要、潜力和自我实现的思想，被广泛应用于企业管理、消费心理研究等许多方面。

马斯洛认为，人的基本需要可以归纳为五类：第一是生理需要。是指饥有食、渴有饮、寒有衣、居有屋这样一些人类生存的最基本需要，是所有需要中最强烈、最明显的一种。一个缺少食物、自尊和友爱的人会首先想到食物，只要这一需求没有得到满足，他就会无视或把所有其他需求都推到后面去。马斯洛说："如果一个人极度饥饿，那么，除了食物以外，他对其他东西会毫无兴趣。他梦见的是食物，记忆的是食物，想到的是食物。他只对食物发生感情，只感觉到食物，而且也只需要食物……这样的人真可谓单靠面包为生。"要是面包很多，而一个人的肚子已经饱了，那会发生什么事情呢？马斯洛的回答是：其他高一级的需要就出现了，而且主宰生物体的是它们，而不是生理上的饥饿。而当这些需要也得到了满足，新的更高一级的需要就又会出现。以此类推，我们所说的人类基本需要组织在一个有相对优势关系的等级体系中就是这个意思。第二是安全的需要。一旦生理需要得到满足，就会出现马斯洛所说的安全需要。它包括防止肉体受害、防止疾病、防止经济灾难和避免意外，也就是要求劳动安全、经济安全、职业稳定等。第三是社交的需要，也有人称为爱和归属的需要。当前两种需要满足之后，社交的需要就被提到日程上来。人们希望和同事保持友谊，希望得到信任和友爱；渴望有所归属。正如马斯洛所说："现在这个人开始追求与他人建立友情，即在自己的团体里求得一席之地。他会为达到这个目标而不遗余力，他会把这个看得高于世界上任何东西，他甚至会忘了当初他饥肠如鼓时，曾把爱当作不切实际或不重要的东西而嗤之以鼻。"当然，我们不能把这种"爱"狭隘地与爱情混淆起来。在马斯洛看来，爱是人与人之间的健康的、亲热的关系，它还包括了互相信赖。他告诫人们，爱的需要涉及给予爱和接受爱……我们必须懂得爱，我们必须能教会爱、创造爱、预测爱。否则，整个世界就会陷于敌意和猜疑之中。第四是尊重的需要。马斯洛认为，人们对尊重的需要可分为两类：自尊和来自他人的尊重。自尊包括对获得信心、能力、本领、成就、独立和自由的愿望；来自他人的尊重则包括威望、承认、接受、关心、地位、名誉和赏识。满足尊重的需要将导致自我信任、价值、力量、能力、适应性等方面的良好感觉，否则将会产生自卑感、虚弱感。显然，在日常生活中，尊重的需要很少能够得到满足。第五是自我实现的需要。发现人类有成长、发展、利用潜力的需要（马斯洛称为自我实现），是马斯洛关于人的动机理论中一个很重要的方面。他把这种需要描述为"一种想要变得越来越像人的本来的样子、实现人的全部潜力的欲望"。他说，音乐家必须演奏音乐，画家必须绘画，诗人必须写诗，这样才会使他们感到最大的快乐。我们把这种需要，叫做"自我实现"。自我实现的人的形象，体现了马斯洛所认识的人的本性的最高价值。马斯洛认为，各层次需要一般呈现这样几种关系：五种需要像阶梯一样从低到高，但这种次序也不是完全固定的；一个层次的需要相对满足了，就会向高一层次发展。五种需要不可能完全得到满足，越到上层，满足的比率越小；同一时期内可能同时存在多种需要，但每一时期内总有一种需要是占支配地位的；一种需要得到满足之后，就不再成为激励力量。

二、人们对旅游的需求

20 世纪 80 年代初期，人们的物质生活水平还不高，经济条件有限，消费需求主要局限在吃、穿、用等满足温饱方面。"有食吃、有衣穿"就是一种幸福生活的标志，居民消费还处在用粮票进行换购的阶段，即使是收入较多的人也偏重于物质消费，精神方面的享受很少。在那个年代，人们的需求仅仅停留于"生存"的层次，而没有享受的观念。人们用于旅游的支出很少，即使出门旅游也都选择短期短途观光型旅游，而很少长期外出休闲度假，经济和时间上都存在制约因素。

进入 21 世纪以后，随着经济的好转，人民生活水平的提高，居民的消费意识有了很大的变化，消费领域也在不断扩大，人们的消费模式从温饱型逐渐向发展型和享受型转变。旅游业作为一个享受型的消费领域得到了越来越多人的关注。加之在以人为本的管理理念下，国家对于职工休假的政策有所调整，大幅度增加了劳动者的休闲时间，这更使休闲度假型旅游成为可能。周末郊区游、长假游发展非常迅速，消费者在旅游方面的消费比重有明显的增加。

三、社会发展之下人们对旅游的新要求

随着人们收入水平的提高，消费能力也逐渐增强，一批年轻有活力的消费群体产生。他们有旅游休闲娱乐的意愿与兴致，并且事业已有了一定基础，具备消费的能力。这些消费群体对旅游的要求也越来越高。

从国外经验来看，旅游行业一般要经历"观光游—休闲游—度假游"三个发展阶段。世界旅游组织研究表明，当人均 GDP 达到 2000 美元时，休闲游将获得快速发展；当人均 GDP 达到 3000 美元时，旅游需求出现爆发性需求，旅游形态出现以度假游为主时期；当人均 GDP 达到 5000 美元时，度假旅游经济步入成熟，休闲需求和消费能力日益增强并出现多元化趋势。人均 GDP 和旅游需求、旅游形态和出行方式的关系如表 3-2 所示。

表 3-2　　　　　　人均 GDP 和旅游需求、旅游形态和出行方式的关系

人均 GDP	旅游需求	主要旅游形态	出行方式
1000 美元	国内旅游需求增长期，有出境游动机	观光旅游	团队
2000 美元	出国旅游增长期	休闲旅游	散客、家庭自助式、自驾游比例增加
3000 美元	旅游需求爆发性增长，出国旅游井喷行情	度假旅游	散客、家庭自助式、自驾游比例增加
5000 美元		成熟的度假经济时期	休闲需求与消费能力日益增强并多元化

自 1991 年以来，我国人均 GDP 已从 360 美元增长到 2011 年的 5540 美元，翻了将近 10 倍左右。人民生活质量逐渐改善，中国已经步入消费升级黄金时代，旅游作为一种提高生活质量的休闲消费受到越来越多人的

青睐。在我国经济平稳发展的背景下，三大旅游市场过去和未来发展趋势也都将是逐步上升的。

2010 年我国人均 GDP 已达 4361 美元，2010 年人均 GDP 达到 15000 美元的地级市有 4 个，包括鄂尔多斯市、东营市、深圳市和广州市，而人均 GDP 达到 12500 美元的地级市达到了 10 个，包括上海、大连、佛山、无锡等，人均 GDP 超过 10000 美元的地级市更是达到了 23 个，包括北京、天津、珠海、厦门、青岛、杭州、宁波、南京、苏州等。人均 GDP 8000 美元以上的 36 个，6000 美元以上的 49 个。旅游行业迎来需求多元化共同爆发增长性的机遇，我们预计未来 10 年中国观光游增速将逐渐趋缓，休闲度假游增速逐渐加快。

我国居民人均 GDP 逐年提升，如图 3-2、图 3-3、图 3-4 和图 3-5 所示。

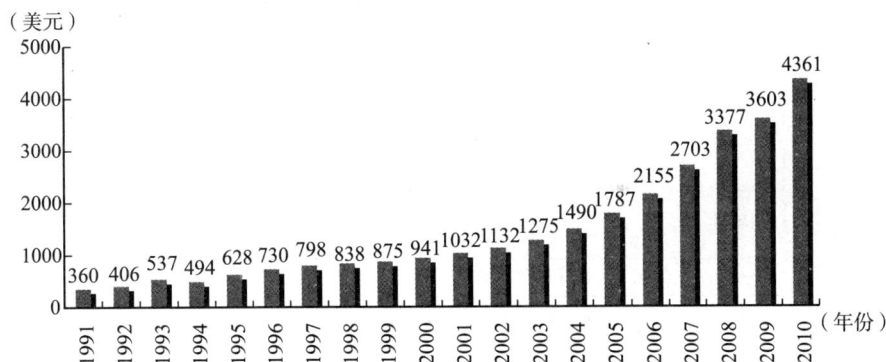

图 3-2　1991~2010 年中国居民人均 GDP

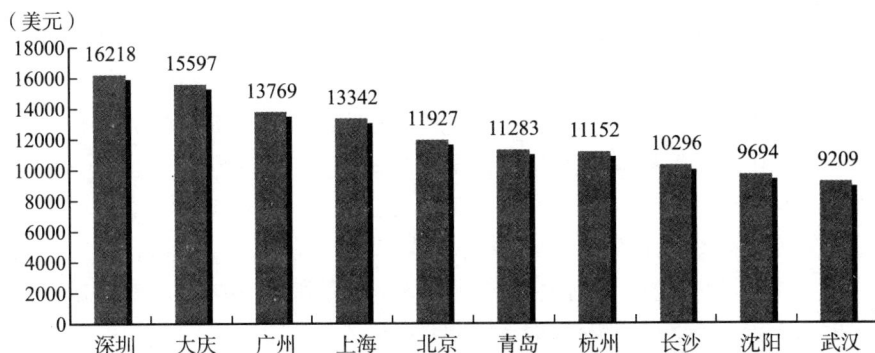

图 3-3　我国几个主要大城市居民 2010 年人均 GDP

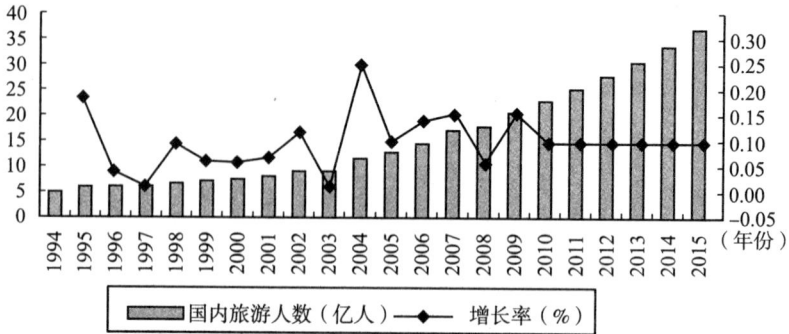

图 3 - 4　我国历年来国内旅游人数和未来增长趋势

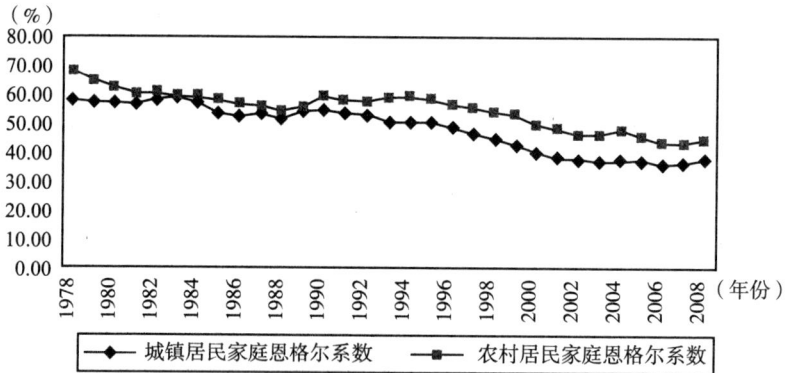

图 3 - 5　1978 ~ 2008 年我国城镇及农村居民家庭恩格尔系数

　　根据新华网有关报道，我国目前 20% 的高收入和 20% 低收入户的倍数在不断增大，在城镇是 8.9 倍，农村是 6.7 倍，平均在 7 ~ 8 倍左右。我国低收入和中等偏下收入群体数量很大，现在的收入结构中，我国低收入和中等偏下收入群体合计占总人数的 64.30%。财政部有一个关于财产性收入的统计数字显示，10% 的富裕家庭占城市居民全部财产的 45%，而最低收入 10% 的家庭其财产总额占全部居民财产的 1.4%，表现在基尼系数高达 0.65 左右。

　　我国居民恩格尔系数逐年降低，从 1978 年的 0.6 下降到 2010 年的 0.357 左右，充分说明人们生活水平提高，对各种精神文化消费需求正逐渐加大，为旅游业发展提供了巨大的空间。

第四节　旅游体验论与体验经济

一、旅游与体验经济（基于游客体验）

由欧洲始于 17 世纪早期农村旅游的历史，受罗素（Rousseau）自然主义的影响，直到 18 世纪末农村地区的自然景观成为游客的最爱，农村的田园牧歌式生活成为资产阶级普遍喜爱的体验活动，目的也从以商业、宗教、教育为目的变为以观光为目的。20 世纪 90 年代末，美国心理学家派恩和吉尔摩（Pine and Gilmore）1998 年提出著名的"体验经济"和"剧场理论"①。近几年，旅游业以主题公园为代表所体现的体验经济特点越来越明显。

体验一般被理解为"实际经历"或"通过实践来认识周围的事物"，它在英文中是"experience"，但在派恩和吉尔摩的著作《体验经济》一书中，体验被赋予了新的含义：体验是一种围绕消费者来创造难忘经历和有价值的回忆的活动。根据这一描述，我们应该从以下几方面理解体验经济条件下旅游与主题公园所创造的"体验"的特点：

（一）亲历性

所谓亲历性，即旅游所创造的体验都是在游客身临其境、亲身经历时所产生的体验。旅游活动实质上是旅游者经历体验的历程。旅游者从产生旅游动机到完成旅游的全过程是一种产生体验需求、完成体验的过程。旅游者在产生旅游动机时即开始注重收集旅游目的地的综合信息，包括旅游目的地自然的、社会的、经济的、文化的等诸多方面信息，并对收集的信息进行比较分析。分析旅游目的地的原生形象，并通过自己主动地"神游"体验，形成对旅游目的地的引致形象，通过比较旅游成本、效益及可能获得的旅游经历和体验，通过"神游"体验筛选出自己较为中意的旅游目的地，作出出游的决策。一旦外出旅游，即脱离了原有的工作和生活状

---

① Joseph Pine and James Gilmore. *The Experience Economy*, Harvard Business School Press, Boston, 1999.

态，进入旅游体验的进程。在从常住地到旅游目的地途中，仍在不断地打听、了解、憧憬旅游目的地的情形，以不断增加一种心理体验。到达旅游目的地后，通过游览观光当地自然风光和人文景致，参与文娱活动或节庆旅游活动，品味风土人情，享受旅游目的地所提供的餐饮、住宿、交通、购物等服务，亲身了解、体验当地的政治经济文化氛围，并结合自己以前积累的知识、经历等，对所游览的旅游目的地进行综合体验评估，形成自己对旅游目的地的复合形象。回到自己原住地仍会不断回味起旅游经历和旅游体验，完成一次完整的旅游体验活动，为旅游目的地创造出旅游体验的经济效益和社会效益。而主题公园是旅游产业中体验经济特征最明显的。例如对于很多希望领略风土人情而又没有时间与机会的旅游者来说，民俗旅游公园可以解决这一问题。有很多主题公园拥有各种高科技比如3D电影短片等也能给游客模拟出亲历的体验感觉。

（二）感受性

所谓感受性，即主题公园所提供的产品、服务等使游客受到刺激或有所触动，因而使游客产生一定的实际感受。旅游实质上是给予旅游者一种感受和体验。北京旅游学院邹统钎先生在《旅游度假区规划》一书中曾论及到"旅游者通过对旅游目的地事物或事件的直接观察和参与形成感受。"北京第二外国语学院王兴斌教授曾指出："旅游是向游客提供一种惯常居住地的经历，一种以一定物质条件为依托的服务，旅游者得到的是游历过程中的印象感受或体验，而不是具体的资源和设备。"中国康辉深圳旅行社"体验式旅游"推出了西部自驾车之旅，自驾车走丝绸之路，从兰州出发，经青海到拉萨。第一个旅行团的 88 个团友说，这是他们所参与的旅游活动中最感人、最深刻的一次旅行。相当部分的年轻人认为，现代旅游不完全在于我到过哪里，更多的是我在那里感受到了哪种生活方式，感受到了哪些地域文化和地方风情。

（三）价值性

所谓价值性，即旅游给予游客的体验对游客具有积极意义的、能够满足游客身体需求，尤其是精神需求的功能，并令游客感到愉悦。可以说，现代旅游的发展正迎合越来越多的游客对体验价值的需求，向游客传递他们所喜欢的信息、价值观、文化、个性和诉求，使游客感受和认同旅游产品和服务的体验价值。《新周刊》为云南所作的旅游宣传促销专刊题为

"体验之都——云南：一个体验经济的中国版本"；云南省政府经济发展研究中心为云南旅游形象定位为"七彩云南，快乐天堂"。云南师范大学旅游规划研究中心主任明庆忠教授等对丽江形象定位为"世界遗产，人类丽江"，主打的宣传口号为"多彩丽江，体验天堂"、"感悟丽江，体验天堂"，对丽江旅游区整体定位为："以世界遗产游、民族文化游、文化体验度假游、生态观光科考探险游为主的观光、文化度假、体验旅游区"。今后要把丽江打造成中国大香格里拉生态旅游区的重要组成部分、大西南旅游圈的重要文化体验示范旅游区之一，使其成为世界的文化休闲度假体验地及国际闻名的文化生态精品旅游地。

由此可见，无论是从旅游的概念内涵，还是从旅游业发展的目标来看，无论是从旅游规划设计，还是从旅游产品和服务的提供等多方面来看，不仅要了解并满足游客所重视的产品和服务的体验价值，更要采用创造融入体验的强势品牌或名牌的品牌策略，向游客传递价值、个性和诉求，创造需求，策划体验，引导消费，赢得青睐，使游客感受产品和服务的体验价值。由此看来，旅游体验的核心是创造并向游客提供各种具有价值的体验，即创造"有价值的顾客体验"。此时的"体验"是有特定含义的，作为现代旅游业，应在提供旅游产品和服务的同时，更要提供游客需要的体验。在这个舞台上，消费者开始自己的、唯一的表演，即消费；当表演结束时，这种体验将给消费者留下难忘的愉悦记忆。基于这种体验的美好、唯一、独特、不可复制，企业可以根据其所提供的特殊价值向消费者收取更高的费用。

体验经济突显了消费者的个性化消费和生产者据此采取的量身订制生产法则，是产业发展的必然趋势。产业发展变迁的历史，是传统社会的一级产业（农业经济）经工业革命之二级产业（工业经济），至目前以服务经济为主的三级产业结构。而体验经济则是产业发展、价值增值的最新方向，如表3-3所示。

旅游，作为人们求新、求异、求知、求乐的一种重要途径，本身就是一种体验活动。首先从旅游的本质上来看，体验是旅游的核心属性之一。旅游根本上是一种主要以获得心理快感为目的的审美过程和自娱过程，其本质在于审美和愉悦。旅游在时间和地域的跨越中，从对那种与自己习惯的文化和环境存在差异的另类文化和环境的体验中，寻求审美和愉悦等精神享受的活动，而诸如美食、康体、探险等特种旅游，其实也是一种差异化体验。体验的结果也许是生理或心理的满足，但当离开那种特定时间和地域之后，留下的最终还是一种精神上的回忆享受。所以，旅游的本质属性就在于差异化体验中的精神享受。而主题公园则是强化游客的体验感，所以，主题公园的发展前景将会越来越大。

表3－3 体验经济与其他经济体产业的结构差异

经济体	农业	工业	服务	体验
产物	初级产品	商品	服务	体验
功能	抽取	制造	递送	舞台展示
本质	短暂的	有形的	无形的	难忘的
属性	自然的	标准化	客制化	个性化
提供方式	大量存储	生产后库存	按需求递送	特定期间展示
卖方	贸易商	制造商	提供者	舞台展示者
卖方	市场	使用者	客户	客人
需求要素	生存	特色	利益	独特感受

二、旅游体验的塑造原则

旅游的本质属性在于在差异化体验中丰富精神生活，成为个人主体生命在时空维度和精神世界中的有机组成部分。旅游包含着体验性的诸多精神要点。有别于产品经济时代的旅游价值量的衡量是物质产品，服务经济时代旅游价值量的衡量是游客满意度。体验经济下衡量的标准变为对旅游产品带给游客的体验内涵和收益上，体验价值是购买产品的核心。作为一种新的经济形式，体验经济对旅游产品开发的意义在于体验经济是以需求为中心，强调需求结构升级，即从生存、发展升级到自我实现，以及从消费者角度出发考虑生产的经济形态。所以，在提供体验服务的时候，要特别注意塑造原则。

按照体验经济理论倡导者派恩的观点，旅游企业要注意借助体验经济这一新的突破点推出体验服务，增加体验价值，就要进行如下体验设计：一是将体验主题化。"为一个参与性的故事撰写剧本"使参与者置身其中，提供丰富的、具有压倒力量的体验。并且这个主题应展示产品供给方的特色，有助于旅游者整合自己的体验感受，从而留下深刻印象和长久记忆。二是以正面线索塑造形象。同时，还必须通过深化印象主题来实现。细节要尽力体现主题，时间、空间和物体的和谐统一都是深化旅游者印象的方法。三是去除负面因素。塑造形象不仅要展示正面线索，还要删除任何削弱、抵触、分散主题的服务。四是提供旅游商品。纪念品除了使体验的存留时间延长，还可将个人体验与他人共享，并且使产品价值增值。五是重视对游客的感官刺激。通过感官刺激支持并增强主题，所涉及的感官刺激越多，体验设计就越成功。

目前，国内外对旅游体验设计的研究主要围绕这五个方面展开，其中研究最多、最集中的是旅游体验主题的确立，因为景区的主题能够通过影响游客对空间、时间和事物的体验彻底改变游客对现实的感觉。

景区体验主题的打造需要注意以下几个方面：一是体验主题必须新颖，能打动游客；二是体验主题可以从景区的特色中挖掘；三是体验主题要与经营者的核心能力一致。创意好的旅游体验主题一般应包括具有诱惑力的主题，必须调整人们的现实感受，景区体验主题必须集空间、时间和事物于相互协调的现实整体；好的景区体验主题应该能够在景区内进行多景点布局；景区体验主题必须符合景区本身的特色。

谢佐夫在《体验设计》中认为：体验设计是将消费者的参与融入设计中，是企业把服务作为舞台，产品作为道具，环境作为布景，使消费者在商业环境过程中感受到美好的体验过程。体验设计以消费者的参与为前提，消费体验为核心，最终使消费者在活动中感受到美好的体验。体验设计是不断发展的一种成长方式，是一个动态演进的关联系统化成长方式，也是情景体验经济的体验方式。在这个崭新的领域内，最需要的是富有创造激情和想象力的设计。体验设计的方法要从直接体验出发，就是旅游者的切身体验，这里涉及视觉、听觉、嗅觉、触觉设计等方面；从功能出发，首先是行，即支线功能的设计不能只强调交通，要使旅游者没到景点就感觉进入了景区，这样会减少其烦躁程度；其次是游线设计应通过多种手段营造多重效果，结合曲径通幽和豁然开朗两种方式；最后，旅游项目的体验设计要将住宿功能、主题建筑、景观房产融为一体，目的是使旅游者达到深度体验。饮食的核心也是如何突出特色，需要在文化内涵和体验设计上研究如何提供餐饮服务；体验设计的五大法则之一就是一定要有纪念性的东西；要有一个比较集中的游乐所，同时考虑广场表演的方式。要围绕旅游线路设计食、住、行、游、购、娱六项基本要素，再从体验上进行设计，力争达到一流的水平。因此，一切从旅游者的需求出发，研究旅游者所接触的情景，设计旅游体验，是旅游体验规划设计的总体理念，也是体验规划设计实际操作的核心。

我们可以以香港迪士尼为例，香港地铁迪士尼线里面无论是窗户，扶手还是车厢里面的工艺品，都因其富有迪士尼特色而带给游客欢快的体验，使游客提前进入迪士尼童话世界，营造出美好的消费想象。

旅游体验的规划设计的目标，在开发方来说就是要为旅游者营造个性的、独特的、美妙的旅游体验，为旅游者提供最适合的体验场所，满足旅游体验。以北京昌平区主要的温泉度假村为例，它们通过塑造一流的体验场所，提高旅游体验的质量，并使其具有可持续性而获得游客的青睐。体验为开发方提升了商品和服务的附加值，从而取得较高利润的经济模式。对旅游者而言，在这个过程中，消费和服务不再是机械的交易过程，而是一种审美体验。在体验经济背景下消费者在旅游过程更加注重体验过程、享受新奇的感受，追求自我实现的最高需求层次，增强自我认知感和满足感。按照派恩和吉尔摩的观点，体验经济赋予旅游活动以融娱乐、教育、逃避、审美于一体的全新内涵。只有在旅游过程中具备了这四个条件，游客才能获得比较完美的体验感受。

因此，旅游产品的开发过程中要不断以市场为导向、以满足消费者体验为最高目标，就需要不断创新、融入体验设计、进行布局规划，这都是我们需要探讨的问题。本书在研究和阐释体验经济和旅游产品规划与开发概念的基础上，将旅游规划理论与体验化设计理论融合起来，为旅游产品规划、设计提供有益的信息，并为旅游产品规划后在市场的实施找到更好的思路和对策。目前旅游业提供给旅游者的主要是静态的、缺乏参与性、互动性、趣味性和娱乐性的旅游产品。旅游产品带给消费者的主要应是以精神层面的愉悦为特征的心理感受，所以，旅游产品的设计要体现在产品体验化进程上。基于以上要求，旅游产品的设计原则应遵循以下几个方面：

在开发理念上，从满足消费者需要向满足消费者欲望和增加游客体验过渡。旅游产品开发要重视旅游消费者的个性化及情感需求，应更加突出游客的深度参与性和互动性。虽然消费者在消费旅游产品的过程中或多或少地参与其中，但是在体验经济时代，应突出体现游客的深度参与性。

高度个性化，即通常所说的量身订制旅游产品和服务。在体验经济时代，文化多元化、意义多重化、对话渠道多样化。虽然支配性的文化可以通过各种媒体对最大多数的受众产生影响，但是对文化体验却可能千差万别。作为承载文化底蕴的旅游产品的消费过程，受到个性化服务的个体可以深入解读和体会这种文化内涵，畅游在自己无限的精神世界天地里。

体验主题化，强化体验的品牌形象。主题鲜明的旅游产品不仅是满足消费者自我实现的高层次高品位的追求，树立消费者品牌忠诚度的途径，更是在当今旅游产品日渐丰富，且同质化趋势明显，市场竞争激烈的环境下赢得市场份额的重要方式。树立品牌忠诚和品牌高度要求旅游产品开发广泛采用现代科技，科技旅游产品的开发是旅游业适应体验经济的重要举措。在科技深入人类生活方方面面的今天，旅游行业作为体验经济的先导，在某些旅游产品的设计过程融入高科技将是如虎添翼，必将对旅游业产生革命性的影响，也是未来开发体验式旅游产品的一项战略选择。

旅游规划的体验化设计要以差异性、参与性、真实性和挑战性为原则，从鲜明的主题、通过体验来强化主题、淘汰消极印象、利用旅游纪念品和整合多种感官刺激五个方面来进行体验化设计。

墨西哥中部地区有个别具特色的"偷渡美国主题公园"，其景色同偷渡者进入美国时需要穿越的地区颇为类似。公园组织者宣称，开办目的是为了让人们能体验到"通往美国之路"非法移民的艰苦。在这个公园内充当导游的都是本地土生土长的印第安人，其中有相当一部分充当"非法移民向导"的导游是真正的非法移民向导。公园拥有带领来自世界各地非法移民跨越边境线进入美国的特殊体验。导游们说，到美国去当非法移民的日子很艰苦，因为你必须要放弃自己的家庭、语言、土地乃至生命。而在"偷渡美国主题公园"内的体验活动是相当安全的，游客们在这里能遇到的危险只是扭伤脚腕或者是一头扎到灌木丛里不能"自拔"而已，导游们绝不会丢下自己的客户悄悄离开。更逼真的是，公园里有扮演警察的人员，他们会通过大喊和放空枪的方式来增添旅游过程中的紧张气氛。据公园管理者介绍，自从2004年开业后，已经有许多旅游者（绝大多数是墨西哥人）到这个"偷渡"主题公园来参观游览。公园入场费大约合18美元。在园内，人们除了体验移民之路外，还能在河中泛舟漂流、攀登悬崖或者在传统的小木屋中歇息过夜，体验生活。

三、体验经济与主题公园的新发展

由于受到体验经济的启发，现在的主题公园无论是在景观设计上还是在互动方式的设计上，无论是在管理模式上还是在营销策略上，都越来越强调消费者的感受以及体验的独特性。在体验经济时代，主题公园要寻求新发展，可从以下几个方面进行体验服务创新。

（一）主题化服务——体验经济下的景观与项目设计

鲜明的主题是主题公园的核心，服务主题是整体主题的重要组成部分和支持性因素。主题化服务在内容上围绕整体主题，在形式上表现整体主题，有利于为游客提供鲜明的体验引导，丰富其游园经历，提升整体主题体验价值。服务主题化体现在两个层面：其一是文化性。主题公园是一种创新型的文化产品，通过文化创意和策划性活动满足游客的体验需求，挖掘丰富的文化内涵来确立鲜明的服务主题，以丰富的文化手段来展现服务主题，才能使服务主题具有新意、深度和吸引力，体现出高品位，避免主题庸俗，从而创造较高的体验价值。其二是市场性。服务主题化的根本目的是吸引游客，因此，研究人们的体验需求，掌握游客休闲观念的变化是服务主题设计的依据。有调查显示，随着人们休闲观念的变化，游客更希望主题向着寓教于乐的方向发展，在娱乐中接受历史、文化、科技等方面的教育。所以，服务主题必须寻求目标市场所乐意接受的文化内涵和表现形式，力求文化与时代兼具。

（二）表演化服务——体验经济下的互动方式

参与性是决定主题公园产品有效供给的基本条件，与静态观赏的服务相比，表演化服务更能使游客在参与的过程中获得娱乐、教育、审美、遁世的体验。具备参与性的服务产品，能形成感召力和亲和力，提升游客体验价值。表演化服务实际上就是以服务为游客体验营造剧场舞台，将服务主题和服务情景形成剧本，将环境氛围、服装、音乐、色彩组合成道具，由服务人员充当演员。各种形式的服务活动就是演出，并使游客参与到演出中来，获得最直接的体验感受。因此，主题公园的表演式服务策划可以参照戏剧表演形式，将一般的活动通过戏剧表演形式表达出来，给游客难以忘怀的体验。表演式服务包含如下内涵：

1. 角色多元化

由于游客在参与过程中具有多种需求，需要服务人员担当多样化角色，除了本职岗位角色外，还集保安员、服务员、导游员、管理员、宣传员多种角色于一体，按照不同游客需求，及时转换角色。

2. 表演剧本化

在主题公园服务产品中，服务人员的一举一动都是在表演，服务的全过程就是一出戏，服务表演的成功需要具有吸引力的剧本为基础。可以将游憩服务、综合性服务等服务项目设计成喜剧、杂技、魔术等，并使其具有情节性。

3. 人员融入性

作为服务剧本的主要演员，要求服务人员必须融入主题公园所营造的体验氛围中，从外在的着装、语言、表情、举止，到内在的态度、认知、情感等方面，都要符合体验场景的要求。同时，更要求服务人员具备高超的演技、丰富的专业知识、过硬的服务技能和互动沟通能力，以引导游客体会美在其中、乐在其中、轻松在其中、感悟在其中的滋味。

（三）个性化服务——体验经济下的营销策略

体验具有个性化特色。越来越多的游客期望通过个性化的体验来实现自我。主题公园的服务对象是不同的社会角色，其体验需求必然存在差异。揣摩不同游客的审美特点、心理习惯、消费观念、兴趣爱好来量身订做服务产品，同一旅游项目也体现不同的服务侧重点。实现体验个性化，引起游客共鸣，是主题公园服务创新的重要内容。个性化服务的实施包括两个层面。一是做好标准化和规范化服务。这是优质服务的基础，能保证游客的基本满意。例如，北京"欢乐谷"在营业前就编写了全套服务与管理制度体系，提升了管理与服务规范，从而保证了服务品质。二是讲究个性设计，深化个性服务。可以将主题公园所能提供的产品和服务，设计成一个综合服务模块，由游客根据各自的需求挑选组合，使游客在参与产品设计的过程中，强化体验，并最终通过服务的个性化满足差异化的偏好和需求。

（四）情感化服务——体验经济下的管理模式

主题公园是游客感受快乐、为游客制造体验的场所，面对面的服务形式决定了游乐服务具有情感密集型的特点。首先，情感化服务的实现，必须树立"以人为本"的经营管理观念，贴近市场，充分考虑到个体顾客的体验需求，充满人性、温情地为游客创造情感体验，提升游客的体验价值。其次，情感化服务又是多元化的，通过细微化、延伸化、个性化、人文关怀等不断变化的服务，使游客产生愉悦、惊讶、激动、感动等情感体验，使被尊重的情感体验直达心灵。例如，深圳"锦绣中华"作为我国第一个主题公园，经过多年的发展形成了良好的服务口碑，在服务中充分体现了人性关怀和情感服务，"跟踪式清扫"、"陪游式清场"等人本服务成为其成功经营的重要保证。最后，服务是游客亲切感与自豪感的重要来源。服务人员的热情友善、称职敬业，周到细致的人本化服务，能使游客处处感受到尊重与关心，产生愉悦、温馨的情感体验。一些知名的品牌主题公园，很注重员工服务观念的培养，因而在市场中体现出很强的竞争优势。主题公园的典范迪士尼乐园要求员工热情、真诚、礼貌、周到地服务客人，并且体现在各个细致入微的环节。例如，工作人员都说欢迎再来体验，而不是普通旅游景点的欢迎再来旅游，员工的目光必须与顾客的目光处于同一水平线上，如果客人是儿童，员工要微笑地蹲下为他服务；不直接对游客服务的员工也注重培养他们的游客意识，如会计人员上岗前 2~3 个月的每天早上上班时，都要站在大门口对所有进来的客人鞠躬、道谢。他们表现出的周到和人性化服务，绝非用"服务态度好"就能够形容的。服务观念在全体员工中的有效落实，为迪士尼赢得了良好的口碑。

第五节　品牌认知论

一、品牌认知理论

对于品牌的概念，传统上是从企业角度来进行界定的：品牌是一个名称、一种设计或是一个符号，或者是名称、设计和符号的结合体，它们用于识别一个组织提供的产品和服务。随着现代营销理论的发展，特别是将认知心理学的许多观点引入品牌管理理论研究中，人们逐渐意识到品牌并非由制造商决定，而更多的是通过消费者与产品和服务相互作用并通过消费者认知与体验而产生的，从而产生了消费者角度的品牌认知理论。

美国著名品牌理论专家凯勒认为，品牌反映了消费者认知的差异，如果没有这种差异性发生，那么品牌产品本质上仍是一般意义的产品。凯勒的观点说明，品牌是由消费者对产品的感知、参与以及相互关系的认知决定的。奈普也认为，真正的品牌是顾客和消费者基于自我可感的情感和功能奖赏而产生的有关品牌的内在印象，这种印象将导致在不同消费者眼里形成不同的产品地位。

基于消费者角度的品牌认知理论认为：消费者与企业在相互接触、交换和对话的过程中既创造出价值，也形成一定的关系。消费者在这个交互过程中不断地感受与体验，必然会对自己和企业的交互过程中给予自己的价值和关系形成某些认知，品牌就是消费者对价值和关系的认知。因此，从消费者角度对主题公园品牌进行界定：主题公园品牌就是游客对主题公园所传递的价值和关系的认知。这种认知是通过游客体验而得来的。

基于游客体验的主题公园品牌塑造的核心在于关注游客的体验需求，提供给游客难以忘怀的旅游体验，通过游客体验，实现产品与服务的价值传递，借以吸引游客重游或者形成主题公园良好的口碑。因此，基于游客体验的主题公园品牌塑造过程其实就是游客体验的品牌化过程。

主题公园品牌化在于其体验的特质，比如有的以水上乐园为主，有的以历史为主，每个主题公园都具有其他主题公园所不具备的特质，这种特质构成品牌的基础，同一品牌下的不同主题公园所拥有的不同于其他主题公园的特质构成了同一品牌主题公园的特质，特质是主题公园的基础。

主题是主题公园要向游客传递的核心内容和价值观，是主题公园设计与主题产品系列开发所必须围绕的核心和主线，是形成主体公园品牌的核心与基础。对于一个主题公园来说，主题性包括以下几个方面：

（一）主题的独特性和区域的唯一性

独特性是主题公园市场定位和吸引力大小的关键，作为明确以"人与自然"作为主题的人造景园，世博园在国内是只此一家，在国际上也不多见，因此具有独特性。以这个主题做文章，充分、巧妙地挖掘其文化内涵，以"新、奇、险、美、变"等手法表现出来，使得雅俗共赏、老少同乐，可使世博园具有强烈、深厚、持久的旅游吸引力。大多数主题公园的有效客源市场半径在 200～300 公里之内。在此范围之内，应避免主题的雷同，减少市场风险，也不要选取在全国已有很多的主题。目前我国一些主题公园难以为继的主要原因就是近距离主题重复，或从全国看选题重复，从而分流了客源，造成恶性竞争，资源闲置和浪费。

（二）符合市场的兴趣取向

所选主题应具个性、创意，能贴近游客的求新、求异、求特的心理需求，主题所具备的文化内涵应大众化，符合游客的现实兴趣取向，并能激发游客的潜在兴趣。特别要重点研究在 21 世纪的今天海内外广大旅游者的旅游兴趣、文化品位、欣赏水平、消费水平和质量。

（三）主题的健康性、鲜明性

主题公园的主题应具有文化内涵、品位和鲜明的个性特点，能为人们留下深刻的印象，能够传达社会和文化的信息，发扬传统文化的价值，体现健康向上的生活方式和精神追求，成为大众体验美好情感、感受梦境的地方，表达对平衡、和谐和生态的未来世界和未来生活的追求，在精神的给予中体现旅游活动的重要价值，能为全民族和不同地区的人们所接受和欣赏。并不是所有的主题都有价值，有吸引力的，如一些地方建造的神怪、迷信和不符合道德、社会价值观念的主题公园往往是昙花一现，没有持久的生命力。

（四）主题的包容性

不同的细分市场有不同的主题定位方向，我们需在这不同的方向间找到平衡点，以符合最多的需求条件，使市场容量最大，这个平衡点就是我们进行主题选择的重要参照点。即对所选主题各细分市场有最大的包容性，能最大限度地满足各种的细分市场消费者的不同需求，对大多数的客源市场都有吸引力，能引起不同年龄、不同身份、不同社会阶层游客感情上的共鸣。

（五）前景的延续性

即所选主题是否具有市场前景和持续的生命力。在高度信息化的现代社会，市场是瞬息万变的，游客的兴趣取向也是变化的，包括旅游在内的一切消费行为都可能被"流行"所左右。目前市场反映良好的主题可能在以后会受到市场的冷落，这更加剧了所选主题的市场前景的不明确性，更需要我们对主题做切合人的不变的本性的考虑，更多地从人的本性的需求出发来选择主题。如以回归自然、贴近自然的人的本性为主题等。

（六）选择的主题要有能够延展的足够空间和弹性，吸引人们重复消费

为争取游客的重复消费，延长主题公园的生命周期，在主题的选择上应有较大的扩展余地，要能够不断以新的内容来丰富和变换主题公园的内容，有利于进一步延展开发关联性的商品、制成品和服务，形成综合的运作系统。国外成功的主题公园在选择自己的主题时就非常注意以上原理，它们往往选择人们十分熟悉、亲切的主题形象来展示自己的主题，使得主题贴近大众，符合市场需求。如迪士尼使用聪明伶俐的米老鼠、喋喋不休的唐老鸭、厚道笨拙的布鲁托狗等迪士尼卡通明星做主题形象，向人们传达其"销售快乐"的经营理念；芬兰建起以"圣诞老人"为主题的"老人之家"主题公园；图索蜡像馆也因为其加入了人们所熟悉的平民、当代

总统和明星人物吸引了众多游客；日本东海大学的人体博物馆，其建筑结构就像一个人体，游人从大大张开的嘴进去，通过舌头、气管，进入各个内脏。人们在这个大"人体"游览的过程中，可以学到科学道理和保健知识，不仅受孩子的欢迎，也吸引了成年人光顾。国内很多大型主题公园都致力于深挖自然景观、民俗风情、人文历史等经久不衰的主题内涵，这也是由我国的多民族特性和悠久的历史所决定的。如昆明世博园选择了"人与自然"这一永恒的主题，因为人类的历史本身就是一部人类不断改变对大自然的态度、调整与大自然关系的历史，具有极其丰富的文化内涵和巨大的包容性，有足够的延展空间和弹性，市场前景广阔。再如华侨城的"锦绣中华"以拥有的82处中国最为著名的风景名胜的微缩景观为主题；"中国民俗文化村"以民间艺术，民俗风情和民居建筑为主题；"世界之窗"则以弘扬世界文化为主题，包括按 1∶1、1∶5、1∶15 等不同比例建成的世界各地 118 个风景名胜景点的复制品。这些主题的选择都体现了主题性原理，也正是这些赋予以丰富的民族特色与深厚的文化内涵的主题，使华侨城主题公园从我国不断膨胀的主题公园群落中脱颖而出。

二、主题公园的品牌化经营路径

主题公园的品牌扩展经营是指把主题内涵凝练为品牌形象，并以其为中心进行主题公园经营管理，最终使品牌成为主题公园的象征和企业新一轮发展最有价值的资产。推行品牌化扩展经营将大大扩展主题公园的时空范围、增强主题公园的市场竞争力和生存能力，其作用是非常明显的。首先，把主题内涵凝练为品牌能为主题公园引入鲜明而有个性的品牌形象，将主题内涵有效而形象地传递给社会和广大游客，提升主题公园的形象和知名度；其次，以品牌形象为标志，建立优秀的企业文化，形成强有力的文化吸引力；再其次，依赖品牌所包含的整体形象和独特内涵，推行品牌忠诚战略，从而大幅度地提高游客满意度、重游率，增加主题公园的经济效益；最后，创造一个有活力的品牌，将有助于扩大经营范围、延长主题公园的生命周期。主题公园的品牌化经营可以分为以下三个阶段：

（一）品牌创立阶段

在这一阶段，要抓住主题内涵和思想最本质的东西，凝练成具有生命力的品牌形象并以品牌来指导和组织主题产品的营运，增添主题产品的灵气与活力，从而更好地展现主题思想及其丰富的内涵，而这又反过来加强与巩固主题公园的品牌形象，创立名牌地位。

杭州是中国的历史文化名城，著名的风景旅游城市，地理位置优越，华东地区一亿人的消费群体是它的潜在市场，发达富庶的长江三角洲是它有力的依托。所以，在杭州发展旅游业得天独厚。杭州之美在于西湖，在外人眼里西湖几乎是杭州的代名词，西湖的山水之美和杭州城市的人文之美的源头是宋代，从来没有哪一个朝代像宋代那样，使杭州对世界有如此大的影响。宋代的杭州成为世界著名的锦绣天城，而西湖的一山、一水、一草、一木无不为宋朝文化所浸润，闪烁着人文风情之美。浓郁的宋朝文化也使杭州这座城市到处是休闲之风，人们戏称为南宋遗风，可见宋朝文化的影响之大。西湖最大的特点就是人文风情和自然风情的完美结合，这也是为什么全国有上百个西湖，其中比杭州大而美丽的西湖也不少，唯独杭州西湖全国闻名的原因。可是人文风情往往不可言传只可意会，就如那么多的西湖传说和故事只是留在记忆中一样。随着城市化进程的加快，西湖也显得越来越小，光靠一个秀美的西湖难以支撑起杭州的旅游业。西湖作为一个非常好的品牌内涵没有被充分挖掘出来，而宋城人却在很早以前已经意识到西湖这个品牌具有无穷的潜力。为了延伸西湖的品牌，为了动态地再现宋代风情，为了充分挖掘杭州的寻根文化，为了创立大西湖、大杭州、大旅游的格局，宋城集团于 1996 年 5 月 8 日在杭州创立了最大的宋朝文化主题公园——杭州宋城，从而使杭州的纯观光旅游过渡到娱乐和参与相结合的主题公园旅游，犹如在西湖平静的湖面上投入一块巨石，激起阵阵波浪，宋城已成为杭州旅游业的又一个支撑点。宋城景区主要包括："清明上河图"再现、九龙广场、宋城广场区、仙山琼阁区及南宋皇宫区、南宋风情苑等部分；在景区建设上运用了现实主义、浪漫主义、功能主义相结合的手法。依据宋代画家张择端的"清明上河图"画卷，严格按照宋代"营造法"再现了宋代都市的繁华胜景。有关人士认为宋城是两宋文化在西子湖畔的自然融合，而杭州的千年文化内涵也自然而然地渗入到宋城的方方面面，使宋城成为杭州大文化圈里一座不朽的"动态博物馆"，从而确定杭州宋城的旅游品牌。

（二）品牌的延伸阶段

在这一阶段，主要是以已有一定知名度的品牌为先导，充分发挥品牌的无形资产价值，完善主题产品的功能，延伸开发与主题公园相关的其他产品，进一步扩大品牌的影响，争取获得高额的经营回报。

宋城集团在打响"给我一天，还你千年"的杭州宋城品牌后，继而延伸开发美国城、杭州乐园、山里人家等景点，年接待游客400多万人次，同时拥有宾馆、温泉度假村、高尔夫俱乐部、网球俱乐部等旅游休闲项目，涵盖了现代旅游"吃、住、行、游、娱、购"六大要素。杭州乐园是继宋城之后又一个杭州旅游业的支撑点，它和宋城、西湖构成杭州旅游三足鼎立之势，从而在杭州形成西湖观光、宋城怀古、杭州乐园度假的旅游新格局，也使杭州的旅游模式从西湖纯观光型旅游到以宋城为主的娱乐和参与相结合的主题公园旅游，最后过渡到杭州乐园休闲度假型旅游。沿着杭州乐园的周边建成一片排列成弧形的房产，那色彩鲜艳的外装饰不仅是杭州乐园的一道亮丽风景线，也为它半封闭的管理带来了很大的便利。据该园主要负责人介绍，如果这些房子均能按现价出售，整个杭州乐团的投资将全部收回。在乐园一期与二期的分界线上还建了一批造型各异、体现不同地区建筑风格的小别墅，它们大部分已被浙江省的新闻机构购买，杭州乐园实现了以实物换得新闻媒体的宣传，来此度假的新闻工作者将长期关注乐园的发展。

昆明世博园也是品牌延伸的实例，昆明世界园艺博览会不仅留下一座荟萃东西方精华的"园林园艺大观园"，还创建了名传四海的"世博品牌"。世博园作为中国独有、世界知名的世博园，其内涵非常丰厚、特色十分鲜明，进一步开发的潜力还很大。世博会所产生的品牌效应和世博园的知名度是未来可持续发展和创新的无形资产，为其品牌延伸奠定了重要的基础。

（三）品牌拓展阶段

在这一阶段，品牌已经发展为企业经营的核心资产，而主题公园则成为品牌寻根之地，成为品牌的一个支撑点和品牌经营的一个组成部分。主题公园的重要性不在于其形，而在于其神。企业以品牌为龙头扩张主题公园的经营，利用品牌资产向其他新的跨行业经营领域发展，实现多元化经营。企业在进入品牌经营的扩展阶段后，将超越简单主题公园的营运，克服主题公园生命周期短的问题。由主题凝练而成的品牌比产品本身更具价值和生命力，附属产品、相关产品、延伸产品和跨行业产品的经营比仅限于主题产品的经营具有更广阔的天地，大大扩展了主题思想与内涵的底蕴，使企业持续发展、长盛不衰。宋城集团也是品牌拓展的典型范例，它的投资方向以旅游休闲业为主，包括主题公园、休闲度假、生态旅游、农业观光等方面，在开发了宋城乐园等旅游产业之后，它又将触角拓展到了更广阔的领域，同时涉及房地产开发、旅游教育、文化传播、电子商务等领域。

三、主题公园的品牌化营销案例

由罗瑟·瑞夫斯提出的 USP 理论，即"独特的销售主张"。你若想让你的品牌打动顾客，就必须给他们一个不可推却的强购买理由，让他们觉得"非买不可，非你不可"。如果你提供的品牌利益没有这股"杀气"，那从现在开始，尽量让你的品牌利益点更"杀气腾腾"些，因为唯有如此，你才能在千军万马中"杀"出一条血路。

很长一段时间，广州长隆欢乐世界这个新生的游乐园品牌就在努力寻找这股"杀气"。香港迪士尼乐园与深圳欢乐谷，作为广州长隆欢乐世界最直接的竞争对手，在经年累月的积累中已经形成了自己与众不同的品牌印记。

特别是迪士尼，它那沉淀了长达半个多世纪的独特品牌文化早已深入人心，今天全球各地生活着的绝大多数人，美好的童年时光差不多都是在迪士尼"米老鼠与唐老鸭"的文化熏陶中度过的。日本东京迪士尼乐园的品牌口号是"让园内所有人欢乐起来"，香港迪士尼的品牌路线是"亲切，值得信赖"，然而这些都不是它们最真实的品牌强促销因子，它们真正吸引顾客的"杀手锏"——同时也是它们在主题活动策划与促销中常常提及到的"梦想成真"，才是它们真正用来"俘获"顾客的利器。在提升品牌形象时，它们会说"让园内所有人欢乐起来"与"亲切，值得信赖"。这个时候，迪士尼不会把"梦想成真"挂在嘴边，那样会让它的品牌显得过于功利。但是，当真正需要出招"俘获"顾客时，它会毫不犹豫地抛出"梦想成真"用以促销。"梦想成真"绝对是迪士尼最独特、最有力的"杀手锏"，试问世界上还有哪个游乐园能够如迪士尼一样给予孩子们那么多迷人的梦想呢？

只有迪士尼才有实力说自己能让人"梦想成真"，后起的深圳欢乐谷不可以，新生的广州长隆欢乐世界也不可以，他们并不具备迪士尼品牌所独具的特色文化。欢乐谷和长隆欢乐世界当然可以将迪士尼所有的游乐设备"依葫芦画瓢"完整地复制一遍，然后也装模作样高喊"梦想成真"，但那样并没有用，因为顾客不认可，他们压根儿就不相信欢乐谷和长隆欢乐世界能让他们"梦想成真"。在他们心目中，这个位置只属于迪士尼。

于是，在迪士尼的强势挤压下，欢乐谷和长隆欢乐世界必须另寻他途，寻找属于自己品牌的独特卖点。欢乐谷的品牌 USP 是"繁华都市开心地"，几年来，深圳欢乐谷通过种种活动与公关策划，不断强化着自己的这一定位优势，它想告诉顾客：欢乐谷能让你从繁忙的都市工作生活中解脱出来，释放自己。想释放自己，就到欢乐谷。

欢乐谷的这一品牌定位极其精准地区别于迪士尼。如果说迪士尼是抓住了人们心目中的童年记忆，那么欢乐谷就是抓住了现在都市人群终日繁忙奔波之余的脆弱情感。眼看着两大游乐园关键定位点被竞争对手捷足先登，后起的长隆欢乐世界又该何去何从？

在奥美的协助下，长隆欢乐世界将品牌 USP 定义为"体验世界巅峰游乐"，这是一个相当聪明的品牌定位。对于一个新的游乐园品牌，它的品牌定位必须与它的直接竞争对手截然不同。在与迪士尼、欢乐谷品牌的反复比较中，长隆欢乐世界发现了一个有利可图的竞争空间，即诉求品牌功能利益点，而不再诉求情感。迪士尼和欢乐谷不约而同地将品牌定位在了"情感诉求"上，因为它们能够看到园区设备资源与情感利益相结合的独特竞争优势，可长隆欢乐世界不同。游乐园品牌最激动人心的两大情感诉求点已经被竞争对手——牢牢占据，长隆欢乐世界作为后来者如果盲目跟进，只会是自找苦吃。所以，长隆欢乐世界避开"情感价值"比拼，转向"功能价值"。

应该说，在新品牌导入最初一段时间里，这个"体验世界巅峰游乐"的品牌定位是相当有吸引力的。它是品牌的形象口号，也是品牌独特并有不少杀伤力的卖点。因为它能最直接地勾起顾客的好奇心——长隆欢乐世界有一大批世界顶尖游乐设备，绝对是你"见所未见，玩所未玩"的，只要你来长隆欢乐世界，就能亲身体验到世界级的巅峰游乐。借助强大的活动与媒介公关策划执行能力，以及集中重点区域的立体式媒体投放，长隆欢乐世界确实吸引了不少好奇而来的游客，并在开业一周时创下了日接待游客量 50000 人次的最高纪录，这是世界游乐园不曾有过的奇迹。

虽然至今长隆欢乐世界旺销势头仍在持续增长，但它的品牌管理团队们却开始担心起了一个长远的品牌忧患。这个潜在的忧患是一开始进行品牌定位时就埋下了的，同时也是将利益诉求集中于"功能诉求"的品牌通病，即当功能利益点对目标游客不再具有吸引力时，品牌方又如何施行品牌再定位促使品牌转型，而新的品牌定位仍然具有让游客难以抗拒的独特

"卖点"？

游乐园由于设备的初始投资巨大，一般在一定时期内很少会更新游乐设备。对于长隆欢乐世界而言，游客在游玩一次之后，很难再来第二次。很多游客原本就是"好奇"而来，一旦好奇心满足，吸引力自然会大减。那么为了吸引足够的客流量，在游乐设备暂时不更新的前提下，长隆欢乐世界必须不断扩大"品牌知名度"的媒介投资预算规模，来吸引剩下越来越少的"好奇者"。可是这根本就是个西西弗斯似的悲剧——推着石头上山，石头从山上滚下来，然后再推上去，周而复始。如果定位策略不改变，长隆欢乐世界用以吸引"好奇者"的营销投资边际效用只会越来越小，最后的结果必然是得不偿失。

想着未来某个时期利用设备的"新奇"卖点吸引游客游园的策略不再奏效，长隆欢乐世界的品牌管理者自然会有些心里发毛。"体验世界巅峰游乐"现在是一个独特而有杀伤力的卖点，但当对"好奇"人群的吸引越来越吃力时，长隆欢乐世界必须重新寻找一个新卖点，或者从现在开始，与迪士尼的策略一样，以品牌USP做形象，以品牌卖点做促销。"体验世界巅峰游乐"将仅仅是长隆欢乐世界的形象口号，真正在进行园区主题活动策划与公关推广的品牌路线时，长隆欢乐世界应寻找到一个与迪士尼"梦想成真"相似效果的独特卖点。香港迪士尼为了突出"梦想成真"，它所有主题活动和园区规划不管是"奇妙庆新春"，还是"明日世界"、"幻想世界"与"探险世界"，都与人们童年时期的梦想有关。相比之下，长隆欢乐世界又该如何设计自己的品牌路线呢？长隆欢乐世界用以做强促销因子的品牌卖点是什么？

这个卖点的找寻其实可以采用倒推的方式。既然卖点的提炼是为今后的主题活动策划服务的，那么从主题活动的策划角度考虑，一切就显得格外清晰起来。任何主题活动的策划，选取的主题均取自受大众强烈关注的三个领域：娱乐、体育、民生。为了与香港迪士尼、深圳欢乐谷的品牌路线有所区别，长隆欢乐世界结合自己的资源优势与产品特色，将自己的品牌路线聚焦在了娱乐上。

其实自开园以来，长隆欢乐世界也时不时会与一些电视媒体或剧组进行合作，例如《看起来很美》的首映礼，例如香港《人生大马戏》和《双子神偷》的拍摄，比如南方新丝路模特大赛的拍摄等。在越来越多的行业走向娱乐化时，长隆欢乐世界也在有意无意地迎合着娱乐化，然而遗憾的是，这种迎合从来没有在品牌策略与路线上清晰表达出来。对于未来可能的主题活动策划与推广，长隆欢乐世界还处在迷茫、忙乱与投机之中。

为了更透彻地强化自己的品牌识别，长隆欢乐世界在梳理了品牌未来走向与策略之后，决心专注于娱乐领域，并集中从电影、音乐两个角度来体现自己的品牌特色。也就是说，长隆欢乐世界希望不仅仅依靠"体验世界巅峰游乐"这个暗藏危机的功能利益诉求点来吸引游客，它更希望给游客们一种强烈心理暗示：长隆欢乐世界里时常会有明星出没，你在这里极有可能邂逅名人，与名人共游乐。人们关注娱乐，是因为内心有着强烈的"追星"渴望，而长隆欢乐世界则期望努力将这种渴望与长隆欢乐世界品牌联系起来，让品牌本身刻有鲜明的名人明星印记。于是，长隆欢乐世界在"体验世界巅峰游乐"的品牌主诉求下，设计了一级分诉求：与名人共欢乐，享受邂逅名人的惊奇。这个分诉求点的推出刹那间让品牌卖点"杀气腾腾"起来，游客纵使没有游玩世界级顶尖游乐设备的好奇心，总该有一窥名人并与名人共游乐的好奇心吧！当然，如果这两大好奇心都没有，长隆欢乐世界也只有望其兴叹了。作为一个特色鲜明的品牌，长隆欢乐世界有自己的品牌定位区隔，它不会也不能"俘获"所有人。

然而，必须特别谨慎的是，分诉求点的推出事实上是一个极具技巧的策略，它必须与品牌主诉求点统一，以确保品牌整体协调性系统的一致。长隆欢乐世界的主诉求点是"体验世界巅峰游乐"，核心是"乐"，限定词是"巅峰"。分诉求点是"与名人共欢乐，享受邂逅名人的惊奇"也是为了突出"乐"，并且不仅仅是游玩之"乐"，更有与名人邂逅的"乐"，而名人之所以称其为名人，正因为其在某一领域的出色与"巅峰"表现。于是长隆欢乐世界的品牌主诉求与分诉求不管是核心词还是限定词，都完美地统一在了一起。严格地说，分诉求点应是对主诉求点的细分与强化。长隆欢乐世界"与名人共欢乐"即是以"追星"的心理渴望切入，将"体验世界巅峰游乐"细分化、具体化了，同时"与名人共游乐"又反过来以名人明星进一步强化了"体验世界巅峰游乐"的品牌主诉求。

对品牌主诉求点设置一级分诉求、二级分诉求甚至三级分诉求，以使品牌的独特卖点更具杀伤力，并不是长隆欢乐世界的首创。选择一个强有力的促销因子作为品牌卖点，已成为越来越多品牌争夺与"俘获"顾客的惯用伎俩。

蒙牛酸酸乳卖得好，部分原因是因为它有个动人的品牌卖点——酸酸甜甜就是我。它可以让人觉得，喝了蒙牛酸酸乳，是不是也可以如广告里的张含韵那般又酸又甜、长相可人。当然，比起脑白金、蒙牛酸酸乳的品牌卖点还是有些稚嫩，不如脑白金那般直接而有穿透力。脑白金虽然历来为人所诟病，但我们不得不承认，它所提炼的品牌卖点有种不可推卸、不可抗拒的"杀气"。脑白金的销售奇迹绝不是瞎蒙的，它非常清晰地对顾客传递了一个信息：当你在柜台前面对成百上千各色礼品时，脑白金告诉你，"送礼就送脑白金"。这就是脑白金的卖点，它通过大规模的品牌曝光，让"送礼就送脑白金"成为习惯。

过于文雅过于含蓄的品牌卖点将很难在竞争中突围而出。你可以在品牌主诉求上雅致得像个绅士，因为它代表着你的品牌形象，但真正冲上前线拼命杀敌时，你必须动用饱含杀伤力的有力卖点。宝马是一个绝好例子。宝马的品牌主诉求是"终极驾驶机器"，但很少有人会因为它的驾驶性能好的功能利益诉求点买它，大多中国人选择宝马，仅仅是因为它是名副其实的富豪车，开着宝马更像富豪。

主题公园是当今世界上广泛应用的吸引游客的游乐形式，品牌是主题公园的核心。一个好的品牌深入人心，能给主题公园的营销带来极大的便利。主题公园的品牌效应一旦具备了广泛的信誉度和巨大的商业价值，品牌的扩展经营也就有了坚实的基础。品牌扩展经营是主题公园乃至整个旅游业可持续发展的理想战略，只有进行合理的主题公园品牌延伸和扩展，才能使主题公园的经营长盛不衰。

第六节　主题公园的代际转换

一、四代主题公园的区分与代表

随着社会的不断进步，人们旅游需求的多元化，主题公园的发展随着旅游产业的发展也已经历了三个时代：第一代以自然资源作为依托；第二代是各种模拟、微缩类型；第三代以都市娱乐为特征。上述三代，体现了不断转型、变动的市场形态，及其以时代文化风尚为先导的市场需求。而随着技术的进步，产业的升级，消费者需求的提升，如今主题公园进入了第四代，第四代主题公园的特征是占地面积大、科技含量高、影像逼真、景点多、内容丰富。

第一代主题公园是以自然资源作为依托的。这是最早的主题公园类型，这种主题公园多依靠着丰富的自然资源而开发，多属于观赏性的公园，游客体验的是徜徉于山水、森林、湖泊的惬意感觉与接近大自然感受大自然钟灵毓秀、鬼斧神工造化的魅力，火山地质公园、地下森林公园都属于第一代主题公园，如砾岩岩溶地质公园、五大连池世界地质公园等。第一代主题公园除了可以以大自然生成的地质景观作为依托之外，某些富有特色的自然生物景观也可以作为此类主题公园的范例，如依托种茶产茶产业的中华名茶园等。

第二代主题公园是各种模拟、微缩类型的主题公园。这种主题公园是集都市文化娱乐休闲于一体，既有优良的原生态环境、优美的景观环境，又在原生态的基础上融入历史文化、民俗风情，打造出了多元文化、优质的服务产品。第二代相比于第一代，不但具有观赏性、休闲娱乐性，更强调了文化性和服务性。第二代主题公园的代表是"锦绣中华"、"中华民俗村"、"大唐芙蓉园"等。

第三代主题公园是以都市娱乐为特征的，这类主题公园在第二代主题公园的基础上又增加了互动游乐的元素、休闲娱乐的性质，它开始强调游客的游玩参与性，而不仅仅是观赏性。它为游客提供了大量的参与性游乐活动，通过人工建造的一些游乐设施，缓解游客平日里的身心疲惫，在放松的环境下尽情体验身体力行，参与其中的乐趣，它有传统意义上"游乐场"的意味，并且做得更大型、更惊险刺激。随着人民物质文化水平的提高，"休闲时代"加速来临，以游乐、休闲、运动、购物为主的第三代主题公园成为都市人们休闲时释放压力、体验刺激惊险的首选。很多成年人都乐于加入都市娱乐为主的刺激类主题乐园，如欢乐谷、大连发现王国、长隆欢乐世界、长隆水上乐园、锦江乐园、北京石景山游乐场、桂林乐满地等。

第四代主题公园占地面积大、影像逼真、景点多、内容丰富。第四代具有科技含量高、互动性强、主题项目群落化三大特点。第四代利用高科技影像技术，结合中西文化为主题背景，创造大型互动娱乐模式，已是国际主流主题公园模式。与前三代主题公园相比，第四代公园无论是投资规模、占地面积、景点设计还是高科技含量、技术的创新、动画影像声效的科幻逼真程度都是最高最强大的。它是更大型、更具规模、更综合性的旅游地，在兼具观赏性、休闲游乐性、文化服务性的基础上又更提升了各种特性的科技含量，做得更极致逼真。目前我国处于第四代主题公园方兴未艾的起步阶段，建成的第四代公园有香港迪士尼、汕头方特蓝水星主题公园、芜湖方特欢乐世界、泰山方特欢乐世界、沈阳方特欢乐世界、青岛方特梦幻王国等（第四代主题公园所使用的设备和技术参见附表1和附表2）。

二、代际转换原理

代际转换是产业产品升级的必经过程，无论是一个产业还是一种模式都需要随社会的进步和科技的发展而不断改进自身的属性。代际转换是新一代产品、模式取代或者改进前一代产品、模式的过程，包含"推陈出新"、"青出于蓝"的特性，它遵循社会发展规律，以生存为前提，以时代文化风尚为先导，以科技进步为保证，以升级换代、追求卓越为目标。国内外的主题公园经历了四代的变换，每一代的产生都是消费者需求指引下的产物，每一代都在前一代的基础上加入了新的元素，新的吸引点。

代际转换需要具有两个主要条件，一是产品本身性能不足，二是新的需求因素。对于主题公园来说，代际转换原理体现得较为完整。

第一代主题公园是以自然资源为依托的，在旅游产业开始起步的阶段，人们对于旅游目的地的追求专注于自然景观的观赏性，人们对于游山玩水的需求的日益增加，相对应地产生了较为完整的自然类型主题公园，然而随着旅游者需求的日益旺盛及多元化的展开，单纯的山水之乐已经不能满足大众的口味了，而且自然资源是有限的，往往又由于其地理位置离市区比较遥远，不能满足快节奏生活下大众的日常休闲娱乐，于是促使着第二代主题公园的产生。第一代到第二代之间的代际转换是满足转换的两个条件的，即第一代公园资源有限，开发限度有限，远离市区，缺少变化，与此同时，消费者需要寻求观赏性之外的新的休闲娱乐方式。

第二代主题公园是微缩、模拟类型的公园，尤以深圳"锦绣中华"、"民俗村"、"世界之窗"为代表，第二代是在第一代公园的基础上进一步发展的产物，当游客游玩过第一代主题公园几次之后总会产生厌烦或者不再感兴趣的感觉，而此时，加入文化服务性，能够开阔游客眼界，展示大千世界，使主题公园成为人们旅游消费时的新宠。

第三代主题公园由于其靠近市区，娱乐休闲特征明显，一经引入即受到大众的热捧，在我国从最早的上海"锦江乐园"到现在的深圳"欢乐谷"、番禺"长隆欢乐世界"、大连"发现王国"，第三代主题公园的生命力至今旺盛。第三代相比第二代公园来说，不能说取代或者改善，而是极大程度地补充和开拓新市场。第三代公园的前期投资往往不菲，动辄就是几亿元的投资，可是经营良好的公园也在短期收回了成本，"欢乐谷"、

"发现王国"都是很好的范例。

如果说第一代到第二代主题公园的转换，是由自然景色过渡到人工设施的话，那么第二代到第三代的转换则是同样在人工设施的基础上，大大增加了其功能性。第三代的出现既可以说是消费者新的需求导向下的产物，也可以说是对第二代公园的进一步补充和完善，所以它满足代际转换的两个基本条件。

第四代主题公园相比第三代公园虽然说功能上并没有改变，但是它确实是更准确意义上的代际转换，第三代和第四代之间的变换是真正意义上的产业升级换代，第四代的强大科技含量和巨额投资都是给主题公园更新换代提供了有力保证。虽说第四代提供的服务仍然是集休闲、娱乐、运动、购物、养生、度假于一体的服务，但它是第二代、第三代提供同样服务基础上更"高级"的服务，所以从这个意义上来说，它同样满足上几代产品性能不足的条件，至于消费者新需求的条件，一般情况下是需求创造供给，可是有些时候好的供给往往可以带动需求，或者说供给可以创造需求，所以消费者也在第四代产生的同时开始出现了强烈的消费需求。我国的第四代主题公园如今处于发展的起步阶段，它会随着科技进步一同起飞。而代际转换原理也提醒着我们，产业行业的更新换代是滚动向前、从不停歇的，每一代都有其产生和存在的道理，也会随着市场需求和科技进步而继续换代。

三、四代主题公园的并存与多样性

(一) 四代主题公园并存

代际转换原理告诉我们，主题公园正向功能更强大、科技含量更高的第四代方向发展，但是短时间内几代主题公园并存的局面是一定存在的。在我国前100家主题公园中，既包含了第一代主题公园，又包含了第二代、第三代公园和第四代公园。四代主题公园能够并存的原因是多种的，总结起来有以下几个原因：

首先，任何一代主题公园还无法完全被另一代所取代。在前100家主题公园中，尽管我们发现第一代主题公园的数量不多并且排名比较靠后，但是自然环境资源所带给人们的休闲感受是很多第四代主题公园也无法取代的，所以尽管需求不甚旺盛，但是第一代主题公园还是有其生存的土壤，一些地质博物馆还是吸引着大量的游客前往参观。

其次，地理的局限性决定了有些地区的第二代主题公园仍然很受欢迎。虽然说四代主题公园的机动游艺更强大，梦幻科技含量更大，但是由于目前我国第四代主题公园数量有限，所以相当部分游客还是会就近选择第二代主题公园或者第三代主题公园。

再其次，第三代主题公园是以都市娱乐为特征的，在模拟景观的基础上进行延伸，延展性很强，发展空间还很大。第三代主题公园的触角还可以不断延伸到更多的地方，为顾客提供更多新鲜感，所以说，在它的延展性还没有被完全发挥完整之前是不会消失的。

最后，每一代主题公园都有其生命周期，处于不同周期阶段的代际公园可以并存。现在第四代主题公园是人们追捧的热点，但是它仍在起步阶段，同时可以是第二代、第三代主题公园的发展稳定期，或者可以同时是第一代主题公园的停滞或者衰退期。几种不同代际公园是可以在各自的生命周期中共存的。

（二）主题公园多样性

由于我国人口众多，地域广阔，旅游消费能力日益增强，主题公园的种类和数目也与日俱增，主题公园的多样性也是满足消费者旅游需求的方式。四代公园的每一代虽然有其特征，但也只是一代公园的总称，而在同一代公园中也一定存在着不同种类不同主题的公园，从而增加了主题公园的多样性。

例如，同样是强调自然旅游的第一代公园，在经营良好的 TOP100 公园中，位列 35 位的山东枣庄中兴矿业博物馆是以矿业资源为吸引点的；而第 41 位的金坛江南农耕园则是以中华江南农业文化遗产博览为卖点的；第 60 位的宜兰县冬山河亲水公园的主题形象口碑定位是：台湾水与绿公共主题公园；第 73 位的东平湖（梁山泊）风景名胜区的主题形象口碑定位：水浒传故事背景地主题公园；第 84 位的海南森林博览园的主题形象口碑定位是：海南特色生态主题公园。可见在第一代公园当中，不同的自然资源种类也创造了不同的主题公园类型。再比如，同样是第三代主题公园，排名第 5 位的澳门澳博连锁娱乐场的主题形象口碑定位：世界博彩文化主题公园；第 7 位的深圳欢乐谷是以机动游艺为主的中国大型现代自创主题乐园为定位的，口号是"繁华都市开心地"；而第 25 位的"长隆水上世界"则主打水上娱乐的王牌；第 30 位的常州"中华恐龙园"则以东方侏罗纪返古名城作为吸引游客的卖点。

从以上列举可以看出，每一代主题公园都有不同主题、不同的吸引点，这些形式各异的公园增加了主题公园的多样性，为游客提供了更丰富的选择空间。

四、主题公园代际转换与生命周期的异同

代际转换原理如上述小节所述，是新一代产品、模式取代或者改进前一代产品，模式的过程，而旅游地的生命周期理论是说任何一个旅游地的发展过程一般都包括探索、参与、发展、巩固、停滞和衰落或复苏6个阶段。旅游地生命周期理论应用于城市旅游目的地研究，能够为城市旅游的长期繁荣提供宏观指引，有助于旅游地政府部门制定合理的产业政策，也有助于旅游投资者作出正确的决策，将是旅游理论应用于产业实践的很有意义的研究领域。

（一）两种原理的相同点

对于主题公园来说，代际转换原理和生命周期原理都是其要经历的过程，主题公园要经历从以自然资源为依托的第一代公园、模拟微缩类的第二代公园、以都市娱乐为依托的第三代公园到占地更大、科技含量更高的第四代公园，这是主题公园作为一个产业所经历的过程。而生命周期原理也是主题公园要经历的过程，每一个公园，无论是哪一代，在理论上，它都要遵循从探索、参与、发展、巩固到停滞和衰落或复苏的6个阶段的过程。所以，两种原理的相同点就是，它们都从各自的理论基础出发描述了主题公园发展历程中会经历的阶段。

（二）两种原理的不同点

两种原理是主题公园都可以使用的理论，但是这两者也有显著差别：

首先，行业和产业是不同的，生命周期理论描述的是行业规律，所以理论上每一个公园都有这个规律，而代际转换是产业规律，产业到一定程度就会升级。生命周期规律描述的是一个公园本身的变化，无论发展稳定还是衰落，变化都是在这一个公园之内发生的，尽管由于内部产品的设计，管理的水平、营销的策略等因素的影响可以延长公园的发展成熟期，或者推后停滞衰退期，如"锦绣中华"、"世界之窗"、"欢乐谷"开园以

来经营一直良好，但是"锦绣中华"再如何产品创新，或者复兴重组，它也只是在一个固有的框架下进行改善，或者说，它能够进行的措施只是提升软件，它只能变成更好的锦绣中华，但是它的框架固定了它的发展，它仍然是一个以微缩、模拟景观为卖点的第二代公园。而代际转换原理描述的则是产业规律，产业到一定程度就会升级，代际转换不是指某一家公园，而是整体的一代的公园，所以说代际转换原理下，提升的是硬件，而不再是软件了。例如，"欢乐谷"一期发展到二期、三期可以说是生命周期理论下行业的软件升级，而"欢乐谷"之外，另一代公园，如"锦绣中华"的产生，则是代际转换下产业硬件升级的产物了。

其次，投资和运营战略要运用不同的原理。我们在投资时，需要注意的是主题公园的代际转换问题，而在运营与战略选择时，则需要注意生命周期原理。比如说，深圳华强集团投资兴建了芜湖"方特欢乐世界"，收益良好，所以它继续投资了同样属于第四代主题公园的几家欢乐世界，包括投资 20 亿元在泰安修建 40 万平方米的"泰山方特欢乐世界"。在国外，华强集团在伊朗投资 7000 万欧元兴建 60 万平方米的主题公园已于 2008 年年底正式开工。最近，集团又投资 2.5 亿美元在南非兴建第四代主题公园。华强集团之所以选择投资的都是第四代主题公园，主要是看好了第四代公园在今后良好的发展，而当年华侨城集团投资兴建华侨城的四大公园也正是看好了"欢乐谷"、"世界之窗"、"锦绣中华"、"民俗村"在当时作为第二代、第三代主题公园的发展潜力。所以主题公园代际转换问题是投资时需要考虑的重要问题。而一家公园运营是否良好、战略选择是否正确就要与生命周期理论相结合了。例如，1985 年兴建的锦江乐园，经历了1995 年的繁盛期，2000 年的衰落期，2002 年的恢复期，2004 年恢复盈利的一系列过程就是运营战略选择与生命周期理论相结合的范例。

第七节　不同代际主题公园案例分析

一、以自然资源作为依托的主题公园案例

（一）砾岩岩溶地质公园

以自然资源作为依托的第一代主题公园主要是地质博物馆，砾岩岩溶

地质公园就是一个典型的地质博物馆。四川砾岩岩溶地质公园位于安县西北部，南西与绵竹、北西与茂县、北东与北川县接壤，面积 474 平方公里，是 2001 年 12 月被国土资源部正式命名的国家级地质公园。公园内最重要的地质遗迹是：三叠纪深水硅质海绵形成的生物遗迹和礁相石灰岩丘；国内唯一的砾岩形成的岩溶峰丛、石林和洞穴地貌；龙门山前的温泉等。园区处于四川盆地西北缘，地貌上由涪江流域冲积平原向西逐渐过渡到龙门山前山的丘陵与山地。区内最低处的河谷海拔 560 米，最高峰千佛山海拔 2922 米，气候温暖湿润，无霜期 290 天左右，年平均气温 16.3 摄氏度，年平均降雨量 1261 毫米。

第一代主题公园除了可以以大自然生成的地质景观作为依托之外，还可以某些富有特色的自然生物景观作为依托。砾岩岩溶地质公园中有多种独特的自然生物。例如，观赏海绵动物是一种海生低等底栖固着生物，通过身体表面的开孔吸收养分、排泄和生殖。它在地质历史中断续出现，由寒武纪衍生演化至现代，在地质时代中曾经是主要的造礁生物。生物礁多以浅水环境为主，深水礁罕有。一般生物礁在海底的生长深度在 20 米以内，而安县硅质海绵礁的生长深度为 100～200 米，为典型的深水礁。海绵礁通常以钙质为主，硅质少见；构成安县海绵礁的海绵动物主要是硅质六射海绵，世界上其他地方已发现的硅质六射海绵十分稀少，主要是化石碎片，很不完整，也未形成生物礁，在安县一带发现如此大量的并形成大规模生物礁的硅质六射海绵，在世界上尚属首次，它的生物种群也是独一无二的。本区的硅质六射海绵千姿百态，丰富多彩，呈杯状、碗状、壶状、草帽状、蜂巢状、花瓣状等数十种形态，最小者不足 1 毫米，最大者直径可达 80 厘米，是世界上目前发现的最大海绵。安县海绵礁的礁体高度达 40～60 米，而欧洲规模最大的侏罗纪海绵礁仅高 20 米左右。目前，安县及其附近地表可见的礁体有 100 余个，分布范围约 266 平方公里，估计埋藏于地下的礁体超过 700 个，这些都反映了当时区内海绵生物群的极度繁盛。

砾岩岩溶地质公园凭借地理资源优势、独特的自然景观和生物资源成为游客融入大自然、观赏生物景致的钟爱旅游地，也成了第一代主题公园的代表。

（二）中华名茶园

第一代主题公园是以自然资源为依托，具有特色的植物作物，如茶叶、果树及其采摘、体验活动，也可以成为这类公园的主题。

中华名茶园是广东宏伟集团有限公司的下属企业，致力发展"三高农业"、"生态农业"、"旅游农业"和"科普农业"，是一个环境优美的生态农业观光园区，同时也是一个中小学生劳动和科普教育基地。中华名茶园地处古代驿站曾尾店旧址，新中国成立前也是广东省潮澄饶革命游击队活动的地方，园区内现存古驿遗迹及革命故址近十处，具有深厚的历史文化底蕴。

近年来，中华名茶园投资逾9000万元，投入茶园的基础设施建设和旅游观光项目建设，现全园拥有茶树2500亩，果树1000多亩，植物林900多亩，其他农作物和蔬菜基地100亩，筑造茶园观光水泥路20公里。现已开辟的旅游观光项目有："茶峰览胜"、"荔园烧烤场"、"名茶长廊"、"古茶树区"、"古道通幽"、"古驿故址"、"绿林秋千"、"茶坊习艺"、"采茶乐趣"、"果林采摘"等，还有包括茶艺馆、小食馆、茶窑鸡、茶叶加工厂、学生劳动实践训练基地、露天表演场等配套设施。入口公路、人工湖、古烽火台、古驿道、水库钓鱼区、情调相思林、熊猫竹景区等一系列景观和设施也在建设之中。中华名茶园利用现有山体、水域，开辟休闲生态茶园景观，让游客体验茶文化之乐、古文化之韵、生态环境之趣，以潮州传统茶文化为载体，让游客更深度地了解潮州、体验潮州文化。

二、模拟微缩类型的主题公园

模拟缩微类的主题公园是我国较早成熟的主题公园类型，深圳华侨城集团的"锦绣中华"和"世界之窗"是这类主题公园的代表。

（一）锦绣中华与中国民俗文化村

"锦绣中华"是深圳华侨城的一个旅游区，坐落在风光绮丽的深圳湾畔。它是目前世界上面积最大、内容最丰富的实景微缩景区，是中国旅游胜地四十佳之一。"锦绣中华"占地450亩，分为主点区和综合服务区两部分。其口号是"一步迈进历史，一天游遍中华"，82个景点均按中国版图位置分布，比例大部分按1∶15复制建造。"锦绣中华"有如一幅巨大的中国地图，这里有名列世界八大奇迹的万里长城、秦陵兵马俑；有众多世界之最：最古老的石拱桥（赵州桥）、天文台（古观星台）、木塔（应县木塔），最大的宫殿（故宫）、佛像（乐山大佛）、皇家园林（圆明园），最长的石窟画廊（敦煌莫高窟），海拔最高的宏伟建筑（布达拉宫），最奇景观（石林）、最奇山峰（黄山）、最大瀑布之一（黄果树瀑布）；有肃穆庄严的黄帝陵、成吉思汗陵、明十三陵、中山陵，金碧辉煌的孔庙、雄伟壮观的泰山，险峻挺拔的长江三峡，如诗似画的漓江山水；有杭州西湖、苏州园林等江南胜景，千姿百态；有各具特色的名塔、名寺、名楼、名石窟以及具有民族风情的地方民居。这些景点可以分为三大类：古建筑类、山水名胜类、民居民俗类。其中有五万多个栩栩如生的陶艺小人和动物点缀在各景点，生动地再现了我国的历史文化及民俗风情。此外，皇帝祭天、光绪大婚、孔庙祭典的场面与民间婚丧嫁娶的风俗尽呈眼前。在编钟馆，还能欣赏到古装乐队演奏千古绝声——楚乐编钟。游客可在一天之内领略中华 5000 年历史风云，畅游大江南北锦绣河山。

深圳"中国民俗文化村"于 1991 年 10 月建成开放，占地面积 20 万平方米，毗邻"锦绣中华"，包括中国 21 个民族的 24 个村寨，成为全国 56 个民族有代表性的民族风情博物馆。24 个村寨全部按照 1∶1 的比例修建，给人以身临其境的感觉。这里有汉族的牌坊群、北京的四合院。各少数民族村寨更具特色，在苗族、侗族、瑶族、佤族、黎族、景颇族的村寨里，繁忙的少数民族姑娘和小伙子们热情地接待着国内外客人。白族、藏族、纳西族、朝鲜族、高山族的民居建筑风格各异，人们不时拍下一张张照片；还有布依族的石头寨、摩梭人的木楞房，哈尼族的"蘑菇房"，傣族的竹楼，哈萨克族的毡房，土家族的水上街市，蒙古族的蒙古包，藏族的喇嘛寺，彝族的"土掌房"等更吸引无数游客入房参观，了解中国各民族的风土人情。这里还可以看到扬州的木桥、浙江的石桥、侗族的风雨桥、独龙族的藤桥。此外，还能观赏到云南石林、海南椰林、南滨古榕、千手千眼观音、徽州牌坊群、镭射民族音乐喷泉等景观，景区内山峦起伏、瀑布跌宕、绿水蜿蜒、舟楫竞渡。游客可以乘车、步行，也可以乘船游览民俗文化村。80 个景点的节目，全部由当地民族演员表演。村内每月举行一次像傣族的泼水节、彝族的火把节、回族的花儿会、傈僳族的刀杆节等这一类大型民间节庆活动。

"民俗村"还有各种表演供游客观赏和参与，游客有机会扮演彝寨《阿诗玛的故乡》的新郎，当然也可以成为佤寨风情里《神奇的阿佤山》的神奇人物。在此还可以学习民间工艺品制作，品尝民族风味食品，观看马战实景《一代天骄》、大型民族音乐舞蹈《东方霓裳》、大型广场艺术晚会《龙凤舞中华》，亲验科尔沁滑草场、飞瀑溜索民俗风情的独特魅力。

民俗村内有十多个手工作坊，有二十多项民间手工艺和民间小吃制作表演，如维吾尔族手绣、苗族蜡染、傣族竹筒饭等。

总之在民俗村里，游客不仅能够大饱眼福，游遍中国各民族的村寨，了解民族的风情，品尝到各民族的小吃、体验各民族的民间工艺，还可以观看各民族特色表演、参与到各类节日的喜庆氛围中。

"锦绣中华"和"中国民俗文化村"是深圳锦绣中华发展有限公司辖下的两大景区，从投资回报上来看，"锦绣中华"投资 1 亿元人民币，1 年时间收回投资。"民俗村"投资 1.1 亿元，1 年半时间收回投资。为方便游客游览和管理，2003 年元旦"锦绣中华"与"中国民俗文化村"两园合一，一张门票便能体验到两个不同主题公园的文化特点。它融参与性、观赏性、娱乐性、趣味性于一体，是全世界最大的现代中国文化主题公园，被国家旅游局誉为开主题公园先河之作，名声享誉海内外，现已接待中外游客 5000 多万人次，其中包括世界各地的国家元首、政府首脑、国际知名人士数百人。

（二）世界之窗

"世界之窗"（Window of the World）是中国著名的缩微景区，于 1994 年 6 月 18 日开园。"世界之窗"坐落于深圳湾畔，占地 48 万平方米，是由香港中旅集团和华侨城集团共同投资建设的大型文化旅游景区，公园中的各个景点都按不同比例自由仿建，以弘扬世界文化为宗旨，是一个把世界奇观、历史遗迹、古今名胜、民间歌舞表演融为一体的人造主题公园。

景区按世界地域结构和游览活动内容分为世界广场、亚洲区、大洋洲区、欧洲区、非洲区、美洲区、世界雕塑园和国际街八大区域。作为以弘扬世界文化精华为主题的大型文化旅游景区，世界之窗荟萃了世界几千年人类文明的精华，有历史遗迹、名胜、自然风光、世界奇观、民居、雕塑等 130 多个景点，其中包括园林艺术、民俗风情、民间歌舞、大型演出以及高科技参与性娱乐项目等。世界之窗以其丰富的文化内涵，雍容恢弘的规划设计，精美绝伦的景观项目，不同凡响的艺术演出，动感刺激的娱乐项目，为中外游客再现了一个美妙精彩的世界。

世界广场：世界广场 108 根意蕴深远的廊柱，1680 平方米象征世界文明的浮雕墙，六座代表不同文化的城门和镶嵌其中的全景式环球舞台，大气磅礴，肃穆威严。历史的长河浩如烟海，承袭着凝重与庄严，裹挟着科技与梦幻，诉说着人类的过去、现在和未来。

国际街：以欧、亚、伊斯兰等民居建筑风格为主体，集教堂、集市、街道于一处，是供游人小憩和购物的好地方。步入"国际街"，游客仿佛置身于欧洲、亚洲、伊斯兰那些异国的浪漫之乡，无处不弥漫着古老而悠远的异域情调，执目而望，欧洲中世纪风格的建筑矗立身旁，造型独特；沿街而上，错落有致，每一栋都彰显着个性，耐人寻味。风姿绰绰、名副其实的欧式建筑街区，就这样不期而然地鹤立眼前。

亚洲区：亚细亚，美丽而神秘的东方，展示着绚丽的画卷。日本皇居——桂离宫演绎皇室的奢华。传统的茶道、花道展演着古老的扶桑情韵。金碧辉煌的缅甸仰光大金塔，无不讲叙着王朝的兴盛。印度，一个被故事浸染的国度，摩多哈拉圣井让我们洗净灵魂的尘埃；泰姬玛哈尔陵让世人目睹爱情的绝唱，世界一奇观。东南亚水乡营造出浓郁的亚洲风情让我们品尝丰收的成果、聆听生命的歌唱。

欧洲区：放眼欧洲，文艺复兴的陈迹遍布视野。爱琴海的季风、地中海的阳光，编织成欧罗巴的交响；埃菲尔铁塔一柱擎天，凯旋门见证了历史的沧桑；意大利升起了我心中的太阳，圣彼得大教堂重复着创世纪的序言；华西里目睹了红场的巨变，奥林匹克山上的钟声为我们作证：人类文明。

非洲区：埃及——尼罗河之水喂养大的古老文明。金字塔，人类智慧的结晶；斯芬克斯石像，静穆地守护这片神奇的大地，留下了亘古难解之谜；阿布辛伯勒神庙讲述着一代王朝的兴衰，蠕动的驼峰让广袤的非洲大陆不再平静……是谁阻止奔跑肯尼亚？又有谁能揭开几内亚百丈悬崖上新娘的面纱。

美洲区：尼亚加拉大瀑布的流水声，将人们牵引到现代文明与古老文化交相辉映的美洲。墨西哥的武士们端庄而凝神，巴西基督山上圣洁的灵魂昼夜守护着众生。美国国会大厦、白宫、华盛顿纪念碑让你触摸到美利坚的精髓；纽约曼哈顿林立的高楼折射出现代文明的光辉；总统山上的总统们会心地笑了，自由女神也笑了。人类的智慧让未知的世界变成了瑰丽的家园。

大洋洲区：横跨蔚蓝色的水域，迎接人们的是神奇的澳洲大陆。在百米喷泉的沐浴下，蹲伏在海岸边的悉尼歌剧院，芙蓉出水，独特的贝壳造型让人联想起珍珠的晶莹，同直冲云霄的百米喷泉、变幻迷离的艾尔斯变色石互相映衬，动人美景令人流连忘返；漫卷的山野跳跃着袋鼠的身影；激越的鼓声敲响了毛利民族对生命的讴歌，铿锵的舞姿昭示一个生生世世对自由的渴望，绵延千年后，依旧荡气回肠。

世界雕塑园：雕塑园掩映在绿荫丛中，园内郁郁葱葱的荔枝林与来自五大洲近百尊著名雕塑作品相映成趣，共同营造了环境优雅的艺术殿堂。从罗丹的上帝之手到米开朗基罗的被缚的奴隶，从拿破仑之妹到神秘的三星堆铜人，展示着不同民族的智慧和审美情趣。

除了几大区域，区域内还设有巴黎之春购物街、激流勇进、迷幻世界、深海探险等项目。在中外重要节日如春节、情人节、圣诞节时设有特别活动并开办了具有特色的国际啤酒节和流行音乐节等。

深圳世界之窗以其深厚的文化内涵、独特的景区环境和丰富的活动内容、辉煌的舞台表演以及配套齐全的优质服务蜚声中外，成为游客来深圳必游的旅游景区。投资6亿元，3年半时间就收回投资。截至2009年，开园15年来，共接待游客4000万人次，经营总收入45亿元，实现利润15亿元。2010年仅黄金周7天时间就接待游客20万人次，同比增长35%。从2000年起实现连续八年利润过亿元，各项经营指标在国内同行业均处于领先水平。"世界之窗"成为第三代主题公园的典范。

三、以都市娱乐为特征的主题公园

以都市娱乐为特征的第三代主题公园占主题公园中的很大一部分，许多小主题公园都是这种类型。国内最早的长江乐园就是属于这种类型。我们下面以位于广州番禺的长隆水上乐园、位于上海的锦江乐园以及深圳欢乐谷为例说明这种主题公园的特点。

（一）长隆水上乐园

长隆水上乐园是亚洲最大、世界设备最多、最先进的水上乐园。长隆水上乐园占地20万平方米，由国际知名的加拿大白水公司（White Water）设计。园内水处理系统引进世界最先进的臭氧水储环处理系统，不仅能够使水质完全符合国家质检部门的要求，更能在完全不刺激眼睛和皮肤的情况下，消灭水中出现细菌的苗头，使园内用水变得更纯净、更安全。园内所有水上游乐设备均由世界级水上设备公司设计及提供，并获得过国际大奖，其中包括亚洲第一台获得国际旅游行业2006年度"金票奖"、"最佳新项目"的"大喇叭"滑道。游客坐在特别设计的四叶草形浮圈里面从高处滑行到一个巨大的大喇叭形圆锥体里面，像是被龙卷风吸进去的感觉，特别适合喜欢体验新鲜感受的游客；还有国际旅游行业 2005 年和 2006 年连续两年"金票奖""最佳水上项目"得主，有水上过山车之称的喷射滑道能带给游客难以置信的滑行体验，非常适合喜欢挑战刺激的年轻游客；另外还有目前水上乐园行业里最新的设计合家欢组合滑道，它是世界上首条运用新型高技术设计的惊险度极高的水上滑道，特别适合家人和朋友共同体验。长隆水上乐园还拥有国际旅游行业协会的荣誉推荐项目疯狂树屋池，它是世界上最大主题式的水上游玩区，有着各种不同的水滑道和玩水活动，为不同年龄层的游客提供无穷的欢乐；乐园的另一个国际旅游行业协会荣誉推荐项目急驰竞赛，加上离心滑道和高速滑道等水上游乐设备，都非常适合喜欢挑战刺激的年轻人。此外长隆水上乐园还拥有总长度超过 1280 米，世界上最长的漂流河；总面积超过 10000 平方米，提供 9 种造浪模式，最高可形成 12 米高浪潮的世界上最大的超级造浪池；以及特别为儿童而设计的多种儿童滑道及儿童戏水池；等等。

2008 年，长隆水上乐园在面积扩充一倍后，总面积超过 40 万平方米，由亚洲最大水上乐园变身为全球最大水上乐园，新引进的"巨兽碗"是由设计"大喇叭"的世界知名加拿大水上设备设计公司 PROSLIDE 设计提供的，该设备获得了 2007 年全球金票奖"最佳新水上游乐设备"奖。新的长隆水上乐园新建了一个 1 万平方米左右的世界上最大的主题宝贝水城，这个区域里的所有水玩具和滑道适合各个年龄段的儿童单独或者与父母和朋友同时玩。主题宝贝水城还新引进了全世界唯一专为儿童设计的小喇叭滑道等。

（二）锦江乐园

锦江乐园创建于 1985 年年初，地处上海市西南部日趋繁荣的梅陇地区——虹梅路 201 号，是改革开放后上海引进国外游乐设施建造的第一家大型游乐园，隶属于锦江集团。目前，锦江乐园除了主营游乐项目外，还兼营商贸以及跨省、市旅游的客运服务公司、锦江旅行社有限公司。

园区总占地面积 11 万平方米，现有 30 余项大中型游乐项目，其中 18 项大型机械旋转型项目全部从国外引进。近年来，乐园又先后引进了超过 100 米的"巨型摩天轮"、"欢乐世界"、"峡谷漂流"、"探空飞梭"、"双层豪华转马"、"自旋滑车"等大型游乐项目。此外，园区内还设有餐厅、茶室、咖啡室等配套设施；各种别具匠心的绿化景观、建筑小品和现代化风格的游乐设施互为衬托，相映成趣。

历史上，锦江乐园曾经有过年游客量 230 万人次的高峰，但随着乐园设备的老化，人民生活水平的提高，锦江乐园渐渐淡出了很多上海市民的娱乐菜单。近年来，锦江乐园不断投入资金和人力，改造绿化景观以优化环境，同时通过举办专题活动和夜场游园活动聚拢人气，乐园逐渐恢复到了年游客量 80 万人次以上的水平。

（三）欢乐谷

深圳欢乐谷是华侨城集团新一代大型主题乐园，首批国家 AAAAA 级旅游景区，占地面积 35 万平方米，总投资 17 亿元人民币，是一座融参与性、观赏性、娱乐性、趣味性于一体的中国现代主题乐园。1998 年开业以来，深圳欢乐谷经过一期、二期、三期的滚动发展，已成为国内投资规模最大、设施最先进的现代主题乐园。14 年来，深圳欢乐谷共接待近 3000 万游客。深圳华侨城集团共有四大主题公园品牌，分别是"锦绣中华"、"中国民俗文化村"（已于 2003 年合并）、"世界之窗"和"欢乐谷"。其中欢乐谷被认为是全国首个连锁景区。而欢乐谷连锁主体公园以"旅游＋文化＋地产＋生态"的盈利模式，其投资回报率远远高于其他三个主题公园。

全园共分九大主题区：西班牙广场、卡通城、冒险山、欢乐岛、金矿镇、香格里拉森林、飓风湾、阳光海岸，加上独具特色的玛雅水公园，有100 多个老少皆宜、丰富多彩的游乐项目。从美国、荷兰、德国等国家引入众多全国乃至亚洲独有的项目：如世界最高落差的"激流勇进"、中国第一座悬挂式过山车"雪山飞龙"、中国第一座巷道式"矿山车"、中国第一座"完美风暴"、中国第一辆"仿古典式环园小火车"、亚洲最高、中国第一座惊险之塔"太空梭"、亚洲首座集视觉、听觉、触觉于一体的"四维影院"、世界轨道最长的水战船"丛林水战"，以及国际一流水平、国内第一条高架观光游览列车"欢乐干线"……每天几十场演出在园区精彩上演，从服饰到动作，从音乐到环境，零距离的表演氛围使欢乐谷成为名副其实的欢乐海洋。园区内有地道战、极限运动、高空杂技、街舞、炫彩巡游、魔幻嘉年华等参与或表演项目。

作为华侨城自主培育的民族旅游娱乐先锋品牌，欢乐谷从 2006 年开始在国际旅游舞台上崭露头角。2006～2009 年，深圳欢乐谷年入园人数分别以 293 万人次、323 万人次、318 万人次和 280 万人次的佳绩蝉联亚太十大主题公园席位。在《2009 年度全球主题公园入场人次报告》排行榜中，刚开业 1 年的成都欢乐谷和开业 3 年的北京欢乐谷也有骄人表现，成都欢乐谷以 240 万人次年入园人数位居亚太地区主题公园第十三位，北京欢乐谷以 235 万人次的成绩紧随其后。

四、第四代主题公园

第四代主题公园的特点是科技含量高、影像逼真、景点多、互动性强、主题项目群落化。尤以芜湖方特欢乐世界、泰山方特欢乐世界、汕头方特欢乐世界·蓝水星、沈阳方特欢乐世界为代表。

（一）芜湖方特欢乐世界

芜湖方特欢乐世界坐落于安徽省芜湖市芜湖长江大桥开发区，是中国目前规模最大的第四代主题公园，总面积约 125 万平方米，其中陆地面积约 53 万平方米，水面面积约 72 万平方米，由深圳华强集团投资兴建，总投资超过 20 亿元人民币，属于芜湖华强旅游城的一部分。方特欢乐世界采用当今最先进的理念结合高科技，是现代计算机、自动控制、数字模拟与仿真、数字影视、声光电等高科技手段与艺术的完美结合，是一个充满神奇的梦幻乐园，一个科技幻想的探险王国。芜湖方特欢乐世界的宣传口号是精彩、刺激、探险、尖叫、梦幻、神奇、欢乐、舒闲，方特欢乐世界，欢乐没有极限。

芜湖方特欢乐世界由阳光广场、方特欢乐大道、渔人码头、太空世界、神秘河谷、维苏威火山、失落帝国、精灵山谷、西部传奇、恐龙半岛、海螺湾、嘟噜嘟比农庄、儿童王国、水世界、火流星 15 个主题项目区组成。其中，阳光广场、方特欢乐大道、渔人码头是全开放式区域，游客可以免费自由参观。方特欢乐世界中的主题项目、游乐项目、休闲及景观项目共计 300 多个，其中包括许多国际一流的大型项目，大部分项目老少皆宜。这里有国际一流的高空飞翔仿真体验项目"飞越极限"、大型动感太空飞行体验项目"星际航班"、亚洲首座大型多水幕立体交互历险项目"所罗门封印"、中国首创的大型火山穿行历险项目"维苏威火山"、国内最大的玛雅主题大型历险项目"神秘河谷"，亚洲规模最大的恐龙灾难体验项目"恐龙危机"。恐龙危机项目的主题是邀请游客重返恐龙世纪、体验太空之旅、探秘影视特技、感受科幻神奇！

芜湖方特欢乐世界是我国首个拥有自主知识产权，集文化科技旅游为一体的大型主题公园，从设计到制造，从软件到硬件，从管理到运营完全掌握在中国人手中。2007 年 10 月试营业以来，接待游客量已超过 1000 万人次，营业收入超过 10 亿元。同时，总量接近 50 个的园内配套商业为方特欢乐世界带来了超过 1.5 亿元的收入，这些二次消费占到门票收入的 15%。

（二）泰山方特欢乐世界

　　泰山方特欢乐世界位于泰山区东部新区，2010 年 5 月开园营业。公园占地约 50 万平方米，总投资近 20 亿元，是一个国际一流的第四代主题公园。方特欢乐世界以科幻和动漫为最大特色，采用当今国际一流的理念和技术精心打造，可与当前西方最先进的主题公园相媲美，被誉为"东方梦幻乐园"。

　　泰山方特欢乐世界综合运用声、光、电、数字技术、自动控制、人工智能等高科技手段，向游客展示了包括泰山文化在内的中华五千年文化，游客可以在虚实结合、亦真亦幻、动感交互的体验项目中，感受现代科技与历史文化水乳交融的独特魅力。泰山方特欢乐世界由恐龙危机、飞越极限、神秘河谷、聊斋、维苏威火山、海螺湾、未来警察、生命之光等 17 个主题项目区组成，包含主题项目、游乐项目、休闲及景观项目 300 多项，其中包括许多国际一流的超大型项目，绝大多数项目老少皆宜。

　　"太空世界"，追随人类探索太空的足迹，体验波澜壮阔的太空旅程，游人在这里可以置身浩渺宇宙，触摸那遥远而又神秘的星球，也可以翱翔天际，体验凌空飞翔的美妙感受。

　　"星际航班"则是集先进的计算机控制技术、拥有高度仿真动作的动感平台和大型球幕电影情节的紧密配合，让人们体验一次遥远太空世界中的高速飞行，经历一场惊心动魄的星球大战。

　　"神秘河谷展"现了神秘的玛雅文化，让人们体验刺激的惊险之旅。游人置身于浓密的雨林之中，到处都有废弃的古代玛雅建筑。古老的建筑被丛林包裹，石块碎裂，石柱坍塌。在这里游客可以乘船穿越巨大，神秘的金字塔，进入到一个危机四伏的考古现场。

　　体验最有特色"恐龙危机"项目是国际最新的大型科幻类室内娱乐项目，它结合了虚实场景、高速动感车、立体数字影视等高科技手段，将一个被恐龙肆虐的大都市真实展现，而游客则乘坐游览车，在城市中开始无比惊险刺激的冒险。

　　"过山车"是园内最吸引游客目光的项目，高高的过山车钢架轨道上，伴随着轰鸣声和快速翻转，游客的尖叫声持续不断。

此外，园内还有最受儿童喜爱的儿童王国，其中有欢乐宫、UFO、旋转小飞车、飓风飞椅、太空飞车、双层转马、旋转小蜜蜂、青蛙跳、空中飞舞、儿童爬山车等，构成了青少年和孩子们的欢乐海洋。泰山方特乐园每年可接待游客400万人次，是国内最大的文化科技主题公园之一。

（三）汕头方特欢乐世界·蓝水星主题公园

汕头方特欢乐世界·蓝水星主题公园是由深圳华强文化科技集团自主研发的高科技文化主题公园，位于汕头海湾大桥北岸，处在汕头门户及汕头东部经济带的起点上，占地24万平方米，年接待能力200万人次，是粤东地区最大的高科技主题公园，是集娱乐、科教、休闲于一体的参与型主题乐园。2010年1月28日正式营业。公园由银河广场、方特乐园、飞越极限、太空世界、西部传奇、恐龙危机、嘟吡农庄、海螺湾、奇幻摄影棚、魔幻剧场、悟空归来、儿童王国12个大型的不同主题高科技娱乐项目组成，它突破传统旅游项目局限于观赏的不足，引入高科技内容为游客营造一个寓教于乐的游玩环境。公园包括了100多项游乐、休闲和景观项目。这里有国际领先的高空飞翔体验项目"飞越极限"，大型动感太空飞行体验项目"星际航班"，充满童真童趣的"儿童王国"，神奇的互动卡通脱口秀节目"嘟比农庄"，充满了魔幻色彩的"西部传奇"，色彩斑斓、如梦如幻的"海螺湾"。

公园以科幻为主题、以高科技文化和时尚游乐元素为主导，注重项目的主题创意，以采用国际一流的理念和技术精心打造，公园将游乐项目设计融入到园林海滨城市景观中，是汕头市的标志性景观之一。

（四）沈阳方特欢乐世界

沈阳方特欢乐世界即沈阳华强文化科技产业基地位于沈北新区道义先导区，华强核心产业区重点建设的三个大型文化科技展示区、七大文化产业专业基地、一个展示中心，以及飞天剧场、主题酒店和商业街等设施。核心区分两期建设，一期主要建设方特梦幻王国卡通体验展示区、方特欢乐世界科幻体验展示区、数字电影基地、数字动漫基地和主题酒店等设施；二期主要建设方特影视乐园、影视拍摄基地、文化衍生品基地、游戏和教育软件基地等。

沈阳方特欢乐世界为一期项目，包括星际航班、太空旅行、维苏威火山等 16 个大型单体游乐项目，均为自主研发的高科技项目，而且都是娱乐体验式游戏。游客可以体验 4D 影院和各种游艺项目带来的快乐，也可以乘坐游览车进入"神秘河谷"，便会经历一次惊险之旅。沈阳方特欢乐世界占地 69 余万平方米，是一个国际一流的第四代科技主题公园，2011 年 9 月 29 日正式开业，它是国家 5A 级景区，投资 20 亿元，预计年接待量将达到 500 万人次。该项目填补中国北方室内旅游空白，也结束了北方冬季除冰雪项目外，没有其他旅游项目的历史。它成为国内最大的"中国版迪士尼"。

（五）郑州方特欢乐世界

郑州方特欢乐世界位于郑州市郑州新区，占地 70 万平方米，总投资 25 亿元，是中原地区规模最大的第四代高科技主题公园。郑州方特欢乐世界以科幻和互动体验为最大特色，采用国际一流的理念和技术精心打造，可与西方最先进的主题公园相媲美，被誉为"东方梦幻乐园"、"亚洲科幻神奇"。

郑州方特欢乐世界由飞越极限、恐龙危机、海螺湾、逃出恐龙岛、唐古拉雪山、暴风眼、极地快车、宇宙博览会、电影魔术大揭秘、生命之光、聊斋、嘟比历险等 20 多个大型主题项目区组成，涵盖主题项目、游乐项目、休闲及景观项目 200 多项，其中包括许多世界领先的超大型游乐项目，绝大多数项目老少皆宜。其中有国际一流的高空飞翔体验项目"飞越极限"；目前世界最先进的大型恐龙复活灾难体验项目"恐龙危机"；世界顶级的无压肩式圆环过山车"暴风眼"；亚洲仅有的巨型回旋式过山车"极地快车"；中国独创的大型雪山探险模拟项目"唐古拉雪山"；让人琢磨不透的中国传统神话演艺项目"聊斋"；色彩斑斓、如梦似幻的 4D 剧场项目"海螺湾"；神奇的互动卡通脱口秀项目"十二生肖快乐街"等。

五、迪士尼乐园的发展轨迹

迪士尼乐园作为世界主题公园的"楷模"，其发展历程可以说代表了主题公园这一产业的基本发展脉络与未来的发展方向。迪士尼乐园无论从硬件设施还是从文化内涵，无论从经营战略还是管理模式，都值得世界其他主题公园学习与模仿。从主题公园的代际发展转换角度来看，迪士尼乐园也基本上代表了四代主题公园的发展历程，随着科技的发展，迪士尼不断地与高科技相结合，逐步呈现出一个具有不同代际特征的综合型的主题公园。我们可以通过梳理迪士尼乐园的发展轨迹来认识不同代际主题公园的特点与共存方式。

到目前为止，全球已建成迪士尼乐园五个，分布在洛杉矶、奥兰多、巴黎、东京和中国香港。上海正在建设并计划于 2014 年对外开放的是全球第六个迪士尼乐园。1955 年沃尔特·迪士尼在洛杉矶建成世界上第一个迪士尼乐园，也是真正意义上的第一座主题公园。1971 年，美国奥兰多迪士尼世界开张，是全球最大的主题游乐园，1983 年日本东京迪士尼乐园开业，1992 年巴黎欧洲迪士尼乐园建成。到 2005 年香港迪士尼乐园建成开放，成为世界上第五个迪士尼乐园。在五大乐园中，位于美国佛罗里达州奥兰多的迪士尼面积最大，有 12228 公顷，香港迪士尼乐园最小，占地 126 公顷，仅为佛罗里达州的百分之一。论规模，美国佛州的奥兰多最大，分"动物王国"、"魔幻影城"、"科幻天地"和"梦幻世界"4 个主题公园，每个都比香港迪士尼大，还有 2 个水上乐园，全部玩下来，最少要 5 天，其次是位于巴黎马恩河谷的迪士尼，面积 2023 公顷，有"迪士尼乐园"和"华特迪士尼影城"两个主题公园，洛杉矶迪士尼 206 公顷，有拥有传统的"迪士尼乐园"和"加州冒险乐园"；东京迪士尼面积为 201 公顷，有"迪士尼乐园"和"迪士尼海上乐园"两个主题乐园。佛罗里达州的奥兰多迪士尼主题乐园最多、可玩的项目也最多。门票方面，5 大迪士尼主题公园的价格由高到低依次是美国佛罗里达州迪士尼每个主题公园约 466 港元，一共 5 个公园和 2 个水上世界、加州迪士尼约 413 港元、东京迪士尼约 385 港元、巴黎迪士尼约 381 港元，香港迪士尼最便宜，为 350 港元，小孩 250 港元。

由于迪士尼诞生于 20 世纪 50~60 年代这个特殊时期，美国人生活在朝鲜战争、越南战争、核威胁和东西冷战的阴影之下，各阶层的人们对现实生活感到疲惫、紧张和恐惧。而迪士尼构思的梦幻世界唤起了美国人生活的乐趣和热情，从而博得全社会的喜爱。此后，迪士尼又作为美国文化的"形象大使"，向全世界传播，从而把娱乐这个人类共同的生活需求变成了一个形象生动、内容丰富的活力载体，获取了全世界的认同，不仅开业引起轰动，而且一直风靡至今。因此，无论其落户于哪里，都能在当地制造起一股以迪士尼童话为主题的旅游旋风，并能带动其他相关行业的发展，进而能推动整个地区经济的发展。如日本东京迪士尼乐园只用了 14 年时间就吸引 2 亿人次游客。奥兰多迪士尼世界每年吸引了近 2000 万人前来旅游，为当地旅游业带来超过百亿美元的年收入。于是，各国都在争夺迪士尼的兴建权，并为其开出了许多项包括交通、土地、基础设施等方面的优惠政策。例如在中国香港，迪士尼通过与中国香港地区政府合作，廉价得到 180 公顷的土地，在交通等基础设施上也得到政府大力协助。各国（地区）政府急于把迪士尼这只金凤凰引来带动当地经济的发展。

在迪士尼的 4 个海外分号中，目前东京迪士尼业绩最好，从 1983 年开业至 2010 年的 27 年间，年年盈利；巴黎迪士尼经过多年亏损后，终于在 2008 财年盈利约 1620 万元人民币；而香港迪士尼虽然并没有对外界公布过盈利状态，但从 2005 年 9 月开园至 2011 年间，已经连续 6 年亏损。2011 年尽管创造了 5.06 亿港元的税前盈利，但扣除税收、固定成本折旧和借款利息之后，2011 财年的净亏损仍有 2.37 亿港元。即使如此，迪士尼公司仍然可以从香港迪士尼获得管理费以及经营酒店的收益等，中国香港特区政府方面却背负上沉重的财政亏损包袱。

东京迪士尼乐园的成功经验主要有以下两点：

首先是"一切都是动态的"。东京迪士尼乐园有五个主题乐园：维多利亚王朝时代式街景的世界市集、冒险和传奇的探险乐园、西部开拓时代的西部乐园、梦境和童话的梦幻乐园、未来、科学和宇宙的未来乐园。这五大主题乐园中共有 35 项精彩的表演，其共同特征是一切都是活动的，有声有色的。奇怪、新颖、惊险、激烈的情景和人物，会使游客忘掉现实，进入另一个世界。而使之成为可能的，是日本自己研制出来的"电子音响动作装置"。在这种装置的驱动下，全园总数在 2000 个以上的人偶和动物个个惟妙惟肖，达到以假乱真的程度，使人如身临其境。

其次是"永远建不完的迪士尼乐园"。从开园到现在，东京迪士尼乐园就实行了以不断添增新的游乐场所和器具及服务方式来吸引新游客和提高重游率的经营策略。乐园原建设投资为 1500 亿日元（约 10 亿美元）。19 年来，该乐园为建设超级音响设备和 35 个游乐场所又先后投资了 1200 亿日元。据悉，今后 5 年内为建设新项目，该乐园准备再投资 650 亿日元。这样，就可以使游客不断有新的乐趣和新的体验，从而使迪士尼乐园保持巨大的魅力。

巴黎迪士尼乐园经营不善。目前欧洲最大的主题公园是巴黎"欧洲迪士尼乐园"，该乐园于 1992 年建成，占地 200 公顷，总投资额约为 35.8 亿美元。迪士尼公司在考察了欧洲 200 多个地点后才决定将乐园建在巴黎。它位于法国巴黎以东 32 公里的马恩河谷。这是继美国加利福尼亚州、佛罗里达州和日本东京之后的第四个迪士尼乐园。它引进了美国的先进技术，又在许多活动内容和方式上加进了欧洲特点。但是，欧洲迪士尼乐园在开幕初经营状况就一直低迷，原估计日游客数为 6 万人次，实际上仅有 2 万~2.5 万人次（低于门槛游客量），开业仅近两年就面临破产的境地，甚至裁员 3000 名员工（减少可变成本）后仍然无法减少亏损额。经过复杂的企业调整，虽然乐园从 1995 年开始盈利，但到 1999 年公园仍欠债约 24.5 亿美元。为什么一向受欢迎的迪士尼会惨遭滑铁卢，这可以看成是迪士尼跨国公司在欧洲地区的水土不服。

香港迪士尼乐园则由华特迪士尼公司与香港特区政府合伙成立香港国际主题公园有限公司，其中华特迪士尼公司和香港特区政府各拥有 43% 和 57% 的股份。香港政府投入 90% 的资金，只拿到了 57% 的股权，而迪士尼只投了 10% 的资金，就拿到了 43% 的股份。所以即使香港迪士尼营业以来整体上是亏损的，但迪士尼总部却是从香港迪士尼挣钱的！因为除去 43% 的股份，华特迪士尼还要向香港政府另收迪士尼的运营管理费和特许权费。香港特区政府的投资，预期最理想可在 2029~2030 年达到收支平衡，但若旅游业发展未如预期，则需至迪士尼开幕后 40 年，即在 2044~2045 年度才有望回本。

而将在上海修建的迪士尼乐园，一期项目占地约 116 公顷，将包括一个主题公园，一家酒店及购物中心，投资 244.8 亿元人民币，工期为 6 年。其运营模式为上海迪士尼乐园拥有 43% 股份，上海市政府拥有的一家合资控股企业将持有余下 57% 股份。政府将提供土地和绝大部分的建设资金并控股，日常管理交给美方团队，同时每年向迪士尼公司支付品牌费和经营收入提成。这种运营模式像东京迪士尼的运营模式，迪士尼公司只是用其品牌费和一定的经营收入提成拿到 43% 的股份。不像香港迪士尼那样，用 10% 的资金就拿到 43% 的股份，而运营管理费还另算。

从 5 家迪士尼公园的发展轨迹来看，迪士尼可以说代表了主题公园发展的规律，是很多主题公园一直效仿的楷模。迪士尼从 1955 年创立至今，不断进行产品服务创新，软件升级，不断进行科技创新，硬件升级。从观赏性、休闲娱乐性到文化服务性、科技性，不断为游客创造一个又一个惊喜，成为了兼具四代主题公园特征的综合型大型主题公园。迪士尼的发展也基本代表了四代主题公园的发展历程，通过梳理迪士尼的发展轨迹，我们也更深刻地认识了不同代际主题公园的共存和多样性。

第四章

区域性因素对主题公园的影响

　　主题公园业属于环境敏感性产业，受旅游产业和其他社会经济因素的影响较大。由于主题公园自身的特点，主题公园都与所在的区域有很大的关联。一个区域的文化、经济状况、人口等因素对区域内主题公园有着很多方面的影响。

　　主题公园是一种特殊的产业，它需要前期巨大的投资和后续长期的运营。按照主题公园成立的时间特征来划分，可以把这些区域性影响因素划分为区域性因素对主题公园规划建造时期的影响和区域性因素对主题公园运营时期的影响。在我国主题公园的历史上，很多主题公园之所以经营不善，很大程度上是因为规划设计之初没有认真调研所在区域的具体情况，没有针对具体情况设立合理的经营思路，江苏"福禄贝尔科幻乐园"就是一个很惨痛的教训。乐园投资人认为长江三角洲地区汽车时代已经到来，所以选址在距上海市约 120 公里的吴江市，把上海等周边有车一族作为主要目标客源，理想是要建一个高级公园，同时发展幼儿园教育，因此把 19 世纪德国著名教育家福禄贝尔作为该科幻乐园的名称。"福禄贝尔科幻乐园"占地 1800 亩，台商投资 10 亿美元。投资人的盲目乐观使其将每天的游人量设定为 15000 人次，雇员与游人的比例设定为 1:5，所以在 1996 年 8 月乐园开放之前就雇用了 3000 名员工。然而开业后市场远远达不到预期规模，尤其是吴江的交通便捷程度远不如距离更远的苏州、无锡，与上海市相比又不具备资源、产品和交通优势。人均日游客量不足 150 人次，与此同时乐园与当地主管部门以及电力等部门的矛盾日渐突出，更因职工工资难以发放，几次遭到员工哄抢，最终黯然倒闭。

　　从区域角度来看，在影响主题公园的因素之中，有一部分是直接的经济因素，有些是间接经济因素。有些因素如区域交通情况、旅游感知形象，虽然不是经济因素，但无论是对区域经济的发展，还是对区域内部的主题公园，影响都是非常大的。所以，从这个角度来说，可以把这些因素分为区域经济因素和区域非经济因素。这些因素中，有些是宏观的区域因素，有的是受宏观因素影响的微观因素。

　　本书主要论述主题公园与区域经济之间的关系，所以本篇在划分区域对主题公园的影响因素的时候，将以是否是直接的经济因素为依据，对主题公园的影响因素划分为区域经济因素和区域非经济因素这两部分分别进行论述，在论述过程中，兼顾这两个角度下不同因素的内涵，最后从总体上把握这些因素之间的相互关系，得出结论，并为主题公园企业提供建议。

第一节　区域直接经济因素对主题公园的影响

　　如果把主题公园看成独立的微观商品，主题公园企业就可以看做是这个微观结构中的生产者，广大目的地旅游者可以看做是这个微观结构中的消费者。那么，我们可以从主题公园的生产和消费两个角度来看到底哪些因素对主题公园产生影响。也就是说，可以从主题公园的供给和需求两个角度来看区域经济等因素对主题公园的影响。主题公园的供给与需求因素不仅影响着主题公园的产生、主题公园的更新换代，而且会导致主题公园因为需求不足而造成的供给失败，也就是主题公园的倒闭，甚至影响着主题公园在经营失败后更换产业之后的继续经营。

一、区域经济对主题公园供给的影响

　　主题公园的供给与所在区域经济的发展水平直接相关。主题公园是一种高投入的旅游项目，只有区域经济比较发达的地区才具备大规模投资的意愿和能力。另外，主题公园作为高消费的场所也需要发达的经济发展水平作为保障。一般大型主题公园的门票价格都是城市所有景点中最高的。以青岛为例，极地海洋世界的门票是150元，而青岛最负盛名的崂山景区门票也不过70元；同时，主题公园的高消费还在于它不仅是一个可供游玩的景区，还是一个可以提供购物、娱乐、美食等多功能的综合游乐区，游客在主题公园内逗留的时间一般在3~4个小时，门票消费只占游客在主题公园消费的一部分。因此，没有发达的区域经济支撑的资本运营规模和高消费能力，就不足以实现主题公园的供给。

主题公园属于服务行业，在后期的经营过程中，需要投入大量资金以维持员工工资、动植物的饲养、高科技设备的运行以及设备的更新换代等。广东汕头方特欢乐世界·蓝水星主题公园在设备不需要运行的情况下，每天的员工工资及设备维护费用就达到了 15 万元。这些因素使得主题公园在建设之初，一次性资金投入数额巨大。此外，主题公园只有达到一定的规模，才能吸引游客。为了规避旅游地生命周期现象，主题公园必须在规划设计之初就预留后续发展用地，这使得主题公园需要大量土地，以满足经营的需要。在世界范围来看，占地超过数百数千亩的主题公园非常多。大量的土地占用费，即使有国家的政策扶持，也将是一笔巨大的投资。这些与区域经济发展水平都有着密不可分的关系。

在国外，主题公园的投资额度一般都非常大。以迪士尼乐园为例，1955 年美国洛杉矶迪士尼乐园建成时总投资高达 1900 万美元，1977 年奥兰多迪士尼世界的开业投资高达 6 亿美元，1983 年日本东京迪士尼乐园建成时的投资额增长为 1500 亿日元，1992 年法国巴黎迪士尼乐园建成时一共花费了 42 亿美元之巨。如果单纯依靠理性的政府，是无法完成投资额度这样大的主题公园项目的。

在我国，投资上亿元的主题公园也比比皆是。在珠三角、长三角、京津塘这几个区域中，主题公园的初期投资也都是动辄上亿元，如表 4-1 所示。①

表 4-1　　　　　　　　　部分主题公园投资额度表

所属区域	名称	投资额度（亿元）
珠三角区域	广州中华历代名人博览苑	10
	深圳世界之窗	8
	珠海圆明新园	5
	深圳欢乐谷	3.6
	广州世界航天奇观	3
	珠海珍珠乐园	2.5
	深圳锦绣中华微缩景区	1.2
	深圳中国民俗文化村	1.1

① 王恒、朱幼文：《我国部分人造景点占地面积和投资额》，载《中国旅游报》1997 年第 4 期。

续表

所属区域	名称	投资额度（亿元）
长三角区域	苏州欢乐世界	28
	苏州欢乐地球村	15
	苏州乐园	6
	上海陆家嘴海洋水族馆	4
	上海世界百乐园	3.4
	杭州乐园	3.25
	杭州宋城	3.2
	杭州未来世界	2.4
	无锡水浒城	2
环渤海区域	大连中国科幻大世界	20.7
	北京天下第一城	12
	青岛海洋公园	11
	青岛国际啤酒城	11
	大连森林动物园	10
	北京富国海底世界	1.6
	背景八达岭野生动物园	1.5
	北京世界公园	1.5

由此可以看出，主题公园耗资巨大，后期经营投入也很多，这就造成了主题公园的供给不能像一般商品的供给那样来分析。一般而言，作为企业行为的主题公园开发，只有在区域经济比较发达的地区，才能形成规模投资，否则只有引进外资，或是政府行为代替企业行为，将有限的财政收入集中起来实现高投入，昆明的云南民族村就是政府行为的一个典型例子。

云南民族村位于昆明市西南部滇池之滨，东面紧邻民族博物馆、国家体育训练基地及建设中的高尔夫球场；南面与海埂公园相接；西面是碧波浩瀚的滇池草海，与西山公园一水之隔，遥相呼应；北面相邻红塔体育基地。云南民族村以其多彩的民族文化风情及各具特色的民族建筑风格，成为昆明滇池国家旅游度假区的重要组成部分。云南民族村拟建设25个云南少数民族村寨，现已建成开放傣族、白族、彝族、纳西族、低族、布朗族、拉祜族、基诺族、藏族、哈尼族、德昂族、景颇族、壮族及"摩梭之家"14个村寨以及滇池大舞台、团结广场、音乐喷泉、水幕电影、风味食品城等一批配套设施。其余的民族村寨将陆续建设完成，包括汉族在内的云南26个民族的文化风情及民族建筑将全部展现。

云南民族村的发展很大程度上依赖当地政府扶持旅游业的政策优惠和优秀的区域旅游环境。近几年来，云南依托自身独特的自然、人文资源，加上以世博会、旅交会、旅游节为代表的营销策划为载体，积极发展旅游产业，至此，云南旅游业名声大噪，已成为中国西部颇有特色的经济现象，并成为云南省十大支柱产业之一。为了实现可持续发展，云南省政府还与世界旅游组织合作编制了《云南旅游业发展总体规划》，提出了"发展低密度、高效益旅游业"的发展战略，确定了"一个中心，五大旅游区、六条旅游精品线、八大特色旅游产品、三个旅游圈"的发展格局，正力争把云南建成中国和亚洲地区水平较高、特色鲜明的国际旅游目的地之一，建成连接东南亚、南亚及中国国内旅游市场的游客集散地。在这样一个良好的政策环境氛围下，昆明云南民族村有了一个良好生长环境。

企业在进行主题公园投资时，首先就会考虑依托于自身所在地进行投资。从现实状况来看，我国主题公园主要集中在珠三角、长三角以及环渤海等经济发达区域。并且，经营比较成功的主题公园也都集中在这几个区域。而经营比较失败的地区，大都是经济相对落后的省份。以我国长三角中心城市上海为例。

上海的主题公园数量众多，按主题分可为海洋、卡通、建筑风情及历史文化、动植物、娱乐、影视、科教、度假等类型的主题公园，分布于上海市及周边的各个郊区（见表4-2）。上海主题公园的经营形式多为企业经营，其中包括外国企业和民营企业。少数科教及历史主题的主题公园由政府部门牵头经营如：上海大观园、上海科技馆、上海城市规划展示馆、野生动物园、植物园等。[1]

表4-2　　　　　　　　上海主要主题公园及其分类表

按主题分类	名称	位置
海洋	希尔顿海洋世界	徐汇区
	上海海洋水族馆	陆家嘴
	长风海洋馆	普陀区
卡通	安徒生童话公园（预建）	杨浦区
	天山公园（改造中）	普陀区

[1] 詹云娇、王雪梅：《上海主题公园旅游发展研究》，载《浙江旅游职业学院学报》2009年第3期。

续表

按主题分类	名称	位置
影视	上海影视乐园	松江区
建筑风情、历史文化	欧罗巴世界乐园	松江区
	上海大观园	青浦区
	上海城市历史发展陈列馆	浦东新区
娱乐	大世界游乐城	青浦区
	环球乐园	嘉定区
	欧罗巴世界乐园	松江区
	美国梦幻乐园	嘉定区
	热带风暴	闵行区
	夏威夷水上乐园	宝山区
	锦江乐园	上海市区
	上海特技城	长兴岛
动植物	野生动物园	南汇区
	上海动物园	上海市区
	上海植物园	徐汇区
	上海都市菜园	奉贤区
	上海昆虫园	浦东新区
	长兴岛橘园	长兴岛
	葡萄主题公园	马陆
科教	上海科技馆	浦东新区
	上海城市规划展示馆	
	东方绿洲	青浦区
其他	上海城市雕塑主题公园	
	上海南汇嘴主题公园	
	湿地公园	
	环保主题公园在梦清园	

　　上海之所以能吸引这么多主题公园前来投资，与其自身的政治、经济环境有很大关系。上海市是中国四大直辖市之一，全国重要的经济、金融和航运中心，同时也是中国主要的旅游城市，1986 年 12 月 8 日被评为国家历史文化名城，1998 年被评为中国优秀旅游城市。2011 年上海实现国民生产总值 19195.69 亿元，全年实现旅游产业增加值为 1411.26 亿元，

比上年增长 1.7%。① 此外，上海市地处长三角旅游经济圈的中心，这里以独具江南特色、兼具现代都市风貌和历史文化底蕴的丰富旅游资源为依托，以良好的旅游服务和方便的旅游交通为基础，构筑了中国最具吸引力、发展潜力最大的旅游经济圈，率先实现了旅游资源的重新整合和旅游功能的配套，一跃成为中国旅游业最大的经济产出地，旅游经济发展显示出无限的生机和活力。

由区域经济发展水平决定的区域旅游业发展状况从两个方面深刻地影响着主题公园的发展：一方面，区域旅游业的发展状况将直接影响到进入某个区域进行游览的游客数量，而这部分游客将极有可能成为新建主题公园的重要客源；另一方面，旅游业发展良好的区域的旅游接待能力和接待质量比较高，旅游配套设施较为完善，而完善的旅游配套设施又是投资人所看重的先决条件和游客选择的重要因素。

二、区域经济对主题公园需求的影响

主题公园的供给主要和区域经济状况有关，而影响主题公园需求的因素则比较多。主题公园的需求状况就是人们对旅游消费的意愿和能力，从宏观角度来看，这种需求会受到自然界和人类社会中包括政治经济、社会文化、地理气候等因素的影响。其中政治经济影响因素包括经济增长、政治环境、可支配收入、旅游价格、汇率等。社会文化因素包括人口特征、文化观念、技术水平、法律、闲暇时间等影响。地理气候因素包括资源供求状况、基础设施、自然气候、公共卫生、战争等。这些因素可以从多个角度来划分。比如，从影响角度来划分，可以分为客源地影响因素和目的地影响因素以及两者相互影响因素；从影响方向来看，可以分为倾向因素和阻力因素；② 从是否是经济因素来看，可以分为直接经济因素和间接经济因素。

显然，影响主题公园需求的因素是非常多的，几乎任何一种因素都有可能成为影响主题公园旅游需求的既有因素或者潜在因素，我们难以对此一一列举说明，在此仅从人口数量、收入水平、受教育程度和年龄结构等几个基本方面进行分析。

① 上海市统计局，国家统计局上海调查总队：《2011 年上海市国民经济和社会发展统计公报》，载上海统计网 http：//www. stats – sh. gov. cn/sjfb/201202/239488. html。

② 田里：《旅游经济学（第二版）》，高等教育出版社 2006 年版。

（一）人口数量

人口数量对主题公园需求的影响主要反映在客源市场上。主题公园要求有良好的客源市场，因此，主题公园必须选址在流动人口多的区域。据美国华盛顿的城市土地研究所研究表明，一个大型主题公园的一级客源市场（80 公里或 1 小时汽车距离内）至少需要有 200 万人口，二级客源市场（240 公里或 3 小时汽车距离内）也要有 200 万人口以上，之外的三级客源市场虽也很有帮助，但不能过分依赖。[①]中国发展主题公园较好的几个城市——深圳、北京、芜湖、无锡都因其人口数量巨大而具有良好的客源市场条件。

以迪士尼为例，迪士尼所在的区域都具有一定的人口规模。迪士尼乐园落户中国香港的一个重要原因就是当地的人口规模较大。随着大陆经济的发展，长三角的经济发展不断加快，上海作为长三角地区的领先国际化大都市，无论是一级客源市场还是二级、三级客源市场，人数都是越来越多，有鉴于此，迪士尼在 2010 年和上海市政府签约，将在未来几年兴建上海迪士尼乐园。

客源市场较差会导致主题公园经营失败。1992 年，总投资 11 亿元人民币的云南民族村在昆明开业，然而，其门票收入一直不高，1992 年的门票收入仅 630 万元，1993 年仅 691 万元。而云南民族村一年的运行成本就高达 200 多万元，每年的盈余远远不够利息，更谈不上还本盈利了。昆明云南民族村的失败源于客源市场条件不良。昆明的市区人口 155.65 万人，其中非农业人口 116.01 万人，这相当于其一级客源市场，昆明附近的几个县、市（市辖 8 县和曲靖、玉溪、楚雄 3 市），相当于二级客源市场总人口 362.87 万人，其中非农业人口 60.77 万人。它的三级客源市场也不理想，昆明接待境外旅游者为 27 万人，只相当于深圳的 16%。

（二）收入水平

收入水平的高低是主体公园消费需求的经济基础，它不仅决定旅游动机能否产生，同时还影响着旅游者的消费水平、消费结构以及消费方式。旅游消费是一种较高层次的消费，据世界旅游组织统计，在满足必要的消

[①]　Eric Smart：Recreation Development Handbook，Washington DC：the Urban Land Institute，1989.

费之后，收入每增长1%，用于旅游的消费增加1.88%，[①] 所以旅游需求与区域内人均收入水平成正比。游客消费能力的大小对主题公园门票收入影响很大，在我国主题公园收入主要靠门票销售的大背景下，游客消费能力也就直接关系到主题公园的经济效益。以深圳中国民俗文化村和昆明云南民族文化村1993年的经营来做比较，这两个主题公园的主题、投资规模和开业时间都差不多，1993年几乎都是处于主题公园生命周期的生长期，但经济效益却有很大差别，具体如表4-3所示。

表4-3　　　　　　　　深圳、昆明主题公园1993年经营比较

序号	主题公园	投资（亿元）	开业时间	游客量（万人次）	营业收入（万元）	游客人均消费（元）
1	中国民俗文化村	1.1	1991年10月	311.53	15384	49.38
2	云南民族文化村	1.0	1992年2月	113.17	691	6.11
3	2与1相比（%）	90.91		36.33	4.49	12.37

（三）受教育程度

受教育程度的差异对个人生活需求的影响能明显反映在个人需求的层次、结构上。受教育程度较高的群体，一般具有开阔的视野，对周围的世界有清晰而完整的认识，眼光长远，他们把旅游看做是探索大千世界的一种方式，乐于冒险、接受新事物。而受教育水平较低的群体，由于对世界的看法多有局限性，相对于旅游这种无形商品和服务，他们更青睐于物质消费。此外，受教育程度越高，未来的职业发展越明朗，伴随而来的是社会地位和经济基础的改善，而经济基础是主题公园需求的基础。因此，受教育程度明显影响对主题公园的需求。以经营比较成功的深圳华侨城的游客为例，如图4-1所示，游客层次结构中，1999年高等大专—博士学历的占51.96%，2009年这一比例已达76.9%，可见游客的受教育程度已经越来越趋于高学历化。[②]

---

① 冯学刚：《2010年上海世博会长三角地区参观人数的预测及应对策略》，载《上海经济研究》2004年第8期。

② 张晓斌：《主题公园客源市场空间结构研究——以深圳欢乐谷为例》，暨南大学旅游管理专业硕士学位论文，2009年。

（%）

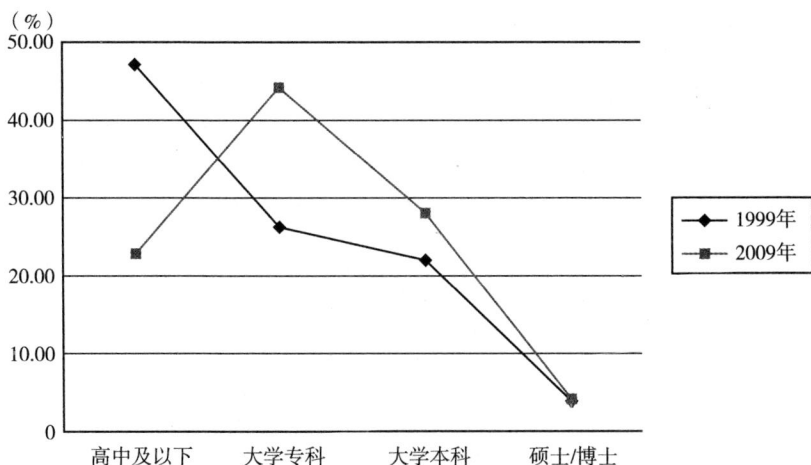

图4-1　深圳华侨城游客受教育程度分布

（四）年龄结构

不同年龄所处的生活环境不同，所扮演的生活角色不同，社会化的程度也有差异，从而导致心理和行为的不同。青年人心理正在发展成熟过程中，可变性强，乐于接受新思想、新事物，希望能够全身心地体验丰富多彩的世界，喜欢冒险、猎奇；同时，年轻人经济基础薄弱，消费能力低。中年人收入稳定、地位稳定，但社会压力较大，他们非常愿意选择和自己身份地位相称的旅游方式；他们倾向于求实、求知或专业爱好。中年晚期以后，人的心理逐渐老化，更喜欢稳定和熟悉，旅游动机减弱；他们不大容易接受新生事物，因此怀旧动机比较明显，多喜故地重游，探亲访友。因此，我国主题公园的客源以中青年为主，我们仍以华侨城的客源特征为例说明，如图4-2所示。

从图4-2年龄结构对比中，均以年轻人为主，两次调查中，15～24岁的占调查者基本半数，分别为49.1%和55.51%，这个消费群体首先都具有良好的身体素质，并具有一定的消费能力，对旅游的消费欲望比较强烈，是旅游市场纵向深度开发的主要目标群体，其次是少年、青年、中年和老年市场，我们不能忽视了少年儿童市场，虽然比例不是很大，但随着人们生活水平和生活质量的提高，消费年龄正在减小，14岁以下的少年儿童从1999年的3.25%增加到2009年的20.1%，增加速度非常快，已经形成了一个新兴消费群体，他们的消费活动会带动家长等成年人的消费。因此，14岁以下的消费者可以成为我们旅游市场向广度开发的目标群体。

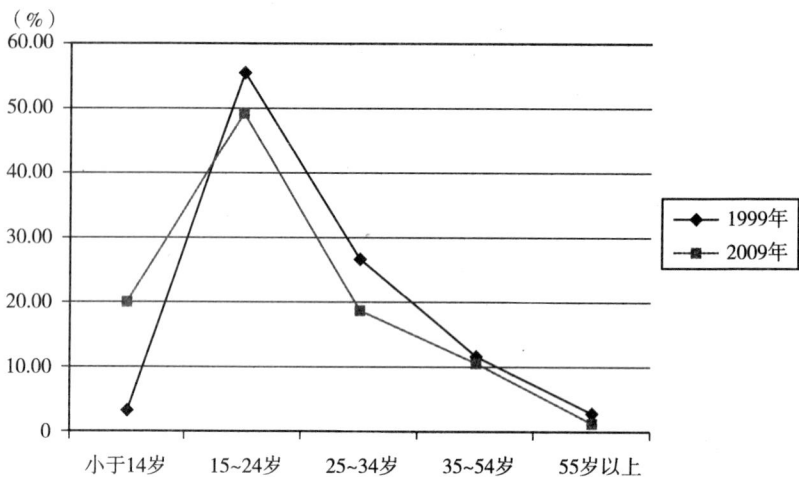

图 4 - 2　深圳华侨城游客年龄结构分布图

第二节　区域间接经济因素对主题公园的影响

一、区域交通状况对主题公园的影响

主题公园所在区域的交通体系对主题公园的发展至关重要。主题公园的客流具有人流量大、聚集密度高的特点，因此必须具有良好的区域交通系统。良好的交通体系意味着可进入性好。对主题公园具有重大影响的区域交通体系可分为联外交通和区内交通。联外交通是该地区吸引大范围（二级、三级客源地）游客的必要条件，主要表现在机场吞吐能力，火车、汽车运输，网络及航运能力。

例如深圳的华侨城，它的游客从客源区域集聚度看，对交通运输方式具有较强的依赖性，这种依赖性表现在对铁路枢纽干线和高速公路干线可通达性的依赖；深圳华侨城的客源中沿京广铁路线分布的占 63.22%，沿京九铁路线分布的占 69.64%，沿广汕高速公路线分布的分别占广东省内的 80.69% 和国内的 37.24%。① 还有香港的迪士尼，香港的对外交通也非常便利，香港的赤鱲角国际机场足以接纳数以万计的外国游客，而且航线

———————————

① 董观志：《深圳华侨城旅游客源分异规律的量化研究》，载《经济地理》1999 年第 6 期。

四通八达。迪士尼乐园虽然建在大屿山北部的空旷地区，但有机场高速、地铁等与之相连，游客到港后便可以很快到达迪士尼乐园。

　　如果交通不畅则会带来经营上的很多问题，使得主题公园原有的功能不能充分发挥。以上海环球公园为例，该园位于上海市嘉定区南翔镇，离市中心约23公里。环球乐园当时有两条市郊交通线路经过，每隔15～20分钟一班；另外特地开设了一条前往乐园的专线中巴，每半小时一班。从公共交通来看，一个小时最多运送600名游客。从上海市区来的游客至少需要换乘一次车，除了中巴车，郊区班车每站必停，而且走的是普通公路，而非当时已建成的沪嘉高速公路，对绝大多数上海游客而言，路途单程耗时就需1个半小时左右。如果白天的交通问题尚可应付的话，那么晚上在主题公园举行大型广场活动以后，数千游客离园的交通问题就更为严重。所以环球乐园在建成以后，仅仅搞过两次大型广场活动，原因就是交通状况问题。对游客来说，在路程上所耗费的时间大大增加了其旅游感知距离，降低了对主题公园的美好预期，甚至产生厌烦情绪，这非常不利于主题公园的持续运营。

　　换个角度，从交通成本来说，旅游是人们休闲的一种方式，无论人们通过什么方式来旅游，旅游的质量都和交通以及景点的质量有关。对于游客来说，旅游成本中很重要的一部分就是交通成本。交通所需要花费的金钱、交通过程中所耗费的时间、交通过程中的不舒适的程度都可以看做是交通成本的重要组成部分。游客在准备旅游之前一般会综合分析交通货币成本与交通过程中所耗费的时间以及舒适度，分析结果直接影响游客对主题公园的旅游动机和最终选择。

　　因此，对主题公园而言，良好的交通条件不仅可以增强旅游竞争力，而且还可以不断拓展新的客源市场。主题公园在选择所处位置时，需要充分考虑主题公园所在地区的交通条件，以方便客流自由出入。

二、城市旅游感知对主题公园的影响

　　知觉（感知）是客观事物直接作用于人的器官，人的脑中产生的对这些事物的各个部分和属性的整体反应。知觉具有选择性、理解性、整体性和恒常性的特点，[①] 游客对同类型旅游产品的感应存在差别，一旦形成对

---

① 李灿佳：《旅游心理学》，高等教育出版社1986年版。

某一旅游地的形象而不易改变的原因。在游客对旅游地所感知的诸多层面中，对游客旅游行为影响较大的感知因素是游客对距离及旅游地整体形象的感知。

（一）城市旅游感知距离对主题公园的影响

距离可分为客观距离和感知距离，对旅游点的吸引力真正起削弱作用的是感知距离而不是客观距离。

感知距离指往返于客源地与目的地之间所需要的时间和费用。客观距离以里程来衡量，感知距离则以克服客观距离所消耗的时间、资金和精力等来衡量，客观距离是感知距离的基础，感知距离还受交通便利程度的影响。① 尽管两地的客观距离不变，但由于开辟了航空线或直达火车，感知距离将大大缩短。在一定意义上，感知距离对主题公园的发展起决定性作用。如果主题公园与客源市场之间感知距离大，游客前往该主题公园的阻力就越大。感知距离一般可用交通条件来替代分析。交通条件一方面是指主题公园所在城市的对外交通；另一方面也包括该城市内部交通是否便利。我国绝大部分游客仍主要依赖大众交通工具，因此主题公园一般选择在经济较发达、旅游人数多的大城市周边或交通基础设施便利、有比较健全的公共立体交通系统连接的地区。

城市旅游感知距离对旅游行为的影响主要表现在两个方面：

1. 阻止作用

旅游者在出游时总要付出诸如金钱、时间、身体甚至情感方面的成本，游客只有在旅游中的收益大于成本时，才能作出决策。而这些成本是与距离成正比的，距离越大，成本越大，游客出游的可能性越小，这一现象常被称为距离衰减规律，与客源市场理论不谋而合，但却不能过分产生依赖了。

2. 激励作用

距离对旅游有摩擦力，但遥远的距离反过来对人具有极大的神秘感和诱惑力，它和摩擦力相抗，吸引人们到远方旅游。荣格认为人们具有与生俱来的探索未知的集体意识，② 这也是人们远涉重洋四处游历的原因之一。中国为世界五大文明古国之一，有 5000 多年的悠久文化与文明史，与西方文化相比有显著不同。正是我国独具的东方特色，每年吸引着数千万名

---

① 保继刚：《深圳、珠海大型主题公园布局研究》，载《热带地理》1994 年第 3 期。

② 刘纯：《旅游心理学》，高等教育出版社 1998 年版。

海外游客前来观光。据新华网 2012 年 1 月 14 日相关数据显示，2011 年外国入境旅客 5412 万人次，港澳台居民共 2.17 亿人次，其中香港居民 1.59 亿人次，同比增长 0.03%；澳门居民 4737.1 万人次，同比增长 2.2%；中国台湾居民 1051.5 万人次，同比增长 2.3%。以西安市为例，作为华夏文明的发源地，西安的历史悠久，文化的积淀非常厚重，是中华人民共和国颁布的第一批国家历史文化名城。作为世界四大文明古都（西安、罗马、开罗、雅典）之一，旅游资源得天独厚，是著名的世界历史名城。2011 年，西安市接待国内游客 6553 万人次，同比增长 26%；接待海外旅游者 1002326 人次，同比增长 19.07%，其中外国人 886276 人次，同比增长 21.07%；我国台湾同胞 58197 人次，同比增长 7.54%；我国香港同胞 54264 人次，同比增长 4.09%；我国澳门 3589 人次，同比增长 2.43%。创汇 6.41 亿美元，同比增长 20.94%。国内旅游收入 478.87 亿元，同比增长 32%。旅游业总收入 530.15 亿元，同比增长 30.84%。中西文化的巨大差异促使许多欧美游客来华旅游，西安往往是他们的主要目的地。美国市场仅次于日本，一直是西安旅游的第二大客源国，西欧地区的游客总量略高于美国，两者之和已大于日本市场。一般来说，欧美游客到中国来主要是为了满足"求新求异"的心理需求，所以欧美游客在选择旅游目的地时，除了基本的观光外，更多地选择那些同他们环境差异较大，具有中国特色和悠久历史的旅游目的地和旅游项目。所以，级别高、知名度高的人文景观是他们的首选，兵马俑、华清池、大雁塔、历史博物馆、钟鼓楼、城墙等景点几乎是必游之地。

距离的阻碍和激励作用对游客的影响因人而异，人们所处的不同社会文化背景如经济收入、文化水平、风俗及传统观念等，都是距离知觉和旅游行为之间的中介因素。[①] 所以，距离对旅游行为的作用，往往是通过游客的社会文化背景而发挥作用的。

（二）城市旅游感知形象对主题公园的影响

城市旅游感知形象是指城市旅游者在游览城市的过程中，通过对城市环境形体的观赏和市民素质、民俗民风、服务态度等的体验所产生的城市总体印象。城市旅游形象是一个综合概念，它反映的是整个城市作为旅游产品的

---

① 吴必虎、徐斌、邱扶东等：《中国国内旅游客源市场系统研究》，华东师范大学出版社 1999 年版。

特色和综合质量等级。城市旅游感知形象也不单是个人对城市的感知，而是大多数人对一个城市的总体认识结果。虽然城市感知形象是旅游者心中的印象，但是构成这种印象的基础完全是和城市以及所在区域有关。

游客对旅游地的感知形象涉及旅游地景观、基础设施、服务及可达性等方面。游客摄取的旅游地信息的途径和信息量影响其出游决策。知觉信息既来自个体的亲身体验，也来自媒体广告、宣传和周围群体的介绍等。一般而言，旅游者决策时更信赖从亲身体验的直接途径摄取的信息，但由于大多数旅游者将接触的是一个陌生的环境，因而传递目的地信息的间接渠道发挥的作用越来越大，它们在游客构建旅游地感知形象时起关键作用。游客对旅游地整体形象的感知是十分重要的，它往往决定着游客是否到该地旅游，以及到该地的旅游项目安排等方面。

一般来讲，每个城市对旅游者都有一个趋于一致的感知形象，这种感知形象是在其发展过程中通过人类行为和自然相互作用所形成的与城市自身职能和性质相关的城市外部形象和内在特征相统一的独特的风格，这种印象不会因为发生在该城市的某一件事情而改变，并最终通过舆论影响旅游者的购买行为和消费方式。

不同区域的旅游形象不同，对当地主题公园的建设和发展也会产生不同的影响。城市旅游感知形象，主要影响二级和三级客源市场旅游者的决策行为。像北京这样的城市，二级和三级客源市场旅游者首先选择的是国家级的旅游点，如故宫、颐和园、八达岭等。据调查，外地游客在这几处游览区的比例都高于本地人，其中故宫为88.15%，颐和园为77.4%，八达岭为76.5%。[①] 因此，像北京这样人文景观已非常丰富且级别很高的地区，旅游者已有较为固定的旅游感知，去北京就是冲着天安门、八达岭等景点。新建主题公园对于二级和三级客源市场的旅游者，特别是第一次到北京的旅游者，其吸力较小，对于一级客源市场来说却有一定的吸引力。比如在北京，由华侨城兴建的北京"欢乐谷"，在开业建成后，其三级客源市场入园人数和二级客源市场入园人数相比其一级客源市场来说，相差甚远。究其原因，主要是因为本地人是去"欢乐谷"消费的主体。

相对来说，深圳市建城刚刚30多年，没有历史文化的沉积，城市旅游感知形象尚不稳定，自身固有的旅游资源贫乏，在人们心目中的旅游形

---

① 龚映梅：《主题公园原理与可持续发展模式研究》，昆明理工大学企业管理学院硕士学位论文，2005 年。

象不像北京那样，早已在旅游者心中根深蒂固，而是处于发展变化中。所以深圳的主题公园能得到长足的发展。

由此，我们可以得出一个初步结论：对于城市旅游感知形象个性特征很强的区域来说，新建主题公园引起轰动效应并很快成为区域的旅游形象标志的困难比较大；同时对于二级和三级客源市场的游客，特别是第一次出游的游客吸引力较小。旅游形象个性特征尚在变化或不明显的城市，如深圳，新建有特色的主题公园能较快成为区域旅游形象的新标志，引起轰动效应，对一级、二级和三级客源市场的游客都有吸引力。

三、政府决策对主题公园的影响

在产业发展过程中，政府的影响作用是直接的，而且是至关重要的。主题公园占地规模大，运营成本高，使主题公园在微观区位选址、土地的获得上要受到政府的制约。与普通旅游业发展情况不同，国家或地区政府对主题公园的政策支持重点并非在税收和贷款利率上的倾斜，而是在融资和地价政策以及基础设施建设上。

许多成功的主题公园之所以经营成功，很大程度上就是依赖地方政府决策中对主题公园的政策倾斜、指导与协助。2006 年，芜湖市政府以招商引资的方式引进深圳华强集团，投资建设一座亚洲最大的第四代主题公园——芜湖方特欢乐世界，市政府在土地使用、配套基础设施建设和银行贷款上均给予了大力支持。芜湖方特欢乐世界开业一年，接待游客达 192 万人次，仅门票收入就超过 2 亿元，成为安徽省游客人数仅次于黄山的第二大景点。得益于方特欢乐世界的良好示范效应和市政府的强力推动，2007 年 11月，芜湖被国家新闻出版总署授予"国家动漫产业发展基地"称号。芜湖市委、市政府进一步提出，在现有三大支柱产业之外，发展装备工业、环保设备、文化创意三大战略性支柱产业，培育新的经济增长点。以动漫产业为代表的芜湖文化创意产业，一出生便呈现出蓬勃的发展生机。[①]

当然，政府的大力支持态度会随着国家的宏观调控政策的变化而变化。近几年随着土地市场规范化进程的推进，国家和政府将逐步加强对城市土地供给和土地使用的管理，包括土地储备制度的推行和土地公开拍卖

---

① 中共芜湖市委宣传部：《"弯道超车"——安徽省芜湖市发展动漫产业的实践与思考》，载《求是》2010 年第 2 期。

制度的实施。这些政策的推行，将有利于土地开发的规范，同时也提高了土地开发的成本，这势必会提高开发商建造主题公园的门槛，对数量扩张起到一定抑制作用。

此外，主题公园的可进入性和周边环境对吸引客源有很大影响，如果政府能加强基础设施建设，完善旅游服务功能，可大大助推公园的运营。上海锦江乐园的例子就体现了这方面的因素。20世纪90年代，环球乐园、美国梦幻乐园和锦江乐园曾一同被称为上海的三大乐园，但前两家开业不久就倒闭了，锦江乐园当时也曾陷入客源下滑，经营疲软的境地，但最终坚持了下来。原因在于，1995年上海轨道交通一号线开通，设立了直达乐园的轻轨站，方便了大量市民前往锦江乐园，优越的交通条件是其他两个公园无法匹敌的。业内人士认为，锦江乐园位于市内，便捷的交通及相对较低的票价是其得以生存的重要原因。

特别值得提出的是，政府对主题公园的发展具有推动作用，并不是说政府的政策可以违背市场机制。许多主题公园之所以经营失败，与主题公园建设和发展过程中政府违背市场机制盲目兴建主题公园有关。政府对主题公园的优惠政策和支持作用，只有在充分发挥市场机制的作用下，才能发挥到最大。

第三节　影响因素系统分析

一、游客旅游动机影响因素系统分析

"动机"来源于"激励"一词，其含义是促使人们以特定的方式采取行动或激发兴趣。"动机"是一种持续的意图倾向、一种内在的驱动或推动因素，旅游动机"促使旅游者寻求存在于事物、情景和事件之中的符号，这些符号隐含着对降低当前紧张状态的承诺"。[1] 心理学认为，动机是产生行为的直接原因，内部驱力和外部诱因都可以激发动机，旅游动机是导致旅游行为的最直接的内在原因。

---

① Juergen Gnoth: Tourism Motivation and Expectation Formation. Annals of Tourism Research, 1997, 24（2）: 283-304.

（一）旅游需要与动机分析

马斯洛把人类行为的动力从理论上和原则上作了系统的整理，提出了著名的需要层次论，即人的需要分为以下五个层次：

第一，基本的生理需要，即衣、食、住等人类生存最基本的需要。这是最低层的需要。

第二，安全的需要，即希望未来生活有保障，如免于受伤害，免于受剥夺，免于失业等。

第三，社会的需要，即感情的需要，爱的需要，归属感的需要。

第四，尊重感的需要，即需要有自尊心以及受别人尊重。

第五，自我实现的需要，即出于对人生的看法，需要实现自己的理想。这是最高层次的需要。

马斯洛认为上述需要的五个层次是逐级上升的，当低级的需要获得相对的满足之后，追求高一级的需要就成为继续奋进的动力。在某一时刻，可能存在好几类需要，但各类需要的强度不是均等的。①

马斯洛的需要层次论是研究旅游动机的基础。当人们在解决了温饱之后，就自然而然地追求更高层次的享受。旅游动机就是人们在满足最低的生理要求之后提出来的。

旅游需要的多层次性表现为旅游动机的多样性和复杂性，因而很难对旅游动机进行准确分类。日本心理学家今井省吾指出，现代人的旅游动机含有"消除紧张的动机"、"社会存在的动机"和"自我完善的动机"，今井省吾的观点与马斯洛的需要结构的三个层次不谋而合，揭示了旅游与人们丰富多样需求的息息相关。

（二）旅游动机影响因素分析

按照谢彦君的解释："旅游动机是由旅游需要所催发、受社会观念和规范准则所影响、直接规定旅游行为的内在动力源泉"。②

对主题公园游客的旅游动机产生直接影响的是主题公园的供给和需求。主题公园的供给不能像一般商品的供给那样来分析。一般而言，作为企业行为的主题公园开发，只有在区域经济比较发达的地区，才具备较大

---

① 张鼎衡：《旅游服务管理心理学》，吉林教育出版社 1990 年版。

② 谢彦君：《基础旅游学（第二版）》，中国旅游出版社 2004 年版。

规模的投资能力，否则只有引进外资，或是政府行为代替企业行为，将有限的财政收入集中起来实现高投入。从微观层面来看，主要受人口数量（影响客源因素）、收入水平（影响可支配收入）、受教育程度、年龄结构等因素影响。

对主题公园游客的旅游动机产生间接影响的因素有区域交通状况，城市旅游感知（包括距离感知和形象感知），政府决策等。这些因素并不能直接影响游客的旅游动机，但是却可以对主题公园旅游起到辅助支持作用，只有这些因素与直接因素协调发展，才能带来主题公园的成功。此外，当游客产生旅游动机，形成旅游决策，就导致了旅游行动，但对于主题公园的参与过程并没有结束，伴随着旅游的结束，游客会对主题公园之行产生一种旅游印象，这既包括对主题公园旅行的思考，也包含对周边附属物如道路、宾馆、城市的感知和印象。这些印象往往会成为旅游者周围人群对主题公园潜意识里的形象，深刻影响主题公园的潜在客源。这种游客的反馈机制也会反过来影响区域交通状况、城市旅游感知等间接因素。

总体来说，游客旅游动机影响因素，以及这些因素对旅游决策的影响过程可用图 4－3 表示。

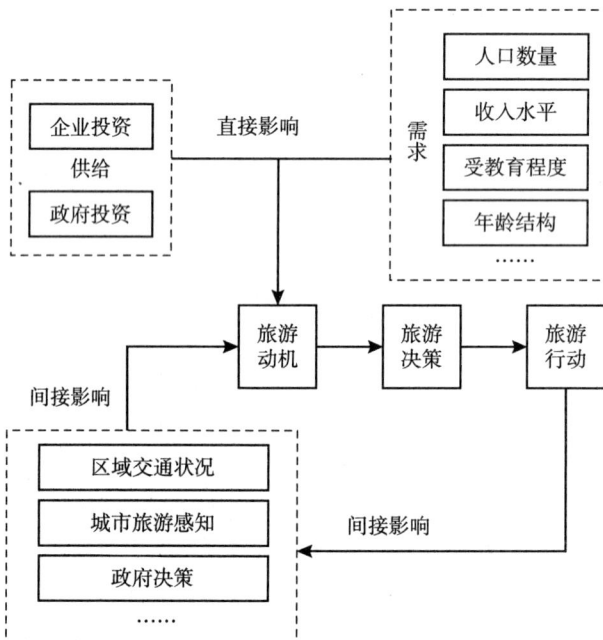

图 4－3　游客旅游动机影响因素

二、区域性影响因素系统分析

从区域性角度来看，影响主题公园的因素又有不同的解释。区域性影响因素对游客旅游动机的影响可以分为主客观两个方面。

客观因素主要包括两个必要条件和两个限制条件。必要条件是影响主题公园的基础，主要包括客源市场和交通条件以及区域的经济发展水平，它们关系到游客市场的大小、基础设施条件、投资能力和游客的消费水平，作为高投入高门票为特点的主题公园，缺少这两个条件的任何一个都不能成功。限制条件是城市的旅游感知形象和主题公园在区域内的集聚和竞争，它们影响着游客的决策行为。

主观因素是投资者的决策行为和政府的决策行为。投资者的决策行为包括宏观区位确定、微观选址、投资规模和主题选择。从一定程度上来说，投资者的决策行为受到客观因素的影响，理性的投资者在进行决策时，一般都会对客观因素进行考量。政府的决策行为关系到主题公园的微观选址，以及基础设施的配套等优惠条件。政府决策的目的一般都是为了发展区域经济。

在这些因素中，主题选择是宏观区位确定后主题公园发展的关键因素，城市旅游感知形象和空间集聚与竞争、微观区位是重要的影响因素。只有游客量超过主题公园的门槛游客量，主题公园才能生存发展，否则，只有衰亡。

只有主客观两个方面的关系协调好，主题公园的开发才会成功。不具备客观因素，主题公园注定要失败；客观因素具备了，但主观因素与之不协调，也难以成功。同时，在区域内，无论主题公园的成功与失败，都影响着后来进入的主题公园的决策行为。综合来看，各个因素对主题公园的影响作用如图4-4所示。

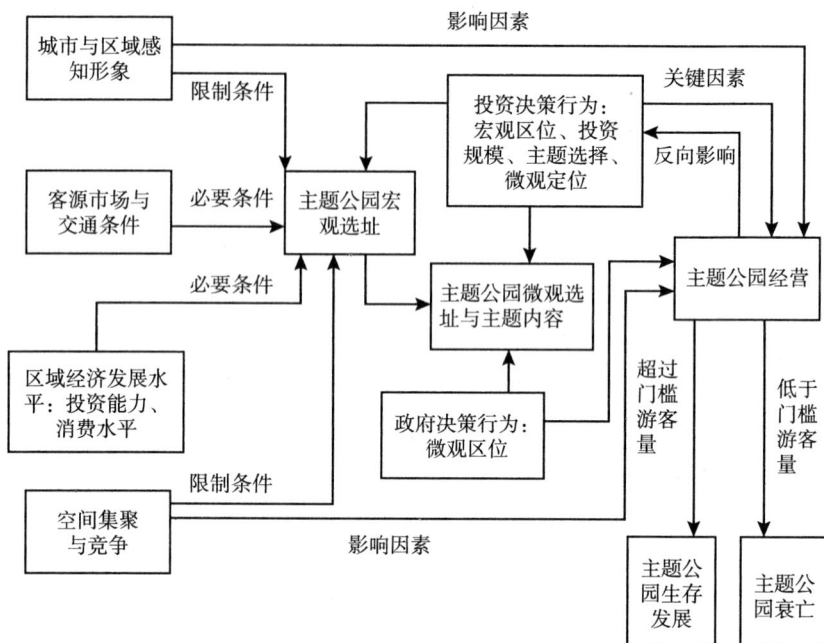

图 4-4　各个因素对主题公园的影响作用

第五章

主题公园在区域空间上的集聚

集聚是指有关的经济客体或经济客体与社会基础设施在一定空间范围内的结合。这种结合一般会产生有益的效果，但是集聚又需要控制在一定限度内，超过了限度的过分集聚，会产生一系列问题因而出现负效应。集聚效果和合理规模问题是区位理论的主要内容。[①] 但是，由于旅游产品的特殊性，已有的区位理论并不能完全解释主题公园集聚现象中的所有问题。本章以产业集聚理论、区域理论、空间理论为知识依托，探讨主题公园在区域空间上进行集聚的原因。

影响主题公园集聚的区域因素有很多，既有主题公园内生性增长的需要，又有旅游客流的集中与游客偏好的差异而引起的集聚，政府政策推动也在一定程度上影响主题公园集聚。考察主题公园集聚的影响因素，可以发现这些因素主要作用在两个层面上：在企业层面上，由于中心企业发展迅速以及企业规模经济，促进了旅游流的集中和降低机会成本的方便性，形成了主题公园差异化集中与收益扩大化，并继而影响其他影响因素的变化；在产业层面上，由于主题公园的带动，相关产业如文化产业、酒店业的发展，形成独具旅游产业特点的主题公园价值链模，最终形成主题公园集聚区。

主题公园的空间集聚模式主要有市场导向型集聚和政策导向型集聚两种方式。主题公园由于高度依赖于客源，使得主题公园的集聚主要依靠市场与产业互动，政府对其进行间接性、辅助性的影响。市场导向型集聚又可以细化为需求市场推动型集聚，企业间聚合式集聚，资源拉动型集聚模式。政策导向型集聚中，政府往往占主导作用，同时兼顾市场与资源禀赋两方面的作用，从而形成主题公园的集聚。

---

① 杨吾扬：《区位论原理》，甘肃人民出版社 1989 年版。

经济学家一般认为，集聚应该是自下而上、通过企业对集聚效应的追求自发形成。在这种形成模式中，市场往往处于核心主导地位，主题公园及相关企业在市场规律的指引下，为了追逐利润而把集聚作为企业的一种发展战略，通过彼此的竞争与协作，谋求企业的竞争优势，而不主张政府的过多干涉。在我国主题公园发展的实务中，总体趋势是由政府主导开始，逐渐向市场主导演进。

在市场主体尚未发育成熟的情况下，为了降低风险，确保经济的发展，政府对主题公园积极干预，甚至直接替代部分市场决策，直接支配经济资源，参与主题公园建设等，都显示出政府在主题公园发展过程中的重要地位和作用。

在市场经济体制框架已经完全成熟、主题公园发展迅速的区域，政府过度主导的风险与带来的矛盾则会逐步积累和反映出来，阻碍主题公园的发展。当市场体系已经基本形成、市场在资源配置中已经能发挥主要作用时，市场主导就应该取代政府主导，成为主题公园集聚的主导力量。

第一节　主题公园空间集聚的理论基础

一、产业集聚理论基础

产业集聚是指在产业的发展过程中，处在一个特定领域内相关的企业或机构，由于相互之间的共性和互补性等特征而紧密联系在一起，形成一组在地理上集中的相互联系、相互支撑的产业群的现象。这些产业基本上处在同一条产业链上，彼此之间是一种既竞争又合作的关系，呈现横向扩展或纵向延伸的专业化分工格局，通过相互之间的溢出效应，使得技术、信息、人才、政策以及相关产业要素等资源得到充分共享，聚集于该区域的企业因此而获得规模经济效益，进而大大提高整个产业群的竞争力。

主流的产业集聚理论有外部规模经济理论、产业区位理论、新竞争优势理论、新制度经济学的交易费用理论等。

（一）外部规模经济理论

阿尔弗雷德·马歇尔（Alfred Marshall）在其《经济学原理》一书中

就产业集聚提出两个重要概念：内部规模经济和外部规模经济。[1] 外部规模经济是指在特定区域，由于某种产业的聚集发展所引起的该区域内企业的生产成本整体下降；而内部规模经济是指个别企业内的资源、组织和经营效率形成的规模经济。马歇尔认为生产或销售同类产品的企业或存在着产业关联的上、中、下游的企业集中于特定的地方，会使专门人才、专门机械、原材料产生很高的使用效率，这种效率是处于分散状态下的企业无法达到的，从而促使中小企业集中在一起，形成产业集群。

马歇尔进一步指出，同一产业越多的企业聚集于一个空间，就越有利于企业所需生产要素的聚集，这些要素包括劳动力、资金、能源、运输以及其他专业化资源等。而空间内诸如此类的投入品，或者说生产要素的供给越多，就越容易降低整个产业的平均生产成本，而且随着投入品专业化的加深，生产将更加有效率，该空间中的企业也将更具有竞争力。因此，马歇尔相应提出了工业区（industrial district）的概念和工业区理论。诸多原因促使工业为追求外部规模经济而集聚，马歇尔认为由于地皮租金的日益昂贵，工业常常集聚在大城市的郊外，而不是集聚在大城市之中。

而关于聚集经济的根源，马歇尔认为来自于生产过程中企业、机构和基础设施在某一空间区域内的联系能够带来规模经济和范围经济，并带来一般劳动力市场的发展和专业化技能的集中，进而促进区域供应者和消费者之间增加相互作用、共享基础设施以及其他区域外部性。马歇尔强调因为更大的劳动力"蓄水池"，非贸易投入的可得性和知识外溢带来的外部性会使得一个产业聚集于某地，但是其分析只适合于一个产业，无法解释不同产业的聚集。

（二）产业区位理论

屠能于1826年创造性地提出了一种强调区位运输差异的理论，开创了区位理论的先河。在其《孤立国同农业和国民经济的关系》一书中，作者寻求解释德国工业化以前某典型城市周围的农业活动的模式，最早用多种要素来解释聚集经济现象，其农业圈模型区位外生市场的假设，是规模收益不变和完全竞争的标准假设完美结合的典范，他更是因此而被称为边际主义的创始人。

而阿尔弗雷德·韦伯（Alfred Weber）在《工业区位论》一书中，首

---

① 马歇尔：《经济学原理》，商务印书馆1964年版。

次提出了聚集的概念，并从微观企业区位选址的角度提出了产业区位理论。他从企业追求生产成本最小化出发，认为费用最小区位是最好的区位，而聚集能使企业获得成本节约，阐明了企业是否相互靠近取决于聚集的好处与成本的比较。他将聚集经济定义为成本的节约，并不特别关注产生聚集现象的原因，只是将其假定为内部规模经济的外部表现，其模型的目的只是解释为何这样的经济会导致聚集，而不是解释聚集经济本身。他把区位因素分为区域因素和聚集因素，其中聚集因素可以分为两个阶段：第一阶段通过企业自身的扩大而产生聚集优势，这是初级阶段；而第二阶段则是各个企业通过相互联系的组织而实现地方工业化，这是最重要的，也是高级聚集阶段。

韦伯认为，企业群落的要素有四个方面：技术设备的发展使生产过程专业化，而专业化的生产部门更要求工业的集聚；劳动力的高度分工产生的劳动力组织有利于聚集；集聚产生广泛的市场化，提高效率；集中化可以使基础设施，如交通、街道、生活设施等共享，从而降低"一般经常性开支成本"。①

胡佛（Hoover）拓展了韦伯的理论，考察了复杂的运输费用结构、生产投入的替代物和规模经济。他将集聚经济视为生产区位的一个变量，认为产业集聚的规模经济是特定产业在特定地区集聚体的规模所产生的经济。②

产业区位理论的集大成者勒施（Losch）扩展了区位理论的应用范围，他把产业区位分析的对象推至多种产业，并分析了区域中城市规模和类型，推导出在既定资源、人口分布情况下规模经济差异导致了空间集中现象。他指出，大规模的个别企业的区位，有时也会形成城市，在这种场合，是一种综合生产几方面财货的大规模企业的区位。从区位论的观点来看，这所谓的几个方面的财货，也可以分别形成与之相关的几个产业区位。正是基于这些观点，勒施将城市定义为非农业区位的点状聚集。他认为，城市化是产业区位聚集的必不可少的要素，城市化的原因在于非农业区位的点状聚集，并且，他将这种区位的聚集分为自由聚集和受场所约束的聚集等两种形式：自由聚集，是指在任何场合都能发生的聚集，如围绕大规模个别企业的聚集、同类企业的聚集、不同类型企业的聚集、纯消费

---

① 阿尔弗雷德·韦伯：《工业区位论》，商务印书馆1997年版。

② Edgar Malone Hoover. Location Theory and the Shoe and Leather Industries. Cambridge，MA：Harvard University Press，1937.

者的聚集等。而约束性聚集，则是指受场所约束的情况，它受历史上的人口密度、地形、财富等空间差异的影响，即受"沿袭"下来的因素的影响。通常认为，这种沿袭下来的因素与原材料、水力、劳动、资本、适宜的气候、河流汇合点等因素有关，并以已有的区位为前提。

（三）新竞争优势理论

新竞争优势理论其实是一种合作竞争角度下产业聚集的解释，其含义是指企业通过寻求合作的方式来获得共同发展，即使这些企业在发展新产品及市场竞争中互为竞争对手，企业也可以通过与竞争对手的信息交换以获得最小化风险与企业竞争能力最大化。

新竞争优势理论中的协作行为规则基于相互之间的信任、家庭关系以及传统观念。这样使得企业特别是中小企业，通过协作能够获得与大企业一样的内部规模经济，并在柔性专业化理论的基础上形成了 20 世纪 70 年代初兴起的新产业区位理论。通过对一些产业区的研究发现，较小企业聚集是基本的经济趋势，而且这种趋势还影响到动态区域内企业间关系的社会及文化行为规则（主要是指制度因素）。当然，产业区内企业之间真正合作的例子并不多见，企业间的相互关系也许依赖于特定的情况或者文化氛围，而且企业行业的规则在不同的国家也大不相同。

与传统的产业聚集理论将重点放在产业内部的关联与合作之上不同，迈克尔·波特（Michael Porter）从企业竞争优势的获得角度对产业聚集现象进行了详细的研究，并提出了新的理论分析基础。波特通过对德国、法国、英国、日本、美国等国家的产业聚集现象进行研究，从企业竞争优势的角度对这种现象进行了理论分析，提出了产业群（industrial cluster）的概念，同时还利用"钻石（Diamond）模型"（见图 5 - 1）对产业聚集及产业群进行了分析。他认为，竞争不是在不同的国家或产业之间，而是在企业之间进行，而且贸易的专业化并不能通过要素禀赋状况而得到合理的解释。因此，他将分析的重点放在企业上，并从创新能力的角度来探讨产业的聚集现象，其整个理论分析框架包括四个方面：需求状况、要素条件、竞争战略、产业群（或者说相关及支持性产业）。这是因为，如果一个产业在国际上要具有竞争力，就必须具备以下几个条件：国内较好的需求状况；要素投入的质量；促进企业在其产业内部迅速超越其他企业的竞争压力；特定产业供应商与顾客之间的联系。

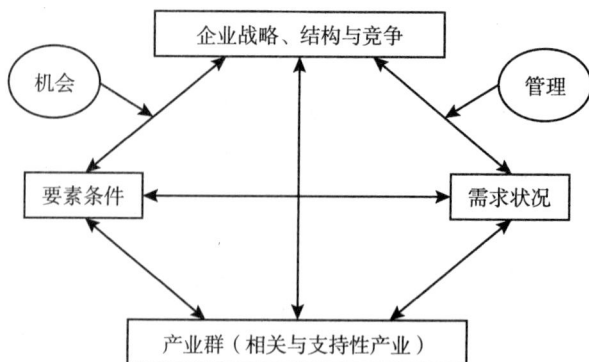

图 5 -1　波特的钻石模型

在波特的钻石模型中，创新在理解企业的竞争优势中起着关键的作用，产品创新或工艺创新是企业创新市场或获得及保持市场份额的核心。该理论认为，产业群通过三种形式影响竞争：

一是通过提高立足该领域公司的生产力来施加影响；

二是通过加快创新的步伐，为生产力的增长奠定坚实的基础；

三是通过鼓励新企业的形成，扩大并增强产业群本身来影响竞争。

其实，产业聚集可以说是外部经济条件下企业区位选择的具体体现，产业群通过以上三种方式影响竞争与马歇尔的外部经济及规模经济观念基本相似。如产业群的产生为企业获得雇员与供应商提供了更好的途径，产业群内的企业能够获得专业化信息的途径，产业群为创新也提供了许多容易捕捉的机会，并且，由于产业群内部企业能够更了解各顾客的消费需求，更接近于市场从而能够更有效地进行创新。此外，由于产业群不仅包括相互竞争的同行业产业实体，而且还涉及顾客与一些辅助性机构及政府提供的一些基础性设施，这样会导致产业群内企业可以进行较低成本的试验。所以，对于溢出效应起决定性作用的行业来说，企业的区位选择应该趋于地理上的集中，从而聚集现象就必然发生。

波特的竞争优势理论对产业的集聚以及产业的竞争力发展有很强的指导作用。波特认为地理上的集中能使要素产生相互增强的作用，加强产业、企业的竞争优势。在同样状况下，企业集群比分散的企业具有竞争优势。[①] 依靠产业集聚，增强产业竞争力，从而带动区域经济发展，这也是

----

① 　迈克尔·波特：《国家竞争优势》，华夏出版社 2002 年版。

当前中国很多地方政府大力扶持旅游产业，建设主题公园集聚的初衷。

（四）新制度经济学的交易费用理论

新制度经济学主要用交易费用理论来解释产业聚集现象，其核心思想是：企业是作为市场的替代物而产生的，并通过形成一个组织来管理资源，从而节约市场运行成本。

科斯（Coase）认为，在企业外部靠市场价格机制协调控制生产，在企业内部，由于交易被取消，市场交易的复杂过程和结构将由企业内部的管理者来代替控制生产，这些都是协调生产过程的不同方式，本质上是一样的。科斯提出交易费用理论并用它来分析组织的界限问题，其目的是说明，企业或其他组织作为一种参与市场交易的单位，其经济作用在于把若干要素所有者组织成一个单位参加市场交换，这样减少了市场交易者数量，从而降低信息不对称的程度，有利于削减交易费用。该理论其实从一个侧面说明了产业聚集（企业的聚集）所产生的经济效益（交易费用的降低）。

在科斯之后，威廉姆森（Williamson）等许多经济学家又进一步对交易费用理论进行了发展和完善。威廉姆森将交易费用分为事前的交易费用和事后的交易费用，事前的交易费用是指由于未来的不确定性，需要事先规定交易各方的权利、责任和义务，在明确这些权利、责任和义务的过程中就要花费成本和代价，而这种成本和代价与交易各方的产权结构的明晰度有关；而事后的交易费用是指交易发生以后的成本，这种成本表现为各种形式：

其一，交易双方为了保持长期的交易关系所付出的代价和成本；

其二，交易双方发现事先确定的交易事项有误而需要加以变更所需付出的费用；

其三，交易双方由于取消交易协议而需支付的费用和机会损失。

在此基础上，威廉姆森1980年分析了交易费用的影响因素，他认为交易费用的影响因素主要是环境的不确定性、小数目条件、组织或人的机会主义以及信息不对称等，这些因素构成了市场与企业间的转换关系。他又于1985年解释小数目条件与市场机制的关系，认为小数目条件即市场上的角色数目越少，则市场机制就越失效，并于1994年建立了基于区域之间动态的交易费用模型。

按照科斯和威廉姆森的观点，产业聚集有助于减少环境的不确定性、改变小数目条件、克服交易中的机会主义和提高信息的对称性，从而降低交易费用。杨小凯则从劳动交易和中间产品的交易角度区分了企业和市场，认为企业是以劳动市场代替中间产品市场，而不是用企业组织替代市场组织。后来，杨小凯在1995年又进一步研究认为，企业和市场的边际替代关系取决于劳动力交易效率和中间产品交易效率的比较。

所以，按照科斯、威廉姆森及杨小凯等制度经济学派学者的观点，从交易角度来看，市场和企业只不过是两种可选择的交易形式和经济组织形式，它们之间并没有什么本质区别，而且在它们之间，还存在着多种其他中间组织形式，产业聚集就是处于市场和企业之间的一种中间组织形式。

马丁探讨了存在聚集经济条件下序列区位竞争的结果，他通过模型得出了这样的结论：存在聚集经济时，赢得第一次的区位竞争，将使得一个区域对未来企业的进入更具有吸引力。所以，第一个企业可能获得较高的财政激励，而对于以后的企业来说，即使获得的财政补贴较少，但却能够从产业聚集的外部经济中获得利益。所以，马丁的模型对企业的区位选择及产业的地理集中作出了预测。由于对较早的投资吸引所获得的动态效果将可能超出直接的经济效果，即能够对以后的产业吸引形成一种区域环境，存在第二个企业选择与第一个企业相同区位的可能性，最终导致产业聚集，在同一区位的企业随着外生的（自然的）相对成本优势与内生的（后来获得的）聚集优势增加而增加。这样，各区域为获得长期利益而竞相采取优惠措施吸引外部资金或企业的注入，各区域之间的"优惠政策"之争也就在所难免。马丁的见解在我国主题公园发展中常常看到实例，比如我国近年来大力倡导发展动漫产业，很多企业和地方政府纷纷借政策的"东风"设立动漫主题乐园，全球第6家迪士尼乐园在上海破土动工，风靡世界的卡通小猫Hello Kitty乐园也落户浙江安吉后，引发了附近城市的动漫主题公园建设热潮。

总之，新制度经济理论所强调的重点是社会关系的重要性，该理论认为，不管在企业内部还是企业之间，社会关系一方面可以降低管理费用；另一方面又可以提高企业的创新活力。这种社会资本，是形成产业聚集的出发点之一，也是产业聚集能够带来竞争优势的条件之一。

反观我国主题公园集聚现象，不难发现其对降低交易费用，减少不确定性，避免机会主义的深刻意义。在一定区域内的主题公园建设，通常会考虑已有旅游产业的发展状况，避免严重的重复建设，浪费社会资源，从整体社会福利的角度来看，可以节约社会的资源支出成本，降低不确定性造成的浪费。

二、区域理论基础

20 世纪 20 年代，伴随工业化发展使生产力水平迅速提高，地区内经济联系的空间不断扩大，"在经济活动空间不断扩大的情况下，如何进行产业的空间布局成为一国经济发展中迫切需要回答的问题"。在这种情况下，一些经济学家与地理学家看到了主流经济学忽视经济运行与发展的空间过程，于是从经济活动的空间分布和空间联系的角度来研究经济活动，促进了区域经济理论的初步形成。

区域经济分析与一般经济分析的不同之处在于，一般经济分析考虑的实际是 0 维空间问题，一个国家的经济增长和发展是在一个点上的增长和发展，整个世界的经济增长也被抽象到了一个点上。但是一般的经济分析是有其缺陷的，不能有效解释区域经济增长的差异，也不能解释同样的经济政策为什么在各国实施的效果有差异，可见空间分析在一般经济分析中是有盲点的，之所以有盲点，新经济地理学派的代表人物保罗·克鲁格曼（Paul Krugman）指出："这不是历史的偶然，由于空间经济学的某些特征，使得它从本质上就成为主流经济学家掌握的那种建模技术无法处理的领域。"

主流的区域经济发展理论有增长极理论、核心—边缘理论等。

（一）增长极理论

区域增长极理论是在法国经济学家佩鲁（Perroux）于 20 世纪 50 年代提出的增长极理论的基础上发展起来的。[①] 在一个区域里，经济增长首先表现和集中在只有创新能力的行业，而不是同时出现在所有的部门。这些具有创新能力的行业常常聚集于经济空间的某些点上，于是就形成了增长极。所以，具有推动作用的产业被认为是增长极。经济的增长率先发生在增长极上，然后通过各种方式向外扩散，对整个经济发展产生影响。

增长极通过支配效应、乘数效应、极化与扩散效应而对区域经济活动产生组织作用。

第一，支配效应。增长极具有技术、经济方面的先进性，能够通过与

---

① 弗朗索瓦·佩鲁：《新发展观》，华夏出版社 1987 年版。

周围地区的要素流动关系和商品供求关系对周围地区的经济活动产生支配作用。换句话说，周围地区的经济活动是随着增长极的变化而发生相应的变动。

第二，乘数效应。增长极的发展对周围地区的经济发展产生示范、组织和带动作用，从而加强与周围地区的经济联系。在这个过程中，受循环积累因果机制的影响，增长极对周围地区经济发展的作用会不断地得到强化和放大，影响范围和程度随之增大。

第三，极化与扩散效应。极化效应是指增长极的推动性产业吸引和拉动周围地区的要素和经济活动不断趋向增长极，从而加快增长极自身的成长。扩散效应是指增长极对周围地区进行要素和经济活动输出，从而刺激和推动周围地区的经济发展。如果极化效应大于扩散效应，有利于增长极的发展。反之，如果极化效应小于扩散效应，对周围地区的经济发展有利。

区域旅游经济学者把佩鲁的增长极理论引入区域旅游经济研究之中，并且与地理空间概念相结合，就形成了解释区域旅游经济增长过程和机制的区域"旅游增长极"理论，这是增长极理论的一种延伸和完善。

旅游增长极具有以下三个特点：第一，在旅游产业发展方面，增长极通过周边地区的旅游经济技术联系而成为区域旅游产业发展的组织核心；第二，在旅游空间上，增长极通过与周围地区的空间关系成为支配旅游经济活动空间分布与组合的中心；第三，在旅游物质形态上，增长极就是旅游区域中的中心景点，而且由于旅游区域的大小不同，增长极也有规模和等级之分。

旅游增长极的组织作用是通过支配效应、乘数效应以及极化与扩散效应得以实现的。区域中的旅游产业将以增长极为核心建立区域旅游产业结构，而且增长极的成长将进一步加剧区域旅游空间的不平衡，导致区域内地区间的旅游发展差异。不同旅游规模等级的增长极相互连接，共同构成了区域旅游经济的增长中心体系和旅游空间结构的主体框架。在主题公园发展中，可以根据旅游增长极理论，通过建立主题公园集聚中的增长极，并以此为中心建立区域旅游产业结构，通过支配效应、乘数效应以及极化与扩散效应，带动相关产业的发展。

（二）核心—边缘理论

美国区域规划专家约翰·弗里德曼（John Friedmann）经过对发展中

国家空间发展规划的长期研究，1966 年在《区域发展政策》（*Regional De-velopment Policy*）一书中提出了核心—边缘理论（core-periphery theory），又称为核心—外围理论。[①] 核心—边缘理论拓展了佩鲁的增长极理论，形成了一整套有关空间发展规划的理论体系，已成为发展中国家研究空间经济的主要分析工具。弗里德曼认为，任何一个国家都是由核心区域和边缘区域组成。核心区域由一个城市或城市集群及其周围地区所组成。边缘的界限由核心与外围的关系来确定。核心区域指城市集聚区，工业发达、技术水平较高、资本集中、经济增长速度较快，包括国内都会区、区域的中心城市、亚区的中心、地方服务中心等；边缘区域是指那些相对于核心区域来说，经济较为落后的区域。核心区是具有较高创新变革能力的地域社会组织子系统，边缘区则是根据与核心区所处的依附关系，而由核心区决定的地域社会子系统。核心区与边缘区共同组成完整的空间系统，其中核心区在空间系统中居支配地位。

弗里德曼认为，核心—边缘的空间经济关系，既可以表现为城市与其腹地的关系，也代表中心与经济区的关系，以及发达地区与落后地区的关系。因此，任何一个区域都可认为是由一个或者若干个核心区和边缘区组成。依据核心—边缘理论，经济活动空间结构形态基本上可分为四种，即离散型、聚集型、扩散型、均衡型。在实践中，可以依据核心—边缘理论培育旅游核心区，带动区域发展。

三、空间理论基础

旅游活动离不开游客的空间位移、旅游地空间竞争、目的地与客源地之间的吸引与连接等空间过程。空间经济理论即是研究经济的空间结构问题，在早期的古典经济学中，用它来描述产业区位的形成和发展，认为空间经济是经济活动复杂的空间形式，有时对应于特殊的资源和人口结构以及特殊的生产和运输技术。

现有空间经济理论的基本理论有"点—轴"开发模式理论、旅游圈层结构论、旅游中心城市体系及环城游憩带理论。

---

① John Friedmann：Regional Development Policy：A Case Study of Venezuela. Cambridge, Mass.，MIT Press，1966.

（一）"点——轴"开发模式理论

"点—轴"开发模式最早由波兰经济家家萨伦巴和马利士提出。"点—轴"开发模式是由点和轴（线、带）两大部分有机组合而成，是在"点—域"和增长极模式的基础上发展起来的，是区域开发有效的方式之一。"点—轴"旅游开发理论是在经济发展过程中采取空间线性推进方式，它是增长极理论聚点突破和梯度转移理论线性推进的完美结合。

"点—轴"开发模式是增长极理论的延伸，从区域经济发展的过程来看，经济中心总是首先集中在少数条件较好的区位，成斑点状分布。这种经济中心既可称为区域增长极，也是"点—轴"开发模式的点。随着经济的发展，经济中心逐渐增加，点与点之间，由于生产要素交换需要交通线路以及动力供应线、水源供应线等，相互连接起来这就是轴线。这种轴线首先是为区域增长极服务的，但轴线一经形成，对人口、产业也具有吸引力，吸引人口、产业向轴线两侧集聚，并产生新的增长点。点轴贯通，就形成"点—轴"系统。因此，"点—轴"开发可以理解为从发达区域大大小小的经济中心（点）沿交通线路向不发达区域纵深地发展推移。也正是因此，"点—轴"开发模式往往成为开发程度较低、经济比较落后地区首选的空间开发模式。

（二）旅游圈层结构论

旅游圈层结构论认为城市在经济发展中起主导作用，每个中心城市或者城市的中心点，对周围区域的经济都有辐射作用，随着距离的增大，这种作用越来越小。在中心点的周围，形成了具有层次分化的圈层。我国学者吴承忠认为，圈层理论下，环带状模式中的四个旅游带分别是城市旅游带、近郊休闲与旅游带、乡村旅游带和偏远旅游带。各个旅游带都需要具有相关职能的旅游设施以保证居民的需求。比如，城市旅游带需要有博物馆、历史建筑等满足人们对城市历史的求知需求。近郊旅游带需要有娱乐公园以满足人们对游乐的需求。乡村旅游带需要满足周末人们远足的需求。偏远地带的风景地带需要满足人们长期度假的休闲需求。

（三）环城游憩带理论

环城游憩带理论认为，环城游憩带是在大城市的郊区，由于城市居民的户外休闲游憩需求形成的，各具特色的户外休闲游憩中心有机串联所形成的环城游憩系统。①

在环带状模型基础上，西方地理学家和景观学家提出了大都市郊区游憩地的配置模式：罗多曼理论模式和克罗森和尼奇（Clawson and Knetsch）模式。前者是在对自然公园研究的基础上提出的，罗多曼注意到："游憩业开展的直接结果是都市公园和在城市近郊建立起来的绿色地带式小公园。同时形成一个规律，就是距离城市越远，则建立了越来越大的自然公园和游憩地供人们更久的停留。在郊区游憩地的建设过程中，出现了依据游憩者行为特征建设游憩地功能区的深层次开发"②。他提出了自然公园配置的"极化生物圈"的理论模式。1966 年克罗森和尼奇提出 3 个圈层模式：空间利用者指向地域、中间地域和资源指向地域，即都市区、近郊乡村游憩地和远郊区。该模式主张在都市区修建都市公园和运动场；在近郊建设康乐公园、田园公园、农村博物馆、主题公园。远郊游憩区类型主要有国家森林公园、国家公园、城市野营公园、狩猎场、野生地域和特殊保护地。

第二节　区域性因素对主题公园空间集聚的影响

一、对主题公园的集聚产生影响的区域经济因素

对主题公园的集聚产生影响的区域经济因素有：

（一）主题公园内生性增长的需求

单一的主题公园在特定的区域获得一定的认同度后，将面临着产品结构与层次的内生性升级压力。为了达到内部规模经济，主题公园企业将利用自身的资源优势寻求市场机会，在区域范围内不断扩大自身的影响，促进产品结构升级和调整，提升企业在市场上的竞争地位。主题公园通过景点项目的扩大促使景点游客增加，为景点招聘更专业的员工和利用相关设施提供了可能性，也为相关垂直联系和水平联系的企业提供专业化分工协作的机会，由

---

① 吴必虎：《大城市环城游憩带（ReBAM）研究——以上海市为例》，载《地理科学》2001 年第 4 期。

② 王云才、郭焕成：《略论大都市游憩地的配置》，载《旅游学刊》2002 年第 2 期。

此提高了效率，内部规模经济成为主题公园个体的主要竞争优势。主题公园集聚则是在内生性增长需求压力下市场上各种合力相互作用，追求外部规模经济的结果。华侨城旅游业的发展给我们提供了一个最佳范例。

目前，华侨城集团已成为世界知名的旅游景区集团，与美国迪士尼乐园、美国环球影城、英国美林娱乐集团、六旗集团、布什系列公园和西德角主题公园等一起跻身全球旅游景区集团八强，成为亚洲地区唯一进入"全球旅游景区八强"的公司。

华侨城旅游业的发展始于主题公园建设，到目前拥有中国规模最大、运营最成功的包括锦绣中华、中华民族文化村、世界之窗和欢乐谷在内的深圳华侨城主题公园群落，并以此形成了一个集旅游、文化、购物、娱乐、体育、休闲于一体的文化旅游度假区。近年来，随着北京欢乐谷、成都欢乐谷和上海欢乐谷开业，华侨城旅游业成功实践和实现了中国第一个主题公园连锁品牌——欢乐谷的跨区域开发和经营，进一步夯实了华侨城旅游业的核心竞争力。2007年7月底，深圳东部华侨城项目建成试营业。该项目是华侨城集团在生态旅游领域的首次尝试，在借鉴已有主题公园成功经验的基础上，实现了华侨城在旅游发展领域的生态旅游内涵的突破、从城市中心向郊野地带的突破、从观光旅游向休闲度假领域的突破，显示了华侨城在创新发展中的智慧和实践。试营业之时，东部华侨城项目被国家旅游局和国家环保总局联合授予全国首个"国家生态旅游示范区"荣誉称号。以东部华侨城建成为标志，华侨城旅游业的发展再创新高。

截至2010年年底，华侨城所属旅游景区累计接待游客人数已达1.7亿人次，成为中国旅游业第一品牌。值得一提的是，华侨城集团还先后成立了旅游策划公司、华侨城旅行社，实现了旅游产业链的纵向延伸，这就为华侨城旅游业务从策划到执行提供了保障。

（二）游客流的集中与游客偏好的差异

游客偏好及其差异是由个人的认知和需求决定的，但也是受外界因素驱动影响的，即使是同一游客，若在5个不同的时间场合进行选择，有95%的游客也会选择参观不同的旅游景点。不同消费群体需求特征和实际旅游行为特征的差异，迫使企业开发建设新的主题项目，并加强老景点、老项目的创新。从客源市场角度，在某个区域内，定位不同、特色各异的主题公园本身能通过其不同的吸引力来细分旅游市场并各享声誉。在信息方面，区域内每个景点都可以通过与其他景点以及外部机构之间的大量接触而获取关于本景点项目的信息。对于整个区域内的主题公园来说，游客的偏好差异及旅游流的集中，形成了客观上的范围经济效应，这种效应促使区域内的主题公园集聚在一起。典型的案例有台湾九族文化村。

中国台湾九族文化村位于南投市鱼池乡，地处日月潭畔，以原住民文化和欧洲花园，以及顶尖的游乐设施而闻名全台湾地区，以丰富多元、不断推陈出新的设施与内容，吸引了众多的游客入园游玩，学生层次的游客普遍对各项大型的机械式游乐设施感到满意尽兴，而家庭性的客层则普遍对原住民歌舞表演及各族部落住屋等文化展示感到新鲜、丰富，而一般年纪比较大的游客则对园区的天然景致、森林步道还有典雅浪漫的欧洲花园感到心旷神怡。九族文化村就是这样一个多元欢乐的主题乐园聚集区，三个主题园区通过不同年龄段游客的需求定位和差异化管理，满足不同类型游客出游的需要，形成互补关系。九族文化村成立至今已经20多年，并逐年不断地更新建设，不断有活水新意注入，给游客很好的印象，据游客调查数据显示，到过九族两次以上的游客，占总游客数的73%，如此高的重游率，显示了九族文化村真的是一个值得一玩再玩的好地方。

（三）政府的推动

目前，各国各地区都将发展旅游业摆在发展第三产业的重要位置，作为旅游业中产值潜力巨大的主题公园投资更是深得地方政府的青睐。随着我国经济快速发展带来的收入水平提高和消费升级，给地方政府引入主题公园注入了强心剂，同时，相当多的地方政府出于政绩和面子工程考虑也助长了这种招商引资风潮。地方政府不仅营造了良好的主题公园招商引资环境，而且给予了空前的优惠条件和积极的土地、资金、税收扶持，并在基础设施投入等方面进行大力配合，这大大地减小了主题公园的投资成本，给主题公园集聚发展带来了可能。

在我国各大主题公园集聚过程中，政府往往扮演着重要的角色，有的是政府预先设计规划，有的则是在民间力量充分发展的基础上因势利导，最终目的是通过主题公园的集聚带动相关产业的发展，提升整个区域的旅游形象和竞争力。

二、主题公园区域集聚形成机制

考察主题公园集聚的影响因素，可以发现这些因素主要作用在三个层面上。以珠三角主题公园集聚为例,在企业层面上,由于中心企业发展迅速以及企业规模经济,促进了旅游流的集中和降低机会成本的方便性,形成了主题公园差异化集中与收益扩大化,并继而影响其他影响因素的变化,比如长隆集团和华侨城集团在主题公园上的扩张。在产业层面上,由于主题公园的带动,相关产业如文化产业、酒店业相继发展,形成独具旅游产业特点的主题公园价值链模式,最终形成主题公园集聚区。具体作用机制如图5-2所示。

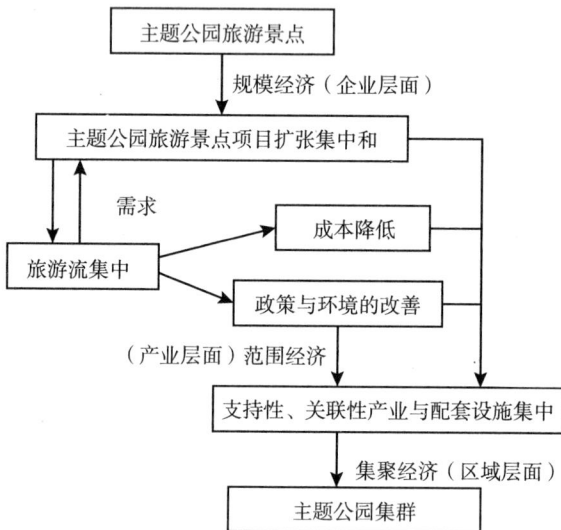

图 5-2　主题公园集聚机制

第三节　主题公园的空间集聚模式

主题公园的集聚模式,是指主题公园集聚的要素匹配方式。主题公园的产业集聚主要表现在:主题公园在空间上的聚集;游客流在地理空间上的聚集;旅游信息在空间上的聚集;相关产业的聚集,主要表现在与酒店业、地产业、交通业等行业的集聚。主题公园的集聚模式主要有市场导向型集聚、政策导向型集聚两种方式。

一、主题公园市场导向型集聚模式

市场是促进主题公园集聚的主要推力。由于高度依赖于客源,使得主题公园的聚集主要依靠市场与产业互动，政府对其进行间接性、辅助性的影响。主题公园主要在客流市场推动、房地产等相关产业带动及政策引导促进下而形成产业聚集。主要可以分为以下三种类型：

（一）需求市场推动型集聚

需求市场推动型是主题公园最主要的集聚类型，主要表现在主题公园在大城市的集聚。主题公园的建设，会积极吸引相关的旅游企业，也会吸引即将进入该区域的主题公园，从而形成聚集。这种聚集一般都出现在客源和主题公园产业都比较聚集的区域，如长三角、珠三角的主题公园聚集就是既具有客源聚集优势又具有主题公园旅游资源聚集优势。

目前中国最大也最成功的主题公园群是珠江三角洲的主题公园聚集，在短短的十几年时间里，包括锦绣中华共兴建了近 20 个主题公园，其中中国民俗文化村、深圳野生动物园、世界之窗、飞龙世界、飞图影城、世界大观、圆明新园、香江野生动物世界、广州海洋馆、航天奇观、欢乐谷都是比较大型和有影响的主题公园。珠江三角洲的主题公园主要集中在深圳和广州，深圳的主题公园则大多集聚在锦绣中华四周。深圳地处珠江三角洲，是中国最富庶的地区之一。因毗邻中国香港，它更是两种制度相交之处，历史地成为我国改革开放的窗口和前沿，是内地人南下取经，外国人北上进入中国的必经之地，迎来送往，形成人员的天然集散地。与深圳邻近的包括东莞、广州、中国香港等在内的南中国经济圈，近 10 年来一直是世界上经济最活跃、增长最快的经济区域之一，经济发展水平已接近中等发达国家水平。从客源市场的规模来看，目前珠江三角洲地区有 2000多万的强消费能力人口群，每年经过广州和深圳的过夜游客超过 2000 多万，中国香港本身有 600 多万人口，再加上每年 1200 万人的入境游客，还有中国澳门的游客资源，整个粤港澳大三角地区每年游客市场的规模达到 6000 万人次。珠三角地区的主题公园正是依托这种区位优势，占尽天时、地利、人和。

（二）企业间聚合式集聚模式

旅游企业在集聚过程中，区域内及行业间的合作是关键。主题公园是集游玩、购物、休闲于一体的新的旅游形式，需要产业间的融合，成都芙蓉古城就是主题公园中集聚多行业互相合作的实例。

成都芙蓉古城是由成都置信实业有限公司领衔开发，成都芙蓉古城商业管理有限公司经营管理的中国西部最大的生态园林式商务、旅游、休闲接待基地。芙蓉古城位于成—温—郫国家级生态保护带，占地近 700 亩，投资逾 4 亿元，集川西民居之灵气、巴蜀文化之精华、古老成都之淳朴、江南园林之情趣，是目前国内屈指可数的融居住、旅游、休闲度假、投资于一体的复合式旅游地产项目。园区内繁花似锦，风景秀丽，皇城巍峨，民风悠悠。酒楼、茶馆、叫卖声声，石板、雨巷、民风民俗，如一幅现代"清明上河图"徐徐展开。芙蓉古城是以现代手法演绎中国古典建筑之精华。其中匪夷所思的水系园林具有很强的观赏性，整个园区共有水域面积 4 万余平方米，300 余种共计 10 万余株各类名贵草本、木本植物，各种桥梁 103 座，亭台 40 余座，形成了一座生态环境与生活民居完美结合的现代仿古园林式小区。

芙蓉古城集主题公园游玩、商场购物、美食、房地产于一体，巧妙地将不同产业融合在一起，不仅带动了当地的旅游业，还同时促进了当地餐饮，房地产等行业的发展，形成了完美的企业集聚合作格局。

（三）资源拉动型聚集模式

资源拉动模式是主题公园集聚的主要动力，主题公园可以利用现有资源进行集聚。一般有两种类型：通过增长极拉动集聚和共轭互补。前者依托品牌景点进行集聚，比如美国奥兰多地区因为先入的主题公园形成的品牌效应已经使之成为美国著名的度假区，每年至少吸引 2500 多万人次，使得迪士尼等主题公园纷纷入驻。后者通过产品的不同定位与差异化战略产生集聚，形成一种互补合作模式，深圳华侨城主题公园系列就是一个鲜活的例子。

深圳华侨城拥有四大主题公园——锦绣中华、民俗村、世界之窗与后来的欢乐谷，从国内旅游到国际旅游，从猎奇式旅游到体验式旅游，主题文化的定位随着人们旅游心理需求的变化而变化，形成强烈的优势互补。主题公园以游客体验为目的，由于"游客体验"具有不确定性，既难以量化，又牵涉投入产出、技术水平、行为习惯、时尚追求等众多因素，因而主题公园无论在策划、建设、管理还是经营上，都是最需创意的产业形态。对主题公园而言，自主创新就是其生命力的源泉。经营管理稍有松懈，或不注重创新，景观的吸引力就会大打折扣。

华侨城主题公园每年都有投资额不低于 3000 万元的新增项目投入每个公园。例如，对欢乐谷的项目，每年都要更新 1/3，保留 1/3，淘汰

1/3，让游客看到新鲜的东西，不会产生审美疲劳。欢乐谷 1998 年建设一期，占地 17 万平方米；2002 年再造二期，乐园面积和游乐项目实现翻番；2005 年进行再升级，三期欢乐时光项目建成开放，常年开设嘉年华夜场，累计投资已达 15 亿元。"建不完的欢乐谷，玩不完的欢乐谷"是欢乐谷的经营理念。

华侨城正是根据不同层次游客的偏好差异，不断完善创新，形成互补合作模式，才让不同消费群体的游客都在华侨城找到属于自己的快乐的。

二、主题公园政策导向型集聚模式

主题公园的集聚，在一定程度上还受到政府和企业主决策的综合影响，尤其是政府的政策与资金的支持，以及政府在交通促进和市场推动方面的引导作用。在这种情况下，政府占主导作用，同时兼顾市场与资源禀赋两方面的作用，从而形成主题公园的集聚。

2009 年 7 月 22 日，国务院常务会议讨论并通过《文化产业振兴规划》，规划中特别提到"主题公园是扩大文化消费、发展文化产业、实现文化传承的重要平台，要加快建设具有自主知识产权、高科技含量、富有中国文化特色的主题公园"。政府的大力支持可以改善主题公园的投资环境，这也是新时期我国主题公园发展的机遇。作为西北地区中心城市的西安，借助国家西部大开发的历史契机，在政府鼓励发展旅游业政策的支持下，迎来了主题公园井喷式发展的十年。2004 年开园的秦岭野生动物园是西北地区第一家大型野生动物园；2005 年 4 月正式开园的西安大唐芙蓉园，是我国第一个展示盛唐风貌的大型皇家园林式文化主题公园；同年开园的曲江海洋公园是西北地区规模最大的海洋主题公园；2010 年开园的寒窑遗址公园，更成为我国首个以爱情为主题的遗址公园。

这些主题公园改变了西安乃至陕西以静态文物为主题的旅游资源格局。在这些主题公园中，被誉为"国人震撼，世界惊奇"的大唐芙蓉园开园不足半年时间，便在国内外旅游市场形成了强大的客流冲击力，接待人数迅速跃居陕西之首和全国主题公园前列，在陕西乃至全国形成了令社会瞩目，业内关注的"大唐芙蓉园现象"。

大唐芙蓉园位于西安市曲江新区，大唐芙蓉园占地 1000 亩，其中水面 300 亩，是以水为核心，集体验观光、休闲度假、餐饮娱乐为一体，浓缩盛唐文化的旅游目的地。总投资 13 亿元，以"走进历史、感受人文、体验生活"为背景，展示了大唐盛世的灿烂文明。大唐芙蓉园的发展历程其实从 1996 年就开始了，陕西省和西安市落实"以科技、旅游、商贸为先导，把西安建设成社会主义外向型城市"精神，在唐代曲江遗址上设立了曲江旅游度假区，定位是展示西安十三朝的历史文化的大型主题公园，取名为"长安芙蓉园"，这也就是大唐芙蓉园的前身。但由于当时的开发不力，实际上并没有进展。2003 年，曲江新区被确立，并实行新的区域战略和定位，在新的政策扶持下，曲江管委会决定重新启动"长安芙蓉园"项目。经过 8 个多月的调研论证，对项目的定位和文化主题进行了重新审定。2003 年 4 月，项目建设全面展开，定位为中国第一个全方位展示盛唐风貌的大型皇家园林式文化主题公园，改名为"大唐芙蓉园"。

2005 年 4 月 11 日大唐芙蓉园正式开业，2005 年的"五一"黄金周期间，大唐芙蓉园接待游客达 28.3 万人次，创下了中国主题公园游客人数之最。随着西安大唐文化集群园区的形成，大唐芙蓉园的客源市场不断扩大，经营状况良好。2009 年 4 月，在开园 4 周年"生日"之际，大唐芙蓉园迎来了它的第 800 万位游客。如今，大唐芙蓉园每年接待人数仍在攀升，创造着中国旅游的新奇迹。

西安原本就有丰富的旅游文化资源，近年来又借助西部大开发及国家重点扶持第三产业发展的政策优势，围绕大唐芙蓉园建立了一些以唐文化为主题的小型景区。大唐芙蓉园和周围的景观整合，形成了以大雁塔为中心，与大雁塔北广场、南广场、大唐不夜城、唐城墙遗址公园相连的大唐文化集群园区，增加了规模效应，提高了旅游吸引力。由于其他景点门票较低或者不含门票，因此和大芙蓉园共同形成规模效应，但不会造成激烈竞争。空间集聚的效应还促进了古都盛唐品牌的形成。可以说大唐芙蓉园乃至西安主题公园的发展，政策的导向作用占据主导地位，加上西北和华中地区客源市场与自身文化资源禀赋两方面的作用，最终形成主题公园的集聚。

第四节　主题公园集聚的主导性差异

研究发现，市场主导型主题公园集聚在形成过程中往往表现出一些共同的特性：产业的发展对专业化要求的程度较高，处于垂直联系的企业间有着明确而细致的专业分工，而专业化的生产部门要求产业的进一步集聚；随着专业化的深化发展，促使专业化劳动力市场的形成，吸引更多的专业人才进入产业集聚区，通过彼此的竞争，实现人力资源的优化配置；集群内富有特色的本地信用系统成为集聚特有的社会资本，有助于区域企业之间协作关系的建立，而这又进一步强化了群内企业间的业务联系，引导企业形成与当地社区同源的价值观念，区域企业之间既相互竞争又密切合作，为企业间的协同创新创造良好的环境，并促进集聚的最终形成和良性发展。可见，在市场导向作用下形成的主题公园集聚在资源配置和调动各市场主体的积极性上更具优势。

但是在现实中，推进主题公园由最初的建设与经营逐步走向主题公园集聚的主导机制，在主题公园的不同发展阶段，是不尽相同的。在主题公园的发展过程中，有可能因为政府权力过于分散，缺乏有效的监督协调机制，使个别企业产生投机行为，这种投机行为使市场竞争秩序遭到破坏，造成产业集聚利益难以实现或者改进难以有效，集聚也可能随之逆转而转变为恶性竞争。这时，政府主导往往是一种合理选择，这样的情况一般出现在主题公园比较弱小，或者区域主题公园集聚仍然没有形成合理布局的时候。与此相反，则市场应该取代政府，成为主题公园发展与集聚的主导力量。

就市场主导型主题公园集聚发展模式而言，市场自动选择的长期性对后发展地区来说，变成痛苦而难以忍受的漫长过程。要摆脱资源和要素短缺的约束，实现经济发展的赶超和关键性旅游产业群的发展，单纯地依靠市场机制的作用是不可能实现的，必须运用政府的力量人为地造成特定产业的地理集中，创造全新的产业簇群，逐步培育起本地的产业集群网络，从而获得更高的生产率和持续的竞争优势。许多国家的产业实践证明，政府主导模式对于实现落后地区的赶超具有重要的作用。云南省的旅游业就是一个在政府主导下健康发展的现实例子。

作为云南省第三产业的龙头产业，云南旅游业被冠以云南明星产业是准确的。美丽的云南山水和特色鲜明的民族文化吸引着越来越多的中外游客的同时，也把云南旅游产业发展的被关注度提升到了更高的层次。2009年，国家发展和改革委员会批准《云南旅游产业发展和改革规划纲要》，国家旅游局把云南确定为全国旅游产业综合改革发展的首个试点省份，这标志着云南省旅游产业发展已上升到国家战略层面，云南旅游产业发展由此进入一个全新时代。

云南省借助政府决策的大力扶持，依托本土无比丰富的民族文化资源和特殊的地质生态环境，进一步优化产业空间布局，全面打造六大黄金主题园区。在巩固和提升滇中大昆明国际旅游区和滇西北香格里拉生态旅游区的同时，建设完善滇西南大湄公河国际旅游区、滇西火山热海边境旅游区、滇东南喀斯特山水文化旅游区，启动开发滇东北旅游区。从目前情况看，无论是传统区域还是新开发建设区域，六大主题旅游区都呈现出强劲的发展势头。

但是，政府扶持性主题公园集聚又存在着过分强调政府的干预作用以至于忽视市场机制的自发调节作用，容易造成资源不能得到充分的优化配置，造成重大的决策失误，酿成严重经济和社会资源浪费的后果。主题公园作为第三产业，实际上是实体经济的附属行业，实体经济好、市场机制完善，旅游业才会发展旺盛，否则就会衰落，容易受到经济周期的影响。同时政府如果过度干预产业结构，不切实际地一味发展主题公园，在一地区人力、物力、财力有限的情况下，会挤压限制其他产业的发展，导致第一、第二产业的衰落，并对外界的农产品和工业品形成依赖，带来产业空心化的危险。特别是在整体经济不景气的情况下，主题公园的游客会大量下降，而当地经济若没有其他产业带动，就会发生经济停滞。

在我国有些地方，市场体系尚未完全建立和健全，行政区经济"壁垒"和地方保护主义普遍存在，使得与主题公园发展有关的要素难以实现自由流动和有效组合，也给主题公园企业之间的合作带来障碍。清除这些障碍，改善主题公园在区域内集聚发展的政策和制度环境，在很大程度上需要政府之间的合作，取决于行政力量的主导与推动。从主题公园集聚主导模式来看，市场主导与政府主导的不同特点如表 5 – 1 所示。

表 5 – 1　　　　　　　　　　主题公园两种集聚模式比较

主导模式	市场环境	政府作用	形成过程	集聚特点	整体目标	调节能力	决策特点
市场主导型	成熟机制	辅助性	自下而上	缓慢	利润最大化	强	权力分散过程快
政府扶持型	不完善	直接性	自上而下	较快	地区整体利益	弱	权力集中过程长

在市场经济体制框架已经完全成熟、主题公园发展迅速的区域，政府过度主导的风险与带来的矛盾就逐步积累和反映出来。所以，当市场体系已经基本形成、市场在资源配置中已经能发挥主要作用时，市场主导就应该取代政府主导，成为主题公园集聚的主导力量。当然，这并不意味着政府在主题公园集聚过程中应该无所作为，而是需要政府进一步转变职能，切实在规划、调控上发挥积极作用，为主题公园发展创造良好的市场环境与竞争秩序。

第六章

主题公园对区域经济的促进

第一节 主题公园对区域经济增长的直接影响

一、合理高效利用本地资源

主题公园的建设也是利用本地资源禀赋的过程，对一个地区而言，主题公园发展的重要依托之一是当地的自然文化资源。而各地资源的状况差异很大，有些地方自然资源丰富，有些地方人文资源丰富，还有些地方自然与人文资源都丰富或都不丰富。通常情况下，传统资源多的地方，主题公园产品大多是资源导向型的传统产品，由于自然和人文景观保护的需要，利用这些资源营造供游人娱乐参与的主题公园是很难的，同时也是行政管理部门所不能同意的。在这种情况下，主题公园的投资经营就必须根据市场的需要，进行区域资源整合，要么借助某些产业和文化作为背景，要么人为地制造某些旅游资源，为游客的娱乐参与性活动营造物质性和精神性的旅游消费平台。

主题公园作为一个综合性的大型旅游活动场所，通常还集时代特征、尖端科技、地方特色、文化内涵等诸要素于一体，因此，对各种资源的分配和使用必须具有明确的规定性和集约性。主题公园的这一市场特点，在一定程度上完成了对主题公园所在地区的旅游资源的整合，即通过主题公园的营造，在不同时间阶段、空间区域和用途之间对所在地区现有的旅游资源进行了有效的合理配置。这种科学合理的资源配置方式所产生的市场反响、市场引力、市场效益对资源所在地区和其他地区都会起到积极的市场导向作用。如新疆阿克苏地区沙雅县的塔克拉玛干沙漠公园就是在优化了当地沙漠资源的基础上所形成的一个对旅游资源进行市场优化配置的成功案例。

塔克拉玛干沙漠公园位于沙雅县，在塔里木盆地北部、渭干河绿洲平原的南端，北靠天山，南拥大漠。我国最大的内陆河——塔里木河由西向东从境域中偏北部横穿而过。总面积 3.2 万平方公里的沙雅县，其中沙漠面积 2.573 万平方公里，占了全县总面积的 80.4%，沙雅的塔克拉玛干沙漠区，东西宽约 170 公里，南北长约 160 公里。在世界各大沙漠中，塔克拉玛干沙漠是最神秘、最具有诱惑力的一个。由于地处欧亚大陆的中心，四面为高山环绕，塔克拉玛干沙漠充满了奇幻和神秘的色彩；沙雅县又是塔克拉玛干沙漠探险或考察的南北线的最佳选点。瑞典探险家斯文·赫定、英国近代探险考古学家奥雷尔·斯坦因、中国考古学家黄方弼、著名西域史学家杨镰等无数大家，都把沙雅作为沙漠探险与考古的南北线的起点或终点。该县根据其独特的沙漠资源和地理位置，提出了建设塔克拉玛干原生态沙漠公园的计划，该公园位于沙雅县盖孜库木乡库木博斯坦村以南 8 公里处，距县城 25 公里，是集塔河古河道胡杨、沙漠科考、沙疗、沙滑、骆驼沙漠探险为一体的综合景观区，这里沙海浩瀚、苍茫原始、蓝天黄沙、绿色植被零星点缀其间，万籁俱静，空气清新、气候适宜、风景独特，沙漠旅游资源十分丰富。据悉项目总投资 2000 万元，可实现年收入 400 万元，投资回收期 5 年。

二、有利于提高区域绿色经济收入

主题公园虽然初期投资规模很高，但是一经投资，在此后的经营中就不需要付出更多的物质产品，可变成本低，不消耗矿产能源，当游客数量超过门槛游客量之后，利润就能随着游客量的上升而上升。而且，主题公园的营业收入都是现金收入，可以马上投入中转使用。通过接待旅游者带来的直接现金收入，可以起到拓宽货币回笼渠道、加速货币回笼速度和增加货币回笼数量的作用，进而达到防止通货膨胀、稳定市场和积累建设资金的目的。从宏观上看，主题公园可以增加区域 GDP，促进区域经济增长。

1989 年 9 月开园迎客的深圳华侨城"锦绣中华"，第一年入园游客就超过了 300 万人次，仅仅 9 个月就收回了 1 亿元的建设投资，创造了我国旅游主题公园的开门红。两年后开业的"中国民俗文化村"首年入园游客量超过了400万人次，不到两年的经营时间就收回了1.1亿元的投资。"世界之窗"1994年营业仅7个月，营业收入就高达2亿多元,[①] 逢节假日金融部门还要专门开运钞车去"世界之窗"收钱，戏称"世界之窗"是个"造币工厂"。

在促进区域经济增长方面，主题公园的贡献是不言而喻的，但需要进一步说明的是，这种对区域GDP的贡献不是黑色工业经济，而是绿色的环境文化经济，它对于建设资源节约和环境友好型社会具有重要作用。主题公园通过集聚效应及产业链的影响，推动相关产业如酒店业、交通业等旅游业的发展，促使旅游业及第三产业在当地经济中的比重不断升高。同时，由于主题公园的集聚效应，劳动力不断从其他产业被吸引到以主题公园为核心的产业链当中。对于许多地区来说，主题公园的集聚对第三产业的影响客观上促进了经济结构的转型，从而实现了进一步优化产业结构、有效地降低资源消耗的目标。此外，由于旅游业对环境污染较小，旅游业还是举世公认的"无烟产业"，是天然的可持续发展产业，旅游业与良好环境的关系是互为依存，互利互惠，相得益彰，发展旅游业与环境保护的目标是最为吻合的，因为现代旅游业是以良好环境为主要资源，在本质上与环境保护有着内在的统一性。

大规模的主题公园建设往往是大城市将经济发展和环境保护相协调的重要媒介，原因在于主题公园比一般的园林更有价值的是其生态效益、经济效益和景观效益的融合性。它能使城市在确保环境优化的前提下得到发展。而主题公园的集聚不仅对区域经济结构转型具有促进作用，而且对区域环境也是一种改善。主题公园的发展客观上需要良好的生态环境，这将会对地方政府和人民形成一个内在的保护环境的激励，因为环境一旦恶化，他们的客源就会减少，收入也会下降。所以这种由主题公园带动的经济增长是绿色的增长，在保证经济增长量的同时，也提高了经济增长的质量。随着人们对环境的关注及可持续发展理念的深入，旅游业越来越受到重视，正在被我国许多城市当做支柱型、主导型、先导型产业来发展。河南焦作市以主题公园为重要媒介发展旅游业的经济转型为我们提供了很好的启示。

焦作市原是一个以煤炭工业为基础的资源性工业城市，因煤炭开采而

---

① 董观志：《旅游主题公园管理原理与实务》，广东旅游出版社2000年版。

兴，一直是全国著名的"煤城"，属于典型的资源枯竭型城市。随着煤炭资源的枯竭，与之相配套的大批企业开工不足，亏损严重，经济增长速度连年下降。"九五"期间，全国经济快速增长，而焦作市经济年平均增长率仅为3.5%，企业破产关停、职工下岗失业、城市建设破旧不堪、农业综合效益不高、农民增收缓慢等一系列社会矛盾和问题大量暴露。近年来，焦作市实施经济结构调整，发展新兴支柱产业，由煤炭资源枯竭型城市向旅游城市和山水园林城市转型；从"地下"转向"地上"，由过去的"黑色印象"向"绿色主体"转型；以旅游业为龙头，带动全市第三产业快速发展，成为推进城市经济转型的重要一环。从1999年开始，焦作市开始把目光由地下矿产资源转向地上山水资源，先后投资5亿多元，开发建设焦作山水峡谷极品景观，形成了云台山、青龙峡、青天河和神农山4大旅游区和10大旅游点的大旅游格局。2009年6月，焦作市正式提出"旅游立市"战略，并组建焦作旅游集团，加大旅游资源的整合力度，实现优质资源的互补共赢，有力地提升了焦作旅游产业化、市场化运作水平，打造出了焦作旅游的"航空母舰"。通过旅游大篷车、国际太极拳年会、山水旅游节、红叶节等多种大型宣传推介活动，焦作山水引来了国内外的百万游客。短短几年时间，焦作市旅游产业规模不断扩大，由旅游资源富市向旅游资源强市迈进的步伐大大加快，"焦作现象"已成为旅游业快速发展的代名词。2010年，焦作市旅游业收入占全市GDP总量的比重达12.23%。如图6-1所示可看出焦作市旅游业的发展状况。[1]

项目	单位	2006年	2005年	2004年	2003年	2002年	2001年
旅游收入	亿元	74	48	40	31	18	14
接待国内旅游者人数	万人	941	798	688	569	776	644
接待国内旅游者收入	亿元	72	46	39	31	18	14
接待国际旅游者人数	人次	90309	69000	53008	4267	2600	697
接待国际旅游者收入	万美元	3034	2318	1781	143	87	24
星级宾馆饭店数	个	19	19	19	18	16	8

图6-1 历年焦作市旅游业发展状况

资料来源：《2007年焦作市统计年鉴》。

在旅游业发展环节中，焦作市特别重视主题公园性质的旅游项目建

---

① 康利敏：《焦作市经济转型研究》，载《市场研究》2009年第8期。

设，目前比较有影响力的有"云台山世界地质公园"、"焦作山水"和"太极拳"三大具有国际影响力的主题品牌，著名的焦作影视城是中国十大影视城之一、中原地区唯一著名的影视基地，为焦作市十大景点之首。下面主要介绍焦作的云台山世界地质公园和焦作影视城。

云台山位于河南省焦作市的修武县境内，以独具特色的"北方岩溶地貌"被列入首批世界地质公园名录。同时又是河南省唯一一个集国家重点风景名胜区、国家 AAAAA 级景区、国家文明风景旅游区、国家森林公园、国家水利风景名胜区、国家猕猴自然保护区七个国家级于一体的风景名胜区。景区面积 190 平方公里，含泉瀑峡、潭瀑峡、红石峡、子房湖、万善寺、百家岩、仙苑、圣顶、叠彩洞、青龙峡、峰林峡等十一大景点；还有亚洲落差最大的瀑布云台瀑布。2003 年 7 月 7 日，在北京召开的我国世界地质公园推荐会上，云台山地质公园以 103.85 分的高分，排名黄山、庐山之后，成为我国向联合国教科文组织推荐的 8 个地质公园之一。2004 年 2 月 13 日北京时间 23 时，在法国巴黎召开的联合国教科文组织世界地质公园专家评审大会上，云台山金榜题名，成为了首批 28 个世界地质公园中的一员。云台山景区以全国第三、世界第五的名次被联合国教科文组织命名为全球首批世界地质公园而在全国骤然引起强烈关注。

云台山满山覆盖的原始森林，深邃幽静的沟谷溪潭，千姿百态的飞瀑流泉，如诗如画的奇峰异石，形成了云台山独特完美的自然景观。汉献帝的避暑台和陵基，魏晋"竹林七贤"的隐居故里，唐代药王孙思邈的采药炼丹遗迹，唐代大诗人王维写出"每逢佳节倍思亲"千古绝唱的茱萸峰，以及众多名人墨客的碑刻、文物，形成了云台山丰富深蕴的文化内涵。云台山以山称奇，整个景区奇峰秀岭连绵不断，主峰茱萸峰海拔 1308 米，踏千阶的云梯栈道登上茱萸峰顶，北望太行深处，巍巍群山层峦叠嶂，南望怀川平原，沃野千里、田园似棋，黄河如带，不禁使人心旷神怡，领略到"会当凌绝顶，一览众山小"的意境。云台山以水叫绝，素以"三步一泉，五步一瀑，十步一潭"而著称。落差 314 米的全国最高大瀑布——云台天瀑，犹如擎天玉柱，蔚为壮观。天门瀑、白龙潭、黄龙瀑、丫字瀑皆飞流直下，形成了云台山独有的瀑布景观。多孔泉、珍珠泉、王烈泉、明月泉清冽甘甜，让人流连忘返。青龙峡景点有"中原第一峡谷"美誉，这里气候独特，水源丰富，植被原始完整，是生态旅游的好去处。据统计，云台山景区门票收入已经排在全国第五名，旅游人数是全国第八名，到目前为止，门票收入已经突破 6000 万元，其综合经济收入达到 5.3 亿元，直接带动了焦作市经济的发展和人民生活水平的提高。

焦作影视城是1995年由焦作市人民政府投资2.3亿元兴建而成的，以影视拍摄服务为主，兼具观光旅游、文化娱乐、休闲度假等功能，占地面积2.5平方公里，建筑面积40万平方米，居全国影视城之首，是首批"全国影视指定拍摄基地"。焦作影视城是以春秋战国、秦汉、三国时期文化为背景的仿古建筑群，在中国众多的影视城中以依山而建、气势磅礴、造型古朴为特色，形成了别具一格的园林特色。主要景点由文化广场区、周王宫区、市井区、楚王宫区、古战场区等多处影视拍摄景观组成。城门广场区以铜铸方鼎、西周东迁和大秦一统的大型浮雕、青铜武士、古钱币状大门以及三皇像、六哲人、四神兽雕塑等为代表，集中体现了影视城所处历史时期的政治文化色彩，周王宫区包括周王宫、摄影棚和灵台。周王宫雄伟壮丽、依山而建、层层相叠、逐级而上，体现了中原地区黄河文化的古朴与浑厚。摄影棚建筑面积8000平方米，可满足各类题材影视片的拍摄需要。灵台位居影视城最高处，是古时皇帝祭天和群英会盟的活动场所。楚王宫秀美亮丽，充分体现了长江流域楚文化的丰富内涵。市井区集中体现了春秋战国时期平民百姓生产生活的场景，黄泥墙、茅草屋、小作坊在国内影视城中绝无仅有。由市政府投资700万元安装的大型夜间灯光表演系统，使影视城成为焦作市夜间文化娱乐的重要场所和好去处，堪称"中原大地上一颗璀璨的明珠"、"中原的好莱坞"。宏大的基地规模，丰富的拍摄场景，吸引了国内影视导演们纷纷率剧组前来焦作影视城取景拍戏。自建成以来，迄今为止已接待了《东周列国》、《貂蝉》、《屈原》、《洛神》、《汉武帝刘秀》、《曹操与蔡文姬》、《鲁班大师》、《秦始皇》、《争霸传奇》、《卧薪尝胆》、《马鸣风萧萧》、《大秦帝国1》、《愚公移山》、《孙子》、《大风歌》、新版《水浒传》、新版《三国演义》、《战国》、《春秋祭》、《大秦帝国3》、《西施秘史》等国内外近百部影视剧，一批又一批演员和导演走进焦作影视城，美国、中国香港和国内的制作机构也把目光投向这里，使影视城的影视文化得到了迅速的发展，在焦作市发展文化产业中发挥了重要作用，带动了景区展出文化、表演文化、服务文化、节庆文化等的发展。最突出的服务就是首家推出了全程免费讲解服务，同时为游客提供餐饮、购物、游乐等多样化服务。

影视文化产业的崛起也推动了焦作旅游业及旅游经济的发展，影视城在焦作旅游大格局中也占据着重要位置，年接待国内外游客量逐年递增，取得了良好的社会效益和经济效益。同时，影视城还是焦作市各级政府对外接待和宣传城市形象的重要窗口。随着剧组演职员的大量进入，给焦作市的旅游业、娱乐业、餐饮业、建材业都带来了无限商机，所需的物资供应及车辆马匹供应、群众演员录用、影视演员培训、制景工程、道具加工、影视服装加工已形成相关产业链，带动了区域经济的发展。据了解，仅《争霸传奇》剧组中的群众演员就有 2.13 万人，在当地消费 800 多万元，预计其他剧组在该地的消费将达到 5000 万元。

中国社科院旅游研究中心副主任戴学锋认为，对于焦作来说，从 1999 年开始的经济转型之路，如果没有旅游业发展形成的"眼球效应"，焦作转型的成功根本不会得到大家的认可，焦作也仅仅是一个平凡的煤炭资源枯竭城市。尽管工业是焦作经济转型的中坚力量，但是如果没有旅游业的发展就没有"焦作现象"。

三、创造就业机会

主题公园是一种具有高度综合性的服务行业，包括吃、住、行各个方面，相关行业对一般人员的技能转变要求不高，能提供较多的就业机会。主题公园集聚使产品丰富、适应市场的主题公园企业能够获得更多的市场份额，因此，通过竞争迫使各类相关企业不断降低成本，改进产品及服务，满足多样化、个性化旅游者的需求。这种对个性化产品的需求提高了主题公园所在区域内相关产业分工的专业化水平，并且能够通过市场来促进企业间分工与合作。主题公园的建设、维护、服务和这种日益增长的需求和分工的细化就势必会创造更多的就业机会。

主题公园一般都是内容丰富、规模庞大的景区，使得它必须雇佣大量的工作人员来维持正常的运作。例如，1993 年深圳华侨城锦绣中华提供了 2428 个就业机会；1994 年北京世界公园提供了 465 个就业机会；1996 年无锡唐城、三国城和水浒城提供了 2464 个就业机会。香港迪士尼乐园第一期项目激活后，在两年内聘请了 5000 多人，其中包括 400 名本地厨师及旅游专家。在建造期间，聘请了 4000 名建筑业工人。第一期项目就创造了 18000 个直接或间接的就业机会，到正式启用后将增加到 36000 个就业机会，这为当地居民提供了难得的就业机会。[①] 另外，对于大多数员工来说，它不要求有很高的专业知识和技术水准，工作时所需要的技能和知识可以在相对短的时间内通过职业培训来获得，只要受过良好的基础教

---

① 楼嘉军：《试论我国的主题公园》，载《桂林旅游高等专科学校学报》1998 年第 3 期。

育，一般员工都能够培训成合格的主题公园人力资源。所以主题公园具有大量吸纳各个文化层次劳动力的能力，能够有效地帮助所在地解决结构性失业的问题。并且许多主题公园内文娱表演的需要为很多民间艺人和民间手工艺者提供了工作机会。西双版纳州根据自己独特的热带雨林位置和少数民族多样化的特点大力打造主题公园，主题公园的发展带动了第三产业的发展并创造了大量就业岗位。

西双版纳位于云南南部西双版纳傣族自治州境内，属北回归线以南的热带湿润区。由于入射角高，冬至时分高度角最低为45°。本区热量丰富，终年温暖，四季常青，具有"常夏无冬，一雨成秋"的特点。在这片富饶的土地上，有占全国1/4的动物和1/6的植物，是名副其实的"动物王国"和"植物王国"。这里聚居着傣、哈尼、拉祜、布朗、基诺等13个少数民族，占全州人口的74%。该州根据其丰富迷人的热带、亚热带雨林、季雨林、沟谷雨林风光、珍稀动物和绚丽多彩的民族文化风情开发了西双版纳傣族园（该园曾摘得中国最美十大主题公园桂冠）、望天树阿莲雅热带雨林主题公园、原始森林公园、勐仑植物园、民族风情园、热带花卉园等项目。

西双版纳傣族园，位于中国云南省西双版纳橄榄坝，景区内有我国保存最好的五个傣族自然村寨，五个村寨共有309户1487人，这里世世代代的傣族村民都以农耕为业，用勤劳、智慧创造和丰富了灿烂的贝叶文化，保存得如此完好的古村落群，实属罕见。景区占地面积3.36平方公里，投资1.5亿元人民币，景点和活动主要有：曼松满古佛寺（有1400多年的历史，是西双版纳最古老的佛寺之一，主要向游客展示佛教文化活动，如赕佛、诵经、拜佛等活动）、傣家村寨参观（主要向旅客展示傣家民居、庭院风光，体验傣家生活习俗，感受做一天傣家人的生活乐趣）、江边活动区（村民大规模的节庆活动区，用于放高升、燃放孔明灯、斗鸡等民俗活动）、赶摆购物区（卖傣家烧烤、织锦、民间工艺品、傣包、木雕艺术品等，品茗版纳名茶的茶道欣赏，品尝傣家特色的风味餐厅）、泼水广场（景区主要活动区，每天举行上百人专业泼水队伍的大型露天剧场）、园内傣族自然村（大型泼水活动，让游客直接参与，体验天天泼水节的乐趣，感受傣家泼水节的热烈场面）、露天剧场（以歌舞的形式真实准确地反映傣族传统文化精粹，再现傣王招亲的历史渊源，反映傣家生活习俗，100余名演员，规模宏大，场面壮观）。

望天树·阿莲雅热带雨林主题公园位于中国云南省西双版纳州的勐腊县城东北面，距离县城19公里，总占地面积864.4公顷，是西双版纳的重点旅游区，是昆（明）曼（谷）高速公路和泛亚铁路出境的最后节点，距国家一类口岸磨憨80公里，距景洪市120公里，距离老挝南塔省城133公里，距著名世界文化遗产古城琅勃拉邦370公里。望天树·阿莲雅热带雨林是地球上同纬度地区唯一的一片绿洲——西双版纳热带雨林，是中国大陆乃至世界上植物生长最密集，植物种类最多的地区之一。这里气候舒适宜人，冬无严寒，夏无酷暑，具有"林密、谷幽、树奇、水秀"等景观特色。以望天树·阿莲雅为核心的阿莲雅主题公园的面貌展现最具代表性的傣家热带雨林、河流、瀑布风光、民族民俗文化和阿莲雅乐园的欢乐，景区投资达3亿多元，成为最能够代表西双版纳的旅游胜地之一。

西双版纳以主题公园为龙头带动了旅游业的发展，2010年全年累计接待国内外游客732.03万人次，比上年增长17.3%。其中，海外游客15.18万人次，增长34.2%；国内旅客686.05万人次，增长16.3%；口岸入境一日游30.80万人次，增长34.8%。旅游综合总收入50.34亿元，增长22.3%。其中，旅游外汇收入6211万美元，增长30.3%；国内旅游收入46.10亿元，增长21.5%，如图6-2和图6-3所示，旅游业的发展带动的直接就业人员年均新增达3万人。①

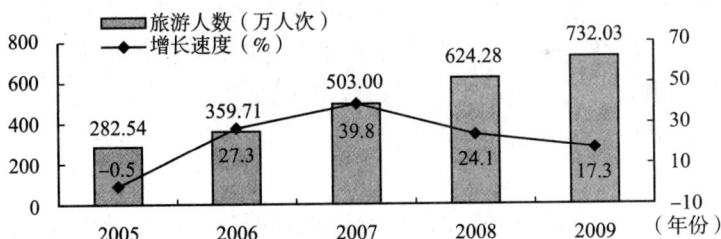

图6-2 2005～2009年西双版纳旅游人数及增长速度

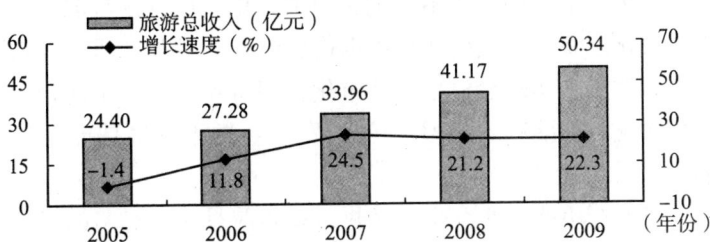

图6-3 2005～2009年西双版纳旅游总收入及增长速度

① 西双版纳傣族自治州统计局：《西双版纳傣族自治州2009年国民经济和社会发展统计公报》。

四、调节区域收入差距，提高城镇化水平

旅游的一个重要功能就是能够实现财富的转移，实现国民收入的再分配，而更多情况是实现财富由相对发达地区富裕人群向相对落后地区贫困人群的转移。我国目前有 2 万多个景区点，其中 70% 以上坐落在偏远地区和欠发达地区。通过发展旅游，特别是以乡村为主题的旅游，可以实现国民收入的再分配。从北京市统计的乡村旅游数据来看，2010 年，北京乡村旅游收入为 25.1 亿元，按北京 250 万农村人口计算，2010 年平均每个农村居民通过乡村旅游可增加约 1000 元的收入。如果全国通过发展乡村旅游能够为农民增收达到北京市一半的水平，则全国乡村旅游收入接近 3500亿元，相当于 2006 年减免农业税数额的 3.5 倍。此外，通过发展乡村旅游还可以促进农村居民的转移就业。2010 年，我国农村居民人均纯收入为5919 元。如果按照全年 3500 亿元乡村旅游收入的口径估算，将能够实现约 3000 万农村居民的旅游就业。①

城镇化是当今世界上重要的社会和经济现象之一。传统城镇化的内涵包括三个方面：一是人口变化，即人口向城镇集中，城镇人口规模和密度不断增加；二是经济变化，即非农业从业人员和非农业产值所占比重不断增加；三是社会变化，即城市文明和城市生活方式的传播和普及。其中，前两方面因素是衡量城镇化的基础，后一方面因素是衡量城镇化的核心。自 20 世纪 90 年代以来，我国加快了城镇化进程，平均每年城镇人口增加约 5%。"十二五"国民经济和社会发展规划明确提出要走中国特色城镇化道路。在目前发展方式转变、经济结构调整的大背景下，在资源环境约束越来越强的情况下，城镇化不一定必须工业化，也可以考虑三产化，根本宗旨是非农化。我国城镇化建设可以借鉴法国的经验，通过一系列对农村农民的扶持政策，实现乡村生活城市化，探讨和摸索一条适合中国特色的"本土城镇化"的路子。毫无疑问，发展乡村旅游将是推进"本土城镇化"的一条有效途径。

北京平谷区挂甲峪村是一个山区村，多年前是平谷有名的穷村。自从2002 年村里决定发展山区乡村旅游以来，全村 60% 以上的收入来自旅游

---

① 张海燕：《对旅游业"战略性支柱产业"定位的理解和认识》，载《中国旅游报》2011年第 3 期。

业，人均收入远远高于北京农村居民的平均水平。在保持山村特色的基础上，挂甲峪村按照现代都市人的生活习惯，建设了高水准的道路基础设施和住宿餐饮等服务接待设施。所有厕所全部改造为水冲式，道路两边还设置了与环境协调的树桩式垃圾桶。村民们从过去简易平房搬进了一栋栋依山而建的别墅，多数村民的工作方式也转变为在村办企业上班或自主经营家庭旅馆。

北京京郊附近目前已发展了种类繁多的主题公园，有延庆帐篷主题公园、昌平苹果主题公园、硅化木国家地质公园、北普陀影视城、北京中华文化园、八达岭熊乐园、世界公园、银山塔林风景区、京郊八大向日葵主题公园、南宫世界地热博览园等，正在建设和筹建的也很兴盛，北京门头沟开建六大主题公园、北京怀柔正在筹建江南特色公园"逍遥大世界"。下面以昌平苹果主题公园为例阐述发展主题公园在促进城镇化上的积极作用。

昌平苹果主题公园始建于 2007 年春，位于青山绿水的军都山脚下、十三陵水库北岸，是明十三陵景区内的现代园林明珠，地理位置得天独厚。总占地面积 706 亩，分为观光采摘区、品种展示区、展览展示区、亲水休闲区和设施栽培区等五个功能区域，公园主要设施包括大门、博物馆、会所、茶艺馆和生态餐厅等。其中，观光采摘区面积 515.55 亩，品种展示区面积 58.17 亩，展览展示区面积 15.44 亩，亲水休闲区面积 30.32 亩，设施栽培区 20 亩，可满足市民观光采摘、科普、娱乐与休闲需求。昌平苹果主题公园因地制宜，充分发挥现状优势，通过园林、园艺手段，创造以苹果为主题的新颖、具有时代感的园林景观。同时以植物造景为主，构筑绿色的生态环境，以新颖的手法展示悠久的苹果文化和地方文化，更新观光农业概念，提升观光产业水平，为市民游览观光提供一个高质量的户外活动空间。

公园的规划建设，可充分发挥栽培示范、良种繁育、果农培训、科普宣传、市民观光等综合功能，并通过搭建国际性的苹果技术交流平台，促进昌平苹果产业做强做精，为农民富裕和新农村建设做出新的贡献。据统计，苹果主题公园共吸纳当地就业人员 40 余人。2008 年工人年平均工资为 1 万元，2008 年共接待游客 2000 余人次。

由此可见，通过发展乡村主题公园旅游项目，可以大幅提高农民收入，使农民收入水平城镇化；通过发展乡村旅游，可以转变传统的农耕播种工作方式，使农民的工作方式城镇化；通过发展乡村旅游，可以改变农民传统的思想观念和生活方式，实现城市文明和城市生活方式的传播和普及，使农民的生活方式城镇化。

第二节　全面看待主题公园的经济影响

笔者在上一节中，从积极的角度讨论了主题公园对区域经济的直接促进作用，这些促进作用一般都是短期之内可以直接实现的。但是从长期的角度来看，主题公园在发展过程中也可能带来一些消极的影响。这些影响可以从主题公园经营带来的不利影响和主题公园经营不善带来的结果两个范畴来看。这些不利影响主要表现在以下几个方面。

一、引起物价上涨

就一般情况而言，有能力去主题公园旅游的游客，其支付能力高于旅游目的地附近的居民。并且，旅游者在旅游过程中，其旅游消费心理和普通消费心理相比，对于价格比较不敏感，或者说往往愿意出更高的价格来购买各种产品和服务，以达到旅游的"新奇"效果。在经常有大量旅游者来访的情况下，伴随着旅游者的特殊心理，难免会引起相关地区的物价上涨，特别是和衣食住行有关的生活必需品的上涨，这势必会损害当地居民的经济利益。此外，随着主题公园的发展，相关地区的旅游接待设施价格会上涨，接待地区的地价也会随之上涨。很多数据表明，在主题公园还未拟建时，当地兴建酒店的成本中，对土地的投资所占比例很小，但是当主题公园建成并顺利运行后，新建饭店的土地投资很快就能上升到总投资的20%。由此带来的地价上涨，对当地经济也是一种冲击，并且增加了当地居民的购房成本和住房需求，海南三亚就是一个很好的例子。

三亚市位于海南岛最南端，是中国最南部的滨海旅游城市，三亚东邻陵水县，西接乐东县，北毗保亭县，南临南海。陆地总面积1919平方公里，海域总面积6000平方公里，人口69万，是一个黎、苗、回、汉多民族聚居的地区，是海南省南部的中心城市和交通通信枢纽，是我国东南沿海对外开放黄金海岸线上最南端的对外贸易重要口岸。

三亚没有发达的工业基础和优势，所以能够借助自身的地理位置和气候条件，发展旅游业，并取得显著效果，2011年全市接待旅游过夜人数达

1021.07 万人次，比 2010 年增长 15.7%，其中，接待国内游客 968.18 万人次，比上年增长 15.1%；接待海外旅游者 52.89 万人次，比上年增长 27.2%。全年旅游总收入 160.71 亿元，比上年增长 15.1%，其中，国内旅游收入 139.74 亿元，比上年增长 13.6%；境外旅游收入 30851 万美元，比上年增长 26.1%。旅游提供地方财税 10.1 亿元，同比增长 21.7%，占地方财政一般预算收入的 20.2%。①

同样，三亚也重视主题公园建设，现有的主题公园有三亚兰花主题公园、三亚红树林公园、三亚鹿回头公园、三亚白鹭公园，正在建设和筹建的有中国衣食父母主题公园、三亚海洋世界主题公园、国际热带数学论坛主题公园、三亚南山宗教文化主题公园和三亚动漫文化主题公园。

其中，三亚兰花主题公园为全球最大热带兰花主题公园，坐落于三亚的"兰花世界"，公园按国家 AAAAA 级旅游景区的标准设计，总占地 1500 亩，投资 2.6 亿元人民币。内有兰花 3000 余种，200 多万株，包括各种世界名贵兰花如石斛兰、万带兰、千带兰、蝴蝶兰、卡特兰、兜兰、国兰、海南野生兰等，品种、造型、花色各不相同。上万株兰花，云集密布，争奇斗艳，喷泉、叠水交相辉映。"兰花世界"根据热带兰花不同的生长习性进行艺术点缀组合，分为大门入口景观区、树生兰花景观游览区、岩生兰花景观游览区、地生兰花景观游览区、兰花博览中心景观游览区、兰花种植景观游览区、兰花文化长廊、野生兰谷游览区等八大景观游览区，形成集生态旅游、科普教育、文化欣赏、休闲娱乐、特色美食、科学考察、教学实习等于一体的多功能生态旅游休闲主题公园。

主题公园的建设为三亚吸收了大量的游客和投资，促使了当地物价的上涨。自 2011 年上半年以来，受节日需求增加、旅游旺季拉动、气候异常和猪肉价格上涨等因素影响，三亚市食品价格持续上涨，居民消费价格总水平高居不下，从构成居民消费价格指数的八大类消费品价格来看，上半年基本呈现全面上涨的格局，其中食品类价格涨幅最大，上涨了 10.9%。特别是与老百姓息息相关的粮食、肉禽及其制品、蛋、水产品等涨幅均超过 14%，城镇居民的基本生活消费支出压力明显增加。与此同时，三亚市农业生产资料价格相对全国水平而言处在较高水平，加重了广大农民的生产负担，抵消了农民的收益。

---

① 三亚市统计局：《2011 年三亚市国民经济和社会发展统计公报》，海南省政府网站，ht-tp：//www.hainan.gov.cn/data/news/2012/01/145381/。

据三亚市统计局《2011 年三亚市国民经济和社会发展统计公报》，2011 年，三亚城镇居民人均可支配收入达 20472 元，比上年增长 15.3%；人均消费性支出 15721 元，比上年增长 20.2%，其中食品支出占人均消费性支出的比重为 42.8%。预计农村居民人均纯收入达 7580 元，比上年增长 16.6%。

大量涌入的游客和投资者，也加剧了当地房价的急剧上涨，2011 年 7 月中国城市房价排行榜上三亚新房均价在全国各大城市中排第二，甚至高于北京和上海，对于收入远不及深圳和广州的当地居民来说，高涨的房价对他们来说无疑是雪上加霜，如表 6 - 1 所示。

表 6 - 1　　　　　　　2011 年 7 月中国城市房价排行榜

排行	城市	全市均价（元/平方米）
1	温州	24510
2	三亚	23924
3	北京	22690
4	上海	22050
5	深圳	20940
6	杭州	19207
7	宁波	15854
8	南京	14550
9	绍兴	13815
10	福州	13488

二、对当地经济结构的负面影响

在某些农业资源占优势的地区，从事主题公园服务的工资所得比务农所得更高。主题公园一旦在这种区域内建成，大量的劳动力将弃农，从事主题公园的经营活动，这虽然客观上促进了当地农民的收入，但是也给当地的劳动力结构带来了一定的冲击。其结果是，一方面，主题公园带来的客源，加大了对农产品的需求以满足游客"吃"的需要；另一方面当地农业劳动力不足，造成田地荒芜，农副产业生产力下降，从而危害当地经济正常发展。如果农副产品上涨压力过大，还会对当地经济的正常运行和社会的安定发展带来一定的影响。

主题公园实际上为实体经济的附属行业，实体经济好的时候旅游业发展旺盛，否则就会衰落，容易受到经济周期的影响，同时一味地发展主题公园，在一地区人力、物力、财力有限的情况下，会挤压限制其他产业的发展，从而导致第一、第二产业的衰落，主题公园建设对我国区域社会经济发展的负面影响，其直接后果是导致区域社会资源的大量浪费，阻碍了区域社会经济发展水平和发展速度的提高；并对外界的农产品和工业品形成依赖，有产业空心化的危险。特别是在整体经济不景气的情况下，主题公园的游客会大量下降，而当地经济若没有其他产业带动，就会发生经济停滞。例如 2008 年全球性金融危机对泰国旅游业的打击。

旅游业是泰国支柱产业之一，多年来旅游业一直保持着创汇第一的地位，旅游业直接收入占国民生产总值 5% 以上。2008 年入境人数达到 1453 万人次；泰国有 200 万以上的国民从事旅游业及其带动产业，占职业人口的 7%，成为继农业、工业之后的第三大劳动力就业部门。[①] 泰国也有许多著名的主题公园包括暹罗公园（全球十二大主题公园之一）、芭提亚三国主题公园、泰国地狱主题公园、东芭文化村和以佛教为主题的寺院等。

位于泰国首都机场附近的暹罗公园于 1980 年开通，其前身是一片稻田，位于曼谷市郊，是一座多功能公园，是一个水上游乐项目丰富的游乐场，亚洲最大的水上公园，这里的冲浪池被 2009 年的世界吉尼斯纪录评为全世界最大的冲浪池。园中最有趣的设施是人造海和滑梯，人造海面积约 1.3 万平方米，最深处约 2 米，岸边有人造礁石；机器制造出层层波浪，浪高 1 米，前呼后拥，犹如大海景观。两条并排水滑梯建于环形的游泳池中，游人从 7 层楼高的滑梯顶端飞速滑向游泳池，十分刺激。除了长达 500 米的螺旋形水上滑梯之外，还有海盗船、环形水上爬犁等惊险刺激的游乐项目，游客可以一整天乐在其中。还有一座拥有十个以上自动化恐龙的恐龙造型花园，一座开放动物园和儿童游乐场。这里还经常在一间圆形剧场中安排泰国文化表演。除了过山车、享受泰国正宗按摩师的 SPA、丛林狩猎船队外，这里还有可以从空中看到曼谷全景的高塔，塔顶还有配有空调的屋子。

普吉幻多奇主题公园在泰国丰富的文化启发下不仅展现泰国妩媚迷人的风光，同时也引进现代尖端高科技如镭射、电动塑像、烟火、音乐瀑布及图像投影等高水准娱乐项目，是全普吉岛唯一夜间开放的主题公园。该主题公园于 1999 年开幕，是普吉岛历来最大的投资项目，整个投资超过

---

① 李瑞霞：《泰国旅游业发展经验及其借鉴》，载《消费导刊》2008 年第 3 期。

20亿泰铢。公园有三大游乐设施，包括展现泰国各地民俗工艺品的嘉年华村商店街、游乐园最引以为自豪的表演场偌大得像王宫殿，还包括可同时容纳4000人的金娜里皇家雅宴自助餐厅，外表是一座富丽堂皇的水上宫殿，除了有口味地道的泰国料理外，另有日式美食、中国餐点、欧美佳肴等让您大快朵颐。

这些主题公园带动了泰国旅游业的发展，但2008年美国华尔街的金融海啸席卷全球，由于旅游业发展与经济发展的高度相关性，泰国的旅游业受到严重影响。2008年圣诞节前后，原本应进入泰国的旅游旺季，但泰国旅游业界怎么也高兴不起来。由于游客大幅减少，导致客房大量闲置，旅游订单纷遭取消，酒店只得下调旺季价格，泰国旅游业遭遇前所未有的"寒冬"。泰国旅游局副局长朱他蓬·瑞格纳莎说，旅游旺季时，泰国酒店入住率通常为85%左右，但曼谷酒店的入住率连20%都不到。由于经济不景气，欧洲和美国游客数量受到很大影响，相比2004年遭遇海啸之后游客数量大幅减少的窘境，2009年的情况更加严重。作为支柱性行业的旅游业的不景气导致了泰国整体经济的停滞。

三、经营不善造成的经济损失与投资损失

由于主题公园对区域经济显而易见的经济促进作用，许多区域政府都把主题公园的招商引资作为当地的重点发展计划。许多主题公园因此被地方政府作为带动区域经济的优势产业或者第三产业的龙头产业，并为之提供很多政策倾斜措施，为其发展创造便利条件。但是，主题公园自身存在着不可忽视的投资和经营风险，从长期来看，虽然国外的主题公园长期发展一般比较顺利，对区域经济的促进作用也比较明显，但是我国主题公园的长期发展效果还没有确切的例证。作为主题公园楷模的"锦绣中华"也只有20多年的历史，并且因为经营的原因与"中国民俗村"进行了合并。对于其他还没有形成品牌效应的主题公园来说，长期发展的风险更加明显。由于政策资源的有限性，从某种角度上来说，地方政府的政策资源向一个具有长期风险的行业倾斜会失去向其他产业进行政策倾斜的潜在的机会，使该区域为之付出"机会成本"，使当地经济发展的长期风险加大。

每年我们国家都有很多新建的主题公园，也有不少主题公园因为经营不善而纷纷倒闭。这些经营不善的主题公园，会造成区域社会资源的大量浪费，阻碍区域社会经济发展水平提高。1983年北京大观园和1984年河

北正定县荣国府的相继建成和成功经营，引发了我国主题公园建设的低层次泛滥，最典型的例子就是由河北正定县的西游记宫引发的"西游记宫"热。正定县西游记宫开业后，取得了轰动效应，3个月内收回了投资，由此产生了强烈的示范效应，短期内全国出现了几十个"西游记宫"和类似这样的低层次主题公园。"西游记宫"从技术角度来说是和影视技术的结合，其制作手段是简单道具加粗糙的布景，很难对游客形成持久的吸引力，因此也注定了在市场上的失败命运。

1989年以后，深圳锦绣中华、民俗文化村、世界之窗和欢乐谷等主题公园相继建成，并取得成功，由此引发了又一轮的主题公园建设泛滥。这个阶段的特点是投资主体都是当地政府。但是，由于主题公园论证不足，或者选址不当，或者娱乐性、参与性、新奇性差，不少主题公园同样以失败而告终，浪费的资金少则数百万元、数千万元，多则数亿元。当然，我国主题公园建设中存在的以上问题，是在我国主题公园建设处于初级阶段，对主题公园的了解、认识很不深刻，缺乏经验和技术等各方面因素的条件下形成的，有它的历史局限性和历史特殊性。

此外，主题公园投资一旦失败，不仅会造成大量资本浪费，还会使将要进入该区域进行投资的企业家对该区域的投资效果产生怀疑，对区域的投资预期带来不好的影响。例如1993年投资2300万元的河南中牟官渡古战场主题公园，因为经营失败，对该地区接下来的投资产生了很大的负面影响。

官渡位于河南省中牟县城北3公里处，公元200年著名的"官渡之战"即发生于此。官渡古战场尚有官渡、逐鹿营、水溃村、汉井、拴马槐、曹公台、袁绍岗、拒袁斩将碑等遗址遗迹。1992年，中牟县政府为开发旅游业，投资2000万元兴建了官渡古战场主题公园，规划面积21.45平方公里，景区占地200多亩。整个古战场由门景区、序幕区、模拟古战场艺术宫（主景区）、三国胜景保护区、旅游服务设施区和农经贸综合性市场六部分组成。该旅游区于1993年5月1日剪彩开业后，即引起了旅游界、军事界、商业界人士的密切关注，中外游客络绎不绝；而今，十余年一晃而过，曾经轰动一时的官渡古战场旅游区已是一片荒芜，游人罕至，花巨资兴建的人造景观，也变成了新的"遗址"。我们可以从如下一组数字中看出主题公园的惨淡经营：1999年全年收入38981元，费用支出22000元，工资24362元，欠19366元；2000年1~11月份共收入10616元，费用支出7555元，工资14820元，欠11856元。而2000年以后的收入更是寥寥无几。据一位官员透露，如今的门票收入每天不到 30 元，也就是每天不到两个游人。①

中牟官渡古战场旅游区的败笔曾引起社会各界的关注，也成了投资旅游业失败的一个反面典型。业内人士指出：一是官渡古战场旅游区的建设，正处于旅游业在我国刚刚起步的时期，旅游需求市场规模还非常有限；二是开发者缺乏应有的资金实力，其投资均是通过国家、集体、外来等多种渠道的资金，使投资较为分散；三是投资决策者既缺乏这一背景下的旅游投资经验，又缺乏旅游相关的理论指导，对该项目没有进行科学的可行性分析和论证；同时，旅游投资决策者中，绝大部分并不是资金所有者，交给他们的资金分别来自国家财政、集体或者外商。也就是说，他们是在花国家的钱或花别人的钱。由于我国过去很长时间内没有建立起对投资决策者的投资决策行为监控、检查及激励、惩处机制，从而导致投资决策者对旅游建设项目不做认真负责的可行性研究，不做深入的市场调研，仅凭热情或一相情愿的想当然就拍板定案，如此造成投资失误便可想而知。

第三节　主题公园对区域经济影响的评价理论与方法模型

一、乘数效应理论

（一）乘数效应的定义

乘数理论被广泛应用在经济学界，乘数（multiplier）可以解释为倍数，指某一经济变量与由其引起的其他经济变量变化的最终量之间的关系。乘数理论说明由于国民经济各部门之间存在互动关系，某行业的一笔投资或收入不仅能增加本部门的收入，而且会在整个国民经济中产生连锁反应，最终会带来比投资或收入本身大数倍的利益，从而使国民收入总量成倍地增长，这就是乘数效应。

---

① 李万卿：《"官渡古战场"拖累中牟县财政》，载《中国商报》2011 年 9 月 10 日。

乘数效应不仅以国民经济各部门之间的密切关联为基础，而且与全社会的边际消费倾向、边际储蓄倾向及边际进口倾向紧密相关。乘数的大小与边际消费倾向成正比，与边际储蓄倾向和边际进口倾向成反比（见表6-2）。

表6-2　　　　　　　　　　　乘数效应示意图　　　　　　　单位：万元

企业单位	投资增量（ΔI）	收入增量（Δy）	消费增量（Δc）	储蓄增量（Δs）
甲企业	100	100	$100 \times \dfrac{2}{3}$	$100 \times \dfrac{1}{3}$
乙企业		$100 \times \dfrac{2}{3}$	$100 \times \left(\dfrac{2}{3}\right)^2$	$\left(100 \times \dfrac{2}{3}\right)\dfrac{1}{3}$
丙企业		$100 \times \left(\dfrac{2}{3}\right)^2$	$100 \times \left(\dfrac{2}{3}\right)^3$	$\left[100 \times \dfrac{2}{3}\right]^2 \dfrac{1}{3}$
丁企业		$100 \times \left(\dfrac{2}{3}\right)^3$	$100 \times \left(\dfrac{2}{3}\right)^4$	$100 \times \left(\dfrac{2}{3}\right)^3 \dfrac{1}{3}$
合计	100	300	200	100

（二）乘数效用的公式

根据凯恩斯的乘数原理，如果以 Δy 代表增加的收入量，以 ΔI 代表增加的注入量，ΔS 代表增加的储蓄量，ΔC 代表增加的消费量，以 K 代表乘数，则有：$K = \dfrac{\Delta y}{\Delta I}$。由于均衡国民收入等于消费加储蓄，也等于消费加投资，所以收入增加量就等于消费增加量加投资增加量，而投资增加量又等于收入增加量减消费增加量。因此，上式可变为：

$$K = \frac{\Delta y}{\Delta I} = \frac{\Delta y}{\Delta y - \Delta c} = \frac{\dfrac{\Delta y}{\Delta y}}{\dfrac{\Delta y}{\Delta y} - \dfrac{\Delta c}{\Delta y}} = \frac{1}{1 - \dfrac{\Delta c}{\Delta y}}$$

$$因此，1 - \frac{\Delta c}{\Delta y} = \frac{\Delta s}{\Delta y}$$

$$所以，K = \frac{1}{\dfrac{\Delta s}{\Delta y}} = \frac{\Delta y}{\Delta s}$$

在上述式子中，$\dfrac{\Delta c}{\Delta y}$ 为边际消费倾向，用字母表示为 MPC；$\dfrac{\Delta s}{\Delta y}$ 为边际储蓄倾向，用字母表示为 MPS；而边际进口倾向则为 MPM。故乘数计算公式可用下列形式表述：

$$K = \frac{1}{1 - MPC} 或 \frac{1}{MPS} 或 \frac{1}{MPS + MPM}$$

上例说明，当边际消费倾向为 2/3（边际储蓄倾向为 1/3）时，增加 100 万元的注入量，能够导致 300 万元的收入增量。此时 $K = \dfrac{\Delta y}{\Delta I} = \dfrac{300}{100} = 3$。由此可以得出收入增量总和的代数式为：

$$\Delta y = \left[1 + \frac{\Delta c}{\Delta y} + \left(\frac{\Delta c}{\Delta y} \right)^2 + \left(\frac{\Delta c}{\Delta y} \right)^3 + \cdots + \left(\frac{\Delta c}{\Delta y} \right)^n \right] \times \Delta I = \frac{1}{1 - \dfrac{\Delta c}{\Delta y}} \times \Delta I$$

依据前述情况，如果边际消费倾向为 1/2，则收入增量应为：

$$\Delta y = 100 \times \frac{1}{1 - \dfrac{1}{2}} = 200 （万元）$$

即增加 100 万元的投资，可以导致 200 万元的收入增量，即：$K = \dfrac{\Delta y}{\Delta I} = \dfrac{200}{100} = 2$。

如果边际消费倾向为 $\dfrac{4}{5}$，则收入增量为：$\Delta y = 100 \times \dfrac{1}{1 - \dfrac{4}{5}} = 500$（万元），即增加 100 万元投资，可以导致 500 万元的收入增量，即 $K = \dfrac{\Delta y}{\Delta I} = \dfrac{500}{100} = 5$。

可见，企业增加的收入中消费支出越多，国民收入增量就越大。从理论上讲，当边际消费倾向为 0 时，$K = 1$，收入无增量；当边际储蓄倾向为 0 时，$K = \infty$，收入增量无穷大。但在实际经济生活中，边际消费倾向在 0 与 1 之间。

必须说明，乘数的作用具有两面性：当投资增加时，它所引起的收入的增加要大于所增加投资；当投资减少时，它所引起的收入的减少也要大于所减少的投资。所以，一些经济学家把乘数称为一把"双刃剑"。

（三）主题公园的乘数效用

早期的乘数理论并未包括旅游业的分析。随着现代旅游业的蓬勃发展，许多学者根据旅游业综合性强、涉及面广的特点，对经济学的乘数理论加以修正和发展，逐步形成了旅游乘数理论。旅游乘数的完整定义应该做如下表述：旅游乘数是用以测定单位旅游消费对旅游接待地区各种经济现象的影响程度的系数。这个定义间接说明了旅游乘数种类的非单一性及各种旅游乘数值之间的差异。

旅游乘数效应发挥的过程主要包括以下三个阶段：

1. 直接效应阶段

这是旅游乘数效应发挥作用的第一阶段。在这一阶段，旅游收入最初注入的一些部门和企业（如旅行社、餐饮业、交通运输业、邮电通讯业及参观游览部门等），都会在旅游收入初次分配中获益。旅游者的原生旅游消费对于经济系统中旅游企业在产出、收入、就业等方面造成的影响，称为旅游消费的直接效应。

2. 间接效应阶段

这是旅游乘数效应发挥的第二阶段。在这一阶段，上一阶段中直接受益的各旅游部门和企业在再生产过程中要向有关部门和企业购进原材料、物料、设备，各级政府要把旅游业缴纳的税金投资于其他企事业、福利事业等，使这些部门在不断的经济运转中获得了效益，即间接地从旅游收入中获利。国内外已有研究结果表明，旅游消费的间接效应往往超过它的直接效应。

3. 诱导效应阶段

这是旅游乘数效应发挥的第三阶段。在这一阶段，直接或间接为旅游者提供服务的旅游部门或其他企事业单位的职工把获得的工资、奖金等用于购置生活消费品或用于服务性消费的支出，促进了相关部门和企事业的发展。此外，那些从旅游收入的分配与再分配运转中受到间接影响的部门或企事业单位在再生产过程中不断购置生产资料，又推动了其他相关部门生产的发展。旅游收入通过如此多次的分配和再分配，对国民经济各部门产生了连续性的经济作用。因此，旅游消费的诱导效应可以是非常显著的。

4. 旅游乘数值计算的公式

一般来说，旅游乘数的大小可以从两个方面估计：一是旅游消费中留在经济系统内继续转手花费的数额；二是旅游者的花费能够在本地区内再花费的次数。如果前者数额大，则乘数值大，反之则乘数值小；如果后者轮转次数越多，乘数越大，次数越少，乘数则越小。由于旅游乘数是用以测定旅游消费（即接待国或地区的旅游收入）所带来的全部经济效应（直接效应+间接效应+诱导效用）大小的系数，因此，旅游乘数数值有两个基本的计算公式：

$$K = \frac{1 - L}{1 - c + m} \tag{6.1}$$

其中，c 为边际消费倾向，m 为边际进口倾向；L 为旅游进口倾向（即在旅游业经营过程中漏损掉的外汇占旅游外汇收入的比例）。这一公式由伦德伯格于 1976 年提出。$L = (c - m)$ 是旅游乘数正效应（$K > 1$）和负效应（$K < 1$）的临界值函数，其中正效应的首要条件是 $L < (c - m)$。

$$K = A \cdot \frac{1}{1 - BC} \tag{6.2}$$

其中，A 表示旅游消费经第一轮漏损后余额部分的比例；B 表示当地居民收到的旅游消费支出的比例；C 表示当地居民在本地经济系统中的消费倾向。

（四）主题公园的乘数效应类型

国内外旅游学者一般认为，旅游乘数主要包括以下几种类型：

1. 旅游收入乘数

（1）旅游收入乘数的概念。旅游收入乘数是指旅游消费所带来的总收入与旅游消费额的比率关系。它又可以分为居民收入乘数和政府收入乘数。居民收入乘数是指旅游消费所带来的单位旅游收入的增加额与由此导致的旅游目的地国家或地区居民总收入增加额之间的比率关系。政府收入乘数是指旅游消费所带来的单位旅游收入增加额与旅游目的地国家或地区政府净收入总额的增加量之间的比率关系。

（2）旅游收入乘数的两种表示方法。旅游收入乘数可以用"标准乘数"（normal multiplier）和"比率乘数"（ratio multiplier）两种方式来表示。标准乘数等于（直接收入+间接收入+诱导收入）/旅游消费总额。比率乘数等于（直接收入+间接收入+诱导收入）/直接收入。比率乘数只能用来描述相关经济部门之间及其同当地消费支出之间的内在关联现象，并不能说明带来单位收入增量所必须"注入"的旅游消费增量。因此，比率乘数并非真正的旅游乘数。表 6 – 3 列举了世界上一些国家（地区）的旅游收入乘数。

表 6 – 3　　　　　　　世界部分国家或地区的旅游收入乘数

国家（地区）	收入系数	国家（地区）	收入乘数
加拿大	1.7～2.0	毛里求斯	0.96
英国	1.7～2.0	安提瓜	0.88
斯里兰卡	1.59	香港	0.87
牙买加	1.27	菲律宾	0.82
多美尼加	1.20	巴哈马	0.78
塞浦路斯	1.14	斐济	0.72
百慕大	1.09	西萨摩亚	0.66
塞舌尔	1.03	巴巴多斯	0.60
马耳他	1.00	维尔京群岛（英）	0.58

注：这里仅指国际旅游。时间分布：20 世纪 70 年代中期至 80 年代中期。
资料来源：楚义芳：《旅游的空间经济分析》，陕西人民出版社 1992 年版，第 214 页。

2. 旅游销售乘数和旅游产出乘数

（1）旅游销售乘数是指增加单位旅游消费对目的地国家或地区的直接效应、间接效应和诱导效应所导致的全部有关企业营业收入总额的增加量之间的比率关系。它衡量的是每个单位旅游消费额对经济系统的影响。

（2）旅游产出乘数是指每个单位旅游消费额给整个经济系统带来的产出水平的增加。产出乘数与销售乘数的不同之处在于，产出乘数除了包含销售乘数引发的销售量变化外，还包括存货水平的变化。产出乘数可以用来表示一个特定地区旅游业的收入对整个地区经济总量增长的影响，如表 6 – 4 所示。

表 6 – 4　　　　　　　有关国家和地区的旅游产出乘数

国家或地区	产出乘数
土耳其	2.339～3.198
美国威斯康星州 Door County	2.17
美国宾夕法尼亚 Clinton County	1.98

续表

国家或地区	产出乘数
美国科罗拉多 Grand County	1.94
美国威斯康星州 Waiworth County	1.87
美国宾夕法尼亚 Sullivan County	1.58
英国爱丁堡	1.51
巴巴多斯	1.41
英国威尔士 Gwynedd County	1.16

资料来源：Adrian Bull. The Economics of Travel and Tourism. Melbourne：Longman，1995（2）：124。

3. 旅游就业乘数

旅游就业乘数是指每单位外源性旅游消费所带来的全部就业人数或者每单位外源性旅游消费所带来的直接就业人数与继发就业人数之和同直接就业人数之比。由于就业乘数往往要求做出下述与实际生活不完全相符的假设，因而应谨慎对待：（1）不考虑规模经济效应和技术的应用，即产出水平提高后"资本—劳动力比率"不变；（2）每一生产部门现有劳动力都得到充分利用，增加其产品需求必须增雇劳动力；（3）劳动力市场永远供大于求。表6-5列举了世界上一些国家（地区）的旅游就业乘数。

表6-5   若干国家和地区的旅游就业乘数

国家或地区	就业乘数
百慕大	3.02
牙买加	4.61
马耳他	1.99
毛里求斯	3.76
西萨摩亚	1.96
所罗门群岛	2.58
贝劳共和国	1.67
直布罗陀	2.62

资料来源：Adrian Bull. The Economics of Travel and Tourism. Melbourne：Longman，1995（2）：126。

4. 旅游进口乘数

旅游进口乘数表示的是每增加一个单位旅游收入最终导致目的地总进口额增加的比率关系。它表明一个国家（地区）随着旅游经济活动的发展，旅游企事业单位及向旅游企事业单位提供产品和服务的其他相关企事业单位向国外（境外）进口物资、设备等数额的增加量与旅游收入增量的关系。

5. 旅游乘数理论的局限性

乘数理论虽然已被广泛用于评估旅游业对接待国家或地区的经济影响，但同时也存在如下局限性：

（1）乘数理论不以分析旅游接待国家或地区的产业结构、经济实力为基础，然而后两者的不同可能产生不同性质和不同量值的乘数。

（2）乘数理论的前提条件之一是要有一定数量的闲置资源和存货可被利用，以保证需求扩张后供给能力相应增长。而实际生活中这一条件并不总是存在，因而乘数理论有时会失效。

二、旅游卫星账户理论

世界经济的发展出现了许多类似领域活动的社会经济现象，诸如环境、教育、健康、卫生等，均无法在国民经济核算的核心框架内得到全面客观的反映。具体到旅游业也是如此，在传统的国民经济核算体系里面，旅游业作为一个服务业的子类，核算对象仅仅包括旅行社和旅游公司提供的相关服务，大体包括旅行社和旅游公司的收入。在这里，新兴的旅游经济现象对于其他各经济部门的影响无法得到充分的描述和解释，甚至对属于旅游产业的酒店业的影响也无法评估。法国经济学家和统计学家首先注意到传统国民经济核算体系落后于经济发展过程的现象，并于20世纪70年代开始尝试创建子系统卫星账户。

旅游卫星账户系统以国民经济核算为统计基础，按照国际统一的国民账户的概念和分类标准，在国民经济核算总账户下单独设立的一个子系统。通过编制这一账户可以把由于旅游消费而引发的国民经济各行业中的直接和间接的旅游产出，从相关行业中分离出来单独进行核算，从而达到在国际统一的统计框架下对旅游经济进行全面测量和分析比较的目的。

旅游卫星账户区别于传统的旅游统计体系，为各旅游发展国家提供了一个国际统一标准的计量方法，不仅可以提高旅游统计数据的可信度和区域间的可比性，还能够准确全面地测度旅游经济在整个国民经济中的地位和作用，实现国际间的可比和对旅游业经济影响的量化分析。

经过多年的发展，旅游卫星账户（TSA）成为当前联合国和世界旅游组织等国际机构所积极推广的一种测度旅游业经济影响的方法体系。区域旅游卫星系统（RTSA）是相对于旅游卫星账户而言的区域旅游统计方式。

现在，由于我们国家统计工作还不完善，建立旅游账户系统的工作还无法全面进行。但是作为一种评价旅游产业对区域经济影响的统计方法，区域旅游账户系统为以后统计工作的进行提供了理论基础，使主题公园等旅游产业区域经济程度的实证分析变得更加具体而具有说服力。

三、投入产出法

投入产出法由美国经济学家瓦西里·里昂惕夫（Wassily Leontief）创立，就是把一系列内部部门在一定时期内投入（购买）来源与产出（销售）去向排成一张纵横交叉的投入产出表格，根据此表建立数学模型，计算消耗系数，并据以进行经济分析和预测的方法。

严格来说，投入产出法，研究的是经济体系中各个部分之间投入与产出的相互依存关系的数量分析方法。投入产出通过研究产品生产所消耗的原材料等投入及产品生产出来之后的分配去向，建立对应的线性方程体系，通过分析，确定国民经济各部门之间的复杂关系。理论上来说，我们可以通过投入产出分析法来计算主题公园等旅游产业对区域经济的确切影响，但是由于投入产出分析法需要大量数据，并且运算量极大，投入产出法在现实当中并没有获得广泛的应用。

第四节　主题公园与区域经济互动的案例分析

由上一章和本章的分析可知，主题公园与区域经济的发展存在互动关系，主题公园的建设对区域经济环境具有一定的依赖性，同时也会反作用于区域经济。一方面主题公园项目的建设和营运要求适宜的经济、自然、文化环境；另一方面也要注意主题公园的经营、建设对当地经济的积极和消极影响。这就要求我们在主题公园的建设上要非常审慎，考虑是否满足诸多条件，否则就会造成资源的浪费和环境破坏；在主题公园的经营上要稳健，并顺应市场适时灵活调整，否则大型主题公园经营不善甚至破产会对当地经济社会造成严重影响，广州世界大观的教训为我们敲响了警钟。

一、案例背景

广州主题公园20年来的发展历程可以说是全国主题公园发展历程的缩影。20世纪80年代中期建立的东方乐园、南湖乐园和太阳岛乐园，投资均超过亿元，这三大游乐场是广州主题公园的早期形态。三大乐园高调亮相广州，短期内即吸引了大量的游客，盛极一时，但3～4年后游客便开始锐减，入不敷出，每况愈下。进入90年代后，深圳锦绣中华、中华民俗文化村和世界之窗的巨大成功引发了全国第二轮的"造园热潮"。各地出现了以科学科幻、机动游乐、动物观赏等为主题的各种主题公园，这一轮兴建的主题公园在投资规模和占地面积上都进一步升级。仅大型主题公园就有"世界大观"、"航天奇观"、"飞龙世界"娱乐城、番禺"飞图梦幻影城"、香江野生动物和广州海洋馆等，行业竞争趋于惨烈。好景不长，2000年年初，从"飞龙世界"开始，很多主题公园出现严重的经营问题，甚至有的还未建成就胎死腹中。广州主题公园的命运只是全国主题公园衰落的一个影子，而在广州的主题公园中，无论是繁盛期还是衰落期，曾被誉为广州旅游业的"月亮工程"的世界大观无疑最具代表性。

广州"世界大观"景区坐落在广州市天河区东圃镇，北近广深高速公路，南接广州中山大道，占地面积约48万平方米，首期投资达6.8亿元，是国内最大的主题公园之一。"世界大观"于1995年10月18日开业。"世界大观"内设有六大剧场和四大游乐区，荟萃了世界上100多个国家著名的建筑雕塑、地貌奇观和园林艺术，大多以1∶1的尺寸仿造，是一个集五大洲自然景观、民间风情、艺术表演、古典建筑与现代游乐于一体的大型综合旅游景区，曾被誉为广州旅游业的"月亮工程"和"羊城十大美景"之一。

"世界大观"开业初期，规模和气势在广州几乎无园可与之匹敌，日可接待游客3万人次，第二年进入鼎盛时期，每月门票收入达3000万元。从第三年开始，随着客流量的直线下滑，"世界大观"的经营状况日益窘迫。首期的投资远未收回，投资人也不愿追加投资，导致资金链断裂，后续经营资金不足。景观1∶1建设和异国歌舞表演是世界大观的主要特色，但因无法承担高额成本，"世界大观"不再邀请国外演员，取而代之的是本地的演出团体，与"世界大观"名不符实。此后，"世界大观"陷入了长期经营困境，100 元门票不得已下调为 80 元，还实行了各种优惠价格，但每月参观人数也只有千人左右，并且人数每况愈下，最终陷入债务泥潭。2005 年曾两度拍卖股权以清偿债务，但最后都流拍了。为了重新恢复生机，"世界大观"更换了十多个承包商，也曾尝试过一些改革措施，但都不能从根本上得到改观。2009 年，由于产权纠纷，"世界大观"内连续发生抢占、围堵、甚至发生 40 多名暴徒持械伤人事件，最终导致"世界大观"宣布无限期歇业。

"世界大观"的倒闭不能不说是广州乃至我国旅游界的一大憾事，从歇业起就一直在探寻其转型改造之路。关于世界大观最新的消息，来自于2011 年度广州市城市规划委员会第一次会议审议通过的《奥体中心周边地区城市设计与控制性详细规划》，拟将停业已久的"世界大观"更新改造为岭南大观园，打造成为以岭南非物质文化教育为主题，以"非物质文化体验＋低碳养生"两大亮点相结合的高品位旅游度假区。

二、世界大观失败原因分析

（一）决策者行为失误

决策者行为关系到两个层面，一个层面是投资者的决策行为；另一层面是政府的决策行为。对于世界大观来讲，投资者的决策行为失误主要表现在三个方面：第一，前期投资盲目。在深圳"锦绣中华"、"中华民族文化村"和"世界之窗"所取得的巨大经济效益的刺激下，没有经过详细的可行性论证和长期的规划设计便盲目投资。第二，主题选择失误。独特的主题是一个主题公园的灵魂，世界大观从主题上、名称上甚至宣传口号上都模仿深圳"世界之窗"，缺少新意和特点。第三，缺少后期投资。主题公园除了首期投资之外，还需要长期围绕主题的后续投资，不断更新硬件设备，以保证主题公园的新鲜感和生命力。世界大观的游客数量从第三年开始下滑进入衰退期，投资者因担心无法收回资金因此不再继续投资，使得主题公园资金断链，无法维持。政府的决策行为则影响到了整个广州的主题公园发展命运。因为没有加以整体规划和引导，使得广州的主题公园盲目开发、主题雷同，这是广州主题公园纷纷衰落的原因之一，也是世界大观失败的原因之一。

（二）空间集聚过度

多个主题公园在空间上集聚，可以增加这一地区的总体吸引力，同时也产生空间竞争，使游客分流。广州"世界大观"与深圳"世界之窗"两者之间车程不到两小时，两者主题雷同（都是世界风情），主题表现形式雷同（都是人造景观，"世界大观"1：1模拟世界各国的民居，"世界之窗"是世界各国标志性建筑的微缩景观），宣传口号雷同（世界大观为"世界在这里狂欢"，"世界之窗"为"世界与你共欢乐"），因此两者之间是十分明显的竞争势态。但同在深圳的"锦绣中华"、"中华民俗文化村"和"世界之窗"三大主题公园之间所产生的就是正面的近邻效应，由于这三大主题公园距离相近但各具特色，增强了华侨城整体的吸引力。抵达深圳的游客除了观光特区市容外，赴华侨城三大景区旅游则是多数人首选的活动，因此世界大观在短暂的新鲜感过去之后，在与世界之窗的长期竞争中显然处于劣势。

（三）城市旅游感知形象矛盾

城市旅游形象是城市旅游者在游览城市的过程中通过对城市环境形体（硬件）的观赏和市民素质、民俗民风、服务态度等（软件）的体验所产生的城市总体印象。如提到北京，会想到天安门、故宫；提到敦煌，会想到莫高窟；提到中国香港，会想到现代化大都市、购物天堂等。城市旅游感知形象会影响到旅游者的决策行为，尤其是二、三级客源市场的旅游者，到某一城市旅游时首要选择的是当地最著名最具特色的旅游景区。广州背山面水，山川秀丽，又是千年港口城市和我国主要对外贸易中心，是以近现代史迹闻名中外的国家历史文化名城，区位条件优越，旅游资源品位高。旅游者对广州的感知形象是到广州首先要到高第街购物，然后是游览陈家祠、光孝寺、越秀公园等传统景点，世界大观的主题与广州市近现代历史文化名城的旅游感知形象并不相符，因此在广州市内，世界大观相对于东方乐园、飞图梦幻影城、飞龙世界的吸引力优势并不明显。

（四）经营管理失误

在主题公园的起步期，区位选择、主题选择、投资规模等是最重要的因素。而步入发展期之后，经营管理的重要性逐渐提升。"世界大观"在经营管理方面主要存在三个问题。第一，经营方式单一，主要产业就是公园本身而并没有其他相关辅助产业，因此受益来源主要依靠门票，这样就使得主题公园的资金链十分脆弱。而国内外著名的主题公园迪士尼乐园和深圳华侨城，都有其相关辅助产业，如影视、房地产等，主要收益并不单一依靠门票。第二，管理服务混乱。世界大观花重资引进了国外先进游乐器械，却无法将国外先进的管理服务复制过来。例如开园初期游客数量众多时，长时间枯燥的排队等待就引起了很多游客的不满，工作人员的服务也无法满足游客的需求。第三，缺乏长期经营规划。世界大观进入衰退期后也曾苦苦寻找出路，不到 5 年就换了十个经营者，但都是短期经营，最短的连一个月都不到。不同的经营者有不同的理念，但都缺乏长期规划，这也导致了世界大观一直没能恢复元气。

（五）对目标客源市场游客需求认识不足

对于世界大观的一级客源市场珠江三角洲及港澳游客来说，他们对于各种类型的主题公园可以说是"见多识广"，对世界风情集锦的类主题公园也并不感到新奇，更希望能有体验性、互动性、参与性强的娱乐活动，仅以人造建筑和歌舞表演为主题的世界大观显然不能满足他们的要求。另外，对于这些身处喧嚣的大都市中的游客来说，假期时更希望能到山清水秀的自然景区中去，而不是去热闹的主题公园，因此最初的新鲜感过后，世界大观便不会再引起他们的兴趣。

总之，诸多失误的根源在于主题公园与当地区域经济没有很好的融合，一方面是区域经济环境的变化；另一方面则是管理者没有跟上这种变化的趋势从而导致经营失败的后果，这也值得当今兴建主题公园的决策者警惕。

第七章

主题公园对区域产业发展的促进

第一节　产业关联相关理论

旅游产业是一项开放、关联程度极高的新型产业,随着旅游产业的发展,其对经济的拉动作用逐步显现。目前,学术界关于旅游产业经济关联理论的分析,主要包括旅游产业关联理论、旅游产业整合理论、旅游乘数效应理论和旅游投入产出理论等。

一、产业关联理论

产业关联是指产业之间以各种投入品和产出品为纽带的经济技术联系及其联系方式。产业关联理论是从量的角度对产业之间联系的考察,利用投入产出表及建立在此基础上的各种指标和分析工具,对产业之间的结构比例、关联效应和波及问题进行分析的重要理论。产业关联理论侧重于研究产业之间的中间投入和中间产出之间的关系,能很好地反映各产业的中间投入和中间需求,这是产业关联理论区别于产业结构和产业组织理论的一个主要特征。在此基础上,还可以分析各相关产业的关联关系(包括前向关联和后向关联等),产业的波及效果(包括产业感应度和影响力、生产的最终依赖度以及就业和资本需求量)等。

旅游产业的经济关联由旅游产业关联方式、关联分析和关联度等内容构成。旅游产业关联方式是指旅游产业与相关产业或部门发生联系的依托或基础以及产业之间相互依存的不同类型,是分析产业关联程度的切入点或分析依据之一。旅游产业关联度较高，通过旅游产业的辐射效应与乘数效应，可以带动其他相关产业发展，使其成为核心产业并具有重要作用。根据国际上的研究，旅游涉及国民经济的 109 个产业，按国内的实际操作，旅游涉及 39 个部门，对与之关联的建筑、交通、饭店、餐饮、娱乐、商贸、工艺美术以及工农业的许多行业都能起到直接或间接的带动作用。同时，旅游产业具有创造增量的特性，使其发展主要依靠创造增量，而不是争夺存量，可使旅游业的各个相关部门、相关行业锦上添花，成为构建和谐社会的融合点。

按照产业关联的一般关系，旅游产业关联包括旅游产业的前向关联、后向关联和旁侧关联。在产业经济分析中，一般把某一产业对生产最终产品部门的影响规定为"前向关联"，即通过供给联系与其他产业部门发生的关联；"后向关联"则是指通过需求联系与其他产业部门发生的关联。旅游产业是一个产业涵盖广泛与关联度极高的综合性服务行业，它后向关联着农业、食品制造业、房地产业、金融保险业等产业。因而相对而言，产业的后向关联度较大，前向关联度较小；至于"旁侧关联"，旅游产业在提高人们生活的质量和水平，促进国际交流等方面有着其他产业无法比拟的重要作用。

旅游产业关联分析是利用投入产出来对产业间投入与产出的数量比例关系进行分析的，并通过对比分析得出某一产业在特定经济体系中的地位和作用。但它仅限于一种有限变动范围内，不适合做整体动态分析；旅游产业关联度是一个反映产业内在质量的概念，它是指一个经济体系中各产业之间的相互依赖程度，能够代表其的指标为直接消耗系数、完全消耗系数和相关系数。直接消耗系数是指 A 部门生产单位产品直接消耗 B 部门的产品数量，它反映了国民经济各部门之间的生产技术联系；完全消耗系数反映了各部门之间直接消耗和间接消耗的总的关系；相关系数是指两个变量之间不具有唯一性时，用来反映它们之间线性关系密切程度的指标。

二、产业整合理论

整合是将两个或两个以上的要素通过相同点或相异点的有效组合、重组直至融合、共生，使现存共有资源达到良性组合的最优化状态，即通过动态的综合使其系统更加完整与和谐。因此，整合的过程和结果是现代市场资源的充分发挥与合理配置。产业整合实际就是产业链的并购重组，产业整合的本质是以企业为主体，以产业为构架，促进产业优化发展。旅游产业整合是以旅游企业为主体，以产业为框架的市场整合，对旅游产业和相关配套支持产业进行资源的合理配置、优势互补，使其相互协作，创造出比单一产业更大的协同效应。其目标是获取更好的经济、社会、环境效益，提高旅游产业竞争力，推动旅游产业健康发展。

旅游产业整合的方式包括内化性整合和开放性整合，内化性整合又包括行业内企业整合和行业间的企业整合。行业内企业整合，即产业链上同一部门生产或经营同一产品的企业间的整合。其优势在于可以实现旅游企业客源、产品、采购、服务等资源的充分共享，降低成本，获取规模效益。行业间的企业整合，即旅游产业内不同行业间的企业整合。其优势在于通过对销售环节的控制，加快对旅游者需求作出反应，提供更好的旅游产品，确保客源。开放性整合包括旅游产业与区域内其他产业的整合和区域间旅游产业整合。旅游产业与区域内其他产业的整合原因在于旅游产业可持续发展需要外部相关支持产业的有力支撑，对相关支持产业具有较强的产业依赖性和关联性。其优势在于实现产业间的协同发展。区域间旅游产业整合要求突破区域限制，形成跨区域的旅游同盟、经济共同体。其优势在于可以实现资源、产品的多样性和互补性，具有整合效益溢出，最终达成双赢或多赢格局。

旅游产业整合的模式分为紧密型整合和松散型整合。紧密型整合一般适用于地区之间或地区企业之间原先有过合作经历，地区或企业的文化环境、经济环境和竞争环境有相当的同质性的条件之下，其合作的摩擦较小，交易成本较低。采用紧密型整合模式的地区或企业一般是产业发展的先行者，已拥有先发优势。松散型整合一般适用于经济发展相对滞后的地区，采用松散型整合模式的地区或企业一般是参与竞争的后来者，它们有资源优势，同时也具有旅游产业发展的后发优势。

旅游产业整合路径包括前向整合与后向整合。旅游产业的前向整合既包括对上游产业的整合，也包括对外部环境的整合。旅游产业对上游产业的整合主要通过市场机制的自组织行为完成。旅游产业外部环境整合重点关注旅游产业的运行环境，主要包括法制环境、政策环境、认知环境等，这些环境属于旅游产业不可自主的外生变量，需要借助政府的力量进行整合。旅游产业的后向整合也是旅游产业的内部整合，旅游产业内部整合主要包括旅游产业结构整合、旅游产业内各主要行业内部结构整合、旅游产品整合、旅游区域布局整合、旅游营销整合、旅游信息资源整合等。

三、产业集群理论

产业集群是波特1990年在《国家竞争优势》一书中正式提出的。其所下的定义为：在特定领域中，一群在地理上临近、有交互关联性的企业和相关法人机构，并以彼此共通性和互补性相联结。但波特同时也认为，产业集群的适当定义要视该产业所处的竞争区间以及所应用的战略而定。

从产业结构和产品结构的角度看，产业集群实际上是某种产品的加工深度和产业链的延伸，从一定意义上讲，是产业结构的调整和优化升级；从产业组织的角度看，产业集群实际上是在一定区域内某个企业或大公司、大企业集团的纵向一体化发展。如果将产业结构和产业组织二者结合起来看，产业集群实际上是指产业成群，围成一圈集聚发展的意思，也就是说，在一定的地区内或地区间形成的某种产业链或某些产业链。产业集群的核心是在一定空间范围内产业的高集中度，这有利于降低企业的制度成本，提高规模经济效益和范围经济效益，提高产业和企业的市场竞争力。

旅游产业本身的强关联是形成产业集群的内在动力，其作为一个连接旅游主体（旅游者）和旅游客体（旅游对象）的产业，涉及众多行业和部门，这些相关联的行业、部门的共性使它们在同一的地理区域范围内聚集，由此促进旅游产业集群的形成。旅游产业集群是由围绕特定区域的旅游核心吸引物而聚集的与旅游市场和旅游活动密切相关的旅游核心产业、旅游依托产业及各种旅游组织和相关辅助机构等形成的。一般来说，旅游产业集群的构成要素可以分成三个层次：第一层为旅游产业集群的核心层，即旅游核心吸引物，它是以旅游资源为依附所形成的产业链，各种类型的旅游资源所需的旅游资源产业有所不同；第二层是旅游要素供应层，在旅游资源外围聚集着旅行社、饭店、宾馆、交通运输、商品零售、娱乐设施等服务性产业；第三层是相关辅助层，由旅游依托产业及各种旅游组织和相关辅助机构组成，包括目的地基础设施和公共服务，如银行、邮电通讯、海关、公安、卫生、保健、保险、建筑、房地产、媒体、园林、绿化、环保等。在此基础上，还会形成新的聚集，如图7-1所示。

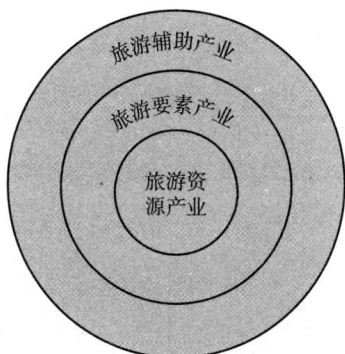

图 7 - 1 旅游产业集群构成要素的三个层次

　　从产业集群的形成机理来看，产业群是在一个特定区域内一群相互联系的、在地理位置上集中的公司和机构的集合。产业群是一种崭新的企业空间组织形式，既是依据专业化分工和协作而建立起来的相互独立、相互关联的组织群体，又是独立企业之间通过非正式关系形成的一种颇有活力的新的组织形式，是实现规模经济和聚集经济的有效形式。以旅游资源为基础组建旅游产业群，这个产业群以区域内某一大型旅游资源企业为核心，在其外部形成多层次的产业群，并与其他产业群，如农业、食品加工、专用设备制造、文化、体育、旅游出版物相联系。

　　从表面上看，旅游产业群类似于一个地区性市场，在这个市场上，聚集了众多的不同行业和部门的中小公司，或少数几个大型公司，群内各企业之间存在着纵横交错的联系，处于整个旅游系统过程的不同环节，共同完成旅游产品从开发到销售的全过程。在纵向上旅游者要完成旅游的全过程，食、住、行、游、购、娱是缺一不可的组成部分，正是通过这些部门的服务，使位于异地的旅游者聚集于某一旅游地，形成这一地域的旅游客源市场。在横向上以旅游业为主体，道路交通、邮电通讯、银行保险、海关、建筑、媒体、园林、环保、教育等各行业紧密结合，彼此之间就生产或服务频繁地发生合作、交易。因此，尽管在个体企业之间存在着专业化分工和生产环节的分离，但所有的生产、服务环节都集中在同一地域内完成，强化了集群内企业之间多方面的互动联系，在区域内形成了产业网络结构。旅游业这种网络结构的形成是基于合作的需求，而它的形成又进一步促进了企业之间的相互合作，达到通过网络整合企业之外的生产要素，实现了企业的外部规模经济。旅游产业群还与食品加工、机械设备制造、房地产、体育、文化、媒体等其他产业群有联系。旅游产业群的构成如图 7 - 2 所示。

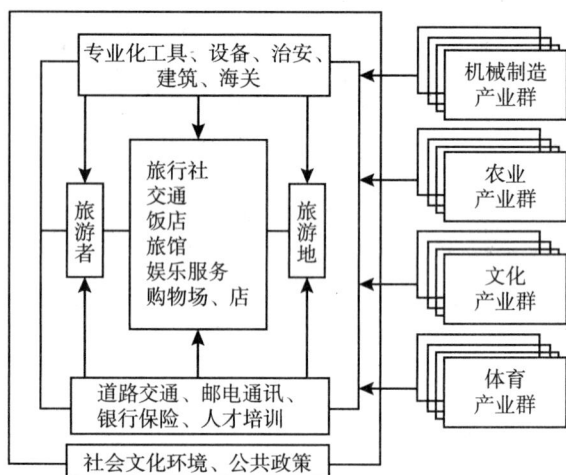

图 7 - 2　旅游所带动的产业集群

从旅游产业集群的演进规律来看，旅游产业集群的演进一般经历形成、成长、成熟和衰落（或升级）四个阶段。从产业表现来看，旅游产业集群的演进过程为从旅游核心企业的培育到旅游产业链条的延伸，最后到旅游产业网络的形成。旅游产业集群的发展规律是在动态中体现的，即随着时间的推移，旅游产业集群的发展程度逐渐加深，旅游产业集群必将经过点、线阶段走向网络式发展阶段，这也与旅游产业集群有较长产业链有关。旅游产业集群作为介于产业集群与旅游地之间的有机整合，必然具备二者的某些特征，也同时会和二者的生命周期或演进规律存在共性，因此，从长期发展来看，旅游产业集群也必然存在生命周期，遵循从形成到衰退的一般演进规律。

关于旅游产业集群的效应，马歇尔认为产业集群有利于技能、信息、技术和新思想在企业之间的传播与应用，既有利于辅助企业成长，也有利于人才集聚。同时，产业区能够促进区内企业的协同创新。克鲁格曼认为，由于市场不确定性和技术的快速变革导致了内部规模经济和范围经济的衰退，在此情况下，聚集性经济可以通过各种形式的垂直和水平生产活动外包来实现交易成本节约。因此，他认为聚集性经济更具有外部规模经济和范围经济优势。从旅游产业集群角度来看，旅游产业集群的形成必将带动旅游相关扶持产业和辅助机构部门的发展，从而提高旅游产业的整体竞争力。又由于旅游产业自身具有与其他产业关联性大的特点，旅游产业自身的发展同样会带动其他相关产业的发展，进而提升该地区的整体竞争力。

四、产业集聚理论

产业集聚（industrial agglomeration）是指同一产业在某个特定地理区域内高度集中，产业资本要素在空间范围内不断汇聚的一个过程。产业集聚问题的研究产生于 19 世纪末，马歇尔在 1890 年就开始关注产业集聚这一经济现象，并提出了两个重要的概念，即"内部经济"和"外部经济"。继马歇尔之后，产业集聚理论有了较大的发展，出现了许多流派。比较有影响的有韦伯的区位集聚论、熊彼特（Schumpeter）的创新产业集聚论、胡佛的产业集聚最佳规模论、波特的企业竞争优势与钻石模型等。他们分别从外部经济、产业区位、竞争与合作、技术创新与竞争优势、交易成本、报酬递增等角度探讨了其形成原因与发展机理。

自一个多世纪前马歇尔首次提出著名的产业空间集聚的三个原因以来，经济学者和经济地理学者对产业集聚理论进行了不懈的探索，他们从不同的视角对产业集聚理论进行了研究。在产业集聚理论不断发展完善的过程中，出现了三次产业集聚研究的高潮，20 世纪 30 年代，胡佛首次将集聚经济分解为内部规模经济、地方化经济和城市化经济。对产业集聚现象的研究进一步深化，形成产业集聚理论研究的第一次高潮；70~80 年代，应用资本主义发展的宏观经济理论探讨当代生产的空间组织的变化，突出的是与"福特主义的危机"相联系。对产业集聚现象的研究主要集中在灵活的"产业区"或新的"产业空间"。这是产业集聚理论研究的第二次高潮；90 年代以来，从新熊彼特主义的观点出发，将创新、技术变化与经济增长和贸易的分析结合起来，研究产业集聚的创新体系。克鲁格曼应用不完全竞争经济学、递增收益、路径依赖和累积因果关系等解释产业的空间集。波特提出地区竞争力的著名的"钻石"模型，他特别强调产业集聚对一定地区产业国际竞争力的作用。这标志着产业集聚理论研究的第三次高潮的出现。

旅游业是一个以旅游资源为依托，以旅游设施为条件，以出售劳务为特征的经济性产业。关于旅游产业的构成在认识上一直存在分歧，目前尚无统一的标准，本节分析旅游产业及旅游产品时，仍沿用传统的六要素分类法，即将旅游产业视为由食、住、行、游、购、娱六大产业部门构成。理论上，由于旅游资源的不可移动性、旅游服务和旅游产品各环节的连续性、旅游交通成本的最小化追求，旅游服务设施的布局必须依靠集中而不是分散，依靠功能联合而不是功能隔离，依靠多功能环境而不是单一功能环境。实践中，人们也可以轻易发现，度假区、风景区、森林公园、自然保护区等旅游资源集中的各类旅游区，虽然在旅游企业、数量、规模上可能因地而异，但多数均集中分布在旅游服务区或被称为旅游接待区的小区域范围内。一些旅游功能突出的大中城市分布有以旅游或休闲为中心职能的街区集聚了旅游吸引物如购物、饮食、娱乐、宾馆各种设施，如我国的珠海九州城、深圳的华侨城、南京夫子庙地段和上海城隍庙地段。在一般性的城市也普遍存在旅游饭店业集中区、旅行社业集中区、旅游购物一条街，这表明在人口密集的城市，旅游企业也存在地理指向性集中的特征。旅游产品是由多种旅游资源、交通、住宿、餐饮、娱乐、购物设施以及多项旅游企业提供的服务组合而成的，并在游客旅游过程中不间断地提供。从旅游企业之间的联结模式看，不同类旅游企业集中虽然无法严格地界定其上下游关系，但明显存在互补型或协作型功能关联，而同类旅游企业在空间集中，相互之间也必然存在着竞争型或协作型功能关联。从旅游集聚的动力来看可从以下两个方面解析。

（一）旅游产业集聚的动力

旅游产业的最终目的是为了获取最大利润，促使其集聚的动力直接源于客源市场和旅游资源禀赋。旅游资源禀赋是旅游产业的最初诱因。旅游资源既包括大自然馈赠的自然旅游资源，也包括先人遗留的历史文化旅游资源。旅游资源吸引大批客源，由此吸引了大批旅游住宿企业、旅行社、旅游购品商店、餐饮企业、娱乐公司等。一些主题公园为分享客源，也建在传统的旅游或度假胜地，如美国奥兰多地区是佛罗里达州的主要度假区，每年吸引 2500 多万人，这是迪士尼世界入驻奥兰多的重要的初始原因。主题公园进入后，又会以主题公园这一旅游吸引物为核心，再建立一个产业集聚区。同时，由于旅游产业极强的关联性，又会在其外围聚集一批为旅游产业的生产提供服务的关联企业，如图 7 - 3 所示。

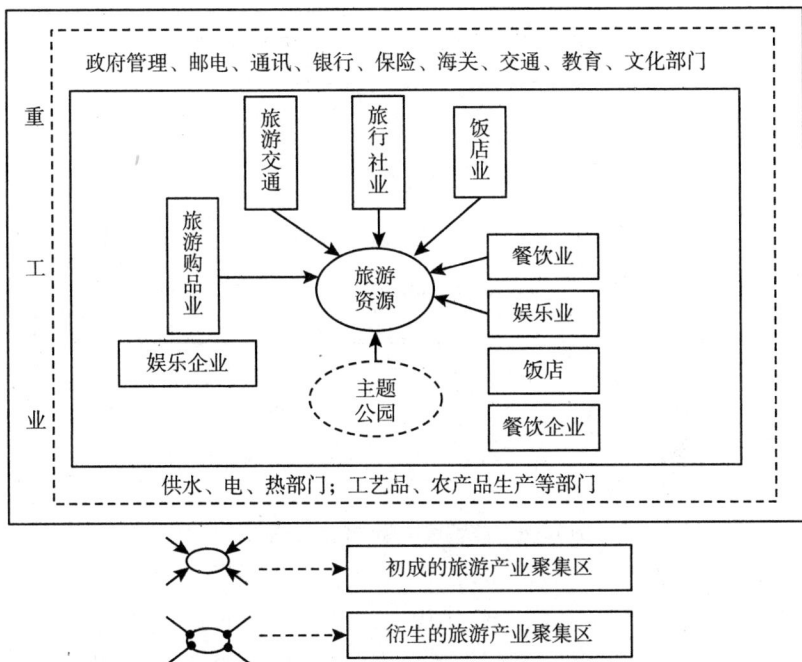

图 7-3　旅游资源驱动的产业聚集模式

（二）客源是旅游产业集聚形成和发展的首要动力

这一现象主要出现在大城市。这些城市可能是高级别政府机构驻地、交通枢纽及经济中心，城市内部可能会分别形成一到数个分类或综合的旅游产业区。因为有客源优势，可能会在郊区建有主题公园，如深圳华侨城第一座主题公园——"锦绣中华"，项目的决策者看中的正是珠江三角洲4000 多万收入水平较高的本地常住人口，以及 600 万以上的港澳台游客和600 万以上的国内游客。主题公园建成后，有可能吸引相关的旅游企业，区域内出现新的旅游产业集聚区（见图 7-4）。

主题公园可以归纳为旅游产业集聚的现象，根据深圳华侨城控股公司对世界主题公园娱乐业的调查，到 20 世纪末，日本已经有 80 多个大中型的主题公园，欧洲的同类主题公园也达到了 100 家，这些主题公园都是集聚在大城市和特大城市周围。在美国本土，主题公园集聚的现象同样令人瞩目，1971 年奥兰多的迪士尼开放之前，美国只有 3 座年游客量超过 100万的主题公园，到了 20 世纪 90 年代初期，大中型的主题公园上升到 90

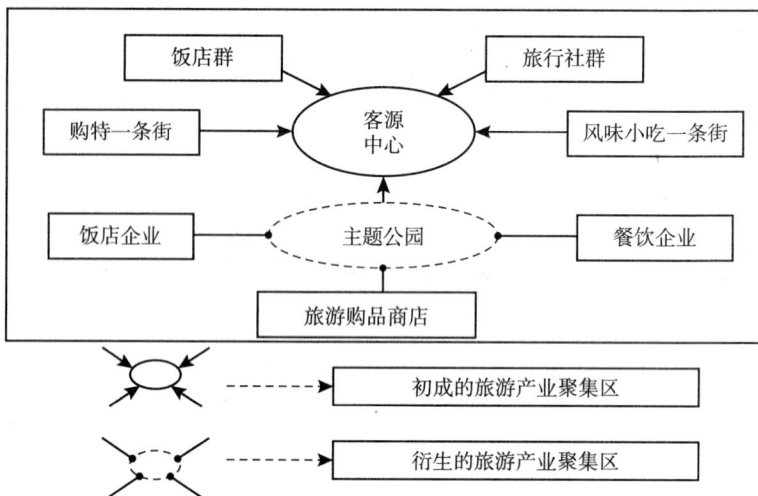

图 7-4　旅游客源驱动的产业模式

个，年入园人次达到 1.6 亿。90 年代末，美国大大小小的主题公园有 600 多个，年入园人次 2.8 亿。① 其中奥兰多是主题公园集聚的典型代表，从 1971 年奥兰多的迪士尼开放之后，这里共集聚了包括与洛杉矶迪士尼齐名的"迪士尼世界"、全国最大的"环球影城"、拥有发射美国航天飞机和宇宙飞船等航天器的"太空科学中心"、美国境内最大的"海洋世界"、造价 10 亿美元并凝聚声、光、电等高科技游乐设施精华的"未来世界"和展示中国、英国、法国、德国、日本、意大利、挪威、加拿大、墨西哥、摩洛哥和美国等 11 个文明国家的建筑及社会文化的"世界橱窗"等大小数十个主题公园，每年接待的游客总量高达 2500 万以上，远远高于其市区人口 18 万，成为世界性的旅游度假胜地。中国的主题公园主要集中在珠江三角洲、长江三角洲和北京。目前，中国最大也是最成功的主题公园群是珠江三角洲的主题公园群，在短短 10 年内，包括锦绣中华共兴建了近 20 个主题公园，其中中国民俗文化村、深圳野生动物园、世界之窗、飞龙世界、飞图影城、世界大观、圆明新园、香江野生动物世界、广州海洋馆、航天奇观、欢乐谷是比较大型和有影响的主题公园。珠江三角洲的主题公园主要集中在深圳和广州，深圳的主题公园则大多集聚

---

① 邓冰：《旅游产业的集聚及其影响因素初探》，载《桂林旅游高等专科学校学报》2004 年第 6 期。

在锦绣中华四周。

第二节 主题公园对区域旅游业的促进

一、优化区域旅游产业结构

旅游产品从需求的类型可以分为度假型、观光型、娱乐型、享受型、探险型和疗养型等产品。旅游产品结构指各类旅游产品之间及其内部的比例关系。许多以自然景观为代表的原赋型旅游景点偏重静态的表现手段和孤立的资源形态，缺乏动态手段和整体的形象，导致旅游产品的结构和空间布局存在明显的缺陷，不能很好地满足市场需求，造成了游客数量偏少、停留时间过短、消费水平偏低的局面，严重影响旅游业的内涵式发展。主题公园的出现，从整体上弥补了原有旅游资源和产品的种种不足，打开了我国旅游产品开发的思路，丰富了旅游产品的层次，促使旅游产品趋向深层次、综合性、多元化的产品链开发态势。

主题公园是在保持旅游景观审美特征和遵循旅游者审美规律的基础上对旅游资源进行技术性配置和商业化包装，深度开发成满足旅游者多样化休闲娱乐需求和选择的旅游产品。主题公园的宗旨是"把风景名胜搬到你家门口"，这使得主题公园与原赋型旅游景点最大的区别在于：主题公园具有可移植性、可仿制性的特征，是对传统旅游产品"原赋性"特征的超越。这种可模仿性，不仅使许多旅游资源匮乏的地区增添了发展旅游业的可能性，对许多原赋型旅游资源丰富的地区，也是一种结构上的补充。

西安一直是一个以文物古迹观光为主的旅游城市，游客在西安的旅游行程非常简单：东线参观兵马俑、华清池；西线参观乾陵、法门寺；市内参观钟鼓楼、大小雁塔、碑林、城墙。这样的旅游活动就是单纯地看，没有任何深度体验和参与。一方面是西安本身拥有丰富的人文旅游资源，旅游开发的精力多致力于开发现有资源；另一方面西北地区经济落后又距离经济发达地区较远，如何让远道而来的游客的旅游消费在单一的古建筑上，而能够享受到综合性的文化消费大餐成为西安旅游发展的主要问题。

注重参与和体验的大型主题公园给西安旅游业提供了一个突破口。在西部大开发的 10 年中，作为西北地区中心城市的西安，主题公园呈现出井喷般开园的态势。2004 年开园的秦岭野生动物园是西北地区第一家大型野生动物园；2005 年 4 月正式开园的西安大唐芙蓉园，是我国第一个展示盛唐面貌的大型皇家园林式文化主题公园；同年开园的曲江海洋公园是西北地区规模最大的海洋主题公园；2010 年开园的寒窑遗址公园，更成为我国首个以爱情为主题的遗址公园。

大唐芙蓉园以"唐文化"为主题，在著名的唐代曲江皇家园林——芙蓉园的基础上修建而成，其空间集聚的效应促进了古都盛唐品牌的形成。游客在园中可以看景、赏舞、听歌、品茶，还可以参与夜间游园活动，真正调动了游客的视觉、听觉、嗅觉、触觉、味觉，给游客一种更加生动、难忘的大唐文化体验，可以说是完善旅游产品结构、激活旅游业的一次成功的尝试。此外，园内经常推陈出新，举办的符合不同人群的活动，游客也可以参与其中，体验不一样的感受。大唐芙蓉园的建立改变了陕西旅游资源多为静态人文旅游资源的现状，是对现有陕西文化旅游资源强有力的补充和优化，也加深了西安在旅游者心目中的城市感知形象。

二、对区域其他旅游行业的影响

与国外相比，我国的旅游收入占 GDP 的比重始终不算高。造成这种状况的主要原因是旅游者的旅游消费结构失衡。在我国旅游收入中，旅游交通比重占到 40% 左右，而游、购、娱等消费总共所占的比例也没有超过 50%。主题公园的合理建设，可以在很大程度上起到扩大旅游者消费支出的作用。主题公园通过各种富有主题特色的主题活动、购物区以及商品，带给游客不同的消费体验，从而调整旅游消费结构、优化旅游线路和产品的设计，调整区域旅游产业结构。主题公园对区域旅游产业内的行业影响主要表现在对酒店业、购物业和交通业的影响三方面。

（一）对酒店业的影响

主题公园带来的游客流，客观上增加了所在区域的酒店需求。这不仅促使所在区域的酒店入住率得到提升，增加了酒店的收入，而且也促使新的酒店的产生。华侨城指挥部资料显示，1991 年之前华侨城所在区域只有深圳湾大酒店一家酒店，到 1994 年已发展到 4 家，客房数由 308 间增加到 637 间，增加了 106.82%，床位数由 658 张增加到 1337 张，增加了 103.19%。1991 年 10 月中国民俗文化村开业之前，深圳湾大酒店开户率一直较低，1989 年开房率全年平均只有 47.48%，中国民俗文化村开业后，由于民俗村晚上节目丰富，部分游客特别是境外游客看完表演后留下过夜，深圳湾大酒店开房率显著上升，1991 年 10 月为 70.94%，11 月为 84.03%，12 月为 88.47%，比 1990 年同期平均增长 0.7%，1992 年全年更高达 83.58%，1993 年有所下降，为 69.73%，仍比 1991 年高出近 7 个百分点。

另外，许多主题公园为了强化游客对主题的感受，纷纷兴建富有主题特色的酒店，对酒店业的产品类型和结构形成促进作用。正在上海兴建的迪士尼乐园除了一座"神奇王国"主题乐园外，还包括主题化的酒店，投资约 45 亿元人民币。该酒店将在房间布局、装潢等细节上凸显迪士尼特色。

（二） 对旅游购物业的影响

旅游购物就是游客购买旅游必备品、纪念品或其旅游相关物品。我国旅游购物的开发与销售是比较落后的。在旅游发达国家和地区，旅游购物收入占旅游总收入的 50% ~60%，而我国旅游购物收入占旅游总收入的比重非常低。从各年旅游统计年鉴可以看出，这一比重长期徘徊在 20% 左右，有的省份只有 10% 左右，且呈下降趋势。这说明在旅游购物这一方面我国与发达国家差距还很大，但同时也表明其发展空间很大。

主题公园在促进旅游商品销售方面具有很强的推动作用。由于主题公园的主题性、娱乐性等特点，旅游纪念品的开发销售是其经营管理中不可缺少的一部分。从国际情况看，大多数成功的主题公园每天的收入有 1/3 是游客购物和额外收费项目得来的，如英国主题公园收入 40% 以上来自餐饮、纪念品销售和其他服务。

迪士尼公园在旅游商品的销售方面是一个成功的范例。迪士尼公园周围一般都建有商业广场等其他设施，商业广场的主要目的就是要游客掏出口袋里的最后一分钱。在迪士尼乐园内部，也有非常出名的"美国小镇大街"，街道各处的设计都独具匠心。街道上经营种类繁多的以迪士尼人物为文化特征的迪士尼乐园纪念品及礼品，如各种装饰品、玩具、洋娃娃、男女服装及卡通人物装等。

（三） 对区域交通行业的影响

由于主题公园对游客数量要求很高，因此为了保持旅游交通的可达性，体现旅游交通集散和快速运送功能，要求配备高速、便捷和大容量的道路交通网络和交通工具。主题公园的经营需要强大的交通网络的支撑，另外，主题公园一旦建成，大量的游客将极大地影响着城市交通的流向和流量，增加区域交通行业的收入，促进区域交通行业的发展。据统计，2011 春节黄金周，"世界之窗"接待游客 19.23 万人次，营业收入 2468.1 万元，与上年同期相比，入园人数增加 36.9%，收入增加 56.11%；欢乐谷接待游客 18.5 万人次，营业收入 2127 万元，入园人数比上年同期增加 63%，收入增加 59%；"锦绣中华"、"民俗文化村"接待游客 10.02 万人次，总收入 1106.56 万元，入园人数比上年同期增加 40.33%，总收入增加 46.97%。三大景区共接待游客 47.75 万人次，7 天的营业额逾 5700 万元。华侨城三大主题公园在同一城区出现，深圳西部蛇口方向的汽车流量大大增加。

三、提高城市整体形象

随着旅游业发展日趋成熟，旅游目的地之间的竞争已经从原来的资源竞争、产品竞争、市场竞争走向形象竞争。旅游业发达国家开发旅游的成功经验是塑造整体旅游形象，韩国、美国、中国香港等国家和地区，每年投放大量的旅游形象广告来吸引游客。主题公园往往在弘扬当代文化的基础上又结合了当今世界先进的娱乐科技手段，融知识性、观赏性、趣味性、教育性和参与性于一体，同时又渗透了深层次的文化内涵，从而形成了鲜明的城市旅游感知形象。

在长江三角洲地区，苏州、无锡和杭州 3 个城市先后选择主题公园作为其独特的旅游形象。苏州依托著名的苏州园林形成了以苏州园林为拳头的旅游产品。无锡作为众多电影、电视剧拍摄的外景地形成了由欧洲城、三国城和水浒城等构成的影视城主题公园。杭州市则相继建成了宋城、未来世界和杭州乐园。三座城市在主题公园的建设上巧妙地采取了错位竞争的战略手段，改变了城市传统的旅游形象。

以苏州市为例具体说明主题公园对提升城市整体形象的重要作用。一提到苏州就会想到苏州园林，苏州在城市规划中，很好地兼顾了城市发展与园林和谐发展的原则，把人造景观很自然地融入当地自然环境中，整个城市就可称为一个大的园林主题公园，2010 年以苏州为原型的苏州馆被称为上海世博会城市最佳实践区。苏州古典园林"不出城郭而获山水之怡，身居闹市而有灵泉之致"，1985 年，苏州园林被评为中国十大风景名胜之一。闻名遐迩的苏州园林采用缩景的手法，给人以小中见大的艺术效果，为苏州赢得"园林之城"的美誉。苏州园林始建于春秋时期的吴国建都姑苏时（公元前 514 年），形成于五代，成熟于宋代，兴旺于明代，鼎盛于清代。到清末苏州已有各色园林 170 多处，现保存完整的有 60 多处，对外开放的园林有 19 处。占地面积不大，但以意境见长，以独具匠心的艺术手法在有限的空间内点缀安排，移步换景，变化无穷。1997 年，拙政园、留园、网师园和环秀山庄作为苏州古典园林的代表被列为世界文化遗产。2000 年，沧浪亭、狮子林、耦园、艺圃和退思园作为苏州古典园林的扩展项目也被列为世界文化遗产。

苏州除了园林性质的主题公园外，还有苏州摩天轮主题公园（世界最大的水上摩天轮，整个摩天轮主题公园占地 3 万多平方米，总投资 2.8 亿元）、苏州乐园、白马涧、苏迪糖果乐园、常熟海星岛乐园、苏州大未来儿童职业体验馆暨英语村、太仓郑和公园、现代农业园区、北疆枫叶园、荷塘月色主题公园（5000 多亩以荷花为主题特色的大型城市湿地公园），还有在建中的苏州工业园区阳澄湖畔的华谊兄弟电影主题公园，面积约 1000 亩，计划投资 30 亿元。

以园林为主体的主题公园建设大大提高了城市整体形象，每年都能吸引大量的国内外游客。全市 2010 年实现旅游总收入 1018.19 亿元，比上年增长 23.3%；接待境外游客 265.15 万人次，比上年增长 21.0%。入境游客中，外国游客达 187.25 万人次，增长 25.3%；港澳台同胞 77.9 万人次，增长 11.9%。旅游外汇收入 12.51 亿美元，比上年增长 25.4%。全市景区接待游客 9068.80 万人次，比上年增长 25.2%。年末拥有星级饭店 159 家，其中四星级以上饭店 72 家。全市 4A 级景区点 22 家，5A 级景区点 3 家，苏州成为长三角城市中拥有最多世博主题体验之旅线路的城市。2011 年《福布斯》中文版揭晓了中国大陆创新能力最强的 25 个城市，深圳、苏州、上海位列前三名；2011 年由中国城市竞争力研究会评选出来的"中国十佳宜居城市"，苏州仅次于青岛排第二；英国经济学家信息社公布最新一期全球最适合居住城市报告，苏州排第 73 名，仅次于北京在大陆城市中排名第二。

第三节　主题公园对区域其他产业的直接影响

一、对房地产业的影响

（一）主题公园带动周边地价上涨

主题公园创造了良好的社会生态环境，同时也带来了大量客源，这促进了房地产的开发和增值。主题公园之所以能带动周边房价上涨，这主要从商业机会和附近设施来说，主题公园的兴建吸引了大批客源，这批客源的衣食住行消费娱乐需求基本上都要就近满足，从而促进了周边相关服务行业的兴起，这种商机使得周围的房价上涨；其次主题公园具有外部效应，它的兴建有助于周边的基础设施完善，完善的基础设施必然会使周边地区房价上涨。因此主题公园的建成大大地刺激了周边地区的房地产开发热潮，美国华盛顿城市土地研究所做的有关研究表明，主题公园可带动地价上涨 3～4 倍。① 主题公园不仅是一个旅游项目，更是一个产业链条，另外，主题公园项目能够为区域增添新的旅游景点，带动宾馆、零售、餐饮、会展、娱乐、交通运输、金融保险、建筑等各行业的发展，这些相关行业的发展自然需要空间，所以必然推动主题公园附近房价的上涨，其巨大的外部效益或外溢贡献使得一些看上去并不直接与主题乐园相关的产业也同样出现"迪士尼效应"——上海公布迪士尼乐园获批消息后 1 个半小时，紧邻迪士尼规划用地 5.65 万平方米的川沙新市镇 A08－03 地块就以 11.9 亿元的高价拍卖成交，溢价率高达 264%；而"迪士尼地块"附近楼盘的价格，也在 2008～2009 年上涨了一倍。②

（二）主题公园企业直接介入房地产业

主题公园企业直接介入房地产业主要体现在旅游企业直接投资开发地产，形成旅游主题地产。最早进行产业化运作的是北京中坤集团，北京中

---

① 文彤：《城市旅游住宅地产发展研究》，载《城市问题》2006 年第 9 期。
② 季明、王蔚、许晓青：《详解上海迪士尼四大"效应"》，新华网，2009 年 11 月 4 日，http：//news. xinhuanet. com/fortune/2009－11/04/content_12387429. htm。

坤集团由 1997 年最初的百万投资改建宏村古村落，到 2004 年的上亿投资，建成集休闲、接待设施、五星级宾馆、垂钓中心、运动中心，以及产权式经营的徽派别墅为一体的具有国际一流水准的大型会议、度假、休闲、娱乐中心，采用的是典型的先做旅游，后做地产的模式。北京中坤集团的发展策略是策划、包装未开发的旅游资源，待景区发展到一定规模时再介入地产配套服务，形成"保护、开发、利用"的旅游地产开发模式。

另一个主题公园企业成功介入房地产业的例子是深圳华侨城。1995年，华侨城在长沙开发世界之窗，但经营效果并不理想。在随后的考察中，华侨城发现与他们合作开发该项目的湖南广电集团在主题公园旁边开发了别墅项目，销售异常火暴，周边地价房价纷纷上涨，这启发了华侨城开发地产的新模式。经过随后几年的准备，2000 年，华侨城也进入房地产行业。据统计，华侨城房地产开发公司开发各类房屋 238 栋，建筑面积 95万平方米，其中商品房近 20 万平方米。华侨城 4.8 平方公里范围内的楼盘普遍比附近甚至更靠近市区的房产市价高出 2000 元/平方米，和它相邻的楼盘都打着"近邻华侨城"的宣传口号用以吸引顾客。即使在 2000 年后，深圳豪宅总体供过于求的市场背景下，华侨城集团旗下的三个楼盘仍能够以 8800 元/平方米的均价达到 90% 的销售率，甚至其中锦绣三期翡翠郡开盘当日销售额就在 3 亿元左右。如今，华侨城的绿化率达 46.94%，居深圳市和全国的前列。优美的环境，使华侨城的住宅商品房始终走俏，升值很快。房地产界把这种现象称为"华侨城效应"，而且这种效应并不像以往的各种概念一样在一段时候后就烟消云散，反而有蓬勃发展的趋势。

表 7 - 1 显示良好的旅游氛围和配套设施为房地产带来的增值。

表 7 - 1　　　　　　　　　　　2005 年深圳豪宅片区比较

评价项目 ＼ 片区	华侨城	中心区	景田	红树湾
均价（元）	9681	9124	8590	8500
生活配套	完善	一般	完善	一般
交通	便捷	便捷	一般	一般
自然	毗邻锦绣中华园区，全景片区	莲花山远望景观及中心公园景观	仅有莲花山景观	红树湾海景景观
人文	人文旅游氛围，纯住区及独立商务中心	商住氛围	纯住宅区	周边为海边渔村，环境一般

资料来源：2005 年《深圳特区报》、《深圳商报》及《建筑业导报》的报道。

经过多年努力，华侨城从主题公园旅游发展到区域地产经济集团，从其发展历程可以发现，旅游的困境不太可能由房地产解救，相反，好的旅游项目必然会带动周边房地产的发展，甚至旅游房地产必须依托于成功的旅游项目。这种带动过程就是：旅游—配套—地产的发展模式。

二、对文化产业的影响

通常所说的文化产业包含大众娱乐业、文艺演出业、文化旅游业、影视音像业、新闻出版业、互联网信息业、文博业、艺术教育业和群众文化业九大类。主题公园本身就具有很强的文化特性，从某种角度上讲，也是属于文化创意产业。主题公园在经营过程中，不仅需要以各种文娱表演来吸引观众，而且园内销售大量的文化消费品，这对当地文化产业的发展有着极大的帮助。与其他八类文化产业相比，主题公园作为文化产业，具有鲜明的特点：可以串联起其他八类文化产业，具有最广泛的带动作用。下面以深圳华强集团和广州市文化创意主题公园建设发展对文化产业的带动作用来说明。

（一）深圳华强集团

总部位于深圳的华强集团具有强大的研发团队，目前拥有多项主题公园产品的自主产权，其属下的企业原本是数码电影、大型游乐机械的制造商，他们通过建设主题公园，使自身的产品成为固定资产，然后借助于主题公园对小孩子的影响，以主题公园核心部分——海螺湾为蓝本，先后制作了《童年的海螺湾》、《人间历险》、《海洋之子》三部动画片。其中，《海螺湾》的第一部《童年海螺湾》在中央电视台少儿频道播出，创下超高收视率。此后该片迅速登陆辽宁、吉林、安徽、江西等省市电视台，稳居各频道整体收视率前三甲，表现相当抢眼。在各地电视台论坛的动漫讨论版块，《海螺湾》成了小观众们热议的话题。《海螺湾》先后出口到印度尼西亚、越南、中东等多个国家和地区，并与尼日利亚、印度等数个国家的媒体达成合作意向，成为各地电视机构的新宠。在第五届中国（深圳）国际文化产业博览交易会上，深圳华强文化科技集团与国家开发银行、中非发展基金、南非约翰内斯堡市政府、南非国家工业开发公司正式签约，将在南非建设极具中国特色的主题公园，项目总投资达2.5亿美元。华强集团将与南非工业发展公司合作，在南非约翰内斯堡投资建设南非乃至整个非洲科技含量最高、占地面积最大、最具影响力的中国文化主题公园。该主题公园占地 77 万平方米，建成后每年可接待游客 200 万人次。目前，深圳华强集团已经在芜湖、汕头、泰安、沈阳、株洲、青岛、郑州、厦门、天津等多个地区拥有文化科技产业项目。其旗下有"方特欢乐世界"、"方特梦幻王国"、"方特影视乐园"等多个大型主题公园品牌。

（二）广州文化创意主题公园

广州城有着悠久的历史，有很深的文化历史积淀，全世界像广州这样有着 2200 年历史的古城并不多，广州还是海上丝绸之路发祥地、民主革命的策源地、改革开放的前沿地和岭南文化的中心，而且作为一个远离中心、正统思想文化的城市，广州的文化思想一直比较活跃，这些为广州的创意产业提供了丰厚的土壤和不竭的源泉。广州市政府已经确定在"退二进三"（第二产业从市区退出，发展商业、服务业等第三产业）的产业调整中，把创意产业作为积极培育新的经济增长点，推动产业融合发展，构建广州现代产业体系的重要组成部分。

在做大做强文化产业的过程中，广州特别重视文化主题公园的建设，目前已建成或在建的有通过旧建筑、旧码头、旧厂房改造而来的羊城创意产业园、TIT 纺织服装创意园、旧白云机场 5 号停机坪、太古仓码头、广州文化创意产业大厦、Moca 创意城、国家网游动漫基地、广州创意产业园、广州设计港、黄花岗科技园、信义国际会馆、南沙资讯科技园、天鹿湖玛莎罗动漫旅游产业基地、广州北岸文化码头、从化动漫产业园、国家音乐创意产业基地、广东国家数字出版基地、番禺金山谷创意产业基地、珠影文化创意园、1850 创意园、南沙国际影视城、广东文化创意产业园、广州包装印刷文化创意产业园、珠江钢琴乐器文化产业园、小洲影视文化产业园等一大批文化主题公园，这些主题公园对广州的文化产业起到了巨大的作用。

其中广州 TIT 纺织服装创意园前身是建于 1956 年的广州纺织机械厂，机器轰鸣了 50 多年后，机械厂于 2007 年正式停产。广州纺织工贸集团积极响应广州市政府"退二进三"政策，本着"修旧如旧"的原则，以巨资投入打造一个以服装、服饰为主题，产业多元化整合，集时尚、文化、艺术、创意、设计、研发、发布、展示功能为一体的创意产业平台。园区由品牌设计区、跨界创意区、商业文化区、展示发布区、配套服务区、休闲红酒区等功能板块组成，致力于打造一个由设计研发、流行趋势发布、新品展销、品牌推介等功能紧密结合的服装产业资源整合平台。园区除了创作最时尚的设计款式外，还具备品牌展销功能和高端奢侈品定制功能，为国内外知名服饰服装品牌与品牌加盟商、名家设计师、高端消费者之间搭建产品销售和体验平台，第一时间呈现南中国最尖端的新潮流，成为引领时尚文化的风向标。

另外，创意园提供以文化为载体的多元化增值服务和由专业机构提供完善的业界支持。园区内设岭南服装文化博物馆、红酒区、模特艺术区等配套设施，并且通过获得中国纺织工业协会、中国纺织品进出口商会、广东省服装行业协会、广东省服装设计师协会、粤港澳服饰商会、广东省模特行业协会、广州市服装行业协会等纺织、服装协会的支持，进一步为园区进驻企业提供全方位、多元化的增值服务，如开展文化艺术展览、服装服饰潮流趋势发布、设计师和营销总监的深度培训、服装服饰时尚企业的战略咨询与策划、品牌推广、创意论坛和专家学者的顾问服务等，为园区企业提供智力方面的支持和服务；创意园还提供法律咨询、金融担保、广告宣传、物流管理、职员培训、会议组织、社交公关、礼仪接待、文书管理及其他管家式的增值服务。

整个园区的一期工程如今已基本完成，并且都已基本招商完毕，一期入园企业58家。著名设计师刘洋、屈汀南、知名模特王东分别在园区设立了设计工作室，落户在创意园的还包括海上丝路模特机构、粤港澳服饰协会等行业机构，其中服装时尚企业达70%，文化艺术等企业达30%。目前，进园的大部分企业已开始投入运营，仅园区的客户之一"匹克中国"2011年的营业额就高达人民币46.5亿元。还有众多的时尚品牌如法国摩安珂（Mo&Co）、英国斐凡妮（Vcfani）和克劳拉尔（Kelaor）服饰等，其销售额非常可观。创意园拥有自主经营的4300多平方米的时尚发布中心，配置顶级、专业的灯光音响设备，为设计师、服装企业提供一流的发布场地及餐饮、酒店配套服务。按照行业内举办一场SHOW平均费用达60万元、1年T台保守估计有150场SHOW来计算，将带动经济收入近1亿元人民币，此外，园区的餐饮、酒店的配套经营还能带来营业额达4000万元的收入。

通过以文化推动产业发展，不仅能起到盘活"老厂房用地"的作用，实现"退二进三"的目标和要求，而且能获得较佳的经济效益。TIT创意园已从过去亏损的老纺织机械厂变成集多家知名服装服饰企业于一身、年产值超150亿元人民币的大型经济综合体，由此带动了服装服饰产业链上中下游产值的提升和以倍数的增长，也有利于促进珠三角地区纺织服装产业的转型升级，吸引国内外众多的知名企业来广州发展，更重要的是通过这样一个平台带动更多平台,从而让有着 2200 多年历史的广州成为国际时尚之都、文化艺术之都。广州创意园充分展现了主题公园建设发展对相关文化产业的全面带动作用。广州文化产业 2008 年实现年增加值超过 595 亿元人民币,增加值同比增长一成三,占全市 GDP 7.24%,已经跃身成为广州的支柱产业,据《中国广州文化创意产业发展报告(2010)》显示,2009 年年底,共有文化产业法人单位 1.88 万个,从业人员 48.11 万人,全年实现营业收入 2080.43 亿元。文化产业实现增加值 719.35 亿元,同比增长 20.87%,文化产业增长值占地区生产总值的比重仅次于北京,居全国大城市第二位。

第四节　主题公园集聚与集群对区域产业发展的作用

一、主题公园集聚与集群辨析

产业集聚是生产某种产品的若干同类企业或不同类产业及其在价值链上相关的支撑企业高密度地在一个地区集中与聚合。从国际上看,产业集聚是工业化进程中的普遍现象。在工业发达国家,竞争力强的产业通常采取集聚的方式,某类产品与某个城市的名字联系在一起。如美国底特律的汽车、西雅图的飞机、硅谷的电子产品等。产业集群,则是指大量的相关企业按照一定的经济联系集中在特定的地域范围,形成一个类似生物有机体的产业群落。按照波特的观点,产业集群是指在某一特定领域内(通常以一个主导产业为核心),大量产业联系密切的企业及相关支撑机构在空间上集聚,并形成强劲、持续竞争优势的现象。产业集群不仅包括相同产业的众多企业的集聚,而且还向上、下延伸包括相关产业的企业,并包括行业协会、培训机构、咨询公司、研究机构和政府等,各单位通过"扎堆"形成纵横交错的网络关系。

两者的区别是产业集聚强调同一产业内各企业的集聚,产业内部的地理集合;产业集群的重点则在于不同产业的相互配合,分工协作,集群是产业链的集聚,分工不同的相关产业在一起有机集合。产业集聚是指众多同类产业的企业或者相关产业的企业在某一地区的集中与聚合。而产业集群是指众多按专业化分工的同类或相关产业的企业及其在价值链上相关的支撑企业、机构，以较完善的组织方式在一定空间范围内的柔性集聚。可见，产业集聚与产业集群的本质区别就在于企业的柔性集聚，产业集群是产业集聚发展的更高级阶段。所谓柔性（flexible），是相对于福特式的刚性（大批量、标准化）而言的，是指能适应市场变化而灵活改变的一种极强的快速反应能力。一般认为，柔性集聚有三个重要特征：一是企业内部生产与管理方式的柔性。表现为以适应不同顾客定做要求的高度灵活性；对新的技术和观念的快速吸纳；对产品生产周期的长短快速反应；零仓储和超额的生产能力；柔性价格和商业谈判的关系；智力和体力工作活动的一体化。二是企业之间的关联柔性。主要表现为产业链上下游的供应商和客商之间的生产协作关系由福特时代的纯市场关系，转变成后福特时代的客商积极参与供应商的产品创新设计。企业之间关系的柔性化，使产业链上下游的供应商、制造商、客商之间更容易形成一个相互学习的整体，推动了集体学习的进程，降低了学习成本，促进了更多有创新价值的活动发生。三是劳动力的供给柔性和劳动力的使用机制柔性。劳动力的供给柔性使得集群内企业可以随时高效率地获取专业性雇员和专门化的自由劳动力供给。劳动使用机制的柔性化，使得集群内劳动力能够高度流动，企业内外的信息交流渠道增多，增加了企业的创新速率与概率，也有利于企业对快速变化的市场做出灵活反应。产业集聚与产业集群的区别，还具体表现为它们两者在集聚过程、内在关系、产业链、创新网络、集聚动力、知识传递、根植性、发展层次等方面的不同。

两者的联系是产业集聚和产业集群都是区域经济发展中的空间集中化战略，属于集约经济。规模收益递增、可流动的生产要素、较低的运输成本是其发生的基本条件，缺少任何一方面，它们都不能自我发生、自我增强并持续下去，产业在空间上的集中只有通过规模经济和多样化经济才能提高效益降低成本，增强企业的竞争力。因此，在某一企业聚集的区域，相关产业或同类产业都具有纵向与横向的紧密联系。此外，传统产业、高新产业或资本与技术结合型产业都可以形成产业集聚或产业集群。

产业集聚属于动态的运行过程，产业集群则是静态结果。产业集群是特定的产业集聚现象，特定产业的集聚是产业集群形成和发展的基础，但并非任何产业集聚都能发展成为一个产业集群。产业集聚是因为某产业的有关企业集聚于某地，而形成的一种聚集效应，它是产业集群的初级阶段；当这些企业之间发生某些有目的的合作时，则产生联合行动效应；当政府有意识地参与其间时，会出现制度效应。这三种效应都是产业集群的效应。两者的最大差别是：产业集聚区内企业之间的联系不是广泛存在的，未形成长期的信任和合作关系网络，导致这些产业在该地区是不稳定的、易移动的，是一种松散型工业；而产业集群内文化特征的根植性促进产业的加速黏合，加深产业对当地经济的影响，获得更强有力的竞争优势，集群强调的是群，有分工整合的意思，集聚强调的是聚，是简单的聚合行为，集群比集聚高级。二者并不是风马牛不相及，也是有一定联系的。产业的空间集聚可以形成产业集群，但并不是所有的产业集聚都能形成产业集群，产业集聚在一起，只有他们相互之间有联系才能形成产业集群，产业集聚只是产业集群形成的一个必须条件而非全部条件。

所以产业集群的形成一般经历企业集群—产业集聚—产业集群的过程。一个具备环境和条件的地区首先出现企业集群，规模经济和范围经济的效应促使许多企业为了低成本而集中，这是一种低成本型的集群。在这样的企业集群里，没有主导性的企业，各个企业之间的联系、合作较少，各个企业都专注于自己的生产、营销等孤立的价值链上，这是集中做企业的集群，没有形成产业链。随着企业集群的发展以及集群内外部环境的变化，企业之间的联系日益加强，互补合作企业增加，企业与相关机构也趋向合作，这时候也出现了主导性的企业，从而促使企业及相关机构围绕大企业、大项目集结，初步形成了产业链，这一过程即产业集聚。虽然有的产业集聚在一起，但是相互之间没有联系，就不能形成产业集群。如果环境与条件具备，就会进一步发展到产业集群阶段。产业集群内可能存在一个或几个相关产业，企业及相关机构追求创新，集中做产业，从而使得产业链拉长加粗。

无论从社会经济发展的历史还是从一个地区产业经济发展的过程来看，产业集群的形成遵从着"企业集群—产业集聚—产业集群"这一逻辑。这一模型告诉我们，产业集群是由企业集群随着产业集聚进一步演化形成的，企业集群是产业集群的初级形态，产业集群是企业集群的高级形态。"企业集群—产业集聚—产业集群"的演变逻辑中产业价值链是一条主轴线，产业集群的形成与发展过程实际上就是产业价值链的形成和完善过程。

二、主题公园集群特征和形成机理

（一）主题公园产业发展具备了集群的基本特征

无论从早期学者们共同强调的"企业地理集中、中小企业占主导地位、经营活动的垂直分解和专业化服务"等集群应有的特征，还是从后期对于集群含义的扩展和泛化来看，某一旅游地的旅游产业都具备了集群的基本特征。国内外大量的文献中都提到无论是发达国家还是发展中国家，旅游产业往往是以大量的中小企业为主，也最需要通过政策的干预实现成本降低和创新。从区域角度来看，由于特殊的产业性质和生产消费同步性特点，以主题公园带动的旅游产业本身就具有产业集群特点。笔者认为，旅游产业集群的特征应从外在特征和内在特征两方面分析，外在特征是从集群的统计数据和集群的外部表现就能确定的，而内在特征则需要通过深入集群内部调查和研究才能确定。

（二）外部特征

1. 具备一定的产业规模和较长的旅游产业链条

较大的产业规模和较长的产业链是形成旅游产业集群的基本条件，具有一定的产业规模和较长的产业链条才能促进专业化分工的不断深化，专业化分工反过来又促进产业的增长和集中。只有大量的企业集聚才能产生激烈的市场竞争及产业整合和分工，吸引相关支撑机构和政府制度的扶持，促进集群不断创新和保持竞争优势。迈克尔（Michael）强调了旅游产业集群的结构和规模的重要性，认为只有达到一定的产业规模才能使集群具有竞争力（Michael E. J.，2003，2004）。旅游产业集群应该基本具备旅游产业链上的"旅行社、住宿业、餐饮业、旅游景区、旅游交通、旅游零售业"等旅游核心产业链条，其中最重要的是住宿业，只有能让游客"停留过夜"的旅游地才能在丰富游客旅游活动的基础上吸引其旅游消费和延长旅游产业链，扩大旅游产业规模，并在市场的推动下促进专业化分工；而旅游业的分工深化和产业链的延伸才能引发对旅游相关产业的大规模需求，并促进研发机构、行业协会、金融机构、培训中心等支撑行业的集聚，形成交流频繁、流动性强的劳动力市场。产业规模可以用区位商度量，产业链条可以通过产业调查获得。

2. 具有较强的创新能力

如前所述，创新能力强是产业集群的重要特征，因此，具有较强的创新能力也应成为旅游产业集群区别于简单旅游产业集聚的重要特征。集群创新能力强是一个相对概念，集群在不同发展时期其创新能力是不同的。作为区别于简单产业集聚的特征，旅游产业集群的创新能力强主要是表现在创新的频率和强度上，即创新在时间上和集群整体空间上具有一定的密集性。旅游产业集群的创新一方面是企业不断推出新的差异化产品和服务；另一方面也表现为旅游地整体形象的不断提升、管理体制的创新、整体产品的创新以及对于集群内部企业空间格局和景观格局的改善和创新，而后者则主要是基于旅游需求市场和企业共同推动，由政府完成的创新。创新能力可以通过创新频度和创新绩效体现，而创新频度和绩效既可以通过观察旅游地新旅游产品的开发速度、新的适应旅游产业发展的制度的制定和新管理手段的运用等方面粗略测定，也可以通过对旅游企业、政府及旅游者对旅游创新的认知和态度等方面调查获得。

（三）内在特征

1. 集群内部合作性竞争明显

旅游产业链上核心行业企业间没有投入产出关系，因此，也没有上下游企业间的讨价还价竞争，不同行业企业基于为旅游者提供完整的旅游产品而进行紧密的合作。旅游产业集群和旅游产业简单集聚的区别就在于不仅是互补行业之间进行合作，而且是同类企业之间经过了长期的竞合博弈和基于相同或相近的社会文化背景和制度环境下出现了合作性竞争关系，这种合作既包括契约和合同形式的正式合作，也包括非正式合作如非正式交流、信息、社会观念和竞争规范分享等，后者在旅游产业集群的创新中也起着更为重要的作用。企业间这种合作性竞争关系是否形成可以通过集群调查获得。

2. 企业间形成了共享的竞争规范和行为准则

非正式制度是指习俗、惯例、伦理准则和意识形态等人类行为的非正式约束机制，是在人类长期的社会博弈过程中自发生成的；其形成和运行所依据的是心照不宣的、默认的知识，它一般不能被明确表达，也不能通过编码化知识进行传递，只能通过传递双方的共同理解和信任在实践中获得。产业集群内企业间经过长期的交易和博弈以及基于集群社会资本的信任和合作形成了企业间共同遵循的竞争规范和行为准则等约束企业行为的非正式制度，这种规范和准则是企业间默认的，建立在企业间相同或相似的文化背景和价值观念的基础上，能有效地防止各种机会主义行为，有助于降低交易成本，加强企业间的交流与合作，促进知识外溢、技术扩散和集群创新，提高旅游产业集群整体的竞争力。旅游产业中大部分行业市场进出门槛低，产业市场集中度低，中小企业占了很大比例，在旅游地旅游产业发展初期极易产生价格竞争、商业欺诈、以次充好等混乱的市场秩序，这个时期的产业集聚不能称为产业集群；只有企业间通过长期竞合博弈和基于共同的文化背景和制度环境的社会资本优势，最终形成建立在信任和合作基础上的、非书面的、企业共享的竞争规范和行为准则等有利于创新和提高整体竞争力的非正式制度，才能形成旅游产业集群。

基于上述旅游产业集群应具备的特征，我们可以从产业链和创新角度来定义旅游产业集群：在一定的地理空间上形成的，具有一定的产业规模和较长旅游产业链条，并拥有较强创新能力的旅游产业集聚体，集聚体内企业合作性竞争明显，并形成了有利于提高整体竞争力的企业共享行为规范和目标。

（四）旅游产业具备形成集群的必要条件

首先，旅游产品本身就是由不同行业的产品组成的，生产过程也就具有可分性，而且随着旅游者需求的细分，会不断产生新的行业部门满足旅游者的需求。其次，产品的可运输性实际上指产品可以移动而且运输成本较低。旅游产品虽然不能运输，但是却可以通过购买产品的旅游者的运输和移动实现集中消费。而且旅游作为较高层次的精神需求，运输成本对旅游需求量的限制较小，尤其是具有较高价值和吸引力的旅游产品，其辐射的需求市场范围会更广。因此，世界级旅游产品和靠近客源市场的旅游产品具有更强的"可运输性"，更易形成集群。最后，不同旅游者的旅游需求是多样的，而且随着生活水平的提高和生活方式的改变，同一个旅游者的旅游需求也会不断地发生变化，这就要求旅游企业不断适应市场变化推出相应的产品。相应地，旅游产品也就存在丰富的差异化机会，通过不同的产品生产环节和服务细节满足旅游者的需求。

产业自身具备了生产过程的可分性和产品的可运输性才能使相关产业集聚，而产业集群的充分条件是针对特定的产业集聚现象而言，具备了较长的价值链、差异化、创新网络，多变的市场环境等条件的产业集聚才能真正形成集群。目前，有些旅游目的地集聚发展的旅游产业已经具备了这些条件，因此，旅游产业集群是客观存在的。

三、主题公园的旅游产业链和产业集群

由前面分析可知，以主题公园带动的旅游业，要想从企业集聚到产业集聚然后再达到产业集群，产业链是主线，产业链对集群的形成起到基础

性的作用。旅游产业链是指为满足旅游者的旅游需求，以产业中具有竞争力或竞争潜力的企业为链核，与相关产业的企业以产品、技术、资本等为纽带结合起来，通过包价或零售方式将旅游产品间接或直接销售给旅游者，以助其完成客源地与目的地之间的旅行和游览，从而在旅行社、旅游交通、旅游景区、住宿业、餐饮业、零售业等旅游核心行业及相关行业之间形成的链条关系。旅游产业链、旅游供应链和旅游价值链大致是相同的，但旅游供应链强调从旅游地旅游产品到客源市场的过程，而旅游价值链强调在这个过程中的价值增值和分配过程，二者都更多地侧重了本地旅游企业和外部企业间的纵向联系。而对于旅游地或旅游产业集群来说，与涵盖了旅游产业的横向联系和纵向联系的"旅游产业链"联系更为密切。

旅游产业链与旅游产业集群既有联系又有区别，联系主要表现在旅游产业集群是旅游产业链在地理上的集聚，是旅游产业集群的主要成分。区别主要表现在：

（一）组成内容的差别

王缉慈认为，产业集群的概念比产业链概念内容丰富得多，即不但包括相关产业的价值活动，而且包括促进企业联系的各种组织和机构，如商会、行会、企业协会等组织，广告、营销、电子商务、培训和教育机构、银行等机构，以及会展、研讨会等各种公共活动，甚至还包括当地政府，这些组织和机构促进企业之间的各种非正式的相互交流，进行区域治理，把本区域孤立和分散的企业组织起来，共同应对国际竞争。因此，解构产业集群的研究要比产业链复杂，这也正是不同学科都能在产业集群中找到自身研究领域的原因。

（二）对产业集聚的要求不同

旅游产业链虽然也强调旅游各行业的联系，但是旅游产业链并不强调区域性和地理集中性，产业链上的旅游核心行业、原料和设施供应商及旅游批发商往往不在同一个区域内，因此，旅游产业链可以在不同的区域尺度或跨越区域进行组织。而旅游产业集群是旅游产业链和相关支持机构在地理空间上的集中，强调产业链上各行业的空间集聚，这样就把本属于旅游产业链，但在产业空间集聚之外的原料和设施供应商、旅游批发和代理商等排除在集群组成之外，只能作为集群的外部联系。

在主题公园旅游区，游客的感受不仅仅取决于主题公园本身的吸引力，而且，还依赖于处于其他互补性业务的质量与效果。这使得与主题公园在经营中相关的企业，构成了实质上的价值链。这条价值链上的产业始终都是围绕游客体验为主线向上下游延伸，继而形成相关产业相互促进的一体化现象，这种相互促进基本上体现在要素、市场、支持环境与区域结构等方面。从竞争角度来看，产业链实际上是价值链。但是这种价值链需要各个部门的竞争与合作才能逐步走向完善。从主题公园的角度出发，可以分为产业互补型和产业关联型两种价值链模式。

1. 产业互补型价值链

处于同一区域内的主题公园，由于主题的不同，很容易产生互补型的价值链。这种价值链相对来说具有较强的产业稳定性，其发展更具有可持续性。如广州番禺的长隆集团通过长隆欢乐世界、广州香江野生动物世界等的集聚，逐步发展出配套的酒店、剧院、高尔夫练习场等相关设施，逐步完善番禺的产业价值链。具体路径如图 7-5 所示。

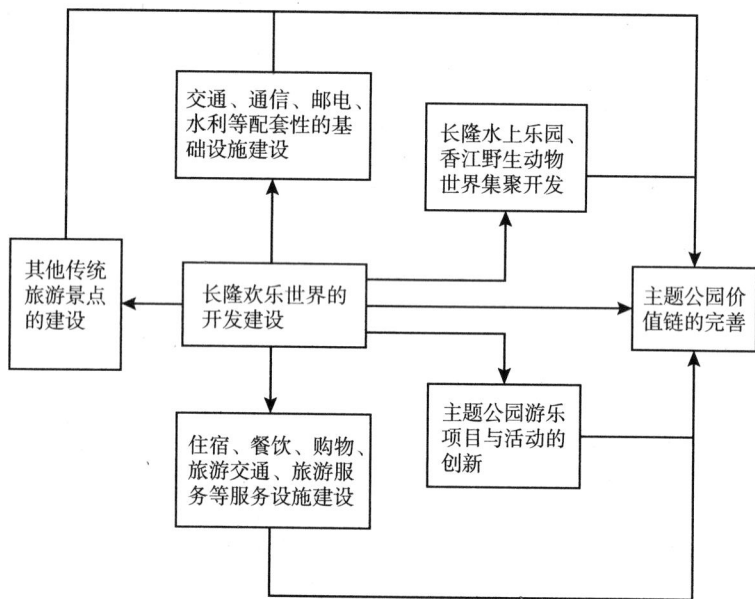

图 7-5 广州番禺主题公园互补型产业价值链的完善

2. 产业关联型价值链

由主题纵向延伸而形成的产业集聚，通过推动其他相关产业的发展，使其价值链得到扩展，处于价值链上的各个企业也形成一种合理的分工与协作，进一步促进产业集群与经济发展。如开封的旅游价值链，由于开封属于历史文化名城，在开封的清明上河园带动下，在其周围集聚了翰院碑林、天波杨府、开封府等主题公园。在这些公园的周围，不仅地产业得到了发展，而且，由于传统文化产业的建设与服务推进，衍生出了以生产清明上河图等文化产品为代表的文化产业。在开封，由于清明上河园等主题公园的带动，许多如皮影戏、糖人等民间艺人在园内表演，一方面传承了传统文化；另一方面促进了主题公园的发展以及产业集群的完善。具体如图 7 - 6 所示。

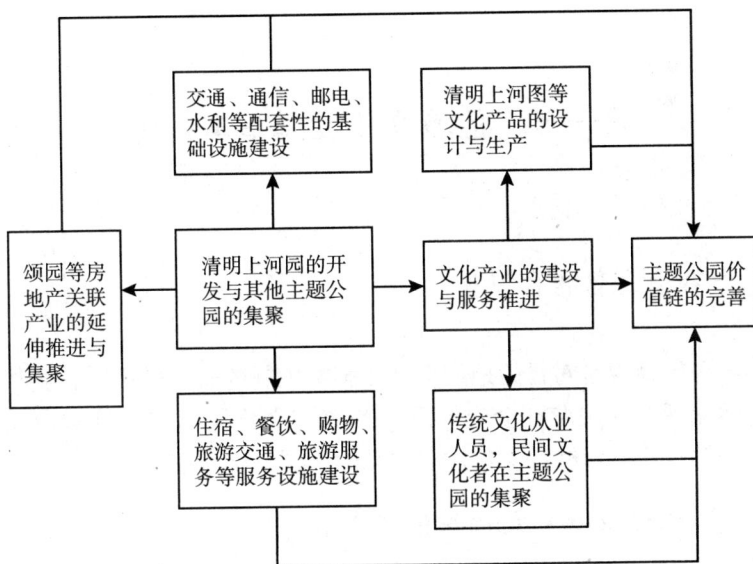

图 7 - 6　开封主题公园关联型产业价值链的完善

第八章

主题公园对区域文化的影响

第一节 区域文化发展基本理论

一、社会文化融合理论

在各种解释旅游对目的地社会文化影响机制的研究成果中，旅游地社会文化演化理论、旅游社会交换理论和旅游文化同化理论具有较大的影响，也是解释旅游与社会文化发展关系的重要基础理论。

（一）旅游地社会文化演化理论

旅游对目的地的社会文化影响的发展演化理论源自有关旅游地生命周期的理论。旅游地社会文化变迁的阶段既是社会文化环境变迁时序性的集中反映，又与旅游地发展阶段紧密相关。国内学者杨俭波和乔纪刚将旅游地社会文化变迁划分为四个阶段（见图 8 - 1），即待开发阶段、成长发展阶段、波动振荡阶段和巩固与衰退阶段。[①]

---

① 杨俭波、乔纪刚：《旅游地社会文化环境变迁的时序特征与阶段发展模式》，载《广西社会科学》2005 年第 1 期。

旅游地社会文化
环境变迁强度

变迁曲线

I

II

III

IV

t_0 t_1 时间（t）

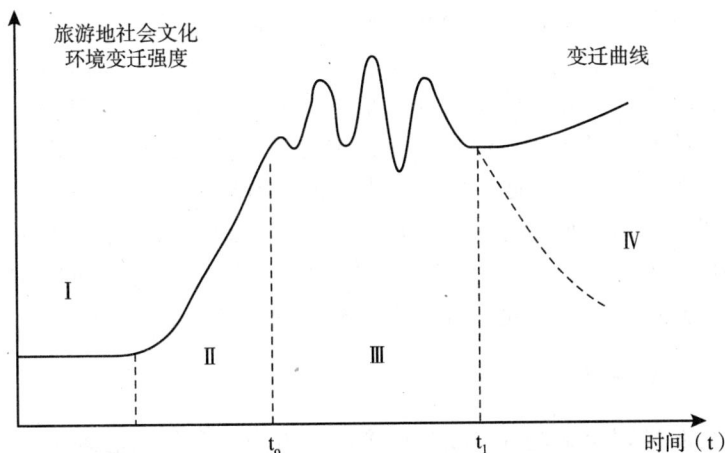

Ⅰ：待开发阶段　Ⅱ：成长阶段　Ⅲ：波动振荡阶段　Ⅳ：巩固或衰退阶段

图 8 - 1　旅游地社会文化环境变迁模式

资料来源：杨俭波、乔纪刚：《旅游地社会文化环境变迁的时序特征与阶段发展模式》，载《广西社会科学》2005 年第 1 期。

　　待开发阶段的旅游地处于初始开发状态，到访游客量少，社会文化环境受影响程度不高，变迁效果不显著；在成长发展阶段，随着游客介入的增多和旅游地被外界认识了解的加深，旅游地开始大规模投资建设和旅游开发，旅游产业规模逐渐成形，与旅游活动有关的社会文化因子受到重视；在波动振荡阶段，旅游地逐步改善的社会文化环境在更大规模的"旅游者流"和"物能流"等的冲击下，表现出一定的局限性和不适应性，由于旅游者的示范效应和界外"物能流"的冲击扰动作用，使社会文化因子发生分异和畸变，负面效应随之出现。因此，此阶段是旅游地社会文化环境正负作用交锋的关键时期，有较明显的振荡现象发生；巩固与衰退阶段是指波动与振荡阶段的旅游地社会文化环境，面临两种发展的选择：全面衰落或重获新生。旅游地一旦步入衰退境地，其社会文化环境将面临全面退化；假如措施得力，旅游地社会文化环境则可能重新步入稳定发展的良性变迁轨道。

　　与从整个旅游目的地发展的角度来研究旅游地社会文化演化不同的是，多克西和密丽根的研究是从当地社区居民的角度进行的。

　　多克西根据自己在巴巴多斯和尼亚加拉湖区的案例调查，总结得出旅游对目的地的社会文化影响可根据当地居民对旅游发展态度而划分为不同阶段，随着旅游开发的深入和广泛依次呈递进的趋势，即融洽阶段、冷漠阶段、恼怒阶段、对抗阶段和最后阶段。这一理论认为，当地居民对旅游者的态度改变来自旅游者数量的不断增加及他们的到来给当地原有的生活方式所带来的威胁。随着旅游业的结构性转变和主人社会受旅游开发影响的范围及时间变化，旅游对目的地的社会文化影响也会发生相应的变化。① 密丽根在对葡萄牙古恩希地区的工人所做的研究中使用了类似于多克西的方法。他认为，正如当地人因为旅游者所造成的拥挤问题而恼火一样，那些直接服务于旅游者的人也会有同样的感受，尤其是当这些人本身也是从外地来的务工者时更是如此。②

（二）旅游社会交换理论

社会交换理论是在古典政治经济学、人类学和行为心理学的基础上发展起来的，将人与人之间的互动行为看成是一种计算得失的理性行为的社会学理论，它认为人类的一切行为互动都是为了追求最大利益的满足。③ 霍曼斯（G. Homans）将两个当事人期待着互相满足的社会资源的往来称为"社会交换"。社会交换是比经济交换广泛的概念，它既没有像经济交换那样作为基准的价格（交换价值），也没有市场，是由互惠原则或"社会正义（公正）"的价值观支配的。④

社会交换理论在旅游学领域的应用和推广始于20世纪80年代末，美国的约翰·阿普（John Ap）通过研究构造出社会交换过程模型，他结合各种社会交换理论的基本概念和因素，试图理解居民与旅游者之间的动态相互关系，解释居民对旅游影响形成的知觉。模型概括说明居民初始涉及旅游交换，持续交换及最后脱离交换的过程。⑤ 模型反映的交换过程的基本构成有四部分：需求满足、交换关系、交换后果、不交换。联系各部分间关系的过程有：初步交换（1）、交换形成（2）、交易估价（3）、后果积极估计（4）及后果消极估计（2b、4b）。模型结构如图8－2所示。

———————————

① 转引自刘赵平：《社会交换理论在旅游社会文化影响研究中的应用》，载《旅游科学》1998年第4期。

② 转引自邓敏：《民族旅游目的地社会文化影响因素研究》，西北大学硕士学位论文，2007年。

③ 蔡文辉：《社会学理论》，三民书局1986年版。

④ 青井和夫：《社会学原理》，华夏出版社2002年版。

⑤ John Ap. Residents' Perceptions on Tourism Impacts. Annals of Tourism Research，1992，19（4）：665－690.

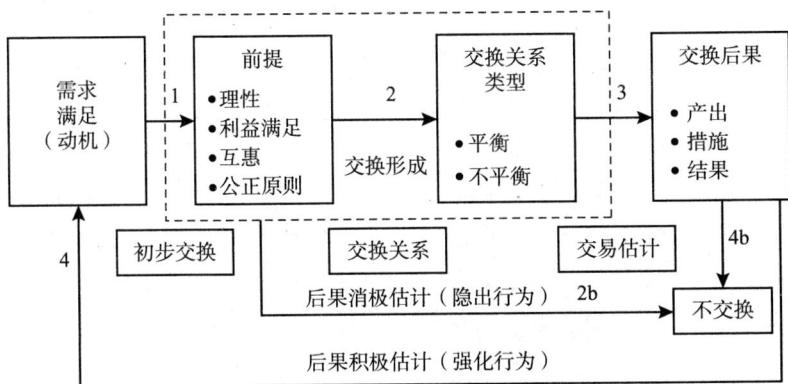

图 8 - 2　旅游社会交换过程模型

资料来源：李有根、赵西萍、邹慧萍：《居民对旅游影响的知觉》，载《心理学动态》1997年第 2 期。

模型基本假设有四个，即社会关系中存在社会当事人之间的资源交换关系、社会当事人在交换关系中寻求相互利益、涉及居民知觉的初始交换动机是改善地区的社会经济面貌、从居民的知觉及态度可以预测他们的行为。① 前两个假设基于社会学理论，第三个假设是模型应用的基础，第四个假设来源于态度与行为之间的一致性，具有强相关的理论，这是模型推断的理论依据。

这一模型表示：当交换的一方或双方表达出自己的需要时，交换过程就开始了。要使交换正式形成，还必须满足两个先决条件：第一，理性，也就是说交换双方都是为了满足个人需要而从交换中获取收益的理性行为，而非盲目行为；第二，追求满意收益，即交换双方想从交换中达到满意的收益水平，若一方预测到自己从交换中得到的收益为负，他可能会中途退出交换，而当双方都认为自己会有正向收益时，交换关系才正式形成。交换完成之后，会产生一系列的结果。这些结果中包含有形的产出和无形的感受。然后他们会对这些结果进行评价，如果觉得自己收益大于付出，那么就会努力促成交换行为的保持。若认为自己在交换过程中受损，将会减少或退出交换。

在旅游领域，社会交换理论实际上肯定了以下判断：在旅游活动中，社会交换是普遍的；个体参与交换的动因符合社会交换理论的分析

---

① 李有根、赵西萍、邹慧萍：《居民对旅游影响的知觉》，载《心理学动态》1997 年第 2 期。

结论；影响旅游目的地居民对旅游的态度和知觉的因素是经济因素、社会因素、环境因素和心理因素，起决定作用的是本体的价值观；经济、社会文化、环境因旅游活动状况的改变有可能发生改变，进而引起旅游目的地居民社会心理的变化。社会交换理论可以用来解释国外早期的研究结果所表明的"居民对旅游业的支持取决于居民对旅游影响的知觉"的原因。因为旅游影响的知觉是居民对发展旅游中成本与收益评价后的结果。所以，认为与旅游者的交换是有好处的居民会支持旅游业的发展，反之，那些认为与旅游者的交换是有害的居民会反对旅游业的发展。

（三）旅游文化同化理论

从文化传播角度来看，当一种文化进入另一种不同的文化环境时，在相互作用和沟通的过程中，会对主人社会产生两种影响：一种是意识行为的改变；另一种是表现行为的改变。如果主人社会的文化改变只是体现在表现行为上而没有意识行为的改变，那么这是一种文化漂移过程，如果表现行为和意识行为两者都有改变，则是一种文化同化现象。当一个社会与另一个社会在经济文化上都有比较强大的社会接触时，这个较弱势的社会经常要被迫接受强势社会的许多文化要素，这种由于两个社会的强弱关系而产生的广泛的文化假借过程就称为文化同化。①

旅游者出游的一个重要的心理动机就在于对异质文化的求索与猎奇心理。但是，具有不同文化背景的人碰到一起必然会因为文化的差异而造成误解或冲突。在旅游过程中，不但旅游者会受到旅游目的地文化的影响，使文化从旅游目的地流向客源地，而且更多的是目的地受到外来文化的极大冲击，使目的地文化受到客源地文化的影响。这种文化的传播方向和传播程度取决于客源地与目的地的双方力量的对比、影响力以及文化势能的差异上。如果客源地文化势能较高，文化主要由客源地传播到目的地；如果目的地文化势能较高，则文化主要由目的地传播到客源地。

一般来说，旅游目的地受外来文化的影响更大些。在旅游活动这种跨文化沟通中，外来旅游者在目的地一般只做短暂逗留，使得两种不同文化的沟通只能局限于肤浅的层次。但是，对于当地居民而言，他们同

---

① 童恩正：《文化人类学》，上海人民出版社1989年版。

旅游者的接触是持续不断的。由于旅游者的不断刺激，会对目的地居民产生累加的影响，所以尽管旅游活动中的文化扩散是双向的，但实际上，旅游者带给目的地影响比他们接受目的地社会的影响的机会要大得多。在不同社会文化发生接触时，双方可以通过"借鉴过程"使二者间的差异缩小，但这种"借鉴过程"并不是对等的，在很大程度上要受到接触时双方关系的性质、双方的社会经济状况以及双方人口数量差异等因素的影响。①

从文化的接受模式来看，可分为水平接受和垂直接受，对于处于同等经济发展水平和社会意识形态的主客双方来说，其接受模式多是水平接受，但是对于发展水平并不对等的主客双方而言，其接受模式通常是垂直接受。② 位于经济不发达地区的旅游目的地多是出于提高经济收入和解决就业等方面的需要而开发旅游的。在目的地为适应外来旅游者的需要而对自身采取各项改造措施时，不可避免地要屈从于外来旅游者的好恶态度和价值观，这种貌似自发的行为中实际上隐含着一种被迫与无奈。所以，在外来文化的冲击下，当地弱势的文化常常被外来的强势文化所同化。由此可以判断，来自经济发达地区的强势文化更多地将自己的价值观念、思维方式和价值标准等施加于经济欠发达地区（旅游地）的弱势文化，使后者在文化上有所改变以迎合与适应强势文化。许多案例表明，在发展旅游的不发达地区常会出现传统文化日渐衰微并逐渐发展出受外来文化强烈影响的现象。

二、旅游社会承载与文化整合理论

（一）旅游社会承载力理论

关于承载力的概念，早在 1936 年就有学者提出，随后许多学者对旅游承载力的概念和应用进行了研究。从 20 世纪 70 年代后期开始，研究者逐渐重视研究旅游承载力的社会心理因素，开始对旅游社会承载力进行探讨。巴特勒认为旅游社会承载力有一个门槛，超过这个数值，旅游者之间

---

①　T. Nunez, Tourist Studies in Anthropological Perspective. Hosts and Guests：The Anthropology of Tourism. Valerie L. smith，1977. Philadelphia：University of Pennsylvania Press.

②　李勇：《吉林省旅游产业区域影响力研究》，东北师范大学博士学位论文，2008 年。

的"拥挤"将变得不可接受。[1] 奥赖利（O'Reilly）认为，旅游社会承载力是目的地居民在感受旅游负面影响之前旅游目的地所承受的旅游水平。[2]

旅游社会承载力是从社会经济的角度来考虑旅游对社会系统产生的影响，是在不降低旅游者旅游体验质量和不可接受的社会负面影响的条件下，旅游地的最大使用水平。旅游社会承载力主要包括生活方式改变与文化影响、基础设施的供给与要求、娱乐设施的建设、劳动力就业等，它们随着旅游开发的程度的变化而变化。劳动力就业与基础设施方面的问题是，由于当地人力不足，需要从外地招聘劳动力来为旅游业服务，如果人口增加过多，就必须新建学校、医院等公共设施，这样会增加地方政府额外的负担与开支。若造成供应紧张，则当地居民会产生仇视心理；同一地区受聘者与未受聘者之间也有冲突关系，因为受益差别必然导致地区权力结构的变化。一些旅游受益者如土地开发商、地主、投机者、建筑商、运输商可能迅速占领地区的统治地位，而传统产业主则将失去其原来的优势，从而产生仇视与冲突。土地、资源的重新分配会导致旅游需求与当地居民间的冲突；游客越多，对当地居民的妨碍也越多，从而产生怨恨。

旅游社会承载力的影响因素既包括旅游目的地本身的旅游供给水平、旅游目的地自然环境条件、经济发展情况、社会结构、旅游发展水平、当地居民对旅游的态度等，又包括来访旅游者的消费水平、旅游者数量、旅游设施使用量、旅游活动形式、停留时间等，同时还涉及旅游管理部门对整个旅游目的地的开发与管理。为了分析旅游者与当地居民社会心理承载力之间的关系及其在决定旅游目的地的最大旅游接待数量中的作用，梁智和王碧含建立了用于描述旅游者与当地居民社会心理承载力之间关系的理论模型。[3] 他们用 W 表示当地居民通过游客的旅游活动获得的总效用，用 N 表示旅游者人数，用 T 表示每个旅游者给当地居民带来的效用，则当地居民通过旅游者获得的总效用可表示为 W = NT。同时，用 C 表示当地居民所需付出的成本，即旅游者给当地居民生活造成的消极影

① R. W. Butler, The Concept of a Tourist Area Cycle of Evolution: Implications for Management of Resources, Canadian Geographer, 1980, 24 (1), 5 - 12.

② A. M. O'Reilly, Tourism Carrying Capacity: Concept and Issues, Tourism Management. 1986, 7 (4): 254 - 258.

③ 梁智、王碧含:《旅游目的地社会心理承载力的实证研究》, 载《北京第二外国语学院学报旅游版》2006 年第 9 期。

响。随着旅游者人数的增多，这种成本不仅上升，而且这种上升是递增的，即 $C = C(N)$。旅游目的地居民的总效用 W 减去旅游者给当地居民增加的成本 C 后，即得到净效用 W*，即 $W* = NT - C(N)$。旅游净效用最大化 W 的一阶条件是 $W' = 0$，即 $[NT - C(N)]' = 0$，得 $T = C'(N*)$。此时，旅游边际效用等于旅游边际成本。从旅游目的地居民的角度来看，旅游接待量达到了最大，同时也意味着当地居民的社会心理承载力达到了极限。

（二）社会文化整合理论

文化的本质在于创新，旅游文化不是旅游和文化的简单相加，也不是各种文化的大杂烩，它是传统文化和旅游科学相结合而产生的一种全新的文化形态。在旅游活动中，旅游者原有的心理特征、思维方式等文化因素与目的地的异质文化因素的相互碰撞与结合，逐渐形成一种新的文化形态；而旅游经营者经过潜心地研究本地区的传统文化，并吸收一些外来文化，精心组织和开发成为供旅游者观赏或享受的旅游文化产品，创造了旅游文化；旅游客体本身反映着人的智慧和力量，其本身也是旅游文化的不可缺的组成部分。因此，旅游文化是以一般文化的内在价值为依据，以旅游主体、旅游客体、旅游介体和旅游研究之间的相互关系为基础的，在旅游活动过程中业已形成的观念形态及其外在表现的总和。从动态过程角度看，陈岗将旅游文化定义为旅游元文化（吸引旅游者前来游玩的旅游地文化）与介体文化以及旅游者本身文化之间不断冲突、融合直到转变为旅游者所满意的旅游文化的过程中各种关系和现象的总和。①

从旅游文化的结构体系来看，旅游文化的核心层是精神文化，它是旅游活动参与者的文化心态及其在观念形态上的表现，包括社会心理和社会意识形态，由价值观念、审美追求、道德情感、思维方式等主体因素构成。这四者之间的关系是由客体到主体紧密相连、不可或缺的关系。旅游文化的中间层次包括制度文化和行为文化两个方面。制度文化包括旅游活动参与者应遵守的法律、规章以及职业道德等约束机制。旅游行为文化，则主要是指旅游者和旅游经营者在旅游活动中的约定俗成的习惯定势行为

---

①　陈岗：《旅游文化：文化整合的过程与结果——文化整合的视角看旅游文化》，载《桂林旅游高等专科学校校报》2004 年第 6 期。

方式。旅游文化的最外层是物质文化，如建筑、园林、器物、工具、饮食、服饰等，这些都是有形的，有能被人的感知器官感受到的物质形态。

旅游文化是否整合取决于旅游者最终所体验到的文化是否达到了旅游者及可持续发展的要求，如果达到了，就说明旅游文化的整合是成功的，即旅游文化是整合的。旅游文化的整合过程实际上就是元文化经过外在加工和内在加工最终转变为旅游文化的过程。外在加工过程主要是旅游各利益相关者根据自己的利益和原则对旅游元文化进行利用和管理的过程，这些利益相关者包括私营部门、公共部门、旅游规划者及当地居民，他们运用现代经营理念来包装他们的产品。内在加工过程是旅游者以外来文化来理解外在旅游文化的过程，这一过程说明了主观因素对旅游文化的形成具有举足轻重的作用。

旅游文化形成后还存在一个调整过程，依据是旅游者是否满意和文化利用是否可持续。这个过程同时也是一个内在加工外在化的过程，即外在加工过程不仅涉及元文化与现代文化，而且也涉及与外来文化的整合。

旅游文化的整合与对接涉及旅游文化的挖掘、旅游文化的整理、旅游文化的相互影响和相互衔接在内的各种要素的融合与融通，具体包括显性文化与隐性文化的融合与对接、历史积淀与现实作用的融合与对接、区域文化之间的融合与对接等。

文化的表现有显性与隐性之分，显性文化一般是指固定的、形象性的外在表现。隐性文化是这种显性特征之下内涵的文化本意要展现的文化价值。外在的表现有时与内涵的文化底蕴的脱节，造成其意义的流失。因此，要建立显性文化与隐性文化的融通机制，达到应有的对接。旅游内容是一定历史条件下的结晶，有深刻的文化底蕴和内涵，与历史的时代特征有密切的联系。旅游内容对现实的影响是非常重要的一环，注重历史文化与现实作用的融合与对接是旅游意义的重要目的所在。文化不能移植，但不是相互割裂的，不同的旅游区域会有不同的文化，各有特色，借助这种特色建立区域文化的融通，达到相互对接，能够在更大程度上和更大范围内达到预期效果和价值。①

———————————

① 王夏炎：《旅游文化的整合与对接》，载《经济研究导刊》2009 年第 3 期。

第二节　主题公园社会效应的影响因素

以锦绣中华横空出世的 1989 年为中国主题公园元年，如果审视中国主题公园发展的历史进程，就可以梳理为四个跨越式发展阶段，也就是四个 5 年。这四个 5 年，不管是主题公园的规划设计，还是主题公园的投资建设，或者是主题公园的经营管理，抑或是主题公园的连锁发展，同样经历了四次凤凰涅槃式的演变过程：以产业发展的成熟度来界定，中国主题公园的发展经历了复制化发展时期、概念化发展时期、品牌化发展时期和集成化发展时期。[①] 在不断向前发展的各个时期中，内嵌于主题公园中的文化因素从不被觉察到逐渐被开发利用并随着各个阶段的演进其蕴含的文化势能越来越高，文化辐射力，影响力越来越大。无疑，从其不同的发展阶段为纵向线索来探索主题公园社会文化效应的影响因素是很有启发性的。

一、复制化发展时期的文化无意识

这类主题公园兴起于 20 世纪 90 年代初期，那时人们物质生活水平有所提升但文化消费品缺乏，娱乐方式比较单一，供旅游者观赏或享受的旅游文化产品一经推出便大获成功。在这一时期，代表性的主题公园有"大观园"、"水族馆""影视城""民族村"、"风情园"、"博览园"、"航天城"等。这些主题公园主要依赖于被构建的吸引物固有的文化内涵的静态呈现来吸引对该文化感到新奇，迷恋及少数纯粹休闲的旅游者。而且，复制化发展时期的主题较为注重旅游文化的最外层的物质文化，如建筑、园林、器物、工具、饮食、服饰等，能被人的感知器官感受到的物质形态的包装和对旅游元文化的逼真呈现，并且注重知识性及对旅行者单向的文化传递。文化影响因素比较单一，缺乏反馈互动及跨文化沟通，其文化影响与传播有赖于旅游者自身的认知及吸引物代表的文化内容在社会上传播和受欢迎程度。由于这类主题公园更多的是出于对经济利益的追逐，文化根基不牢靠，加上初期受到旅游者的热捧。很快，这类旅游产品在许多城市

---

① 董观志：《主题公园：城市的商业集群与文化游戏——解读发展历程和战略趋势》，载《现代城市研究》2010 年第 3 期。

和地区被急功近利地复制模仿，伴随着这股全国性的主题公园建设浪潮而来的是该类旅游产品的过剩供给，质量的下降及客源市场的分化引起的激烈竞争；那些盲目复制，粗制滥造缺少文化内涵支撑的主题公园纷纷出现了头年热闹、二年平、三年急的"跳大神"的尴尬局面，加上旅游者消费观念的成长成熟及可替代的休闲娱乐方式的出现对纯粹追求休闲娱乐的那部分旅游者的分化，使得复制化阶段主题公园逐步走向衰落。

总体来说，复制化阶段主题公园的文化意识并未觉醒，主题公园的建设者们似乎并未觉察手中攥着的"文化牌"，可以这样说，该阶段的主题公园的文化效应纯粹是无意识的外部性。

二、概念化发展时期文化初体验

1995～1999 年是中国旅游业在实施"政府主导型战略"中追寻产业化梦想的时期。1994 年实行双休日制度，1996 年地方政府把旅游业列入"九五"期间国民经济发展规划，1999 年实现"黄金周"休假制度，是这一时期旅游业发展进程中的"三个里程碑事件"。1997 年 9 月 10 日，华侨城控股有限公司在深圳证券交易所正式上市，标志着中国主题公园开始构建资本运作平台，具备了投融资对接的轨道。政府的强力主导、新休假制度释放的消费市场井喷效应、东南亚金融危机三者形成了共轭驱动力，"发展大旅游，做强大产业，建设大项目，抓紧大投入"的逻辑思维演变成了集体意志，极大地刺激了中国主题公园的建设热情。《旅游主题公园管理原理与实务》中的资料显示，中国主题公园概念化发展时期表现出五个基本特征：一是数量多。广州世界大观、杭州宋城、杭州未来世界、苏州乐园、深圳欢乐谷、北京太平洋海底世界、昆明世博园等 430 多家概念化的主题公园纷纷建成开园。二是分布广。全国 23 个省市建设了概念化的主题公园。三是地域相对集中。涌现了广东 54 家，江苏 43 家，北京 41 家，辽宁 38 家，上海 33 家，山东 29 家，河北 25 家，浙江 23 家等超过 20 家概念化主题公园的省市。四是规模大。有占地规模数据的 212 家主题公园平均占地面积高达 2172. 796 亩，号称最大占地面积的三亚南山文化旅游区为 60 平方公里；有投资数据的 246 家主题公园平均投资额高达 4. 124 亿元人民币，29 家号称投资超过 10 亿元，还有 12 家号称投资超过 20 亿元。五是大型演艺节目被植入到主题公园中来。

可以看出，这一时期主题公园通过概念化发展的方式强调自身特色，有意识地避免同质化重蹈复制化发展时期的覆辙，意识到将文化底蕴嵌入主题公园的开发中建立显性文化与隐性文化的融通机制并达到应有的对接的重要性，通过与区域文化的融通打造自身难于被模仿，抄袭的文化软实力，开始高举文化大旗，摇旗呐喊；另外，这一时期由政府主导的较大型的主题公园被寄予了更多的期望，其职能不再仅限于提供文化，休闲，娱乐的场所并通过门票收入等支撑当地的经济。政府主导的主题公园雄心勃勃，试图通过规模较大的主题公园的开发带动旅游业并辐射周边产业的发展，尝试用现代经营理念来包装他们的旅游产品，在凸显区域文化软实力的同时注重旅游者以外来文化来理解其旅游文化的过程，主题公园的内涵和外延逐步扩大了。

通过主动的嵌入文化因素，主题公园重新散发出其独特的魅力，在初尝甜头的成功者示范下一时间又兴起了一股主题公园的建设热潮；但这一阶段主题公园与区域文化的契合略显生硬、粗糙甚至到后期出现了生搬硬套，牵强附会的现象，被指责文化搭台，经济唱戏，这一现象延续至今，并饱受诟病。

三、品牌化发展时期的文化自信

2000～2004 年是中国旅游业从国内旅游与入境旅游两轮驱动走向国内旅游、入境旅游和出境旅游并驾齐驱的时期。1999 年 12 月 12 日与香港迪士尼乐园正式签约，2001 年中国正式加入世界贸易组织（WTO），旅游国际化是这个时期的主旋律。在"前有政策利好，后有迪士尼进驻"的背景下，我国主题公园走进了以"打造品牌"为核心的时代。2000 年桂林乐满地建成开园，在国内率先把主题公园与度假酒店、高尔夫、湖泊休闲度假和森林生态休闲结合起来，推出了休闲度假目的地。2002 年深圳欢乐谷二期建成开园，与锦绣中华、中国民俗文化村、世界之窗共同在国内率先构建了主题公园集群，并与大型购物超市、高星级酒店、经济型酒店、文化教育、生态休闲等结合起来，构成了现代都市的旅游目的地，培育出了具有广泛影响力的"旅游＋地产"商业模式。2002 年 7 月 11 日，大连圣亚海洋世界在上海证券交易所正式上市，激励着更多的主题公园企业谋求通过上市构筑资本运作平台。2005 年西安大唐芙蓉园建成开园，与历史文化、名胜古迹和现代商业结合起来，推出了西安曲江文化旅游目的地，培育出了备受业界推崇的文化旅游经济模式；还有宁波凤凰山乐园、大连圣亚海洋世界、常州中华恐龙园、杭州宋城等主题公园开始谋求整合酒店、体育、地产等产业，打造品牌优势，构筑产业体系。总体来看，主题公园在这一时期具有三个典型特征：一是业态相对集中，20 世纪 80 年代的游乐园模式、90 年代的小人国模式和民俗村模式基本退潮，逐步向"文化＋乘骑"的主题公园模式集中。二是主题选择更注重文化性，越是民族的越是世界的，面对迪士尼进驻香港的竞争格局，我国主题公园着力打造以文化为支撑的品牌影响力，致力于提高市场占有率和商业盈利能力。三是商业模式转型升级，随着市场经济的全球化，在日益激烈的竞争环境下，我国主题公园开始创新商业模式，着力改变长期依赖"门票经济"的单一商业模式，形成了与上下游产业结合的新型商业模式。这三大特征，实际上表明中国主题公园进入了一个新的发展阶段：在发展战略转型和发展模式优化过程中实现产业化的全面创新和整体提升。

这一时期的主题公园文化势能的快速提升更加自信和外显，辐射、同化、整合能力得到了增强。主题公园的文化影响力不仅局限于内部，更通过集群化和推动附属产业的兴起，蔓延至一个产业，一个地域，形成有影响力的品牌，品牌效应使得区域文化在更远更广的客源地形成感召力。另外，此举注重将整个区域（主题公园加辐射的周边区域产业）而不仅仅是主题公园单一个体作为旅游目的地来打造，这一方面会让旅行变得更便利，提升旅行者各方面的体验和满意度；另一方面也使得区域文化得到更良好和更精心的呈现，成就无可争议的品牌形象和品牌价值。最终目的是让旅游者所体验到的文化达到或超越旅游者要求。

四、集成创新时期文化新境界

2005～2009 年是中国旅游业从旅游大国走向旅游强国的时期。2005年 9 月香港迪士尼乐园建成开园，2006 年入境过夜旅游者接待量跃居世界第三位，2007 年传统节日纳入休假制度体系，2008 年 8 月北京成功举办第 29 届奥运会，2008 年推出国民休闲计划，2009 年 11 月中央政府核准迪士尼乐园落户上海，"做好做大做强"旅游业是这个时期的战略性任务。走过了各个发展时期的中国主题公园，2005 年全面进入以"集团化经营"为主轴的时代。华侨城集团以深圳为总部基地，以欢乐谷为品牌载体，以大型演艺为文化支柱，以资本市场为融资平台，以旅游＋地产为商业模式，以品牌优势＋产业集群为战略轨道，北上京城，东进上海，西达成都，到2009年8月基本完成了欢乐谷品牌全国连锁经营的第一轮全国布局，成为名副其实的中国主题公园领导者。深圳华强集团2005年开始研发和设计文化产业主题公园，2008年在安徽省芜湖市建成开园了年接待游客300万人次的方特主题公园，开始谋求与文化科技产业、房地产、酒店和商业配套产业的结合，以自有知识产权为政策支撑，以高科技电子制造业为技术平台，以方特为品牌载体，以文化科技产品为竞争优势，高举"自主产权通吃文化产业链，打造中国迪士尼"的大旗，挺进中国主题公园领域，进军世界主题公园供应商领域。大连海昌集团从经营海上石油贸易起步，以房地产、度假区和酒店为突破点，逐步向旅游业渗透，全力打造出了大连老虎滩"渔人码头"、金石发现王国、极地海洋世界、大连红旗谷乡村俱乐部、青岛极地海洋世界、烟台雨岱山渔人码头、重庆加勒比水世界公园、成都极地海洋世界、武汉极地海洋世界、天津极地海洋世界等专业化的主题公园，成为我国主题公园集团化经营的一支生力军。杭州宋城集团号称国内最大的民营旅游投资集团，以"创建中国旅游休闲业第一品牌"为战略目标，以杭州宋城和杭州乐园为品牌载体，以《宋城千古情》为市场亮点，以景观房产为商业模式，以大型休闲社区为开发模式，成为中国主题公园领域最具影响力的民营企业集团。这一时期主题公园营造与传播文化的方式更丰富与灵活，主要表现为：

（一）主题选择的文化性和多元化

随着造园技术的日益进步和表现手段的日益丰富，在生态文化、器物文化、哲学文化等方面，主题公园选择主题的自由度明显扩大，而且"一个主题多个次主题"、"一园多个主题"将成为现实。可以说，主题的选择在空间维度、时间维度、要素维度的架构中日益多元化，总体趋势表现为：在本土文化与异域文化之间，趋向异域文化；在传统文化、现代文化与未来文化之间，趋向传统文化；在生态文化、器物文化与哲学文化之间，趋向器物文化。

（二）娱乐内容的创意性和多样化

主题公园是从杂耍的概念孕育起来的，刚开始，大家去那儿游玩就是为了快乐，乐一乐就走了。实际上，这就是主题公园天然的特性，"快乐才是第一的"，因为游客追求快乐的人生理念没有变，所以主题公园营造快乐、奉献快乐的本性不会变，在未来的一定时间尺度内，主题公园在产品内容上将更加追求娱乐性。随着文化的多元化、技术的现代化以及游客娱乐需求的多样化，主题公园将在导游系统、餐饮系统、购物系统、表演系统、乘骑系统、氛围营造系统等方面丰富表演性内容、强化参与性内容、增加互动性内容，甚至推出创意性内容。亲子娱乐内容、情侣娱乐内容、团队娱乐内容将日益丰富和更加精彩，使游客在快乐中不知不觉地受到文化的熏陶。

（三）活动项目的参与性和个性化

主题公园的成败，主要受景区知名度、交通便捷度和游客满意度等三大关键因素的影响，而景区知名度和游客满意度在很大程度上是由有效的产品供给决定的。参与性和娱乐性是决定产品有效性供给的基本条件，因为产品只有具有了参与性和娱乐性，才能形成感召力和亲合力，从而促进主题公园与游客之间的良性互动关系。我国主题公园中项目与游客之间的关系，经历了"景静人静—景动人静—景动人动—动静结合"的演变过程，在这个过程中项目的参与性获得了明显的提高。随着现代科技手段的全方位应用，主题公园产品形态演变的总体趋势表现为：参与性越来越强，个性化越来越突出。

这一时期中国主题公园获得了商业价值和文化境界"双提升"，主题公园以主题鲜明突出、规模气势宏大、技术匠心独运、项目丰富多彩、场景逼真诱人、氛围浓郁热烈、体验多样深刻等典型特征而受到游客的广泛认同和热情追捧，形成了一种规模化的旅游目的地形态，主题公园营造的文化成为了所在城市或区域的文化象征之一。

第三节　主题公园的社会文化效应

中国主题公园从横空出世的那一天开始，就承载着许多人的商业期待和文化梦想，风雨兼程一路走来的中国主题公园演绎着商业集群的传奇故事和文化的梦幻传说。

建立一个主题公园带动一个产业辐射区域经济和传播区域文化越来越成为主题公园倾向的发展理念。在主题公园遍地开花的今天，想要在激烈的市场竞争中脱颖而出长盛不衰没有强大的社会文化后盾做支撑是无法做到的；而要做到这一点就需要兴建主题公园的景观群和景观区时充分利用文化优势，夯实文化软实力，大力发挥文化效应。

　　具体来说就是主题公园的设计在追求原生态文化的基础上，必须具有一种全新的意境，在文化内涵上不仅具有较强的辐射力和历史的承载力，同时在视觉上、感官上要给人以震撼力和时空的穿透力。因此，如果只从商业而不是从大文化、大背景的角度去策划和开发一座主题公园，这座主题公园是难以经受起市场竞争的考验和时间的历练的。所以，一个期待通过主题公园项目开发，促使本区域社会经济和社会效益可持续发展的城市，尤其是特大中心城市的"大手笔"，就不能仅立足于本土自然资源和狭隘的本土文化，它的起点必须定位在能承载一个时代、一个国家、一个民族文化和历史的价值上，定位在能够反映和承载一个时代发展和变迁的文化性产品上。这样的主题公园，才能成为这座城市经济与文化发展的象征、成为决策者可载史册的功德。一个好的主题公园，一定是人文文化和艺术氛围浓郁、旅游观瞻与休闲兼备，由具有不可复制、不可移动、品位造极、可传千古的景点景观所组成；所以，它一定是这个中心城市经济、文化、艺术与生态环境发展的完美结合，表现为这座城市文明的制高点；所以，一座真正意义上的主题公园开发，绝不仅仅是为了一种旅游产品的形成，而是为了表现一种文化、一种理念、一种特定的城市价值而建设的文化产业链，从而体现一个国家、一座城市现代经济文化发展的层次和发展中的综合国力。说到底，一个特大城市的"主题公园"，应当是一个国家、一个时代的生产力和人类精神文明发展不可磨灭的标志和象征。

　　在兴建主题公园的过程中不仅可以使地方文化大放异彩吸引一批又一批的投资者，旅游者与此同时又可推动对区域社会文化的挖掘，整理，研究，包装，宣传，从而增强区域社会文化感知和认同，增进不同地域间文化的融合，融通，升华凝结其精华。而这些文化精粹又必将反过来促进地区文化在更广更高层次上的传播，文化的广泛传播和交流又同时使得旅游者代表的客源地文化和旅游目的地的社会文化在碰撞交融中取长补短，推动社会文化向前发展，在多元化的文化中达到和谐。

第九章

从空间角度看待主题公园
对区域的影响

第一节　主题公园空间结构相关理论

旅游空间结构是旅游系统的空间表达，[①] 是指旅游经济客体在空间中相互作用所形成的空间聚集程度及聚集状态。它体现了旅游活动的空间属性和相互关系，是旅游活动在地理空间上的投影，是区域旅游发展状态的重要"指示器"。[②] 从理论上看，旅游产业的空间结构理论主要包括旅游中心地理论、旅游核心—边缘理论以及旅游系统空间结构模式等。

一、中心地理论

中心地理论（Central Place Theory）是研究城市空间组织和布局时探索最优化城镇体系的一种城市区位理论。该理论产生于20世纪30年代初西欧工业化和城市化迅速发展时期，由克里斯泰勒于1933年首先提出并使用。他认为，中心地存在于一定范围的区域之中，不同大小的服务区域（腹地）对应于不同规模的中心地；不同规模的中心地构成一个等级序列；中心地体系的具体空间排列服从于中心地的功能性质。中心地理论是地理学由传统的区域个性描述走向对空间规律和法则探讨的直接动因，是现代地理学产生和发展的基础。同时，中心地理论也是旅游经济学研究的理论

---

① 翁瑾、杨开忠：《旅游空间结构的理论与应用》，新华出版社2005年版。
② 杨音扬、梁进社：《高等经济地理》，北京大学出版社1997年版。

基础之一。旅游中心地与旅游市场区域间的关系，对研究旅游空间结构具有重要的意义。旅游中心地就是指旅游中心性达到某一强度的城镇中心，即能够面向城镇外区域内的旅游吸引物或城镇外旅游者提供一定强度的旅游交通、接待、信息、管理等对外旅游服务功能的城镇中心。旅游中心性指一个城镇对外旅游服务功能的大小，包括两个方面，即对城镇外区域内的旅游吸引物的旅游服务功能与对城镇外旅游者的服务功能。旅游中心性反映了城镇在本区域内旅游业发展中的相对重要性。不同的旅游中心地具有不尽相同的旅游中心性，可以划分出旅游中心地的等级。一般来说，高等级的旅游中心地能够为更大区域内的旅游吸引物与更多的旅游者提供旅游服务功能。高等级的旅游中心地为区域内的低等级的旅游中心地提供服务功能，形成等级网络的旅游中心地体系。

我国学者楚义芳等提出旅游地空间组织的最终格局应类似于克里斯泰勒中心地理论中的 K = 3 体系。在他们建立的模型中，旅游地作为旅游供给中心（也是旅游需求释放中心），其旅游需求释放总量是从高级中心地到低级中心地逐渐降低的。每个中心地及其吸引范围构成一个旅游区域，随着中心地的等级层次变化，旅游区域也呈现等级格局。旅游中心地体系是一个一般均衡的空间作用系统，是旅游需求和旅游供给平衡在空间上的反映。[1] 在旅游空间结构中，中心点（旅游中心地）与正多边形（旅游中心地职能范围）形成分形体的基本结构。基本结构通过若干迭代（图 9 - 1 中为 3 层迭代），形成更大的基本结构（即更高等级的旅游中心地），但并未改变自身的组织形态（见图 9 - 1）。[2]

旅游中心地在区域旅游发展中的重要性并不仅仅体现在自身提供旅游吸引物，而是体现在旅游者接触旅游吸引物的过程中承担中继、媒介的作用，发挥对外旅游服务职能。一般来说，旅游中心地所提供的服务职能可以分为五类基本职能，即旅游交通服务职能、旅游接待服务职能、旅游信息服务职能、旅游管理服务职能和旅游集散职能。

在空间上旅游中心地与区域内的旅游功能区、旅游交通线路等整合为旅游中心地空间结构。旅游中心地空间结构包括三种要素，即点要素、线要素和面要素。其中，点要素包括旅游中心地、旅游目的地；线要素包括联系旅游中心地与旅游目的地的区域内旅游线路、联系不同旅游中心地的

---

① 楚义芳、钱小笑：《关于旅游地理的几个问题》，载《经济地理》1987 年第 2 期。

② 徐小波、哀蒙蒙：《区域旅游空间结构演化及其组织效率的系统学审视》，载《地理与地理信息科学》2008 年第 5 期。

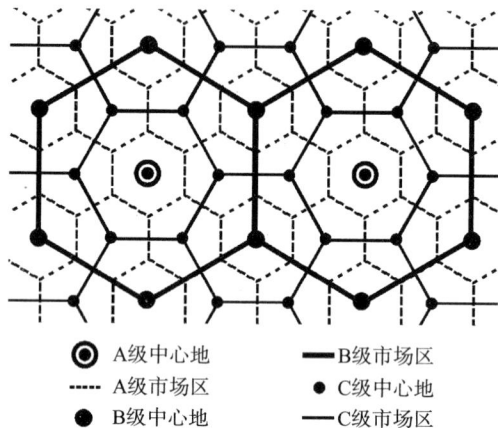

A级中心地　　　　　　　B级市场区
A级市场区　　　　　　　C级中心地
B级中心地　　　　　　　C级市场区

图 9 - 1　旅游中心地空间结构模式（K = 3）

资料来源：徐小波、袁蒙蒙：《区域旅游空间结构演化及组织效率的系统学审视》，载《地理与地理信息科学》2008 年第 5 期。

区域间旅游线路等；面要素包括旅游资源分区、旅游功能区、旅游圈等。[①]同时，每个旅游地根据其资源开发状况都可以划分为现状旅游区域和远景旅游区域。随着社会经济的发展，远景旅游区域可能相继成为现状旅游区域。因此，在旅游规划和建设中，不能仅将投资集中在少数几个高等级的旅游地而置中低级旅游地于不顾，应该有计划、有重点地向中低级旅游地进行投资，避免造成高等级旅游地供需矛盾突出，从而影响整个旅游地的健康发展。[②]

二、旅游核心—边缘理论

根据弗里德曼的核心—边缘理论，发展可以看作是一种由基本创新群最终汇成大规模创新系统的不连续积累过程，而迅速发展的大城市系统，通常具备有利于创新活动的条件。创新往往从大城市向边缘地区扩散，在此过程中经济活动的空间组织具有强烈的极化效应与扩散效应。随着核心区经济能量的不断强化，一方面极化效应明显，形成对边缘区的支配态势；另一方面能量逐步溢出，向周边扩散。城市作为区域中心与边缘农村地区

[①]　李玲、李娟文：《湖北省旅游中心地空间结构系统优化研究》，载《经济地理》2005 年第 5 期。

[②]　楚义芳、钱小芙：《关于旅游地理的几个问题》，载《经济地理》1987 年第 2 期。

通过极化与扩散效应相互作用，带动区域整体发展。[①]

　　由于核心—边缘理论为区域空间结构和形态的变化提供了一个解释模型，并且把这种区域空间结构关系与经济发展的阶段相联系，这就为区域规划学家提供了理论工具。朗德格仁（Lundgren）和布里敦（Britton）等人直接建立了关于旅游的核心—边缘理论模型，强调了边缘地区对核心地区的依赖。韦弗（Weaver）利用核心—边缘模型对加勒比海地区特立尼达和多巴哥、安提瓜和巴布达群岛进行了案例研究。[②]

　　帕帕塞奥佐鲁（Papatheodorou）从旅游流的角度探讨了区域旅游核心—边缘空间结构的形成机制，认为对旅游核心—边缘空间结构形成的分析离不开对客源地与旅游目的地之间的相互作用的分析，旅游客源地与旅游目的地之间的社会、经济、文化交流是旅游核心—边缘空间结构形成的重要影响因素，并构建了以旅游流为基础的区域旅游核心边缘空间结构模式。[③]

　　根据旅游核心—边缘理论分析，任何一个国家（或地区）都存在一个旅游的核心地区与边缘地区。旅游核心区往往是一些具有旅游资源优势和区位优势的旅游热点地区，如国家级风景名胜区、历史文化名城、名山大川、度假区等。边缘区是指那些没有优势（特色）旅游资源，或虽有优势旅游资源但因区位非优还没有开发出来，或因处在热点地区"阴影"下而被忽视的地区。[④] 旅游核心区由于具有资源市场等优势得以优先开发，旅游基础设施得以优先建设。随着旅游空间集聚的累积发展，这类地区旅游经济发展会比其边缘区域强大且具有明显的竞争优势，即形成一定旅游地域空间上的旅游中心。由于旅游中心的存在，边缘地区的旅游集聚发展受到了抑制，其旅游发展相对滞后而不得不依赖于它的旅游中心。旅游中心之间竞争的存在形成了旅游边缘腹地的空间层次，进而形成旅游核心—边缘的空间结构。在城市旅游经济增长过程中，旅游空间子系统的边界将发生改变，并使旅游空间关系重新组合。这种过程将依照一定的秩序进行，

---

　　① 邱竟：《北京经济增长方式转变研究——基于增长约束的分析》，中国人民大学博士学位论文，2008 年。

　　② D. B. Weaver. Peripheries of the periphery：Tourism in Tobago and Barbuda. Annals of Tourism Research，1998，25（2）：292－313.

　　③ Andreas Papetheodorou. Exploring the Evolution of Tourism Resorts. Annals of Tourism Research，2004，31（1）：219－237.

　　④ 禹登科：《长株潭城市群旅游空间结构及其优化研究》，湘潭大学硕士学位论文，2007 年。

直到实现城市旅游空间一体化。①

核心—边缘理论对于指导区域旅游发展具有重要作用，发展核心、带动边缘，是区域旅游发展的重要战略举措；发展中地区要注意培育旅游核心区，形成旅游创新活动基地，带动边缘区域发展，提高整个区域的旅游竞争力。② 不同尺度的区域旅游空间结构基本上都可以简化为核心—边缘结构模型，但受区域空间规模等因素的影响，一些区域的核心—边缘结构表现出复合形态的特征。对大多数单一核心的区域来说，区域旅游联动发展主要表现为核心—边缘区域的旅游互动和区际的旅游互动；有些区域可能存在两个或两个以上的核心，这样的区域内部旅游联动，首先表现为核心—边缘结构系统之间的旅游联动，每一个核心—边缘结构系统又可以与区外的核心—边缘系统发生旅游联动行为，构成复合型的核心—边缘结构体系，从而推动区域旅游业的整体发展。

三、旅游系统的空间结构模式

旅游系统的空间结构是多层次的，在不同的层次有不同的结构特征。1977 年英国著名地理学家哈格特（P. Haggett）描述空间结构模式与秩序时，从宏观层次将区域抽象为点，从而识别出六个几何要素：A. 运动模式，表示事物的空间移动特点；B. 路径，表示事物运动沿着特定的路线；C. 结点，表示运动路径的交点，诸多结点控制着整个系统；D. 结点层次，表示各个结点的重要程度；E. 地面，位于由结点和路径形成的框架中；F. 扩散，地面的时空变化过程叫做空间扩散。③ 用这六个要素建立的旅游系统的空间结构模式是以旅游目的地、客源地为结点，以交通线路为连接的占据一定地面、处于扩散过程中的网络，可称为旅游系统的网络空间结构模式（见图 9－2），中心结点 D 表示目的地，其他结点为该目的地吸引的全部客源地。④

---

① 卞显红：《城市旅游空间结构形成机制分析——以长江三角洲为例》，南京师范大学博士学位论文，2007 年。
② 汪宇明：《核心边缘理论在区域旅游规划中的运用》，载《经济地理》2002 年第 3 期。
③ ［英］约翰斯顿著，唐晓峰等译：《地理学与地理学家》，商务印书馆 1999 年版。
④ 吴晋峰、包浩生：《旅游系统的空间结构模式研究》，载《地理科学》2002 年第 1 期。

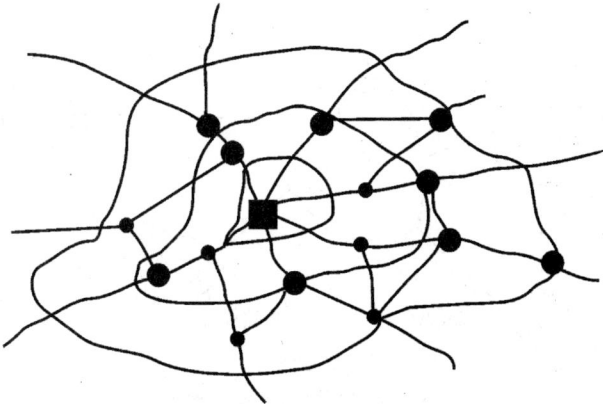

图 9 - 2 旅游系统的网络空间结构模型

区域旅游系统由旅游目的地系统、旅游客源地系统和旅游交通系统三个子系统构成。旅游目的地系统由旅游节点和区内路径两大基本要素构成，其空间结构是以旅游景点赋存地为节点，以连接各节点的交通线路为纽带而形成的空间网络资源系统。旅游客源地通常指旅游者及潜在旅游者长期居住的区域。旅游客源地系统就是这些不同客源地的集合，是相对于某一个特定旅游目的地系统而言的，又可称为旅游客源市场系统。旅游交通系统则由不同的旅游交通方式组成，通过旅游交通线连接旅游目的地与旅游客源地。旅游者通过旅游交通系统实现从客源地系统往返目的地系统的空间移动。区域旅游系统模式的中心结点是旅游目的地网络占据的空间范围，即"地面"，为客源地系统范围，地面空间范围由小向大扩散的过程即为旅游系统的发展过程。①

国内学者黄金火和吴必虎在旅游目的地模型的基础上，将吸引物视为节点、目的地视为面域、交通线路视为连接，构建了由旅游目的地区域、旅游区、节点、区内路径、人口通道和客源地市场六种要素组成的旅游系统空间结构模式（见图 9 - 3）。即在目的地核心吸引物的影响下，游客通过对目的地的认同，从客源地市场经外部交通进入旅游目的地区域，并凭借区域内部旅游路径对不同旅游区内的旅游节点进行游览。②

---

① 张华：《区域旅游系统空间结构模式研究——以岳阳为例》，华东师范大学硕士学位论文，2008 年。

② 黄金火、吴必虎：《区域旅游系统空间结构的模式与优化》，载《地理科学进展》2005年第 1 期。

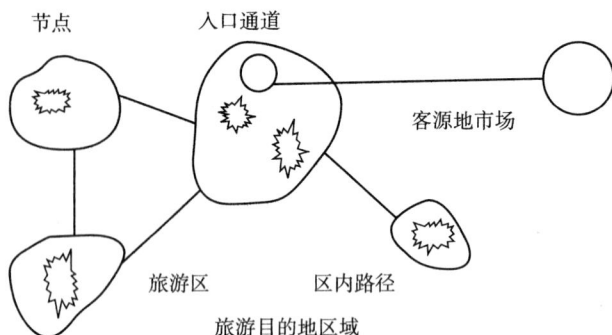

图9-3 区域旅游系统空间结构模式

资料来源：吴晋峰、包浩生：《旅游系统的空间结构模式研究》，载《地理科学》2002 年第 1 期。

　　从动态视角来看，旅游系统空间结构总是处在不断发展演化之中，经历一种由不发达向发达、由不成熟向成熟状态的演化过程。[①] 旅游地域要素在空间上的不同分布与组合使得旅游地域系统有着丰富多样的内部形态和结构，这是确定区域旅游系统空间发展模式的基础和依据。[②] 不同发展阶段的旅游地域系统对应着不同的旅游系统空间结构。根据旅游地域系统内部的结构特征和不同演化阶段的特征，可以将区域旅游系统空间结构发展演化的模式分为凝聚模式（a）、放射模式（b）和扩展模式（c）三种类型（见图9-4）。[③] 其中，凝聚模式主要形成于起步阶段的旅游地域系统，放射模式则对应着旅游地域系统的成长阶段，旅游地域系统演化的成熟阶段为扩展模式，这也是区域旅游系统演进的最终结果。

---

　　① 郭影影、李永文：《区域旅游系统空间结构模式与优化——以中原城市群为例》，载《安阳师范学院学报》2008 年第 5 期。

　　② 张玲：《旅游空间结构及演化模式研究》，载《桂林旅游局高等专科学校学报》2005 年第 6 期。

　　③ 黄金火、吴必虎：《区域旅游系统空间结构的模式与优化》，载《地理科学进展》2005 年第 1 期。

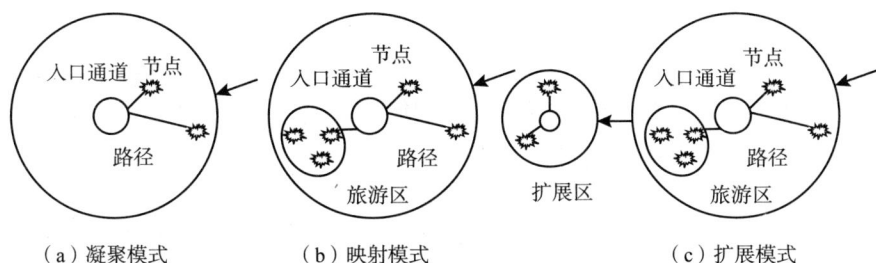

（a）凝聚模式　　　　　　　（b）映射模式　　　　　　　　　（c）扩展模式

图 9 – 4　典型区域旅游系统空间结构模式

资料来源：黄金火、吴必虎：《区域旅游系统空间结构的模式与优化》，载《地理科学进展》2005 年第 1 期。

第二节　生态化发展理论

　　我国现阶段面临着巨大的生态压力，经济的高速增展依赖于对资源的大量消耗并付出巨大的生态环境被破坏的代价。在全球范围内，气候变暖、土地沙漠化、酸雨、臭氧层损耗等日益严峻的环境威胁已使人们清醒地认识到了环境保护的重要性。节能，低碳，环保不仅作为一种环保意识深刻地影响和改变人们日常生活的行为，更上升为一种发展的理念使得产业生态化发展日益成为当今世界经济发展追逐的潮流。

　　应该说主题公园（尤其自然生态形式的主题公园）比一般绿化园林或环境友好型生产企业更好地实现生态效益与经济效益的双赢。如何通过主题公园这一平台构建可持续的产业结构、生产方式和消费模式，实现人与自然环境的相互依存、相互促进、共处共融的文明发展形态？产业生态化发展的相关理论给予了我们理论思考的逻辑始点。

　　产业生态化是对"产业生态"术语的动词化。产业生态是指产业与其环境间的相互关系。产业生态化是继工业化后 21 世纪的一种新型产业发展模式。在产业领域倡导新的经济规范和行为准则，以实现产业的可持续发展，促进人与自然的协调与和谐。产业生态化的核心是产业系统的生态化。模仿自然生态系统构造出产业生态系统，即把一个产业、一个行业或整个企业看做一个系统，应用生态系统中物种共生、物质循环再生的原理，利用现代科技和系统工程的方法通过一系列工艺链与生态链的连接和组合，采用系统工程的最优化方法，设计出多层次利用物质的生产工艺系统。产业生态化的目标是促进产业与环境的协调发展，在促进自然界良性循环的前提下，通过合理开发利用区域生态系统的环境和资源，使资源在系统内得到循环利用，充分发挥出物质的最大生产潜力，从而减少废物的产生，使产业发展对环境的污染和破坏降到尽可能低的程度，最终实现产业与环境的协调发展。

主题公园作为发展区域旅游业的新形式具有传统旅游产业污染少，效益长久的特点，在环保呼声日益高涨及越来越严格的环保政策出台的今天，传统工业化发展的老路日渐遭到摒弃而生态化发展无疑备受青睐，生态化发展一个最容易实现的方式就是发展旅游业。因此，近些年来，为促进经济的发展挖掘旅游资源，发展旅游业成为各地区的首选方式。但传统旅游产业对自然资源要求较高，并且旅游资源具有稀缺性，附着性强，难于复制移动。这使得许多旅游资源缺乏的地区被旅游产业拒之门外。更有甚者，为了发展旅游业，某些地方不惜杜撰，制造噱头烘托旅游资源，例如近年的"古墓热"，以及梁山伯与祝英台本是无证可考的故事，却在中国各地掀起"梁祝"故居热，到处自称是"梁祝家乡"，闹了不少笑话。

主题公园的出现，尤其是"锦绣中华"、"民俗村"、"世界之窗"、"欢乐谷"等主题公园在深圳取得的巨大成功为旅游资源近乎空白的深圳带来了丰厚的旅游产业收入后，那些渴望发展旅游业但苦于旅游资源禀赋短缺的地区看到了一丝曙光，于是乎，各种形式的主题公园在各地纷纷上马，这一热潮方兴未艾。与此同时，随着生活水平的提高，人们对休闲消费的品质要求也随之提升，传统被动的观光旅游已不能满足人们的需求，能将集知识性、趣味性、参与性多种体验融为一体的主题公园引起了人们更多的兴趣。人们乐于接受主题公园这一发展旅游业的新形式，政府开发的热情也高涨，两者可谓一拍即合，相得益彰。

但是，我们也应该看到发展主题公园也面临着与区域环境保护相协调的问题。例如，主题公园灯光污染，噪声污染（位于市区的主题公园这两方面的影响尤为突出）以及对原来生态环境的大面积改变（包括对原来自然景观的彻底摧毁代之以人文景观或生态类主题公园如植物园，花卉园等，由于引入了原区域没有的外来物种有可能破坏原有的生态平衡及潜在的外来物种入侵威胁）。而有些地区盲目跟风兴建主题公园，东施效颦导致主题公园连年亏损被迫关闭，不仅造成了巨大的经济浪费也给环境带来了无法逆转的伤害。因此，大力发展主题公园虽不失为构建区域产业生态化发展的良好起点，但仍需谨慎评估其对生态福利的增进与损失，而不能仅仅根据预期的经济利益而盲目发展。

最后实现区域经济生态化发展是一个动态的过程。主题公园不是一个孤立的系统，而是与交通、餐饮、住宿、其他娱乐等系统紧密联系，相互促进的过程，而且消费者对主题公园的接纳认同并内化为一种生活方式需要一个过程，并在这一过程中由对这一消费方式认知的成长和偏好的显示会对主题公园整合的各种要素进行"自然选择"乃至对不同地区的主题公园进行"自然选择"，那些内容不够新颖独特或周边配套设施不够完善的主题公园就会被淘汰。主题公园尤其期望发展主题公园产业的地区要想在"优胜劣汰"中脱颖而出，发展壮大，离不开政府的大力支持。生态化发展使得包括政府在内的各个经济社会职能部门都整合为产业生态链中的一环，环环相扣，不可或缺。政府倡导新的经济规范和行为准则，引导规范产业链上各个环节的发展完善，协调契合，实现主题公园及其衍生产业和区域环境共融共生，达到最优均衡、经济增长、环境友好、社会和谐、区域生态化发展的新模式。

第三节 空间区位理论

一、区位论简介

区位论是关于区位的理论，是关于人类活动所占有场所的理论，区位论着眼于研究人类活动区位选择，分析其成因与条件，并预测其发展规律。它研究人类活动空间选择及空间内人类活动的组合，主要探索人类活动的一般空间法则。区位理论经历了新古典区位理论到现代区位理论的发展。

新古典区位理论是指以新古典经济学家马歇尔及韦伯为代表的传统区位理论体系。马歇尔的《经济学原理》对区位理论特别是区位理论中的产业集聚现象有三点重要的贡献。第一，劳动力市场的共同分享；第二，中间产品的投入与分享；第三，技术外溢。由于这三个重要概念具有理论创新的突破性进展，因此从 20 世纪 20 年代一直到 90 年代，这三个基本定义便成为从新古典区位理论到以新经济地理学为核心的现代区位理论，在研究产业集聚现象时的共同理论基础。新古典区位理论的另一位奠基者韦伯在 1929 年出版的《工业区位论》一书中提出了工业区位理论，使新古典区位理论有了一个良好的发展开端。

工业区位理论是从降低企业成本的角度出发来确定如何选择企业最佳区位而创建的一种经济学理论。它的基本假设是把地理区位看做是企业开展竞争时的一种重要的竞争优势，是推动产业集群发展的原始动力。工业区位理论强调企业在创建过程中特别关注的是运输成本、劳动力成本和工业区位分布三者之间所形成的最优的成本分摊比例。正是这种相互促进，使得区位集聚与分工深化相互推进，造就了相关产业的企业出于节约成本的本能而聚集在一起的偏好并使企业的发展在土地、水源和交通等资源的约束下，达到分工和区位分布的最佳均衡状态。区位理论有两层内涵：一是区位主体已知，根据区位主体本身所固有的特征，分析该区位主体的可能空间，然后从中选择最优区位；二是大的区位空间已知，依据该空间的地理特征、经济和社会状况等因素，来研究区位主体的最佳组合方式和空间形态，以达到区域资源的最优化配置。而新区位竞争理论，在论述中增加了地区主体（如有意投资的企业、个人和政府）如何通过主动作为，根据区位的社会历史文化条件改善该区位的投资软硬环境并与潜在的区位对手开展积极主动的区位竞争，力争本地区成为集群性投资的首选地点，以促使区位经济发展。

现代区位理论的最权威的创立者，首推保罗·克鲁格曼及迈克尔·波特（M. E. Porter）两人。1990 年，波特在《哈佛商业评论》上发表了一篇划时代的论文《国家竞争优势》；同样在 1990 年，他把上述论文的主要论点加以扩充与延伸，成为一本内容翔实的专著，书名仍然是《国家竞争优势》。波特的上述成果打破了几十年来区位理论的沉闷局面，引发了西方经济学界研究区位理论及产业集聚的热潮，现代区位理论的共同核心论点如下：

（一）规模经济

现代区位理论重点描述产业集聚现象，指出"规模经济"是其最大的竞争力来源。由于数量可观的企业集聚在一起形成了产业链条，造成了很大的规模经济，这种规模经济能最大限度地降低成本、提高效率，并形成相关产业的核心竞争优势。

（二）外部性

所谓外部性可以这样解释：最先进入集聚地点的企业不可能数量很多，

可能是一两家、也可能是三四家，大多数企业是以后陆续进入的。那么先进入的企业对后来者会产生什么作用呢？根据上述学者的研究成果，先来的企业会给后到的企业创造了基础设施、劳动力市场、中间产品、原材料的供应渠道、专业知识的扩散等正面的外部效益。

（三）向心力或离心力（集中力或分散力）

上述的正面的外部性显然还产生对相关企业的吸引力（或叫做向心力、集中力），使产业集聚地点吸引更多的相关企业进入。进入的企业越多，规模经济就越大、效率就越高。但事物的发展离不开一个"度"的问题，企业过密、过多，就会使投资环境恶化，产生诸如交通、污染、噪声等问题，使产业集群的规模经济效益下降，于是吸引力变成了离心力、分散力，使相关企业向产业集聚地点的边缘扩散，直到两种力量相对平衡为止。

（四）区位竞争

与向心力、离心力的两力模型相比，区位竞争的概念，也是现代区位理论的核心内容之一。以往的区位理论，大多局限在区位主体（一般指相关企业）如何根据现有条件选择投资设厂的地点（即区位选择问题），而忽略了地区主体（即有意吸引投资的土地所有人，包括政府机构）如何改善投资环境与潜在对手开展积极的区位竞争，力争本地区成为集聚性投资行为的首选地点，以造福当地人民。除了上述重要内容之外，现代区位理论还在延伸产业的支撑作用、自然资源、运输成本、跨国公司投资、社会文化及政策因素（企业家精神、历史文化传统、体制架构、政府政策）对区位的影响方面也开拓出相当丰富的研究成果。

二、区位理论在旅游业上的运用

随着社会经济的发展，人类活动的性质、范围，人们的需求以及社会经济结构都发生了很大的变化。第二产业迅猛发展，促使旅游、休闲活动不断壮大，区位理论运用于旅游领域势在必行。在克劳森提出旅游区位两种指向和德福特提出的旅游业布局的五条原理后，旅游业的区位理论才有了实质性的进展。旅游区位论是研究有关旅游产业空间布局的理论，其应用主要表现在：通过划分旅游空间组织层次和规划层次，制定旅游发展战略、寻求旅游区位优势，增强旅游企业集聚效应、旅游设施、区位选择和旅游线路设计等，进而实现旅游市场的供求平衡，使旅游业取得最佳的经济、社会和环境三大综合效益。[1] 区域旅游业布局的分析模式，如图9-5所示。[2]

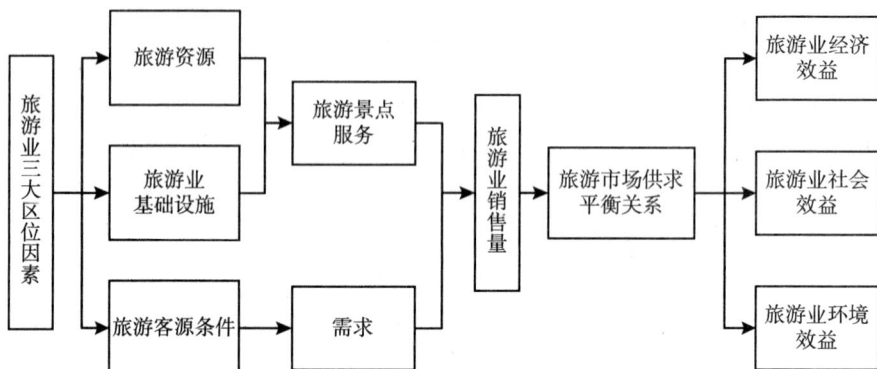

图9-5　区域旅游业布局的分析模式

资料来源：陶小平：《旅游业区位论在绵阳地区旅游业布局中的应用》，载《四川地质学报》1992年第2期。

近年来，随着旅游业在第三产业中地位的提高，旅游区位理论的研究也得到了重视，如日本学者胁田武光对区位论在旅游开发规划中的应用进行了较深入的研究，发展成为较为成熟的"观光立地论"；[3] 国内学者王家骏较早地对我国度假村区位进行探讨；[4] 陶小平[5]在研究区域旅游业布局模式时，也讨论了区位论的应用问题；土瑛和土铮2000年对传统的区位论在旅游业中的适用性进行了研究，同年，他们结合云南省的旅游业研究提出了一个旅游业区位模型；刘丽梅对旅游业发展的区位理论做了探讨；孙根年以安康为例论述了旅游业的区位开发与区域联合开发

---

① 樊贞：《基于区位论的县域旅游空间结构研究》，湘潭大学硕士学位论文，2008年。

② 陶小平：《旅游业区位论在绵阳地区旅游业布局中的应用》，载《四川地质学报》1992年第2期。

③ 胁田武光：《观光立地论》，大明堂1995年版。

④ 王家骏：《度假村区位探索》，载《旅游学刊》1988年第1期。

⑤ 陶小平：《旅游业区位论在绵阳地区旅游业布局中的应用》，载《四川地质学报》1992年第2期。

问题；① 朱银娇论述了旅游区位对区域旅游市场的影响，② 此外，一些学者借用克里斯泰勒的中心地理论的有关概念，构建了旅游中心地理论；类似于杜能的农业区位论，吴必虎提出了环城游憩带（ReBAM）理论。③

第四节　主题公园空间影响机制

主题公园对区域发展的空间效应受多种因素的影响和制约。从空间区位选择等角度考虑，主题公园作为发展旅游业的新思路，影响传统旅游业的因素一般会对主题公园产业产生类似影响，这包括旅游业旅游资源分布、旅游客源市场区位、集聚与扩散机制、旅游交通通达性等。④ 这些因素共同作用于主题公园产业空间开发及空间布局，彼此关联、相互整合，构成主题公园产业空间效应的影响机制。

一、旅游资源分布

主题公园产业不同于传统旅游产业，传统旅游产业呈现出较强的旅游资源禀赋依赖性，而主题公园不乏通过移植，复制的形式在缺乏资源禀赋的地区发展旅游业取得成功的案例。但对于某些以自然资源，历史古迹为主要内容的主题公园，旅游资源禀赋的分布直接制约着主题公园产业的布局及主题公园产业对区域空间发展的作用。另外，在传统旅游资源丰富的区域引入主题公园这一发展模式不仅能为旅游者提供多重的旅游体验，还能提升区域旅游的吸引力，为传统的旅游业提供新的利益增长点。此种情况下，若能积极利用已具有吸引力的核心旅游资源做后盾并与原有的旅游资源优势互补，会使主题公园更快地入乡随俗并被旅游者接受。如在旅游资源丰富的桂林建立的乐满地度假世界在最初三年遭遇了水土不服的命运，经营一直非常低迷。在 2003 年"非典"疫情的冲击下，整个旅游市场不景气，乐满地更是雪上加霜。痛定思痛，他们干脆关了门，召集所有

① 孙根年、季红：《安康旅游业的区位开发与区域联合开发》，载《商业研究》2005 年第 18 期。

② 朱银娇、袁书琪：《论旅游区位对区域旅游市场的影响》，载《福建地理》2005 年第 4 期。

③ 吴必虎：《上海城市游憩者流动行为研究》，载《地理学报》1994 年第 2 期。

④ 谢春山：《旅游产业的区域效应研究》，东北师范大学博士学位论文，2009 年。

营销高层趁这个时期进行自我反思、总结，最后他们得出三条结论：第一，乐满地是依托桂林山水而建的，每年到桂林旅游的游客数量庞大，只要能有1/3的游客过来就非常了不起了；第二，作为桂北的旅游目的地，乐满地正好处在南宁—长沙这条线上的中间点。因此，要强化景区休闲度假的概念，吸引往来的商务客人；第三，由于是台资企业，管理层多数是台籍人员，对内地情况了解不够深入。比如当时桂林旅游业普遍存在高返佣等现象，而由于乐满地在价格上太过坚持，以至于引起旅行社的反感。经过一番深刻思考，营销高层决定改变思路、主动出击主导市场。从2004年开始，乐满地跟桂北的旅行社及景区一起，联合推桂北旅游市场，打出的口号是"新桂林，新品质游"，并坚持做的跟说的唱的一样好，以至于真至诚的服务回馈游客。渐渐地，桂林乐满地的名字唱响了桂北地区，在桂林老景区之外另辟蹊径，走出另一片天地。

二、旅游客源市场区位

旅游客源市场是旅游产业发展的前提和基础，进而影响着旅游产业的空间布局及其空间效应。一般来说，旅游企业区位越接近客源市场，区位就越好。旅游者出游遵循距离衰减规律，越接近旅游客源市场的区位，旅游者到访就会越多。旅游客源市场范围的大小直接决定着旅游产业规模的大小。受财力、时间、距离的影响，旅游者的出游半径不可能无限延伸，总是以居住地为中心，呈现出由近及远的特征。受此影响，近客源地的旅游资源往往会率先得到开发，使旅游产业的布局与旅游者的出游半径构成某种对应关系。这种对应关系在中小尺度范围内表现得尤为明显。吴必虎的研究表明，中国城市居民旅游和休闲出游市场，随距离的增加而衰减。① 80%的出游市场集中在距城市500公里以内的范围内。由旅游中心城市出发的，非本市居民的目的地选择范围主要集中在距城市250公里的半径范围内。旅游客源市场范围的分布特征必然对旅游产业的空间布局与旅游空间开发产生引导作用，进而对旅游产业的空间效应产生深刻的甚至是决定性的影响。

同时，旅游企业的客源市场区位将直接影响到旅游产业的布局及其空间效应。一般情况下，如果以国际旅游市场为主要客源定位，则星级饭

---

① 吴必虎：《区域旅游规划原理》，中国旅游出版社2001年版。

店、国际旅行社等旅游企业宜布局在国际性大中城市，这些城市往往是出入境口岸城市或具有国际航班连接的主要国际客源市场，旅游产业的发展将进一步促进旅游中心城市的发展。如深圳市作为新发展的特区城市，其本身的旅游资源并不丰富，但却云集了近 10 个主题公园，原因在于它对港澳台市场来说近水楼台，客源区位优越；如果以当地休闲市场为主要客源定位，则可以布局在居民集聚区、城郊交错地带等，从而将促进旅游功能区的培育和开发。① 由此可见，不同类型的客源市场区位，对旅游产业的布局及其空间效应发挥不同的影响。

三、集聚与扩散机制

集聚与扩散是旅游产业空间配置的两种形式。旅游产业的投入产出性质决定了在其生产经营活动中必须力求以最小的成本获得最大的经济效益。为了实现区位成本的最小化，传统旅游产业的空间布局多位于景色优美、客流量大的旅游区和旅游城市，形成旅游产业的空间集聚，而众多旅游企业和部门在旅游城市、旅游区等优势区位的集聚又常常形成旅游产业集群。与此类似，一旦主题公园在某个城市取得成功，由于其示范效应及已产生的品牌号召力就会吸引其他主题公园在这一区域集聚，集群形成规模效益，使其成本最小化。

产业集群的形成为旅游产业带来了巨大的空间集群效益，主要表现在：可以降低交易成本，可以共塑特定区位的旅游形象，又可以进行旅游合作，如进行旅游市场联合营销等减少旅游企业经营成本；旅游产业内部各企业通过产品的互补来满足旅游者的多样化的需求，通过分工合作提高旅游产品的生产效率。同时，旅游者的出游行为具有多目的性，可能会同时选择数个旅游产品，同时光顾数家旅游企业，客源共享有利于减少旅游企业营销成本，又可通过共塑旅游企业形象吸引更多的旅游者获得互补性效益；产业集聚可以促使旅游企业共享旅游设施，尤其是旅游交通基础设施，使其不需要单独对旅游区域的基础设施进行专项投资，进而节约成本。此外，通过产业内部各企业、部门之间的信息交流与合作，便于相互交流旅游信息和旅游市场信息，有利于加快旅游产品创新，提高经营管理水平，可以实现整体竞争力的提高。

---

① 卞显红：《旅游企业空间区位选择影响因素分析》，载《商业时代》2008 年第 35 期。

当集聚发展到一定程度时，就出现了集聚不经济，此时企业和要素就会为避免集聚不经济而从集聚地迁移出去，即发生所谓的扩散现象，即优先开发区带动落后地区旅游业的发展，如在珠三角旅游区内，相对而言，广州、深圳核心区，根据有关资料调查显示广州长隆集团占据了整个珠江三角主题公园市场的50%，深圳华侨城占据了40%，若珠海、中山为边缘区，由于扩散机制的作用，旅游者、要素以一定的速度由核心区流向边缘区，从而带动了边缘区的主题公园发展。

四、旅游交通通达性

旅游交通通达因素是旅游企业空间选择、旅游产业布局的重要影响因素之一。如果城市旅游核心区与边缘区有城市轨道交通、高速公路或城市交通干道等快速交通方式可达，则旅游企业便可以把原本在核心区的布局转移到在边缘区的布局。城市旅游空间集聚区一般都具有较好的旅游可达性，游客可以便捷地抵达。因此，旅游企业区位选择多偏向在城市旅游空间集聚区布局，进而促进旅游空间布局优化与旅游空间结构的调整。

从经济学角度来看，旅游企业的区位成本表现为服务企业的运输成本和旅游者购买旅游产品所花的运输费用。前者包括旅游设施材料运费，生活必需品、旅游商品、旅游垃圾处理所产生的运输费用；后者是指旅游者前往旅游目的地进行旅游消费在交通运输方面的费用。旅游者的交通费用虽然不直接表现为旅游企业的成本，但这笔费用的高低制约着旅游产品是否能卖出，间接反映了旅游企业的区位成本。根据经济学成本—效益原则，旅游企业应选择在区位成本最低的地方，或近旅游目的地，或近旅游中心城市。也就是说，旅游景点的开发建设和旅游产业的布局离不开旅游交通的可达程度。随着自驾车旅游的兴起，交通通达性较高的景区迅速成为旅游产业集聚的首选之地，如在杭州市通往黄山的交通干道上，沿途的富阳、桐庐、建德、淳安各县市的旅游产业都得到了快速发展，初步形成了旅游产业轴带。交通条件也是主题公园所在地除了客源市场条件好以外必须具备的。例如珠江三角地区交通发达，至2010年年末，珠三角地区公路通车里程达5.6万公里，高速公路通车里程为2678公里，占全省的55%，轨道运营里程达1045公里。珠江有八大口入海，河网水系发达，港口众多，水上交通极为便利。京广、京九、广九、广茂和广梅汕铁路贯穿并交汇于三角洲内，还有广深准高速铁路。目前，以广州为中心以及珠江三角洲各中心城市为中心的高速公路网正逐步形成，以广州白云国际机场为核心的珠三角航空港与全国主要中心城市和众多国际城市通航，珠江三角与港澳形成的大珠三角将成为我国交通最发达的区域。珠三角地区主题公园产业迅速崛起，抢占先机，良好的交通通达性功不可没。

从旅游产业发展一般规律来看，旅游产业的空间布局主要向旅游资源富集及旅游交通设施便利的区域聚集，具体旅游景点空间布局主要聚集于高速公路、国道及铁路等主要交通干线附近，这主要与旅游景点的开发建设离不开交通设施建设有关。① 旅游资源区位优势者会屏蔽区位劣势者，这就是旅游的区位屏蔽现象。许春晓②认为，区位屏蔽与交通线路和交通区位密切相关，具体区域屏蔽有三种情形：一是全阻挡型屏蔽，指特定旅游地的主要客源市场的交通线前方均有其他旅游地存在的现象，典型图式如图9-6（a）所示，虽然不是所有的游客都会被挡在外围旅游地，但其不利势态是明显的；二是并列型屏蔽，指特定旅游地与某一旅游地分享主要客源市场的现象，典型图式如图9-6（b）所示；三是略强型屏蔽，指特定旅游地与某几个旅游地分享主要客源市场时，处于交通的有利位置上的现象，如图9-6（c）所示。由此可见，旅游交通条件和交通通达性对旅游资源开发、旅游产业布局以及旅游空间布局体系的形成均具有重要的影响。

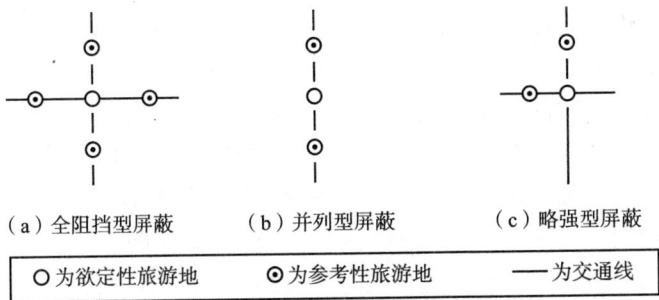

（a）全阻挡型屏蔽 （b）并列型屏蔽 （c）略强型屏蔽

○为欲定性旅游地 ◎为参考性旅游地 ——为交通线

图9-6 旅游区域屏蔽类型图示

资料来源：许春晓：《旅游地解蔽现象研究》，载《北京第一外国语学院学报》2001年第1期。

---

① 卞显红：《城市旅游空间规划布局的影响因素分析》，载《地域研究与开发》2003年第3期。

② 许春晓：《旅游地屏蔽现象研究》，载《北京第一外国语学院学报》2001年第1期。

第五节　主题公园空间结构的影响

　　空间集聚性是主题公园产业发展布局的重要特征，而主题公园产业或企业的空间集聚必将引起旅游空间结构的变化，进而对城市或区域空间开发或空间结构调整产生影响。总体来看，与传统旅游业无异，主题公园产业发展的空间效应主要表现在促进城市空间结构调整、推进城市空间拓展等方面。

　　并且近年来主题公园的开发是内嵌于发展区域旅游业的诉求之中的，即寄希望于通过主题公园撬动旅游产业这一大金矿。因此，主题公园对区域的影响效应有赖于其通过辐射和带动作用促进相关产业的发展，促使旅游产业链的形成。下面就主要从旅游产业的角度剖析主题公园对区域的影响效应。

一、城市空间结构调整效应

　　城市空间结构是城市要素在空间范围内的分布和组合状态，是城市经济结构、社会结构的空间投影，是城市社会经济存在和发展的空间形式。从传统旅游产业发展来看，旅游产业的空间布局一般围绕旅游资源禀赋的空间分布而展开，区域旅游规划或城市要素的配置依附于旅游资源的开发状态形成其主体空间框架。因而传统旅游城市的空间结构多以天然的旅游吸引物为布局的核心和增长极。其外围则以核心区域为依托，依据自然、地域、历史联系和一定的经济、社会条件，根据旅游者的需要，经过人工的开发与建设，形成次一级旅游吸引物及旅游服务附属产业从而构成核心—边缘的旅游空间分布。随着核心吸引物的深度开发及吸引力的进一步增强，城市旅游边缘区域依托旅游核心区域的客源、旅游设施、品牌等优势，也得到进一步的发展和聚集。各种要素的空间聚集并通过互相竞争、优势互补，以及旅游者的选择，引起生产要素成本和报酬率发生变化，竞租能力差和单位效益低的要素部门就会因土地价格、劳动力成本的上升而失去城市区位聚集效益，不得不向城市外围地区转移。在不断的调整中城市的空间结构得到了优化。

　　另外，主题公园这一人造吸引物具有传统旅游资源所没有的空间布局上的灵活性。对主题公园积极的规划布局带动旅游业的发展，同时使城市的空间结构向更合理的方向调整，进而深刻地影响着城市内部空间单元开发以及城市空间结构的变化。总体来说，主题公园独特的空间结构调整效应表现在以下两个方面：

第一，城市市中心存在衰落区域或市中心所承担的城市功能多样化程度欠缺，为均衡整个城市发展水平或丰富城市功能而将主题公园布局在城市中心区域或城市中心区域的边缘，这一模式可以促进旧城区基础设施的改造升级，促进构建生态、宜居、魅力的城市环境。通过主题公园与原中心区成熟的商业整合，增强城市中心增长极的集聚效应，使中心区重新焕发活力，避免城市空心化，使整个城市的空间结构更加均衡紧凑。

第二，中心城区发展较为完善和均衡，市郊拥有大片待开发潜力区域，为拓展城市发展空间而将主题公园布局在城郊区域，这一模式加快了区域城市化，城乡一体化进程，为城市经济社会的发展拓宽了后备空间。规模较大的主题公园，可促进卫星城镇和次级商业中心地的形成，缓解中心区商业过度聚集带来的过度竞争及人口交通拥挤，优化城市要素在空间范围的分布。

总体来看，要实现主题公园对城市空间结构的调整必须使其不断发展或与原有旅游资源整合达到产业的规模。因而，主题公园从其空间布局的谋划开始就必须着眼于城市旅游产业整体空间结构的实现。不同旅游产业的布局及在土地空间上的分布构成了城市旅游产业的整体空间结构。城市旅游产业空间结构是城市组成要素和旅游产业组成要素在空间上的分布状况，是旅游产业各部门在地理空间的格局以及相互竞争、相互补充的空间经济关系，它的调整与城市空间结构演变之间存在着密切的联系。旅游产业的空间特征在很大程度上影响并作用于城市的旅游功能和生产效率。而旅游产业的发展是城市旅游空间布局的原动力，旅游产业空间的扩展和空间结构优化是城市旅游经济实力增强的重要体现。从城市旅游空间结构演变的内在机制来看，可以认为是旅游产业发展重心的转移带来空间结构的相应变化。旅游功能作为城市功能的重要方面，特别是对于旅游城市来说，旅游产业作为城市产业的重要组成部分，其结构调整与变化对城市产业结构调整具有重要带动作用，进而对城市空间成长和结构演化产生影响。

这里以杭州市为例分析旅游产业发展对城市空间结构变化的影响。杭州市发展旅游产业的资源基础是西湖，长期以来，杭州市旅游资源的开发、旅游景点的建设一直围绕西湖这一核心，景点、景区的分布也集中在湖的周围。目前，西湖地区已经成为杭州市城市发展的重要功能区，对于杭州市的空间开发和城市空间结构形成都发挥了重要的影响。依托西湖的影响力，杭州市已成为国际著名的旅游城市，推动了杭州市旅游产业的快速发展。

而杭州主题公园产业的开发始于 1996 年 5 月 18 日开园的宋城。宋城是以《清明上河图》为基础蓝本，同时充分体现了游园景观与文娱展演相结合的全新思路，设立九龙广场、城楼广场和艺术广场，满足了现代旅游在观光中的文化和娱乐需求，铸铁、陶艺、酒肆、染织、刺绣以及王员外家彩楼抛绣球、汴河大战等项目都使游客津津乐道，成为一座寓教于乐的历史之城。城中从购物到餐饮设施的建筑形式甚至垃圾桶等的形状、配置都颇具匠心，注意与公园整体环境、氛围的协调，经典口号"给我一天，还你千年"在宋城得到了充分体现。杭州作为著名的历史文化名城，宋城的出现自然是毁誉参半，但无疑给平静的杭州旅游业带来了强大的震动。宋城开园 3 年就收回了全部投资，已经成为全国首批 AAAA 级景区，并获得"潜江十佳美景"、"杭州十大新景观"的称号。宋城已经累计接待游客近千万人次，每年的增幅都在 10% 以上。宋城的巨大成功对旅游业的发展具有重大意义的主要体现：一是在杭州引入主题公园概念，结束了浙江没有主题公园的历史，打破了杭州几十年一贯的静态观光旅游开发模式，动静结合，完善杭州旅游格局；二是开发现代旅游产业，跳出了西湖的"紧箍咒"，促进了城市经济的发展和产业结构的升级，拓展旅游开发空间，调整、优化了城市空间结构的利用，提升了城市旅游功能和生产效率，为杭州开发大旅游奠定了基础，同时对单核旅游空间结构向多中心的旅游结构演化提供了具有参照意义的路径。

二、城市空间拓展效应

主题公园的发展带动旅游产业的发展，随之形成的旅游产业集聚效益和规模效益带动相关产业和区域经济的增长，这种增长反过来又会进一步促进人口和产业向具有规模效应的大城市集中。随着旅游产业的扩张及城市对休闲旅游产品的需求，城市周边风景优秀的地区将成为城市扩张的方向，带动了城市化进程，从而对大城市起到分流的作用，促进城市间的人口平衡①。在现代城市旅游业发展过程中，城市旅游与城市化之间具有双向互动关系，归纳起来，具有两种关系模式：模式一，城市旅游资源丰富，旅游业在城市各产业中异军突起，占据着十分重要的地位，旅游业发展促进了城市基础设施建设和相关产业的发展，从而推动了城市化的进程。城市旅游引导着一种新的不同寻常的城市化类型，城市是为了消费而建立的，而不像以工业、生产、商业和居住为主要的功能。可以说，在这样的城市，旅游业的发展带动了城市化，城市化的发展又进一步为旅游业的发展奠定良好的基础，如黄山市、井冈山市、三亚市等都是在旅游业大发展的背景下获得了城市规模的扩大和地位的提升。模式二，城市本身旅游资源匮乏或者一般，城市在其他优势产业的带动下获得快速发展，城市功能不断完善，整体实力得到提高，依靠城市整体强大的经济、环境和文化吸引力，促进了城市旅游业的发展。在这样的城市，是城市化的进程促进了城市旅游业的发展，而旅游业发展又进一步提升了城市形象和改善了城市整体环境，进一步推动城市化进程，如我国的深圳市、张家港市等都属于这一模式。对于旅游资源非优大城市，在旅游业发展初期，很难通过旅游资源本身的开发形成吸引力，不符合上述城市化与城市旅游发展的第一种关系模式，而第二种关系模式则可以为这类城市的旅游业发展提供思路，即可以利用大城市本身的巨大客源市场和强大的综合优势，采取相应的措施，带动城市旅游业的发展。旅游资源非优大城市旅游业空间拓展战略，就是基于这一认识提出来的。旅游业发展是以旅游资源为基础的。对于旅游资源非优大城市而言，其市域范围内的旅游资源可能比较匮乏，这样就造成了一边是大城市强大的旅游接待能力没有足够的施展空间，另一边是现代都市生活对主题公园这类休闲娱乐的生活方式日益高涨的需求没能得到满足的局面。为此，实施主题公园为主导的旅游业空间拓展战略是旅游资源非优大城市旅游业发展的重要举措。

大城市近郊旅游区空间演变机制的研究表明，旅游区的空间拓展与城市发展水平之间存在一种倒"U"型的关系。② 在城市快速发展阶段，城市空间扩展在一定程度上对近郊旅游区空间形成了挤占效应。随着城市的进一步发展，为适应休闲经济的发展和满足人们生活质量不断提高的需要，近郊旅游区的空间得以恢复、优化。而且，旅游开发地区本身构成城

---

① 石龙：《旅游产业集聚与城市化互动机制研究》，载《桂林旅游高等专科学校学报》2007年第4期。

② 刘少湃：《大城市近郊风景旅游区空间优化研究》，上海师范大学硕士学位论文，2005年。

市空间的重要组成部分，由于其特有的环境优势，会带来旅游地产的介入。随着居住人口的扩张及相应配套设施的建立，旅游区具备了城市雏形，促进了城市的空间扩展。伴随着旅游产业链的建立，旅游产业开发地区本身成为城市在地域空间上新的资源集聚中心、产业增长中心、信息中心、技术中心和创新中心，成为城市新的空间增长点。① 因此，城市空间扩展的不可逆性决定了近郊旅游区在城市空间区位变化中必然经历一个由边缘—核心的演变过程。

随着城郊旅游区的发展，核心旅游吸引物及其配套旅游服务设施得以开发和建设，集聚效应越来越明显，逐步形成了以核心旅游吸引物为中心、旅游要素齐全的主旅游功能区，这是吸引旅游者的核心动力。同时，因城市建设的加快和城市型旅游目的地概念的强化，在城市中心和周边范围内将会出现其他人造旅游吸引物，不知名的自然旅游吸引物也会得以开发和建设，围绕这些旅游吸引物形成的旅游功能区（主题公园、游憩商业区等）会使城市型旅游地空间呈现多旅游功能区模式，增强了旅游地的综合吸引力②，如深圳华侨城集团开发的锦绣中华、中华民俗文化村、世界之窗和欢乐谷等主题公园，上海的环球影城、梦幻乐园，武汉的水族馆和地球村③等均位于其城市的边缘地带。由于城市的快速扩展，原有的城郊旅游地将逐渐演变为城市内部的游憩地，郊野公园将逐步成为人们休闲娱乐的主要空间，推动了城市化进程。郊区旅游功能区的建设和发展作为城市发展的重要组成部分，对城市空间发展将产生重要的影响。

---

① 石龙：《旅游产业集聚与城市化互动机制研究》，载《桂林旅游高等专科学校学报》2007年第4期。

② 孙苗：《城市型旅游目的地空间结构研究——以温州为例》，浙江大学硕士学位论文，2008年。

③ 张立明、赵黎明：《城郊旅游开发的影响因素与空间格局》，载《商业研究》2006年第6期。

第十章

主题公园与区域经济协调发展

第一节 从系统角度分析主题公园与区域经济的协调发展

一、旅游业在系统论中的表现

系统理论认为，系统是由相互联系的各个部分和要素构成的，是具有一定结构和功能的有机整体，其基本思想有两点：一是把研究和处理的对象都看成是一个系统，从整体上考虑问题；二是特别注意各个子系统之间的有机联系及系统与外部环境之间的相互联系和相互制约。系统论不仅为旅游业提供了认识论的基础，即旅游业——国家的或区域的——是一个系统，应从整体上考虑；同时又为区域旅游业发展和旅游业区域联合提供了方法论的基础，即用系统的观点看待旅游业，用系统的方法进行旅游业的开发、经营、管理。具体而言，系统论对旅游业发展的指导意义表现在以下几个方面：

（一）以建立旅游地域综合体和旅游目的地协调发展为目标来组织、配置旅游产业要素

旅游地域综合体和旅游目的地是一定地域范围内，与旅游业直接相关、间接相关的各部门有机结合而形成的一个地域生产—消费系统，这个系统包括自然子系统和经济子系统、社会文化子系统和智力子系统等。这个系统以旅游资源和产品为依托，客源为基础，以服务和管理为保障，缺一不可。旅游业发展必须全面兼顾、统筹规划，政府、企业、市场各自独立又相互关联，各行业各部门（旅游、工商、建设、林业、水利、交通、环保、文物、公安、文化、卫生）相互配合、协调行动，人、财、物、资金、信息、技术自由流动、合理调配，如此才能形成旅游业发展的良好基础、环境和机制，最终提高旅游业水平。

（二）全面考虑，综合开发旅游区（点）

旅游区（点）是区域旅游业的根基，是由区位、资源、环境、设施和项目、客源、经营管理等要素组成的结构系统。景区（点）的开发要以系统的思想全面考虑，根据景区（点）区位条件、旅游资源禀赋状况、环境质量、基础设施情况、拟开发项目的优劣势、地区客源分布状况、开发难易程度、投资状况、经营管理水平、开发后的效益预期等方面进行综合分析、评价，优化景区（点）旅游系统结构，调控旅游系统的运行，形成旅游系统的最佳功能，不可顾此失彼，"只见树木，不见森林"。

（三）加强旅游业的跨区域协作联合，保证区域旅游业的健康持续发展

任何一个区域旅游业都是一个开放的系统，只有与系统外的环境（或其他系统）不断进行物质、信息、能量的交换，才能保证本区域旅游系统的良性发展。区域旅游系统是一个由低级到高级、由混沌到有序、由不平衡到相对平衡的动态发展系统，系统结构的调整与优化、功能的提升是建立在系统不断输入"负熵流"的基础上的。一个区域旅游业如果没有与外界联系交往输入"负熵流"，终将会崩溃至消亡。所以任何区域在制定区域旅游业发展规划及旅游业发展实践中都应该着眼于更广阔的世界，善于与其他区域开展旅游业的合作与交流。在合作中谋发展，在交流中求进步，在联合中寻机遇。只有如此，才能与时俱进，在激烈的市场竞争中保持优势，立于不败之地。

（四）旅游业发展要注重信息反馈，加强宏观调控，不断推陈出新

系统是不断进行内外物质流、能量流、信息流的动态系统，具有信息反馈功能。旅游业是一个系统构建、系统反馈、系统调控、系统优化的综合性产业。旅游业发展要注重调查研究，收集业态信息，及时发现如产品

更新、市场变化、政策变更等问题，及时对旅游业各要素和各子系统进行调控，对影响旅游业发展的不良因素进行干预、治理，如旅游产品老化、旅游市场混乱、旅游环境恶化、旅游管理松懈等。根据世界旅游业发展态势及自身旅游发展趋势，不断更新旅游产品类型、推出新的旅游服务内容、塑造新的旅游形象、制定新的旅游政策和措施等，使区域旅游业始终在良性轨道上稳定、持续发展，促进区域旅游系统的动态平衡和不断优化。

二、区域经济系统与主题公园子系统的相互关系

从前面几章可以看出主题公园与区域经济是相互促进的。处于一定区域系统的主题公园，在市场条件下，对于区域系统内的各个因素有很强的依赖性，与此同时，主题公园通过影响区域内的因素进而影响区域经济。

区域经济首先从供求两个角度影响主题公园的经营与集群，这种供求状况影响区域相关产业的发展，进而继续影响主题公园的经营与集聚。区域经济状况通过对区域交通状况的影响和产业发展的影响，继而影响区位价值与主题公园的投资与经营，主题公园的经营与集聚对区位价值形成反向影响，与此同时，区域产业的发展带动区域经济的发展，良好的区位对区域经济也有促进作用。区域经济的发展必然带动本地文化以及文化产业的发展，同时区域文化对区域经济以及主题公园的经营与集聚也有一定的促进作用。并且，区域文化对区域旅游感知形象之间形成相互影响，在区域交通状况的影响下，区域旅游感知形象影响游客的旅游动机，继而影响主题公园的经营与集聚。这些因素之间相互促进，相互影响，促进区域经济与主题公园协调发展。各因素之间关系具体如图 10 - 1 所示。

由图 10 - 1 可以看出，主题公园与区域相关因素一起构成了区域系统内的子系统。区域系统内的这些因素不是主题公园可以主动控制和调节的，主题公园只能在市场机制下对这些因素进行影响。这需要政府发挥区域系统的协调作用，从公共权力的角度加以协助，排除阻力，甚至直接进行推动，才能使作为子系统的主题公园在一个协调的环境中实现盈利能力。在一个系统中，各因素之间都是在一定的环境下相互联系，相互作用的。政府在调节各个因素时要充分运用市场经济的优势，从系统的角度进行全面调节。系统的存在与运行的前提条件是自身与环境之间有不断的物质、能量交换，一旦没有这种交换，就会使系统陷于停滞乃至衰变。这种

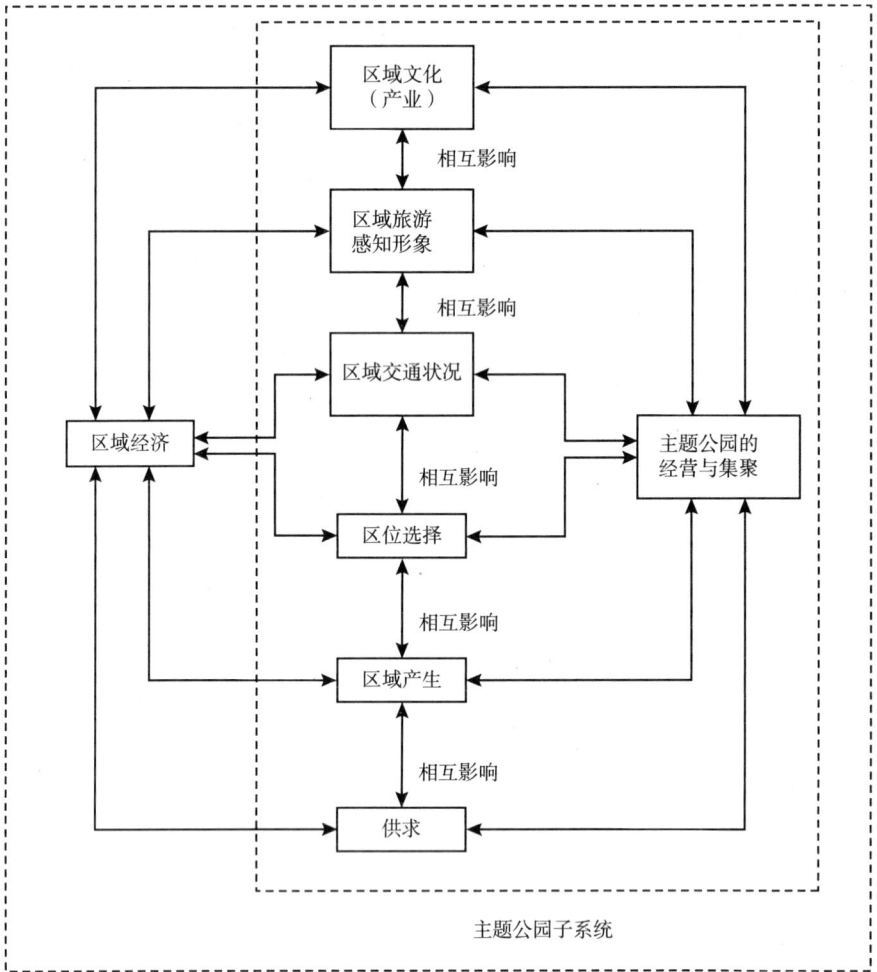

区域经济系统

图 10 – 1 区域经济系统与主题公园子系统各因素相互关系

物质能量的交换，带来的是系统的创新，同时，系统的创新促进了这种交换。对于主题公园来说，项目开发之初通过给旅游者带来新奇新鲜的体验从而获得轰动效应，这只是一个开始，更重要的是管理的持续创新能力，即如何长久地吸引游客的注意力和兴趣。主题公园的出路在于动静结合，动静互动，以主题公园本身的精美性为基本出发点，以主题公园的场地和设施为载体，日日出新的活动和节目，将各种吸引游客的因素聚集起来。

在这种思路下，主题公园的各种设施被"舞台化"，给游客的感觉是"常去常新"，经营者在经营中的努力是越来越专业，越来越深入，水平不断提高，后续创新能力越来越强。由此，逐步形成良性的循环，使主题公园的生命周期被超越或使衰退期无限推后。

三、主题公园与区域系统的物质能量交换

主题公园是旅游业迅速发展的产物，受竞争态势、消费偏好、产品个性、技术条件和其他环境因素的影响，主题公园的产品具有特定的生命周期规律，即有一个从兴起、旺盛到平台期、衰落期的过程，而且大部分主题公园投入很大，游客重游率低，可模仿性强。这种现象在很大程度上使人们对主题公园的前景产生了忧虑或质疑。

但事实上，世界上许多主题公园是长盛不衰的，经历了不同时代的市场考验，如表 10 - 1 所示。

表 10 - 1　　　　　　　世界上长盛不衰的主题公园代表

主题公园	所在地	建成年份	历史（至 2005 年）
城市公园	维也纳	1897 年	108 年
布查特花园	加拿大维多利亚	1904 年	101 年
环球影院	美国	1915 年	90 年
汉斯公园	德国	1937 年	68 年
马都洛丹	荷兰	1952 年	53 年
迪士尼乐园	美国洛杉矶	1955 年	50 年
波利尼西亚文化村	美国夏威夷	1963 年	42 年
迪士尼世界	美国佛罗里达	1971 年	34 年
海洋公园	中国香港	1977 年	28 年
迪士尼乐园	日本东京	1983 年	22 年
锦绣中华	中国深圳	1989 年	16 年

资料来源：孟珊：《世界上长盛不衰的主题公园代表》，载《华侨城报》1997 年 12 月 19 日。

主题公园要想保持生命力，长盛不衰，就必须不断地进行创新。深圳华侨城就是依靠不断创新，培植了主题公园的品牌，增强了国际竞争力。表 10 - 2 反映了深圳华侨城 2000 年的主题公园产品创新活动。

表 10 - 2 　　　　　　深圳华侨城的产品创新活动（2000 年）

主题公园	创新项目	
	硬件项目	主题活动
锦绣中华	"花的世界"：春节开放	
中国民俗文化村	• 飞瀑溜索：春节期间对外开放 • 藏寨改造 • 科尔沁草原滑草	• 元旦：中国古文化艺术节 • 春节：春节大庙会、火把节 • 五一：中国绝活艺术周 • 六一：青少年与村寨联欢活动 • 七月：民族服饰晚会 "东方霓裳的梦" • 7～8月：第九届泼水节 • 国庆期间：中国民间艺术节 • 三八、端午、中秋、重阳等节日期间，与新闻媒体合作开展青年交友、集体婚礼等活动
世界之窗	• 金字塔幻想馆 • 阿尔卑斯山滑雪 • 电脑门禁系统的推出 • 水系娱乐项目 • 火山仿真动态项目 • 富士山剧场 • 改造景区环境和主环道 • 改造前广场 • 中心舞台的改造 • 改善景区内餐饮构成，改变商品经营模式，将景区内的商品和餐饮消费提高两个百分点	• 元旦春节：千禧庆典、婚礼、狂欢系列活动 • 首届 "高交会" 晚会 "拥抱未来" 舞台版 • 与香港凤凰卫视台合作并直播 "飞向新世纪" 晚会 • 4～5月：日本文化周、埃及文化周及金字塔幻想馆开馆 • 暑期啤酒节及冰雪项目的推出活动 • 中央电视台第六届 "康佳杯" MTV 大赛颁奖晚会 • 大型新晚会
欢乐谷	• 4D 电影院 • 梦幻岛项目 • 趣味屋 • 迷你教堂项目 • 将葡国餐厅改造成公园出入口商店 • 园区环境改造 • 儿童反斗乐项目重新安排	• 春节：千禧龙年嘉年华 • 暑期：玛雅狂欢节 • 国庆期间：国际魔术节和国际魔术大赛 • 完善魔术晚会 "梦幻神曲" • 强化西部影城的演出，将节目延长至50 分钟 • 增加景区的流动性表演 • "欢乐小精灵" 歌手组合 • 玛雅海滩的小型娱乐表演

资料来源：华侨城集团公司建设指挥部。

　　世界上经营最成功的主题公园迪士尼乐园里的动画人物大部分都是来自于迪士尼公司自己制作的动画片，但这些动画人物不是一成不变的，每年都出现新的面孔。自 20 世纪 90 年代以来，迪士尼公司每年都制作一部以上的重量级动画电影，这些电影的题材来源广泛，有的来自经典童话，有的改编自传统故事，还有的来源于世界名著。

1991 年，"美女与野兽"改编自著名童话，获奥斯卡最佳原创音乐奖，主题歌《美女与野兽》获最佳歌曲奖。该片是首部获得最佳影片提名的动画片，全球票房收入 3.6 亿美元。

1992 年，"阿拉丁"改编自阿拉丁神灯的故事。影片获奥斯卡最佳原创音乐奖，主题歌《全新的世界》获最佳歌曲奖。该片还获得最佳音响、最佳音响效果提名，全球票房收入近 5 亿美元。

1994 年，"狮子王"尝试采用全新创作的故事。在全球获得超过 7.6 亿美元的票房，是历史上最卖座的 10 部电影之一。该片获得奥斯卡最佳原创音乐奖，主题歌获最佳歌曲奖。

1995 年，"风中奇缘"改编自印第安少女波卡洪塔斯的真实故事。该片获奥斯卡最佳原创音乐奖，主题歌获最佳歌曲奖。全球票房收入 3.4 亿美元。"玩具总动员"是唯一一发生在现代人类社会背景下的故事。该片获奥斯卡最佳原创音乐、最佳歌曲和最佳剧本提名。该片中的电脑三维动画技术被称为革命性的突破，全球票房收入 3.5 亿美元。

1996 年，"钟楼驼侠"改编自名著《巴黎圣母院》。该片获奥斯卡最佳原创音乐提名，全球票房收入 3.2 亿美元。

1997 年，"大力士"改编自希腊神话。主题歌获奥斯卡最佳歌曲提名，全球票房收入 2.5 亿美元。

1998 年，"花木兰"改编自中国花木兰代父从军的故事，获奥斯卡最佳原创音乐提名，全球票房 3 亿美元。还有一部电脑三维动画作品"虫虫特工队"也获得奥斯卡最佳原创音乐提名，全球票房收入 3.5 亿美元。

第二节　主题公园对区域经济促进作用的循环积累

一、循环积累因果原理

累积因果理论，或称循环累积因果理论，是由著名经济学家冈纳·缪尔达尔（Gunnar Myrdal）在 1957 年提出的，[1] 后经卡尔多、迪克逊和瑟尔

---

[1]　Karl Gunnar Myrdal. Rich Lands and Poor: The Road to World Prosperity. New York: Harper & Brothers, 1957.

沃尔等人发展并具体化为模型。缪尔达尔等学者认为,在一个动态的社会过程中,社会经济各因素之间存在着循环累积的因果关系。某一社会经济因素的变化,会引起另一社会经济因素的变化,这后一因素的变化,反过来又加强了前一个因素的那个变化,并导致社会经济过程沿着最初那个因素变化的方向发展,从而形成累积性的循环发展趋势。市场力量的作用一般趋向于强化而不是弱化区域间的不平衡,即如果某一地区由于初始的优势而比别的地区发展得快一些,那么它凭借已有优势,在以后的日子里会发展得更快一些。在经济循环累积过程中,这种累积效应有两种相反的效应,即回流效应和扩散效应。前者指落后地区的资金、劳动力向发达地区流动,导致落后地区要素不足,发展更慢;后者指发达地区的资金和劳动力向落后地区流动,促进落后地区的发展。总之,循环累积因果论认为,经济发展过程首先是从一些较好的地区开始,一旦这些区域由于初始发展优势而比其他区域超前发展时,这些区域就通过累积因果过程,不断积累有利因素继续超前发展,导致增长区域和滞后区域之间发生空间相互作用。

缪尔达尔在批判新古典主义经济发展理论所采用的传统静态均衡分析方法的基础上,认为市场机制能自发调节资源配置,从而使各地区的经济得到均衡发展,不符合发展中国家的实际。事实上,长期信奉市场机制的发达国家也没有实现地区的均衡发展。因此缪尔达尔提出,应采用动态非均衡和结构主义分析方法来研究发展中国家的地区发展问题。缪尔达尔认为,市场力的作用一般倾向于增加而非减少地区间的不平衡,地区间发展不平衡,使得某些地区发展要快一些,而另一些地区发展则相对较慢,一旦某些地区由于初始优势而超前于别的地区获得发展,那么这种发展优势将保持下去。因此,发展快的地区将发展得更快,发展慢的地区将发展得更慢,这就是循环累积因果原理。这一原理的作用就导致"地理上的二元经济"结构的形成。

缪尔达尔用循环累积因果关系解释了"地理上二元经济"的消除问题,他认为,循环累积因果关系将对地区经济发展产生两种效应:一是回波效应,即劳动力、资金、技术等生产要素受收益差异的影响,由落后地区向发达地区流动。回波效应将导致地区间发展差距的进一步扩大。二是由于回波效应的作用并不是无节制的,地区间发展差距的扩大也是有限度的,当发达地区发展到一定程度后,由于人口稠密、交通拥挤、污染严重、资本过剩,自然资源相对不足等原因,使其生产成本上升,外部经济效益逐渐变小，从而减弱了经济增长的势头。这时，发达地区生产规模的进一步扩大将变得不经济，资本、劳动力、技术就自然而然地向落后地区扩散，缪尔达尔把这一过程称为扩散效应。扩散效应有助于落后地区的发展。同时缪尔达尔认为，发达地区经济增长的减速会使社会增加对不发达地区产品的需求，从而刺激这些地区经济的发展，进而导致落后地区与发达地区发展差距的缩小。

　　循环理论主要是用来分析跨国性的区域发展，特别是空间上毗邻，发展水平相差较大的地区发展的问题的理论，该理论是指国家或地区之间的人力、资本、技术、资源、产品等经济要素多向流动与交换，形成地区间的人流、物流、资金流和信息流的循环过程。经济循环在大尺度空间上表现为发展中国家的劳动力与资源优势和发达国家的资本与技术优势，相互开展贸易与合作的循环；在中小尺度空间上则表现为发达地区和次发达地区的循环过程，本质上，都是经济发展处于不同阶段和水平的区域之间彼此开展经济技术合作，促进产业结构转换或升级的循环。循环理论主张各区域应该从现实出发、制定经济发展战略。只要有利益，区域就应该采取发展措施，只要在对外交往中能够互利互惠而不会产生空间极化现象，就要鼓励对外交流与合作，主动参与循环。

　　世界及我国的旅游发展实践证明，循环理论完全可以解释和指导区域旅游发展，特别是经济欠发达地区甚至是贫穷落后地区的旅游业发展。众所周知，"东盟国家"的旅游业被公认为是成功可借鉴的，其旅游业发展的突出成绩是东盟接待国际游客和国际旅游收入，特别是对发达国家的旅游市场开拓方面增加迅猛并领先于世界其他地区。其基本经验是东盟近十几年来大力开拓国际旅游，与发达国家开展大规模的旅游合作，积极主动参与世界旅游经济循环体系中。主要的方式包括大力开发其丰富、优越的旅游资源，设计适合于西方国家游客口味的旅游产品和项目，投巨资进行旅游宣传促销和旅游人才培养，大力发展国际会议旅游，开展多层次的旅游合作。"东盟"旅游业已与世界发达国家的旅游业融为一体，成为世界上最重要的旅游目的地之一。

　　我国中西部一些欠发达地区，在落后的经济发展现状中认识到了自身开发旅游业的优势和潜力，自觉不自觉地运用循环理论指导旅游开发，采取适度超前战略，果断地实行参与国际经济循环，优先发展国际旅游，带动区域旅游发展及经济起步的旅游发展战略，取得了显著的成果。如云南、贵州、宁夏、新疆、西藏等省（区）的部分地区，成为旅游带动经济的典型。特别是云南省，主动参与东南亚国际旅游开发与合作，融入国际旅游经济循环系统，变其"内地省份"为面向东南亚的"开放省份"，重新发现自身优势，为我国中西部旅游发展探索了一条崭新道路。

二、主题公园对区域经济促进作用的循环积累

随着社会经济的发展和人民物质文化生活水平的不断提高，建设一个高品位的主题公园，不仅仅只是为了开发新的旅游资源，发展地区旅游经济的需要，更重要的是为了促进区域交通、经济、文化进一步发展，成为提升城市在国际市场上认知度一个不可缺少的重要组成部分。而同时一个区域的交通、经济、文化的发展又进一步促进了主题公园的建设。如此循环累积，使主题公园和区域经济共同向前发展。要达此目的，就需要新建主题公园的景观群和景观区在追求原生态文化的基础上，必须具有一种全新的意境：在文化内涵上不仅具有较强的辐射力和历史的承载力；同时，在视觉上、感官上还要给人以震撼力和时空的穿透力。

改革开放前的深圳，是中国南方的边陲小镇。到了20世纪80年代末特别是进入90年代初之后，深圳西部的华侨城异军突起，在短短的十余年里，建成了"锦绣中华"、"中国民俗文化村"、"世界之窗"、"欢乐谷"四个主题公园，并以四大主题公园为依托，通过十数年的努力，构建了集旅游、娱乐、艺术、商业、居住于一体的现代多功能新型城区，带动了深圳第三产业的整体增长，使文化旅游产业成为深圳的经济增长点。他们将主题公园的建设和整个华侨城开发区的建设结合起来，以科学规划、开发文化旅游产业来带动周边地区全面综合开发，促进了深圳带状组团式的区域发展。

（一）主题公园与区域交通扩展

城市的内、外部交通都对主题公园的经营有很大影响。大型主题公园一般选址在大城市边缘，特别是主要公路干道旁。这样一方面有利于利用社会交通运输能力，节省道路投资；另一方面有利于借助主要公路干道开阔的视野向途经此处的旅客展示标志性景点，不断强化旅游形象，达到吸引游客的目的。同时主题公园吸引的大规模游客，也为区域经济的发展、交通的改善带来了大量资金。此外，大规模的非中心城区的人流与车流，形成的"反磁力"效应，有效形成市民定居郊区的安稳的心理定式。最终

通过主题公园的建设，在不同时间阶段、空间区域和用途之间对城市现有交通资源进行有效配置。

深圳拥有发达的海陆空立体交通运输网。广九铁路纵贯市境，广深海高速铁路、平南铁路、盐田港疏港铁路贯通；还有广深高速公路、深汕高速公路等；拥有八大商业港区和码头、有蛇口、盐田、赤湾等海港；深圳国际机场是全国五大航空港。坐飞机、火车、汽车、轮船均可进出深圳。市内公共交通也极为方便，有出租车、中巴车、旅游观光车等一直抵景区。深圳已与珠江三角洲其他城市形成网状相连的城市群带，游客来去自由方便，感知距离很近。便捷的交通条件，大大地扩大了华侨城主题公园的辐射范围。华侨城主题公园均位于深南大道旁，驱车经过深南大道，标志性景点"长城"、"石林"、"埃菲尔铁塔"尽收眼底，这无声的广告带来了良好的形象效应。据测算，深南大道上的大巴平均每 41 秒就给华侨城带来一个游客。

（二）主题公园与区域土地开发

主题公园的经营并不是封闭的，它独特的资源优势将带动园区周边相关产业的发展。主题公园的建设可以吸引人流，提升当地的知名度，同时其配套的交通设施使可达性大大增强，从而促使周边土地升值。景区本身也是房地产业一个很好的卖点，所以可以极大地带动周边地区土地的开发，促进城市的发展。而土地开发同时增加了人流量，也为主体公园提供了消费人口群，促进了主题公园的建设。

华侨城的规划设计和环境营造，再加上开发旅游项目，极大地改善了城区的自然和人文环境，形成一个"城区"的概念，使整个城区的土地升值。他们把"主题公园"的开发思路引申运用到"主题社区"的开发，推出一个主题房地产项目——"波托菲诺"。通过深化旅游与房地产的优势互动关系，从而达到联动发展，凸显出了旅游与地产资源有机结合的优势与前景。

（三）主题公园与区域经济发展

旅游业一直被称为"无烟工业"，发展潜力巨大。1998 年，伦敦旅游业的收入是 80 亿英镑（相当于 120 亿美元），比金融业的收入还高，而巴厘岛 2/3 的收入来自旅游业。

主题公园由于其规模大，游客多，从而在旅游市场上占有很重要的地位，合理配置并开发文化资源，可以有效地驱动文化资源的市场价值转化，创造出很高的价值，极大地带动当地经济的发展。从 1989 年"锦绣中华"正式开园营业起，短短 10 年间，华侨城已经成为名噪海内外的旅游乐园，四大主题公园累计接待游客超过 6000 万人，其中境外游客总人数在 1000 万以上，旅游收入连续多年居全国各类景区之首。每年接待的游客人数和旅游收入占深圳市旅游业的 60% 以上。仅以"世界之窗"为例，自 1994 年开园至 2000 年 6 年间其营业收入就达到 20 亿元，实现利税 6 亿余元。主题公园的开发与经营为深圳经济的发展作出了很大的贡献。

（四）主题公园与区域文化建设

当今社会，文化已成为现代经济的重要成长因素，人工构造的主题公园也不例外。华侨城旅游品牌享誉中外，正是文化赋予了它生命和灵魂。文化旅游把以硬件构造为主体的景区提升到以硬件为背景、软件为主体，从而增强了景区的活力。有了深厚的文化底蕴，主题公园才能使游客永远保持新鲜感，生命周期才得以延长。主题公园的文化底蕴不仅对区域文化的发展和形成有很大的促进作用，而且成为区域文化不可或缺的有机组成部分。主题公园在社会文化领域中扮演日益重要的角色，并由此提高区域文化品位，增强区域的文化辐射力，扩充区域的文化内容和文化想象。深圳作为一个自然和人文资源都相对贫乏的城市，曾被戏称为"文化沙漠"。华侨城四大主题公园的建成，标志着具有深圳特色的旅游文化的形成。华侨城开发的文化资源不仅包括有形的资源，还包括介于有形与无形之间的资源（如"民俗村"中各民族的民俗风情、民间艺术等民族资源），以及无形的资源（如融于各园区内的国内外各民族独特的文化氛围和生存理念以及园区运作管理中借鉴的国内外先进管理理念等）。这一切已成为深圳城市文化的有机组成之一。华侨城建设的整个过程可以说是对深圳文化的一种重构。

第三节　促进循环作用积累的政策效用

事实证明，旅游者的行为动机是可以启发的，旅游者的决策行为过程是有规律的，这意味着政府在这方面可以有所作为。地方政府可以为主题公园的可持续发展提供充分的外部条件，具体来说，包括：提供良好宽松的经营环境和所需要的政策，保证企业的自主权；在考虑市政设施、人员进出政策等问题时，对主题公园提供重点倾斜；将主题公园纳入城市旅游形象宣传全盘计划，激活旅游、激活"人气"，营造盛事不断的环境，把主题公园的形象向城市之外展示，吸引各方客源；规范市场秩序，打击非法经营，保证旅游者利益，促进主题公园的守法经营。站在更高角度上考虑，还包括：对区域内的旅游资源进行宏观规划，协同布局，防止恶性竞争和景点的雷同风格；直接以政府角色介入部分公益性较明显但有较大成本投入的项目，如优惠贷款、公共基础设施、地价减免等。

从深圳主题公园近年来的发展历史来看，政府的宏观指导和综合协调的作用越来越重要。作为一个户籍人口基数不大的新城市，市外游客对这些主题公园的到访是具有决定性意义的；市政设施和城市建设的布局、速度和质量，也对主题公园的经营有重大影响。深圳市旅游行政主管部门一直在为此进行不懈的努力，并取得了良好的效果。近年来，市旅游行政主管部门将这种指导和服务推进到了一个更高、更深入的层次，例如，与各景区举办各种有号召力的盛事活动和国内外促销活动，为华侨城主题公园保持常年盛事不断的格局提供了有力保障。

从宏观角度讲，政府的政策倾向对主题公园发展的影响是直接的，而且是至关重要的。由于我们正处在新旧体制和机制进行双重过渡的阶段，政府的政策具有动态的不稳定性。相对来说，主题公园的投资者和经营者对政府相关政策的调整给主题公园经营活动可能带来的消极影响往往估计不足，从而造成市场经营的落败。例如，上海市政府在 20 世纪 90 年代中期开始实施产业结构大调整政策，在这一经济调整时期先后开业的上海环球乐园、梦幻乐园和福禄贝尔科技乐园，无不受到这一政策调整的影响。以上海环球乐园为例，在该园开业初期，本地团队游客人数就急剧下降，仅仅占到 15% 左右的比例，与一般主题公园开业的当年团队游客接待人数相比，要减少 20～30 个百分点。环球乐园从 1996 年 5 月开业到 1997 年年底，1 年半的时间里总共才接待 97 万游客，仅仅是该园设定的接待总游客人数的 1/6。虽然还有其他因素的影响，但是政府经济政策的调整给主题公园带来的深刻影响是确实存在的。

主题公园是一种高投入的旅游项目，主题公园的建设需要政府部门的努力帮助和推动。早期主题公园的开发，是纯粹个人或企业的自主行为。但随着经济社会的发展，单个主题的投资行为越来越举步维艰，政府的扶植作用日益凸显出来。与普通旅游业发展情况不同，国家或地区政府对主题公园的政策支持重点并非在税收和贷款利率上的倾斜，而是在融资和地价政策以及基础设施建设上。如法国巴黎在迪士尼乐园投资之初，融资额就占了51%，法国政府也为迪士尼乐园提供了强大的政策性优待和资金支持，还专门为其修建了一条地铁专线。同样，迪士尼乐园已落户香港地区，其原因之一也是因为与港区政府有协定，可以得到180公顷的廉价土地。1999年5月1日开园的昆明世博园，则更充分体现了政府支持的优势：中央政府与云南省政府共同出资了5.4亿元人民币，而云南省则围绕世博园投资了130多亿元进行配套工程建设。宽松的政策空间和政府的强势支持，为世博园的"零债务"运营打下了坚实基础。

第十一章

主题公园发展的区域间合作

　　区域旅游合作就是在区域范围内不同地区之间的各利益相关主体依据一定的章程、协议和合同，将资源在地区之间重新配置、组合，以获得最大的经济、社会和生态效益的旅游经济活动。需要强调的是，本书所指的区域合作是指各利益相关主体超越竞争关系下的有机合作，在承认竞争和利益冲突的前提下，旅游利益主体之间主张将局部的对立变成更大空间的共存，着眼于发展和保护共同的优势，强调从竞争中产生新的、创造型的伙伴关系，通过利益共享和义务共担，寻求双方或多方共存共享和互惠共赢，构筑一个统一和谐的整体，从而获得任何单个一方无法达到的高水平和整体的最大利益。主题公园发展理想的区域间合作机制是在一定的区域范围内，在政府的宏观协调下，主题公园以市场为导向，按照约定的条件与相关利益主体展开合作，形成统一、互惠、和谐的整体，通过合作达到双赢，从而在加强整体实力同时也提升了各自的竞争力，实现区域旅游的可持续发展。

第一节　主题公园区域合作的理论基础

　　主题公园区域合作的理论基础有两个来源。首先是区域旅游合作理论，主题公园行业作为现代旅游业的新兴子产业，其区域合作探讨必然属于区域旅游合作理论的范畴。其次是合作竞争理论，某特定主题公园作为一个企业，其经营活动如何处理合作与竞争关系是合作竞争理论的研究内容。下面分而述之。

一、区域旅游合作理论

当今世界，区域旅游合作已成为当前国内外旅游业发展的必然趋势，也是区域旅游经济健康、快速、可持续发展的必然要求。比较有代表性的区域合作理论有：核心—边缘理论、区域旅游的可持续发展理论、系统论、协同论和经济地理学等。这些理论为主题公园实行区域合作提供了充分的理论支持。系统论和协同论在第十章论述主题公园与区域经济协调发展部分已有具体阐述，在此不再赘述。下面扼要阐述核心—边缘理论、区域旅游的可持续发展理论、经济地理学中的生态位理论、空间相互作用理论。

（一）核心—边缘理论

核心—边缘理论试图解释一个区域如何由互不关联、孤立发展，变成彼此联系、发展不平衡，又由极不平衡发展变为相互关联的平衡发展的区域系统。借鉴核心—边缘理论，我们可以知道，在主题公园区域合作机制中，核心主题公园与边缘主题公园应该是一种平等竞争，优势互补，合作互赢的空间关系。由区域内各级政府牵头签订合作协议，以市场为导向，发展核心主题公园，带动边缘主题公园，是主题公园区域发展的重要战略措施。在促成合作发展中各地区要注意培育核心主题公园，形成主题公园群，带动边缘主题公园发展，壮大在整个区域主题公园产业的竞争力。

（二）区域旅游的可持续发展理论

可持续发展（Sustainable Development）的概念最先是在 1972 年在斯德哥尔摩举行的联合国人类环境研讨会上正式讨论。自此以后，各国致力界定"可持续发展"的含意，现时已拟出的定义已有几百个之多，涵盖范围包括国际、区域、地方及特定界别的层面，是科学发展观的基本要求之一。其中广为世界各国接受的定义是在 1987 年格罗·哈莱姆·布伦特兰（Gro Harlem Brundtland，挪威首位女首相）在世界环境与发展委员会出版的《我们共同的未来》报告中将可持续发展定义为："既能满足当代人的需要，又不对后代人满足其需要的能力构成危害的发展。"总之，可持续发展注重社会、经济、文化、资源、环境、生活等各方面的协调"发展"，要求这些方面的各项指标组成的向量的变化呈现单调增态势（强可持续发展），至少其总的变化趋势不是单调减态势（弱可持续发展）。坚持可持续发展须遵循以下基本原则：公平性原则、可持续性原则、和谐性原则、需求性原则、高效性原则和阶跃性原则。①

随着可持续发展的思潮在世界范围内兴起，旅游业可持续发展（Sustainable Tourism Development）的概念日益受到人们的认可。旅游是经济、社会、文化等现象的综合反映，这一特性决定了旅游业的发展必然会给旅游地的社会、经济、环境等各方面带来积极和消极的影响。如果旅游活动和环境不能和谐统一，必然会降低旅游的价值，甚至直接宣告旅游业的衰亡。为此，1990 年旅游行动委员会在全球可持续发展大会上提出了旅游发展行动战略草案，把旅游可持续发展定义表述为在保持和增强未来发展机会的同时，满足目前游客和旅游地居民的需要，并且从国家和地区的角度提出旅游业可持续发展的目标、政策、措施以及政府和企业的任务。1995 年世界旅游组织和其他联合国机构在西班牙召开了"可持续发展旅游世界会议"，通过了《可持续旅游发展宪章》，宪章强调旅游业发展要将经济发展目标与社会发展目标相结合，保证资源的可持续利用。1998 年 10 月，亚洲和太平洋地区 25 个国家的议员在中国的桂林召开亚太议员第六届环发大会，深入讨论了旅游业可持续发展所面临的挑战及有关的战略行动，会议通过的《桂林宣言》，一致认为旅游业的可持续发展是本地区经济可持续发展不可缺少的组成部分。会议呼吁各国政府制定和实施旅游业可持续发展的战略和政策，使旅游业的发展同本国社会、经济和环境保护的总目标适应，造福当代及后代人民。旅游可持续发展的思潮体现了人们在旅游开发领域中对可持续发展这一主题的积极响应和深刻理解。

区域旅游可持续发展是指不破坏当地自然环境，不损坏现有和潜在的旅游资源，在环境、社会、经济三效合一的基础上持续发展的区域旅游经济开发行为。因此，区域旅游可持续发展是一项长期的、关联性极强的活动，涉及大旅游产业的所有方面所有利益相关主体，是互惠共赢的长期合作关系。区域间主题公园合作战略规划应遵循旅游可持续发展的基本原则：（1）增进人们对主题公园开发和运营带来的经济效应和环境效应的理解；（2）促进区域之间主题公园行业的公平发展；（3）改善主题公园所在地居民的生活质量；（4）为旅游者提供高质量的主题公园游乐体验；（5）保护未来主题公园旅游开发赖以存在的环境质量。

---

① 可持续发展理论资料参见百度百科"可持续发展"词条：http://baike. baidu. com/view/18480. html。

（三） 经济地理学理论中的区域旅游合作

1. 生态位理论

生态位（Ecological Niche）是生物学中应用比较广泛的概念，1910 年美国学者罗斯韦尔·约翰逊（Roswell Johnson）第一次在生态学论述中使用生态位一词。生物学家 C·埃尔顿认为，生态位是有机体在生物群落中的功能作用和位置，它由该物种与其他物种的营养关系来决定。生态位相近的物种易产生激烈的竞争，生态位差别较大的物种却可以降低竞争的紧张程度。[①] 惠特克（Whittaker）认为，生态位是指每个物种在群落中的时间、空间位置及其机能关系，或者说群落内与其他物种的相对位置。这个定义既考虑到了生态位的时空结构和功能关联，也包含了生态位的相对性，是目前被认为比较科学而广为接受的一种生态位概念。通俗地讲，生态位就是生物在漫长的进化过程中形成的，在一定时间和空间拥有稳定的生存资源（食物、栖息地等），进而获得最大生存优势的特定的生态定位。

根据生态位理论，在自然生物群落中，群落、种群、物种之间的关系表现在四个方面：（1）一个稳定的群落中占据了相同生态位的两个物种，其中一个终究要灭亡。（2）在一个稳定的群落中，由于各种群在群落中具有各自的生态位，种群间能避免直接的竞争，从而又保证了群落的稳定。（3）一个相互起作用的生态位分化的种群系统，各种群在它们对群落的时间、空间和资源的利用方面，以及相互作用的可能类型方面，都趋向于互相补充而不是直接竞争。因此。由多个种群组成的生物群落，要比单一种群的群落更能有效地利用环境资源，维持长期较高的生产力，具有更大的稳定性。（4）竞争可以导致多样性而不是灭绝，竞争在塑造生物群落的物种构成中发挥着主要作用。竞争排斥在自然开放系统中，很可能是例外而不是规律，因为，物种常常能够转换它们的功能生态位去避免竞争的有害效应。[②]

生态位理论可以用来指导区域旅游合作框架中如何处理各旅游主体之间的关系。同一区域内功能或结构相近的旅游主体易产生激烈竞争，功能或结构差异较大的旅游主体具有合作的可能性和优势。不同区域之间无论是功能或结构相近还是差异较大的旅游主体都有实现资源共享、优势互补

① 王桂明：《生态系统生物多样性保护研究及其保护对策》，载《农村生态环境学报》1994 年第 2 期。

② 彭海、程子卿：《生态位理论的意义及应用》，载《黑龙江科技信息》2009 年第 35 期。

的可能性和意愿。这对主题公园发展的区域合作战略规划都有直接的指导意义。区位、功能或者结构的相近性和差异性是分析主题公园的"生态位"的主要考量因素，我们应对区域内、区域间的主题公园及相关旅游主体进行准确的"定位"，减少恶性竞争，有效地利用各种资源，使不同主题公园相关利益主体都获得一定的发展优势，实现良性互动共同发展。

2. 空间相互作用理论中区域旅游合作

地表上的任何一个城市都不可能孤立的存在。为了保障生产、生活的正常运行，城市之间、城市和区域之间总是不断地进行着物质、能量、人员和信息的交换，我们把这些交换称为空间相互作用（Spatial Interaction）。而区域旅游的空间相互作用是指旅游区域之间所发生的商品、游客、劳动力、资金、技术、信息等的相互传输过程。它对区域之间经济关系的建立和变化有着很大的影响。一方面，空间相互作用能够使相关区域加强联系，互通有无，拓展发展的空间，获得更多的发展机会；另一方面，空间相互作用又可能引起区域之间对资源、要素、发展机会等的竞争，并有可能对有的区域造成损害，导致区域之间不平衡程度加剧。

空间相互作用发生需要满足三个前提条件。第一是区域之间的互补性，即相关区域之间必须存在对某种商品、技术、资金、信息或劳动力等方面的供求关系。从根本上讲，只有区域之间具有了互补性，才有建立经济联系的必要。空间相互作用的大小与互补性成正比。第二是区域之间的可达性，即区域之间进行商品、资金、人口、技术、信息等传输的可能性。一般来说，可达性受以下因素的影响：（1）空间距离和运输时间。区域之间的空间距离和运输时间越长，进行经济联系就越不方便，为此的投入也会增加，因而，可达性就差；反之，可达性就好。（2）被传输客体的可运输性。可运输性与被传输客体的经济运距有着密切的关系。由于受经济支付能力、时间、心理等方面的限制，各种商品、人口、技术等的经济运距是不相同的，也即它们的可运输性存在较大的差异。被传输客体的可运输性越大，则可达性也大。（3）区域之间是否存在政治、行政、文化和社会等方面的障碍。如果区域之间存在经济保护壁垒、文化隔阂、政治和社会方面的矛盾或冲突，那么，可达性就差。反之，区域之间各方面的关系良好，那么可达性就好。（4）区域之间的交通联系。交通联系方便、通畅，则可达性好；否则，可达性差。总之，区域之间的空间相互作用与可达性是呈正向关联的。第三是干扰机会，这是指两个区域之间发生相互作用的可能性受到了来自其他区域的干扰。因为，区域之间的互补性是多向的，也即一个区域可以在某个方面与多个区域同时存在互补性，它究竟与哪个区域实现这种互补性，取决于它们之间互补性的强度，强度越大则发生相互作用的可能性及程度也就越大。从中也可看出，由于干扰机会的存在，有互补性的两个区域之间也不一定就能发生相互作用。①

总而言之，区域之间发生空间相互作用首先要存在互补性，可达性好，并且没有干扰机会或干扰机会的影响小。

从根本上看，旅游流正是区域之间空间相互作用的重要表现。主题公园业作为一种新的旅游产业，其产业构成要素包括主题公园旅游资源、主题公园设施（基础设施和接待服务设施）、主题公园服务等，存在着显著的空间差异性。主题公园旅游资源的特色和差异是区域之间互相成为旅游目的地和客源地的基本依据，也是引起区域之间空间相互作用的物质基础。因此，空间相互作用理论为区域之间的主题公园互动与合作的发展，提供了具体的理论基础。主题公园发展的区域合作可以互补性、可达性和干扰机会三个方面作为判断合作前景和制定战略的重要依据。

二、合作竞争理论

下面从企业经营管理的角度阐述适用于主题公园区域合作的理论，包括合作竞争理论和六力竞合模型。

（一）合作竞争理论

本章开篇就强调了本章中所阐述的合作是指各主体超越竞争条件下建立的合作伙伴关系，更规范地讲这种合作就是指合作竞争（Co-competition）。合作竞争的概念最初是由耶鲁大学管理学教授拜瑞·内勒巴夫（Barry J. Nalebuff）和哈佛大学企业管理学教授亚当·布兰登勃格（Adam M. Brandenburger）在《哈佛商业评论》上发表的一篇论文中首次提出的，后经两人及其他学者不断完善。他们认为，企业经营活动是一种特殊的博弈，是一种可以实现双赢的非零和博弈。企业的经营活动必须进行竞争，也有合作，提出了合作竞争的新理念。它是对网络经济时代企业如何创造价值和获取价值的新思维，强调合作的重要性，有效克服了传统企

---

① 空间相互作用理论参见人大经济论坛经营百科"空间相互作用理论"词条：http://wiki. pinggu. org/doc-view－47655. html。

业战略过分强调竞争的弊端，为企业战略管理理论研究注入了崭新的思想。同时，利用博弈理论和方法来制定企业合作竞争战略，强调了战略制定的互动性和系统性，并通过大量的实际案例进行博弈策略分析，为企业战略管理研究提供了新的分析工具。合作竞争战略管理理论的核心逻辑是共赢性，反映了企业战略在网络信息环境下，要以博弈思想分析各种商业互动关系、与商业博弈活动所有参与者建立起公平合理的合作竞争关系为重点。

　　未来的企业将日益以合作而非单纯的竞争为依据，企业会把合作竞争视为企业长期的发展战略之一。在企业经营活动中同时并存竞争与合作两种行为，两者的结合意味着一种动态的关系，而不是"竞争"和"合作"的两字所单独的意思，合作竞争理论有效克服了迈克尔·波特在经典竞争战略管理理论中利用5个力量模型仅从竞争的角度来分析所有参与者竞争态势的弊端。

　　企业的合作竞争联合了若干企业的优势，共同开拓市场、参与市场竞争，增强了企业在市场上的竞争力。一般来说，企业间的合作竞争可以产生四个方面的效应：（1）规模效应。合作竞争使企业实现了规模经济。首先，单个企业各自的相对优势在合作竞争的条件下得到了更大程度的发挥，降低了企业的单位成本；其次，合作使专业化和分工程度提高，对合作伙伴在零部件生产、成品组装、研发和营销等各个环节的优势进行了优化组合，放大了规模效应；最后，企业通过合作制定行业技术标准，形成了格式系统，增强了网络的外部性。（2）成本效应。合作竞争降低了企业的外部交易成本和内部组织成本。企业通过相关的契约，建立起稳定的交易关系，降低了因市场的不确定和频繁的交易而导致的较高的交易费用。同时，由于合作企业间要进行信息交流，实现沟通，从而缓解了信息不完全的问题，减少了信息费用。合作企业间的信息共享，也有助于降低内部管理成本，提高组织效率。（3）协同效应。同一类型的资源在不同企业中表现出很强的异质性，这就为企业资源互补融合提出了要求。合作竞争扩大了企业的资源边界，不仅可以充分利用对方的异质性资源，而且可以提高本企业资源的利用效率。此外，合作竞争节约了企业在资源方面的投入，减少了企业的沉没成本，提高了企业战略的灵活性，通过双方资源和能力的互补，产生了"1+1＞2"的协同效应，使企业整体的竞争力得到了提升。（4）创新效应。合作竞争使企业可以近距离的相互学习，从而有利于合作企业间传播知识、创新知识和应用知识，同时也有利于企业将自身的能力与合作企业的能力相结合创造出新的能力。此外，合作组织整体的信息搜集、沟通成本较低，可以更加关注行业竞争对手的动向和产业发展动态、跟踪外部技术、管理创新等，为企业提供了新的思想和活力，大大增强了企业的创新能力和应对外部环境的能力。①

现代旅游产业已经进入超竞争市场格局，即竞争格局由对抗性竞争、宽容性竞争演变为现在的竞合格局。主题公园行业也开始出现合作竞争的趋势。主题公园发展的跨区域合作就是在立足于特定主题公园自身的优势基础上，把涉及主题公园行业的所有活动主体在资源上的互补性或共同性发挥出来，发挥规模效应、成本效应、协同效应和创新效应，从而打造出富有生机、特色鲜明、产品丰富的跨区域旅游大板块，提高整个大区域的整体吸引力，实现互惠共赢。同时大区域与大区域之间通过差异化建设，也可以实现更大区域的客源市场相互流通，从而为主题公园群体的发展提供更广阔的道路。

（二）六力互动竞合模型②

传统企业战略管理理论中把对抗性的竞争作为理解企业经营活动获取经营优势的关键。最有代表性的是迈克尔·波特的五力分析模型（Michael Porter's Five Forces Model），该模型在产业组织经济学基础上推导出决定行业竞争强度和市场吸引力③的五种力量。迈克尔·波特认为，"在任何产业里，无论是在国内还是在国外，无论是生产一种产品还是提供一项服务，竞争规律都寓于如下五种竞争力量之中：新竞争者的进入，替代品的威胁，买方的讨价还价能力，供方的讨价还价能力和现有竞争者之间的竞争"。这五种力量之间的关系可用图 11 - 1 来表明。

关于五力分析模型的实践运用一直存在许多争论。目前较为一致的看法是：该模型更多的是一种理论思考工具，而非可以实际操作的战略工具。因为五力分析模型的成立需要满足三个假定条件，而这三个假定条件在现实中难以满足。第一，制定战略者可以了解整个行业的信息，显然现

①　参见百度百科"合作竞争理论"词条：http://baike.baidu.com/view/1392910.html。
②　参见互动百科"六力互动模型"词条：http://www.hudong.com/wiki/%E5%85%AD%E5%8A%9B%E4%BA%92%E5%8A%A8%E6%A8%A1%E5%9E%8B。
③　市场吸引力可理解为行业总体利润水平。"缺少吸引力"意味着前述五种力量的组合会降低行业整体利润水平；而一个非常缺少吸引力的行业则意味着该行业接近于完全竞争市场，该行业中的厂商利润率趋近于0。

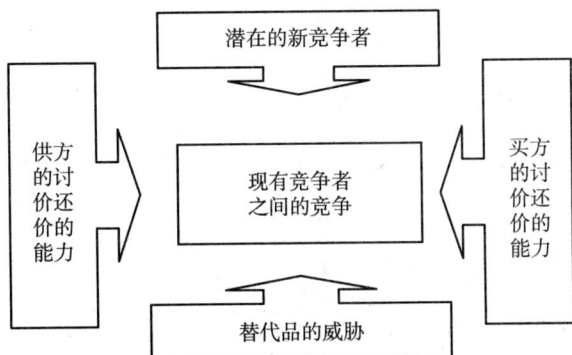

图 11 –1　波特五力分析模型

实中是难以做到的。第二，同行业之间只有竞争关系，没有合作关系。但现实中企业之间存在多种合作关系，不一定是你死我活的竞争关系。第三，行业的规模是固定的，因此，只有通过夺取对手的份额来占有更大的资源和市场。但现实中企业之间往往不是通过吃掉对手而是与对手共同做大行业的蛋糕来获取更大的资源和市场。同时，市场可以通过不断的开发和创新来增大容量。

合作竞争理论，企业运营过程中所有参与者都可以也应该建立一种以多赢为目的的合作竞争关系，那我们应突破传统理论关于竞争的狭隘理解。基于对合作竞争理论的深刻理解和针对波特五力分析模型的局限性，项保华①指出在一个行业中，企业的顾客、供应商、替代品厂商、互补品厂商、潜在进入者、同行厂商都是重要的市场力量，他们之间存在既竞争又合作的关系，并提出了用这六种市场力量的互动关系分析模型作为对于企业竞争合作生态剖析的框架。

图 11 –2 中六力互动竞合模型表明，在企业内外环境中，必定存在着某种能够促进各相关利益者共同发展的经营模式。首先，从合作的角度看，这六种力之间都存在合作的可能，关键在于各主体之间能否实现优势互补与提升共同利益。其次，从互动的角度看，企业与其他主体之间均存在合作或竞争的可能性，这六种力量之间的任何两方合作，就有可能提升相对于其他主体的竞争力量，增加与其他主体的讨价还价能力。

---

①　项保华：《战略管理：艺术与实务》，华夏出版社 2001 年版。

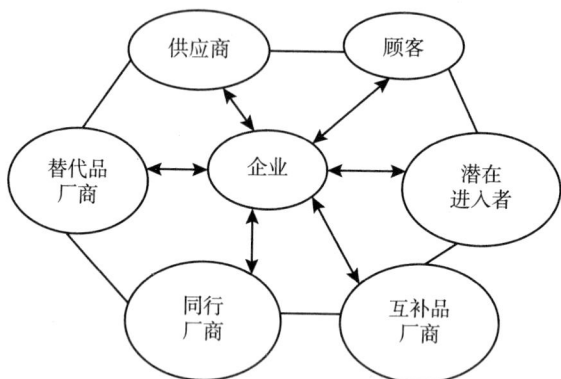

图 11 – 2　六力互动竞合模型

1. 六力互动竞合模型的特点

（1）立足于企业，以企业发展为本。六力互动竞合模型以"本企业"作为企业战略分析的基点，相比波特五力分析模型新增了源自互补品厂商的力量，分析它与市场各利益主体，如供方、买方、替代品厂商、互补品厂商、同行业厂商、潜在进入者这样六种与企业经营直接相关的市场力量，所结成的动态竞争及合作关系。特别值得强调的是，图 11 – 2 中箭头的含义，是指产业链各主体之间存在的基于互惠共生的资源注入或现金回报关系，而不是五力模型中的抽象竞争关系。

（2）强调市场力量的相互依赖关系。六力互动竞合模型强调了市场力量的相互作用与相互依赖关系，而不事先做竞争或合作的断言。这主要是基于这样的考虑，在现实经营中，企业与各相关市场主体之间存在着既竞争又合作的微妙关系，这种关系的动态发展会受相关主体的经验、愿望、态度、行为的影响，并通过各方的相互作用得到推动与强化。六力互动竞合模型认为，在构建企业战略时，既需要考虑如何增强自身实力，又需要关注怎样运用自身实力，更多地与人合作共生，寻求各方的长期互惠发展。

（3）注重寻求合作机会，走各方共同发展的道路。六力互动竞合模型，特别关注企业与六力之间可能存在的合作机会，积极寻求各方共同发展之道。当然，作为企业战略考虑，其关键在于弄清合作与竞争的前提条件，现实可能及相互转换关系，注意消解存在于团结做事的合作与利益分配的竞争之间的可能矛盾与冲突。对此，借助六力互动竞合模型，可从以下几个方面入手进行考虑：第一，从生态互赖看，在六力模型中，去掉替代品厂商、同行业厂商、互补品厂商、潜在进入者这几个主体，剩余部分呈树状结构，也就是通常所指的产业链。树的根部就是企业产品或服务的买方，树的枝叶就是企业的资源供方。从"本企业"角度看，根系越发达，即买方队伍越大，企业的生存之本就越稳固；枝叶越茂盛，即供方支撑越强，企业的运行基础就越扎实。第二，从合作途径看，具体考察企业与各种市场主体的关系，可以找到多种合作机会，形成多赢共生模式。例如，与互补品厂商合作，通过为顾客提供配套产品或系列服务，更好地满足企业目标顾客的需要；与同行业厂商合作，共同突破行业市场规模性拓展的障碍，争取更多的行业顾客，得到更强的投资支持；与潜在进入者结盟，增强企业自身在行业中的实力地位；与替代品厂商合作，抓住新的市场发展机会。第三，从竞争表现看，六力互动模型表明，企业与各种市场主体之间，并不存在着直接的面对面对抗联系，竞争更主要体现在两个方面：一是对于资源供方即企业运行基础的争夺；二是对于产品或服务买方即企业生存之本的争夺。这意味着，即使考虑竞争战略，企业经营的重点也在于加强与资源供方及产品或服务买方的互惠共生关系，而无需刻意关注如何打压竞争对手或者其他企业。第四，从竞合共生看，在企业与各市场主体之间，均存在着竞争或合作的双重可能。在这里，合作主要表现在对于资源及市场增量的开拓上；竞争主要表现在对于资源及市场存量的分割上。各主体之间存在的这种既竞争又合作的关系，在新兴市场上，将表现为更大的共同合作以做大整个市场的可能，而在成熟市场上，则隐含着更大的相互争夺现有市场的可能。第五，从整个经济的角度看，在企业及六种市场力量之间，将更多地表现为关系融洽主体间为了长期"做大饼"的多赢合作，与关系紧张主体间各自为了短期"多分饼"的对于资源及顾客钱袋的抢夺竞争。因此，为了实现战略思路与经营模式的创新，尤需注意改变假设，以摆脱此类无形心理定势的束缚。

与波特五力分析模型相比，六力互动竞合模型的理论创新性与实践应用性，主要表现为：在剖析企业运行环境时，既关心抽象的市场力量，更关心这背后的运作者是谁；在考察市场经营主体时，既重视静态的经济联系，更重视动态的社会网络；在观察各主体行为时，既关注竞争与合作的潜在可能，更关注竞争与合作的互动演化。所以，六力互动竞合模型特别重视体现在企业经营背后的人脉联系，如形成历史、关系现状与未来演变，以及建立在这种人际网络之上的潜规则与做事流程等。

2. 基于六力互动竞合模型的主题公园竞合对象分析①

（1）供应商。主题公园的供应商包括为主题公园提供资源、信息、设施、服务以及日常运营所需的上游企业或个体，如水电公司、房地产开发公司、电信公司、广告设计公司、游乐设备销售与租赁公司、娱乐表演公司等。这些供应商为主题公园的正常经营提供基础，以合作关系为主。但在利益分配上主题公园与其供应商之间也存在竞争关系。

（2）顾客。主题公园的顾客包括可能购买主题公园服务的所有购买者。例如，旅游批发商、旅游零售商、代理商等旅游企业以及旅游消费者，如各大中小旅行社、旅游代办处、公司购买者、个体旅游者。主题公园和顾客之间是既竞争又合作的关系，竞争关系依然是在利益分配上，主要由顾客的讨价还价的能力决定。而合作关系则体现在共同配合保障主题公园体验活动的顺利进行。

（3）潜在进入者。主题公园的潜在进入者是指在当前还没有与主题公园发生竞争或者合作关系，但是未来对主题公园在市场的竞争地位产生影响的企业或个体。例如，有意投资建设主题公园的投资商、主题公园附近其他行业经营者。主题公园应关注这些潜在进入者，争取与之建立合作关系，意图增强自身在行业中的地位。

（4）互补者。互补者是指与主题公园在功能上存在互补效应的主体，因此双方都面向共同的买方。一次旅游活动一般包括吃、住、行、游、购、娱等，主题公园可能提供了游和娱服务，而提供吃、住、行、购等服务的企业或主体就和其构成互补关系，如交通公司、各级酒店、各类餐馆、商场、购物中心等。它们之间在市场上的关系合作的层面更大一些，但在资源和利益的分配上也存在着竞争的关系。主题公园应与这些互补者合作共同挖掘顾客多层次全方位的需求，为游客提供一条龙服务。在共同努力下获取到更多的利益，在利益分配上的竞争关系也就没有那么尖锐了。

（5）同行业竞争者。同行业竞争者主要是指与主题公园提供相同或类似的旅游产品的企业或实体，如同一区域内的主题公园、旅游景区、旅游吸引物等，它们在市场上主要表现为竞争的关系，但是面临共同市场环境的变化也有合作的要求。有直接竞争关系的主题公园之间也可以联合起来共同突破行业市场规模性拓展的障碍，争取更多的行业游客，得到更强的

---

① 李伟：《超竞争格局下的主题公园合作机制研究》，载《商业研究》2010 年第 3 期。

投资支持。

（6）替代者。主要指与主题公园提供的旅游产品存在替代关系的企业或主体，它们之间在客源市场和销售收入竞争体现着此消彼长的关系，但是提供的产品却有质的不同。例如历史文化主题公园和博物馆，如千年客家文化长廊和客家民俗文化展览馆，就在一定程度上存在着替代性的关系。主题公园和替代者之间也存在竞争和合作关系，显然以竞争关系为主，合作主要表现在由于替代性关系都会削弱彼此的竞争地位，二者都有合作的愿望。主题公园可与替代者合作利用资源共享减少成本支出，相互推荐，抓住新的发展机遇。

第二节　主题公园区域合作的动力机制

主题公园发展的区域合作发展受到直接的、显性的动力机制作用，对这些"直观"动力机制的分析具有现实的意义。旅游业跨区域合作，是区域与区域之间彼此跨越自身的范围界限与对方在旅游业领域开展的协作、合作、联盟，"区域"可以是自然区域，可以是经济区域，也可以是行政区域，每种都有区域主体，主体有层次。区域最高层次主体——政府（单一政府和联合政府）是区域旅游业的最高利益代表、最权威管理者、最全面的服务者，区域其他主体——企业、社会组织、个人，既具有自身的局部利益，又部分地代表了区域利益。旅游业的跨区域联合就是在以上不同层次的主体间展开的形式多样、错综复杂的合作、联盟，主题公园区域合作的直接动力就来自于这些主体之间的利益关系的调整、融合，这种利益关系的调整主要包括宏观层面的区域利益关系和微观层面的企业利益关系。

一、区域利益机制

区域利益是经济利益和政治利益的统一，经济利益是基础，政治利益是目的。就旅游业区域合作范畴而言，有的是以经济利益为主要目的，有的则是以政治利益为重要目的。以经济利益为目的的区域合作，旨在通过旅游业要素的流动、共享，达到旅游经济增长及促进国民经济发展的目的。如资源共同开发、项目共建、客源共享、资金融通、技术交流、人才流动、信息共享等。以政治利益为目的的区域合作，最终是通过旅游业合作，扩大地方就业，增加外汇收入，保持国际收支平衡，促进社会稳定，增进文化交流，改善国际关系，提升区域形象和地位等，归纳起来，区域利益动力机制有以下几种。

（一）资源互补，市场共享

由于自然条件与自然环境的地域分异规律作用及各地区历史文化背景的不同，旅游资源的分布具有不可移动性、地区差异性的特点。区域与区域之间的旅游资源数量、结构、质量、分布不可能完全一样，主导主题公园旅游资源也会有显著的差别，区域之间的主题公园资源具有互补性。实行区域之间的主题公园合作，可以跨越地理范围限制，充分利用区域外的资源，能够在更大范围内实现资源的优化配置。资源互补通常是区域间主题公园联合的基础。以我国为例，我国主题公园的类型丰富，不仅有许多各种人为建造的游乐园，如华侨城、宋城、民俗文化村、科幻城、大观园，影视城等，也有各种以自然人文资源为基础衍生的主题公园，包括各种森林公园、动植物园、地质公园、温泉公园、海洋公园、历史文化公园和城市公园等。我国主题公园的类型基本涵盖了科学、历史、文化、生态、游乐等门类。从主题公园分布的空间区位来看，主要集中在珠江三角洲、长江三角洲和环渤海地区等沿海地区。如果由南而北来看，已经形成以深圳、上海、无锡和北京四大城市为中心的主题公园群落。近年来，中西部地区的成都、武汉、长沙、长白山等城市也陆续兴建了一些颇具规模的主题公园。因此，主题类型丰富和三大区域的集中分布使我国主题公园具有明显的资源互补优势，可以构建珠江三角洲、长江三角洲和环渤海地区三大区域内的主题公园合作以及三大区域之间的主题公园跨区域合作。

（二）促进地区分工协作，共同发展主题公园产业

旅游业区域联合可以减少地区间的壁垒，特别是行政壁垒，为区域之间在更大范围内开展分工协作创造条件，从而更有利于各区域旅游经济效益的提高。区域联合不仅为主题公园的相互交流、合作提供了条件，而且解决了市场不能解决的分工协作问题，促进区域间"各尽所能、和平共处、共同发展"。如跨区域的主题公园基础设施建设（交通、通讯）、主题公园旅游环境整治、主题公园旅游安全维护与市场秩序整顿、主题公园旅游信息网络建设等问题都可以通过区域联合协商的方式妥善处理，在恰

当的分工协作中明确各方的职能、责任、权利、利益和义务，并形成有利于各方的利益分配机制、调控监督机制、约束机制和风险承担机制。

（三）扩大要素流动范围，提高要素配置效率

区域主题公园群落在其成长过程中，经济总是和规模不断扩张，市场范围逐渐扩大，物流、人流、信息流、资金流、技术流逐步加快。原有区域空间越来越不能满足要素扩张的需要，需要寻找新的更大的空间。特别是区域主题公园企业营销网络的扩大和客源市场半径的增加迫使要素突破本区域限制，向区域外更大范围流动。区域合作为这种扩大的要素流动提供了发展空间，使不同区域的主题公园产业要素相互融合，形成最佳的配置效率。发达地区的大量资本需要寻找新的投资项目和投资区域，一般选择旅游资源、劳动力丰富但经济欠发达的地区作为合作的对象，以实现其资本增值的目的，欠发达地区的旅游资源、劳动力与发达地区的资本、技术结合起来，就会产生新的经济增长机会，当地的旅游资源得以开发利用、劳动力价值得以实现，两者的联合提高了双方要素的配置效率。国际上，实力雄厚的旅游企业（以著名的饭店集团为主）不断向发展中国家渗透、联合，为这些国家的旅游接待业和旅游经济增长带来了极大的帮助，就是这种动力机制的有力证明。

（四）合作开发与共同管理，实现区域主题公园业的"多赢"

许多主题公园旅游资源的分布具有跨区域（特别是行政区域）特征，也就是说，许多地理位置邻近的区域会共同拥有某些独立主题公园旅游资源实体的一部分，如一条风景河流流经几个区域（地区或国家），一座山脉跨越几个区域，一片森林覆盖地涉及几个区域，等等。这样，相邻的区域因为共同拥有某种主题公园旅游资源而成为联合的对象，需要合作开发资源，共同管理资源。如果不进行区域联合，会出现两种结果，一是相邻区域要么没有能力（如缺少资金、技术、人才）开发，要么不愿意开发或暂不考虑开发（由于利益难以协调的缘故），最终共有的旅游资源得不到开发，失去其应有的旅游价值，这是各区域都不愿出现的结果。二是由于主题公园旅游资源的跨地域性，各方为了各自的利益互不相让、互不妥协，无法达成合作，也无法实现资源开发；或者都只是在各方境内按照自己的方式进行开发，而不顾及其他区域，最终导致主题公园旅游资源遭到

整体性破坏。这种"不合作"多以第二种形式出现。一旦出现这种混乱局面，区域之间最终会"艰难"地走到谈判桌旁，开始不情愿又不得已的合作。无论这种合作出于什么目的，对主题公园旅游资源开发与保护本身都是有益处的。随着合作的深入，区域之间由不自觉到自觉，由消极被动到积极主动，最终形成主题公园旅游资源合作开发、共同管理的内在动力机制。

（五）减少地区冲突，缓和区际关系，保持社会稳定

每个区域都有着各自独立的利益，且有着各自的发展目标和模式，在复杂的经济及社会交往中会触及其他区域的利益，由此产生区域冲突。在主题公园业发展过程中，主题公园旅游资源开发与管理、主题公园设施设备和项目的建设、主题公园游乐服务的提供与市场秩序的稳定等方面如果处理不好便会产生区域矛盾和冲突。为了减少冲突带来的利益损失，区域之间常会选择协商方式实现联合协作，共同解决产生冲突的问题，以缓和紧张的区际关系，保持各自的经济健康发展和社会稳定。从这个意义上说，区域间的联合不仅具有经济的目标，更具有政治的意义。例如，在东北亚经济合作中，图们江下游地区因其沟通中、朝、俄三国陆路、联系中、朝、俄、韩、日五国水路的优势区位而成为东北亚地区国际区域联系的最佳结合点。但是10余年来，该区域的经济合作由于参与国政治上的相互猜忌和小范围的地区冲突而变得艰难曲折。朝、俄两方在政治上猜忌中国，都对经济合作过程中的预期收益分配非常敏感，都担心中国在合作中收益多而自己收益少。三方都主张图们江地区开发开放的重心应该在本国的国土上，朝、俄甚至一度怀疑是否有必要进行图们江地区开发的国际合作，而且它们的开发目标明显与中国相左。在三方的矛盾和争执中，经济运行规律起了决定性的作用，三方最终在经济规律驱使下，在航运、港口建设、公路铁路、旅游资源开发与客源组织等方面开展了卓有成效的联合，取得了实质性的成果。图们江地区的旅游业合作是经济合作的一个子领域，它不仅大大地加速了参与国有关地区的经济发展，而且有效地缓和了国际经济、政治关系，促进了各国边疆地区的稳定。图们江地区原始森林资源非常丰富，冬天冰雪美景也是有较大价值的观赏性资源，陆地接壤的中、俄、朝三国可充分利用这些旅游资源，合作开发跨国的原始森林公园、跨区域的冰雪文化主题公园等，推动国际主题公园合作，构建新的旅游经济增长点。

（六）经济、文化、政治相互融合

在主题公园业跨区域联合发展中政府应该充当重要的角色，政府在区域合作与发展中的目标是全方位的，即在进行主题公园合作中，谋求区域经济的增长、文化的交流与融合、政治上的信任与联盟。有的区域合作目标是要在合作的范围内实现区域一体化，包括经济、政治和文化和高度融合、共生共存、和谐统一。如欧洲联盟的合作就是要建立一体化的欧洲地区，以与北美和亚洲抗衡。近年来，东盟的区域合作进程加快，合作范围扩大到非东盟组织的国家和地区，包括中、日、韩三国，目的就是要建立一个经济自由化、政治一体化、文化区域化的"东亚自由贸易区"。旅游业成为"10＋3"组织最重要的合作领域之一，旅游业合作是促进"10＋3"经济、文化、政治相互融合的主要手段和重要途径。在中国—东盟自由贸易区的推动下，我国与东盟旅游业发展迅速，中国与东盟各国已互为重要的旅游客源地。在中国和东盟之间旅游合作越来越紧密的情况下，主题公园的跨区域合作也可以在已有的合作基础上提到日程上来，争取成为中国—东盟旅游合作发展战略的重要组成部分。

二、微观动力机制

旅游企业是区域旅游经济发展的微观主体，是实现区域发展目标的核心力量，是区域利益的主要实现者。区域之间的旅游企业联合协作构成了区域合作的主要内容。下面联系主题公园就旅游企业的跨区域合作的动力机制进行阐述：

（一）规模化发展需要

和其他类型的企业一样，旅游企业的发展也受"规模经济"规律支配，企业的生产规模、资产总量、原料来源、市场范围都会不断扩大。在企业规模扩大过程中，原区域的原料供应、市场容量已显得过小，企业不得不向区域外拓展原料来源渠道，拓展市场空间，寻找新的生产项目、投资区域和合作伙伴，通过兼并、合资合营、收购、重组、连锁经营等方式与区域外同类企业广泛进行合作，以壮大自身规模，占领更大市场空间，获得规模效益，保持并增强竞争力。规模化发展能为旅游企业带来效率优势和成本优势，效率优势指企业物质生产要素的投入、产出规模优势、人力资本形成与使用过程中的规模优势、销售方面的规模优势以及多元化经营带来的范围经济优势。成本优势体现为旅游企业与相关企业之间的合作效率、与区域外旅游者之间的交易效率优势及旅游者与旅游目的地居民之间的社会文化交往方面的交易效率优势三个方面。近年来，旅游企业规模化发展的趋势是企业集团化，集团化发展遍及世界主要的饭店集团、旅行社集团和旅游公司。如世界一些著名饭店集团规模庞大，其成员饭店数量多达几千家，分布在世界几十个国家和地区（见表11-1）。我国主题公园旅游企业规模化发展动力强大，呈加速趋势。作为国内微缩景观主题公园代表的深圳世界之窗取得巨大的成功之后，湖南电广传媒股份有限公司、深圳华侨城控股股份有限公司和香港中旅集团共同投资兴建长沙世界之窗，借鉴深圳世界之窗成功经验大规模兴建各国建筑奇观，为游客奉上五洲风情歌舞表演，并且也借鉴欢乐谷、锦绣中华等大型主题公园的经验，融合大型器械游乐、先锋时尚活动、影视拍摄基地于一体，经营业绩好，平均年接待游客量达到80万人次，充分发挥了规模化带来的效率优势和成本优势。

表11-1　　　　　　　　2000年全球饭店集团排名（前5名）

排名	饭店集团名称	成员饭店数量（座）	成员饭店客房总数（间）
1	Pegasus Solutions（美国）	8700	1802872
2	Lexington Service Corp.（美国）	3800	494000
3	VIP International Corp.（加拿大）	1872	210320
4	Supranational Hotel（英国）	1077	123563
5	Leading Hotels of the World（美国）	340	94000

资料来源：www.hotelsmag.com。

（二）协调主题公园间利益关系，加强分工合作，提高竞争力

在世界旅游业快速发展的今天，主题公园之间的竞争日益激烈，不规范甚至恶性的市场竞争往往使竞争者两败俱伤，严重的会造成破产倒闭。如现在国内不少主题公园为了争夺客源，竞相压价，有的亏损经营、资不抵债，有的"激流勇退"、遭到淘汰。恶性竞争的原因一般是企业之间只从自身利益出发，互不沟通，很少合作。旅游业市场发展已由单纯对抗性竞争转向超越竞争关系下的合作协作，这种转变在理论上的体现就是合作竞争理论和六力互动竞合模型，具体内容在本章第一节理论基础部分已有

具体论述。主题公园之间一旦采取相互协商合作行动，就会开展分工协作，在竞争中谋求共同利益，减少甚至消除由恶性竞争而带来的损失。通过合作，能有效地协调彼此的利益关系，形成合理的分工协作，共同丰富主题公园的服务内容，扩大市场份额，壮大经济实力，提高竞争力。一些处于同一区域的同类型且实力相当的主题公园，通过多种形式的协作联合，如兼并收购、重组参股、战略联盟、特许经营等，弱者变强，强者更强，小者长大，大者更大。深圳"锦绣中华"、"世界之窗"、"中华民俗文化村"和"欢乐谷"先后进行不同程度的联盟，形成在合作中竞争，在竞争中合作的良性共同发展的模式，并以此形成了一个集旅游、文化、购物、娱乐、体育、休闲于一体的华侨城主题公园群落。这些都有力地促进了区域主题公园行业的结构调整和优化、实力和品牌的提升、区域旅游基础的夯实和旅游竞争力的增强。

（三）扩大资源利用范围，拓宽市场发展空间，增强主题公园实力

主题公园所拥有的资源，不仅包括自然旅游资源和人文旅游资源，还包括人力资源、资金、信息资源等。旅行社和主题公园之间的联合，可以使主题公园在更大范围内利用、调配旅游资源、人力资源、资金和信息资源，增加主题公园利用资源的种类、数量、质量，提高主题公园产品种类和产业链。主题公园与旅游饭店企业的联合，同样扩大了各单个企业的资金、人力和信息资源利用空间，有利于自身的实力壮大。旅游企业的发展壮大都是以客源市场的扩大来实现的，无论是主题公园、旅行社，还是饭店企业在成长过程中都需要以市场规模的扩大作保证。单个企业的市场拓展能力受诸多因素的制约而变得极为有限，企业要有效地拓展市场范围，只有依靠联合，将其他企业的市场也纳入自身的市场范围才能实现目标。主题公园与利益相关的企业联合可以越过地区封锁和市场壁垒直接在合作对象的区域内面向市场开展营销，或吸引区域外的消费者市场来本区域消费。华侨城集团带着深圳"欢乐谷"的成功经验，继而在北京、成都、上海、武汉开发兴建了北京"欢乐谷"、成都"欢乐谷"、上海"欢乐谷"、武汉"欢乐谷"，均取得了不俗的业绩。华侨城集团正是利用欢乐谷的跨区域连锁经营扩大资源利用范围，拓宽市场发展空间，增强华侨城集团主题公园群落的实力。同样，深圳华强集团继汕头、芜湖之后，在泰安、沈阳、株洲、青岛、郑州等城市兴建的"方特欢乐世界"也是主题公园跨区

域合作发展的典型例子。总而言之，旅游企业区域合作的主要动力来自于其对资源利用范围和市场空间扩大的需求，正是这微观的企业利益机制促使世界各国各地区的旅游企业在全球范围内开展了、或正在开展并将继续开展多层次、多样化、全方位的合作。

（四）引进管理机制和经验，学习先进思想，提高主题公园综合素质

许多地区的主题公园之所以显得弱、小、差，并非其资金、人力资源、区位、客源分布等条件不好，主要原因是其经营思想观念落后，规划设计和管理技术落后，经营管理机制不灵活。这种情况在发展中国家和落后地区表现最为突出。我国的主题公园在经营理念、运行机制、管理技术、服务质量、营销业绩上与国际著名主题公园相比有相当大的差距。主题公园靠自身单打独斗，不进行行业联合、区域协作，就难以获得较快的发展；不学习并借鉴世界先进的管理经验、科学技术和经营思想，就难以创新和扩大。通过主题公园之间跨区域甚至跨国的联合，实现优势互补，互相学习借鉴，共同探索、创新，特别是与发达国家和地区的主题公园联合，能获得著名主题公园的无形资产：品牌、管理经验、经营机制、企业文化等。中国加入WTO，旅游业对外开放的步伐大大加快，一大批外资加速进入中国主题公园行业，国外旅游企业集团携资金、技术、管理和相关旅游资源大举进军中国主题公园市场，形成国内市场国际化和国际市场国内化的局面。上海迪士尼乐园、北京环球影视城、长江乐园等都是中外合资兴建的大型主题公园。

（五）联合治理并优化环境，促进主题公园持续发展

主题公园在开发旅游资源、建设旅游设施和项目等方面经常会遇到资源分布、基础设施、环境污染等跨区域的问题，如果单个企业独立解决这些问题，势必会因成本、技术、利益关系等因素影响而收不到预定的效果。为了降低开发成本和环境治理保护成本，克服技术障碍，提高旅游经济效益，主题公园之间可以联手行动，共同治理环境，实现可持续发展。跨境河流、山脉、海域的旅游资源开发和环境治理，跨区域的旅游安全保障、应急事故和公共危机的处理、旅游政策的统一协调等方面成为近几年来旅游企业跨区域合作的重点领域。针对2003年"非典"疫情影响世界主要旅游目的地的情况，世界旅游组织及时向全世界旅游行业发布了《旅游业危机管理指南》，为世界各国各地区旅游企业在旅游危机管理方面开

展合作提供了行动框架和依据。针对近几年来我国"黄金周"旅游环境和旅游市场秩序较混乱的情况，国家 18 个部委共同组成"全国假日旅游部际协调会议"，主要职能是整顿并优化假日旅游市场环境，保障旅游安全，及时处理旅游事故与投诉，为旅游企业和旅游者提供良好的旅游环境，促进假日旅游的健康发展。许多旅游企业联合旅游管理部门共同打击旅游"黑车"、"黑（旅行）社"和"黑导（游）"，有效地维护了市场秩序和旅游者利益。在自然环境的保护方面，主题公园跨区域合作也取得了很好的效果。

（六）政府和社会的引导与服务，促进主题公园健康发展

政府可以为不同地区间的主题公园合作提供引导与服务，如信息、服务、政策、协调、扶持、优惠等，社会组织也能够为主题公园的跨区域合作提供便利，如金融、咨询、宣传等，促使区域内主题公园健康发展及区内外的合作交流。政府为了实现地方经济增长，增加当地就业，调整经济结构，改善经济环境，提高区域创新能力，完善管理机制，增强区域竞争力，引进管理和技术经验，促进要素流动等目标，鼓励并扶持本地主题公园实现对外交流与合作，允许外地主题公园企业进入本地发展。政府通过种种政策和手段引导、协助、组织、指导主题公园企业间的联合，为企业联合营造良好的区域环境。社会组织（非旅游企业、中介服务组织等）、社区和广大居民都比较支持主题公园的跨区域发展与联合，特别是金融组织在主题公园的区域联合中作用更大。这些来自主题公园企业外部的环境条件也构成了主题公园实施跨区域联合发展的重要推动力量。

第三节　主题公园区域合作的现状与发展构想

一、主题公园区域合作现状

（一）我国区域旅游合作现状

当今，经济的发展是在竞合条件下的发展，各个地区，各个国家越来

越注重经济的交流合作与利益的共赢。因此，国家鼓励区域之间通过合作来实现经济的共同增长。旅游业作为"朝阳产业"，其收入是国民经济发展的重要影响因素，为了鼓励并支持旅游业的发展，在区域旅游合作成为现代旅游发展的新阶段，中央地方各级政府出台了一系列规划措施以促进旅游区域合作的实现。

在《中国旅游业十二五发展规划纲要》中，国家旅游局明确提出抓好区域旅游合作的具体措施，即秉着整体规划、优势互补、信息互通、资源互享、市场共有、效益共赢的原则，在资源、资金、信息、交通、人才、产品和市场等生产要素上展开区域旅游合作，寻找最优组合，达到"共赢"目的。重点打造环渤海、长三角、泛珠三角、丝绸之路、青藏铁路沿线、东北老工业基地、京杭大运河沿线、武陵山区等无障碍区域合作示范区。该区依托环渤海旅游区旅游产业发展基础，形成城市风光旅游区、历史遗迹与古文化遗址旅游资源区、山海一色与海岛自然风光旅游资源区、民族风情旅游资源区、民俗与传统文化旅游资源区。大力开展观光旅游产品、滨海度假旅游产品、温泉度假旅游产品、民族民俗文化旅游产品、历史文化遗迹旅游产品等旅游产品体系，构建"环渤海区域旅游合作机制与平台"。该区依托长三角发达的旅游产业，通过区域合作，市场共享，设施共建及旅游产业软环境升级改造，打造以上海城市旅游为龙头，以南京、杭州、扬州、苏州等城市为支撑，以城市旅游、会展旅游、工农业旅游、高端旅游为特色产品，将该区域打造成地域无障碍、交通无障碍、市场无障碍、信息无障碍的旅游经济圈。该区依托泛珠三角地区旅游资源优势、旅游区位优势和社会经济发展趋势，通过区域合作，市场共享，设施共建及旅游产业软环境升级改造，以广州、深圳和珠海为旅游区目的地龙头，以其他各省省会为主要城市支撑，大力发展商务会展旅游、自然山水观光游、文化体验游、宗教旅游、休闲度假游、民俗旅游、红色旅游等系列旅游产品，形成山水观光精品旅游线、休闲度假精品旅游线、民俗体验精品旅游线以及滨海旅游精品旅游线等国家级精品旅游线路。丝绸之路旅游区依托丝绸之路独特的旅游资源，以洛阳、西安、宝鸡、天水、敦煌、张掖、吐鲁番、哈密以及喀什等沿线城市为载体，在进一步推进"申遗"工作的同时，通过市场推广，产品提升，基础设施建设，目的地打造以及区域合作机制完善等措施实现知名文化品牌向国际旅游品牌提升；文化观光产品向多元旅游精品提升；国内旅游市场向国际国内市场提升；交通瓶颈制约向便捷立体交通提升；省区各自为战向区域合作发展提升；服务要素薄弱向综合服务体系提升。到"十二五"末将丝绸之路旅游线路打造成为国际著名文化精品旅游线路、著名文化旅游品牌。青藏铁路沿线旅游区依托青藏铁路辐射范围高品位独特的人文生态旅游资源，在有效保护生态环境的基础上，统筹安排铁路沿线西宁、格尔木、那曲、拉萨等重点城市辐射范围内旅游区域的旅游功能、设施与项目，使这些城市成为重要的旅游目的地与旅游集散地，带动区域旅游业发展。青藏铁路沿线被建设成为具有世界影响力的旅游产品与线路。京杭大运河沿线旅游区以世界运河之母和华夏文明枢纽为核心内涵，保护历史文化与生态资源、延续运河文脉、传承运河文化，保育世界文化遗产。整合运河旅游资源，面向国内文化休闲度假和国际文化观光体验两大市场，创新整合运河旅游产品体系，提升运河文化品牌，打造中华文化旅游精品，培育具有国家竞争力的世界级旅游目的地。

广西壮族自治区从 2004 年起就有计划有步骤地分批邀请日本、韩国、港澳台地区以及越南、泰国、马来西亚、新加坡、印度尼西亚等主要客源国的旅行商及媒体记者到广西考察旅游线路，进行专项旅游宣传推广。同时将有选择地邀请东盟主要国家旅游机构代表团到广西访问考察，建立和加强双边旅游合作关系。广西还在香港地区设立广西旅游宣传发展中心，加大港澳地方客源市场的宣传力度，并积极拓展德国、法国、意大利、美国、加拿大、澳大利亚、新西兰、俄罗斯和北欧等远程客源市场和潜在客源市场。

云南省作为拥有较多国家级风景名胜区、国家级自然保护区以及国家历史文化名城的旅游资源非常丰富的地区，在促进旅游跨区域合作上显得积极性非常高。2009 年 6 月，云南等 12 个省区市签署《中国西部旅游合作框架协议书》，建立西部旅游省际协调会制度、西部旅游局长联席会议制度、西部旅游投诉违规案件协查协办机制等多项合作机制。而紧接着大理至丽江铁路的建设完成以及下一步丽江至攀枝花、丽江至香格里拉铁路的建设，云南省现在已经开始谋划新的旅游精品线路，更加注重区位联动发展和形成旅游的区域合力。云南旅游也在这个过程中不断开发跨省旅游专线，比如从云南到四川蜀南竹海，从云南到广西钦州，从云南跨越昆曼大通道等，现在的云南旅游向外扩得更广。2009 年 8 月 31 日召开的中国云南—越南老街旅游合作洽谈暨旅游产品推介会上，中越双方就共同合作开辟中越旅游精品线路等具体事项达成初步意见。紧接着 9 月 16 日，在美丽的洱海畔，大理白族自治州旅游协会景区分会与台湾南投县观光协会签订了《友好合作协议》，携手共同发展旅游业；10 月 12 日，云南省与陕西省在昆明举行旅游合作协议签字仪式，双方在建立区域旅游合作新格局、建立和完善富有成效的专业协调机制与平台，加强两省旅游推广合作，互推对方的旅游资源和产品，引导和鼓励两省间旅游投资，建立省级旅游信誉信息系统、信息披露制度和旅游突发事件应急处理机制等方面加强合作。10 月 15 日，在景洪市召开的西南经济区市长联席会第十八届会议上，签署了"西南经济区经贸旅游文化合作协议"，与会代表围绕"西南经济区协作构建澜沧江—湄公河次区域旅游圈"和"西南经济区发挥自身优势促进经贸旅游文化共同发展"等主题进行了交流。云南省与周边地区的一系列跨区域旅游合作协议的陆续实施使得一个"大西南旅游圈"的轮廓逐渐浮现出来。

（二）我国主题公园区域合作现状

虽然旅游业的区域合作已经发展得如火如荼，但我国还没有出现不同主题公园之间的区域合作例子。现有主题公园合作的方式主要有两种：一种是由同一集团企业和不同区域的地方政府联合投资兴建多个大主题相同的大型主题公园；另一种是不同区域的投资主体兴建一个大型主题公园。

大主题相同的大型主题公园跨区域联盟的例子有方特欢乐世界和世界之窗。方特欢乐世界系列是深圳华强集团在芜湖、沈阳、株洲等城市兴建的以科幻和互动体验为特色的大型主题公园，是属于当地华强旅游城的一部分。下面重点介绍深圳华侨城集团旗下的世界之窗的跨区域联盟发展情况。深圳世界之窗是一个把世界奇观、历史遗迹、古今名胜、民间歌舞表演融为一体的人造主题公园，是我国最著名的缩微景区。公园中的各个景点都按不同的比例自由仿建，有埃及金字塔、阿蒙神庙、柬埔寨吴哥窟、美国大峡谷、巴黎雄狮凯旋门、梵蒂冈圣彼得大教堂、印度泰姬陵、澳大利亚悉尼歌剧院、意大利比萨斜塔等。深圳世界之窗取得了巨大的成功，1994 年 6 月开业，最高一天客流量超过 7 万人次，创中国主题公园日接待量之最，短短两年半时间就收回了所有投资。2009 年开业 15 周年宣布累计接待中外游客 4000 万人次，实现经营收入 45 亿元、利润 15 亿元。乘着深圳世界之窗成功的东风，深圳华侨城控股股份有限公司联合湖南广电传媒股份有限公司、香港中旅集团联合投资兴建长沙世界之窗。长沙世界之窗继续发挥深圳世界之窗的经营经验和品牌优势，建造欧洲、东方、西亚园艺风格的主题园林，按不同微缩比例仿建 100 多个世界名胜古迹，有德国新天鹅城堡、埃及亚历山大灯塔等，文明山、文明湖、国际商业街、欧洲风情街、牛仔街、日本园、东南亚水乡等一道道风姿各异、绚丽多彩的人文景观，构筑了厚重的人文历史，彰显了浓郁的异国情调。除此之外，长沙世界之窗还有自己的特色，景区的艺术表演荟萃中外宫廷和民间艺术，形成了一套完整的表演体系。国内首创的大型室外激光焰火音乐晚会《世纪之光》运用高科技手段，在声光共舞、水火交融中编织出一幅雄奇壮观、恢宏绮丽的艺术画卷，令人耳目一新；五洲大剧院的《异域·风情》大型歌舞晚会将非洲的神秘、亚洲的绚丽、欧洲的华贵、美洲的狂热演绎得传神逼真；飞车表演惊心动魄，驯兽表演诙谐有趣。长沙世界之窗还借鉴深圳欢乐谷、广州长隆欢乐世界的经营策略，引入集惊险性、刺激性、趣味性于一体的大型娱乐机械设备，有国内最大的大型彩色三环过山车、横跨欧亚两洲的欧亚高空滑索、童趣盎然的漂流河等十余项的娱乐项目。长沙世界之窗还借助湖南广电传媒股份有限公司在娱乐圈的渠道优势，成为湖南省举办重大主题文化活动的基地，每年都要喜迎许多重大节庆日晚会，承办众多文化型、体育型、经济型活动。深圳和长沙两地的世界之窗跨区域联盟发展既充分发挥了资源共享、品牌优势共享，扩大客源范围的合作优势，又能开发各自独特的服务内容，提高经营层次，最终实现了良性发展的目的，大大提高"世界之窗"的品牌知名度，加强市场竞争地位。

由不同区域的投资主体兴建一个大型主题公园的例子有山西省武乡县与深圳锦绣中华发展有限公司合作投资兴建的以红色旅游文化为主题的八路军文化公园，整个景区由前广场、游客咨询服务中心、胜利大道、军艺社、胜利坛、实景剧场和八路村等七部分组成。游客还可以参与"当一天八路军"的角色扮演活动，亲身体验八路军当年战斗、生产、工作、学习、生活、娱乐的场景以及八路军与当地民众鱼水情深的军民情谊。八路军文化公园依托武乡县丰富独特的旅游资源和锦绣中华发展有限公司旅游文化品牌优势，对红色旅游的景区、景点、旅行社等旅游资源进行统一策划、营销，创新管理机制和经营模式，为提高武乡红色旅游的管理服务水平，建设开放的、无障碍的旅游市场取得不错的开局。广东省中山市计划与瑞典进行国际旅游合作，计划在港口镇建设一个推介瑞典的文化、建筑、旅游的大型主题公园，初步设想是建设成为北欧村甚至是瑞典村，就像国外的中国城一样。

总体来说，虽然主题公园区域合作的利益空间很大，但是不同主题公园之间区域合作还没有成功的例子，区域合作目前仅仅停留在理论分析、政策宣传上。这里在前文的基础上尝试做一个关于粤港澳主题公园合作的构想。

二、关于粤港澳主题公园合作的构想

粤港澳旅游区域位于我国华南、东南亚、南亚的过渡地带，居于极重要的战略位置。该区域以广东省、香港特别行政区和澳门特别行政区三省（区）为合作主体力量，辐射到周边的海南省、广西东南部、湖南和江西南部、福建西部，形成我国目前范围最大、旅游经济最发达的跨省（区）旅游合作区域。粤港澳旅游合作所具有的"一国两制"的区域经济特点是国内任何其他地区所没有的，其合作的形式、内容、途径、机制有着丰富的内涵。粤港澳旅游合作始于20世纪80年代中期粤、港、澳三地提出的"粤港澳大三角旅游区"构想，1993年12月三地联合成立"粤港澳珠江三角洲旅游联合推广机构"，标志着三地旅游业进入实质性合作阶段。十多年来，三地旅游业通过密切合作、荣辱与共，已高度融为一体，成为国内最活跃、亚洲知名、最具有竞争力的旅游区域。作为区域旅游目的地的形象已经形成，目前世界已有40多个国家500家旅行社销售这一旅游线路。"大珠江三角洲紧密整合型经济区"和"粤港澳旅游金三角"在国际上的影响和地位越来越重要。粤港澳旅游区域合作多年的发展取得了丰硕的成果，积累了丰富的经验，为该地区主题公园合作打下了非常好的基础。

（一）粤港澳主题公园合作的实现条件

主题公园合作的实现条件包括三个方面：资源条件、客源市场和空间优势。

1. 资源条件

资源条件是指在同一区域出现的相似性或互补性的旅游资源，通过整合能够将旅游产品做大、做精，使它们构成完整旅游活动空间的重要元素，产生整体大于部分之和的总体效益。珠三角地区主题公园群落集中分布在粤港澳地区，其中最有实力的品牌主题公园有广州地区的长隆集团旗下的欢乐世界、水上乐园和野生动物世界，深圳地区华侨城集团旗下的世界之窗、欢乐谷、锦绣中华和中华民族文化村，香港迪士尼乐园，澳门的大型赌场，这些具有资源相似性或者互补性特征的主题公园有非常大的竞合优势，满足竞合的资源条件。

2. 客源市场

高投入和娱乐性决定了主题公园需要积聚人气，达到一定的规模，保证有良好的客源市场条件，这是主题公园存在发展的基础，也是主题公园竞合的基础。良好的客源条件包括有高娱乐休闲需求的大量人口，以主题公园为核心形成一系列完善的旅游产业群。粤港澳地区属于我国经济最发达的地区，人口密度大，总人口超过 8000 万，如果把粤港澳三地作为一个经济体，它的经济总量在亚洲地区排在日本、韩国和印度之后，是第四大经济体，而且人均国民收入居于全国前列，居民用于娱乐休闲活动的开支比例很高。粤港澳地区旅游业发展水平也是居于全国前列，旅游产业在资金、技术、信息、人才、市场、管理等方面都具有很大的优势。这些配套的旅游产业能有效地解决游乐的吃、住、行等问题，吸引游客向主题公园聚集。

3. 空间条件

根据空间相互作用理论，粤港澳主题公园合作的空间条件优势表现在：一是粤港澳三地空间距离小。空间的距离往往会制约联系的紧密程度，空间的距离越大，则联系所需的时间和环节就增多，费用增大，产生相互作用的阻力也就增大，空间距离邻近，有利于合作。二是旅游交通发展水平高和基础设施建设良好。主题公园之间的交通来往便利有利于知识获取、市场形成、信息共享，易于构建旅游合作体系。

（二）粤港澳主题公园实现合作的措施

1. 联合举办系列主题活动

粤港澳区域内的具有资源相似性特征的各主题公园可共同协商，签订联合举办一系列主题活动，以主题日、主题月的方式形成联动效应，扩大客源来源。

2. 制定灵活的门票价格，共同开拓市场

粤港澳地区的主题公园可以建立通票制，即一张门票在一定时期内可以游览加入合作的主题公园成员，也可以采用相互打折优惠的方式，即游客持有某一主题公园的门票就可以在参加相互打折优惠活动的其他主题公园享受一定折扣的优惠。这样，多个主题公园强强联合、互利互惠，借助彼此的资源及渠道和品牌优势，开展联合行动，相互借势，共同拓展旅游市场。

3. 积极开展与媒体的合作，宣传景区新形象

借鉴迪士尼乐园的成功经验，粤港澳地区的主题公园可以与媒体合作，以歌曲、视频、电影、卡通人物等方式宣传主题公园的独特形象。

4. 取长补短，发展各自优势项目

主题公园之间的合作并不意味着雷同，而是在合作中既能资源共享，又能保持和发挥独特优势，做到合而不同。

三、主题公园区域合作的保障措施

主题公园的区域合作必须融合在区域整体发展体系中，通过合作各利益主体之间形成稳定和谐、互惠共赢、动态平衡的关系，联手打造具有强势竞争力的区域旅游共同体，建设富有吸引力的旅游目的地，最终实现区域旅游的可持续发展。主题公园区域合作的保障措施包括确立主题公园企业的主体地位，在区域旅游的整体发展背景下，以市场交易为基本方式，以政府为引导力量，注重社区参与，采取相应的合作战略，实现区域旅游一体化。①

（一）确保主题公园企业的主体地位

在现代市场经济时代，企业的主体地位是根本要素，政府不能越俎代庖。采取竞争与合作战略是企业应付竞争的一种策略化的选择，应该是其自愿、主动、积极、自觉的行为。主题公园是区域合作战略的主体，在战略的制定与实施中，应充分发挥市场机制的基础性作用，不断优化自己的服务内容，提高自己的竞争素质。主题公园作为现代旅游目的地的一种新型形态，对区域经济有非常大的带动作用，各级政府应该为其在市场中主体地位的发挥创造条件，扫清障碍性因素。

（二）以市场机制为价值导向

提倡市场价值导向，并不是要主题公园一味地迎合市场的需求而摒弃本身的资源特色实施与其他主题公园的合作，相反地，它是在尊重自身资源条件的基础上，以市场需求为导向，与各利益主体实行竞争合作，进行保护性、协调性开发，平衡产业结构，提高整体效益。主题公园在实施合

---

① 李伟：《超竞争格局下的主题公园合作机制研究》，载《商业研究》2010 年第 3 期。

作战略时，要能够认清自己的核心资源条件，研究市场的需求状况和未来的变化趋势，在通过与其他主题公园的竞争合作中，发挥自己的核心优势，来满足市场的需求。因此，主题公园实施竞合是立足于自身的基础上，以市场为主导的机制，二者相互结合，不可割裂。

（三）政府的推动和引导

主题公园与其他利益主体合作发展，离不开政府力量的引导和推动。首先，区域内合作实现的重要条件是空间联系具有便利性，而交通条件和基础设施的完善是个体企业没有能力也不愿做的，因而，需要政府发挥有形之手的作用，参与旅游基础设施的建设；其次，进行合作的主题公园个体如果在地域上跨越行政界线，就只有政府出面统一协调，在出台政策、制定和修改有关地方性的旅游法规及其实施细则上，向主题公园区域合作倾斜，才能打破行政界线，实现区域的联合，形成资源的合理利用，也才能真正按照市场经济规律办事；最后，旅游产品具有综合性，主题公园在实施合作时必然涉及多个行业和部门，这就需要政府利用自己的公共管理者的角色进行协调。

（四）社区参与

主题公园区域合作强调市场主导和政府推动，绝不意味着仅仅依靠企业、政府与市场就可以顺利进行，社区居民是第四种不可忽视的力量。主题公园区域合作具有广阔的开放性和包容性，需要相关社区的关心、支持和参与。理想的主题公园区域合作机制，是主题公园及利益相关的其他旅游企业、各级政府、当地社区三方共同参与的，以市场机制为导向，制定与实施合作战略，使得三方关系稳定和谐，从而达到互惠共赢。

第十二章

我国主题公园的发展前景

第一节　我国主题公园发展环境分析

主题公园的发展离不开社会、经济、政治、科技等各方面的作用，因此，我们从这四个方面，引入 PEST 模型对主题公园的发展环境进行分析。

一、政治法律因素

政治法律因素主要是指对企业经营活动具有现存的和潜在作用与影响的政治力量，以及对企业经营活动加以限制和要求的政府政策、政府管制、国家政局、法律法规等因素。近几年来，对我国主题公园发展影响比较大的政治法律性事件主要有：

（一）入世的影响

2001 年 1 月，我国政府正式加入 WTO，从旅游业的综合性、关联性来分析，加入 WTO 以后，由于其他行业的加速开放，旅游"食、住、行、游、购、娱"六大要素都经受来自方方面面的考验。我国对世贸的承诺"旅游景区（点）、一般旅游商品生产等允许外国商业以合资、合作形式进入"对我国主题公园产生直接影响。另外，随着境外资金对我国主题公园行业的进一步增加和先进管理经验、运营方法的输入，我国主题公园在布局、结构、经营管理上加大调整，全面推动主题公园经营模式转换，促进主题公园各类旅游接待设施更加完善，从而提高国内主题公园的核心竞争力，这对我国主题公园可持续发展将产生重要的影响。

（二）相关法律法规的颁布实施

2000 年《旅游发展规划管理办法》、2003 年《旅游规划通则》、2003年《旅游区（点）质量等级的划分与评定》（修订）等相关旅游法规、标准的分别出台为我国主题公园的开发和管理提出了更高要求。

（三）2009 年《文化产业振兴规划》的通过

2009 年 7 月 22 日，国务院总理温家宝主持召开国务院常务会议，讨论并原则上通过《文化产业振兴规划》（以下简称《规划》）。《规划》明确了文化产业振兴的指导思想与八大重点工作，强调坚持以结构调整为主线，加快推进重大工程项目，扩大产业规模，增强文化产业整体实力和竞争力。会议同时指出，为确保各项任务落到实处，必须深化文化体制改革，激发全社会的文化创造活力；要降低准入门槛，积极吸收社会资本和外资进入政策允许的文化产业领域，参与国有文化企业股份制改造，形成以公有制为主体、多种所有制共同发展的文化产业格局；要加大政府投入和税收、金融等政策支持，大力培养文化产业人才，完善法律体系，规范市场秩序，为规划实施和文化产业发展提供强有力的保障。

作为新中国成立 60 年来首部全国性的文化产业专项规划，《规划》对我国应对金融危机、加快文化产业发展、推动经济结构调整有着重要意义，意味着我国文化产业经过多年的探索性发展，正迎来一个历史性拐点，将进入一个高速增长周期。

《规划》指出，要不断适应当前城乡居民消费结构的新变化和审美的新需求，创新文化产品和服务，提高文化消费意识，培育新的消费热点。加强原创性作品的创作，打造一批具有核心竞争力的知名文化品牌。努力降低成本，提供价格合理、丰富多样的精神文化产品和服务。加快建设具有自主知识产权、科技含量高、富有中国文化特色的主题公园。开发与文化结合的教育培训、健身、旅游、休闲等服务性消费，带动相关产业发展。鼓励非公有资本进入文化创意、影视制作、演艺娱乐、动漫等领域。支持优先选用拥有自主知识产权、产品质量水平高的文化设备及产品。

根据《文化产业振兴规划》，"主题公园"被列为八大重点工作之一，《规划》明确指出要在这方面研发具有自主知识产权，同时对扩大文化消费能够产生重大影响的主题公园。

可见，《文化产业振兴规划》的通过，为主题公园的发展带来了全新的空间，也将促进新颖的主题内容（如演艺、动漫）的主题公园的开拓和发展。

（四）2009 年《关于加快发展旅游业的意见》的出台

2009 年 11 月，国务院讨论并原则上通过了《关于加快发展旅游业的意见》。此次《意见》将旅游业的定位提升至"国民经济的战略性支柱产业"，明确提出"把旅游业培育成国民经济的战略性支柱产业和人民群众更加满意的现代服务业"，并进一步明确了旅游业的作用，这为今后旅游产业的发展指明了方向。这些充分体现出中央对发展旅游业的重视。我国旅游资源丰富，人民群众对旅游消费的需求日益增长。《意见》的出台为旅游业发展提供了新的机遇，也是发展主题公园业的重要政策支持。

（五）国家"十二五规划"对文化产业的推动

国家"十二五规划"提出，要加快发展文化产业，推动文化产业成为国民经济支柱性产业，增强文化产业整体实力和竞争力。实施重大文化产业项目带动战略，加强文化产业基地和区域性特色文化产业群建设。推进文化产业结构调整，大力发展文化创意、影视制作、出版发行、印刷复制、演艺娱乐、数字内容和动漫等重点文化产业，培育骨干企业，扶持中小企业，鼓励文化企业跨地域、跨行业、跨所有制经营和重组，提高文化产业规模化、集约化、专业化水平。目前我国已有相当大比例的主题公园是主题为演艺方面的或主要产品为演艺表演，如杭州的宋城。宋城股份创立于 2000 年，主营主题公园和旅游文化演艺的投资、开发和经营，主要业务模块包括了文化类主题公园宋城景区、游乐类主题公园杭州乐园和动漫馆，其中的核心产品为在宋城景区内上演的大型旅游文化演艺节目《宋城千古情》。在国家出台规划后，宋城股份的股票立刻上涨。古都西安大雁塔之侧的《大唐芙蓉园》，是中国第一个全方位展示盛唐风貌的大型皇家园林式文化主题公园，其核心产品之一是大型梦幻诗乐舞剧《梦回大唐》。这些演艺方面的产品的成功都为主题公园带来了良好的品牌效应和经济效益。国家对演艺娱乐业的支持，将鼓励更多的主题公园在演艺产品方面加大投资，打造高质量高水准的表演，进一步推动主题公园在质量上的发展。

（六）国家关于主题公园的新措施

目前我国对历史文化和自然生态旅游项目投资建设的准入有很多很严

格的限制，诸如国家文物保护、环境保护等方面法律法规制约及有关部门的干预，而主题公园投资开发基本上没有这类制约和限制。从性质特征看，主题公园投资建设多与房地产开发有密切联系。一个高水准和成功的大型主题公园项目所产生的最大效益，往往不是自身的经营收入和利润，而是对附近一定区域内的房地产升值产生很明显的推动作用。因此，大投资商进入发展水平比较高的地区投资开发旅游业，很容易在主题公园项目上与地方政府产生共鸣，达成协议。

　　因而，近年来不少房地产开发商都瞄上了主题公园这块"肥肉"，特别自 2005 年迪士尼乐园落户上海的消息传出之后，各地掀起了一股主题公园的风潮。根据有关报道，安徽省仅"侏罗纪"主题公园一个项目的投资就达到 200 亿元，占地面积达 800 亩，合肥一家房地产开发公司在该项目中占股 44%。海南拟建海口妈祖主题公园，项目总投资约 60 亿元，总用地面积约 345 亩。福建泉州永春县拟建国内最大的武术主题公园"中华武艺大观园"，占地 1662 亩，该县计划投资 10 亿元。唐山的"东方神龙乐园"，占地面积 1000 亩，计划总投资 20 亿元。企业以建设主题公园的名义，开发商业房地产项目的现象越来越普遍。同时，不少地方政府自行审批一些规模较大的主题公园项目，严重存在盲目建设、重复建设的现象。

　　为此，国家发改委、国土资源部和住房城乡建设部三部委对全国各省市主题公园进行了摸底调查，同时下发了《关于暂停新开工建设主题公园项目的通知》。通知中要求，各地自通知印发之日起，至国家规范发展主题公园的具体政策出台前，一律不得批准新的主题公园项目；已办理审批手续但尚未动工建设的项目，也不得开工建设；各地规划、国土资源部门暂停办理有关主题公园建设项目的规划、用地手续。对于限制建设和要求报送的主题公园项目的基本要求是，现代建设的、吸引游客参与并收取门票的营利性人工景观、游乐设施等，且项目规划（或实际）总占地面积在 300 亩以上或规划（或实际）总投资在 5 亿元以上。

　　国家关于主题公园建设明确的政策尚未出台，但是，就上文所提到的来看，我国的主题公园行业将受到限制，一定程度上抑制了主题公园行业的发展。但是，政策并不是"一刀切"地进行控制，将会促进主题公园业的稳定发展，为优质主题公园的进一步发展带来更大的机会，也可以避免资源的浪费。主题公园开发商要考虑国家的相关政策，项目审批部门要综合考虑全局利益，既着眼当前，又立足长远，统筹规划，合理开发，将主题公园的开发效益与景区生态环境保护相结合,实现经济效益与社会效益、环境效益的统一。

总体来看,主题公园的发展虽然面临着政策上新的挑战,但仍蕴含着无限的商机和新的机遇。

二、经济因素

经济因素包括经济增长率、财务与货币政策、利率、汇率、消费、投资、通货膨胀、国家的宏观经济状况,经济发展形势等。经济水平的发展、经济结构的变化对主题公园的发展具有决定性作用。

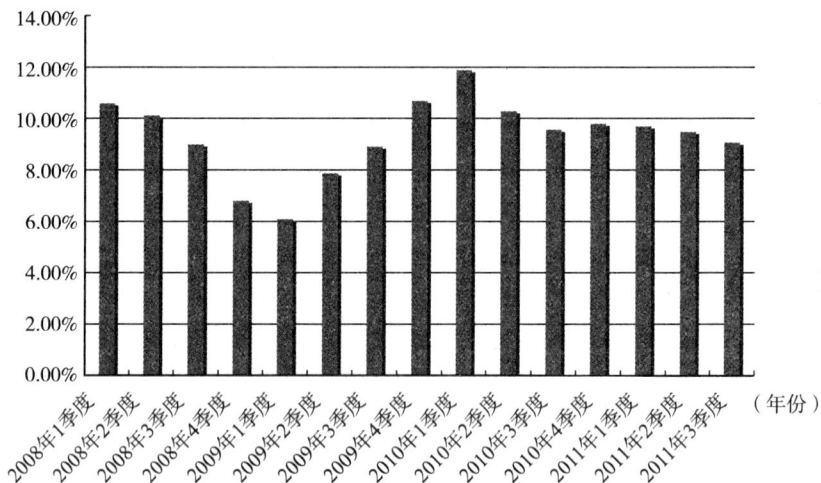

图 12 - 1　2008~2011 年我国季度 GDP 增幅比较

资料来源:2008~2011 年《中国统计年鉴》。

2011 年我国国内生产总值(GDP)471564 亿元,按可比价格计算,比上年增长 9.2%,其中,第一产业增加值 47712 亿元,增长 4.5%;第二产业增加值 220592 亿元,增长 10.6%;第三产业增加值 203260 亿元,增长 8.9%。第一产业增加值占国内生产总值的比重为 10.1%,第二产业增加值的比重为 46.8%,第三产业增加值的比重为 43.1%。

一般来说,人均国民生产总值高的国家,旅游业也较为发达。旅游发达国家的发展实践表明,一个国家人均 GDP 达到 3000~5000 美元,将进入旅游消费的爆发性增长期,旅游业都呈现出大幅度增长的势头。目前,我国旅游市场规模是在人均 GDP 达到 1000 美元的条件下形成的。按照 2005 年修订后的 GDP 数据计算，1979～2004 年人均增长率为 9.6%，六年来仍连续保持 10% 左右的增长。虽然受始于 2008 年的国际金融危机的影响，我国 2013 年年经济增长率将有所下降，但我国仍将是全球经济最具活力和发展最快的国家之一。可以肯定地认为，我国人均 GDP 向 3000 美元跨越将是不可逆转的，消费市场、消费结构、产业结构也都将发生显著的变化，旅游消费需求将大幅度提升，总体经济状况的持续向好，将是我国旅游业持续兴旺的重要动力，也将给我国的主题公园行业带来极大的发展机遇。

从居民收入及消费状况角度进一步分析，收入及消费状况是影响旅游需求和行为的主要因素。居民的收入越高，代表着可自由支配的资金越多；收入越少，用于享受和发展消费的资金就越少。人们只有在满足生理需求的前提下，才会有更高层次的精神需求，而旅游这种高层次的精神方面的需求往往与可自由支配资金的多少联系在一起。调查表明：发达国家居民用于旅游消费的开支超过家庭收入的 20%，而我国居民用于旅游开支的收入却不足 1%。但可以预见的是，随着中国经济的快速发展，我国居民的生活水平也将不断提高。根据恩格尔定律，居民的消费支出结构也将随之变化，用于旅游娱乐消费的开支会逐渐增加。据全球著名的传媒机构尼尔森公司最新的调查，近年来，我国消费者的个人收入年均增长 10%，超过半数（53%）的消费者计划把节余的资金花在休闲旅游上，其比例居亚洲 14 个国家之首，高于新加坡、泰国、马来西亚、日本和印度等。

伴随着居民收入的增长及消费支出结构的改变，居民对旅游服务质量及旅游产品创新的要求也会越来越高并更加注重体验式、个性化服务，旅游需求已经开始由过去单一的观光、娱乐等形式向休闲化、个性化和参与性转变。形式多样的度假游、特色旅游项目将会越来越受到游客的欢迎，这说明主题公园业的发展仍然大有空间，主题公园应开发商改变观念，构思独特新颖的主体，根据游客的心理需求和市场反馈，有针对性地开发主题公园产品，然后集中向他们进行品牌宣传、促销等活动，通过满足游客不断提升的消费层次，来实现企业的经营目标。

在主题公园出口国外方面，中国主题公园已经踏出了实质性的步伐。深圳华强集团在伊朗投资兴建的"方特欢乐世界主题公园"是首座走向世界的中国大型文化主题公园，已于 2010 年年底建成并开业。2009 年 5 月，华强集团和南非约翰内斯堡市签约，共同在该市建设投资非洲首座中国主题公园"方特欢乐世界"。"文化＋科技"的"华强模式"是文化产业的基本特色、经验和路径，也是促进中国文化产业加快发展、推动中华文化走出去的重要方向。

总体来说，全球经济的发展大大促进了旅游业的发展，未来的经济环境，将为中国主题公园提供一个更好的发展空间。随着中国经济进入新一轮增长周期，国内居民消费结构已向发展型、享受型升级，由寻求温饱的重视衣、食消费，转向谋求住、行条件的改善，在紧张工作之余谋求休闲旅游，这为我国主题公园业带来更多机会。未来10年间，我国旅游业将保持年均10.4％的增长速度，其中个人旅游消费将以年均9.8％的速度增长，企业、政府旅游的增长速度将达到10.9％，到2020年，中国将成为世界第一大旅游目的地国和第四大客源输出国，成为世界上最受欢迎的旅游目的地。这为我国主题公园业发展带来更多的机会。

三、社会因素

社会因素包括文化教育、生活方式、社会习俗、思想意识、道德观念、公众的价值观念等。

（一）闲暇时间的增加

从20世纪90年代中期开始，我国陆续实行了每周五天工作制和"五一"、"十一"黄金周以及"春节"长假制度，使我国人民的法定假日达到114天，这意味着人们有1/3的时间是在闲暇中度过的。旅游是离开惯常居所到异地的行为，所以闲暇时间是旅游形成的必要条件之一，闲暇时间的长短直接决定了旅游的远近与旅游的质量。闲暇时间包括工作之余的闲暇、周末闲暇、法定假期闲暇和带薪休假闲暇。其中，周末闲暇可用于短期、近距离的旅游需求的实现，法定假期可用于满足更远的旅游需求的实现，带薪假期是未来促使旅游真正走向大众化、常态化的必要条件。2007年国家对以往法定假日进行了新的制定，把端午节、清明节与中秋节等传统节日纳入法定假日中，假日总天数也从过去的10天增加为11天，为人们出行提供了极大的方便。主题公园的项目一般可在1～2天内游览完毕，这样的假期规定，为主题公园带来更多的人流量。

（二）人口结构和受教育程度

近几年来，随着经济水平的提高和社会文化的进步，人口素质进一步提高，人们对主题公园产品的品位、档次和多样性提出了更高的要求。

目前，我国人口年龄结构的显著特点是：现阶段，青少年比重约占总人口的一半，反映到市场上，在今后 20 年内，少年儿童的需求及青年人的娱乐需求明显增长，以都市娱乐文化为内容的主题公园将会得到发展。进入 21 世纪，我国出现人口老化现象，而且人口老化速度将大大高于西方发达国家，老年人的需求呈现高峰。这样，诸如老年人保健、度假疗养等市场将会兴旺，主题公园行业应针对老年人市场开发景观类和表演类型的主题公园产品。

另外，我国教育规模不断扩大，人们受教育机会增多，知识水平普遍提高，对旅游的价值认知不断提高，直接带动我国旅游产业的发展。据国家统计局的资料，2011 年研究生教育招生 56 万人，在校研究生 164.6 万人，毕业生 43 万人。普通高等教育招生 681.5 万人，在校生 2308.5 万人，毕业生 608.2 万人。各类中等职业教育招生 808.9 万人，在校生 2196.6 万人，毕业生 662.7 万人。全国普通高中招生 850.8 万人，在校生 2454.8 万人，毕业生 787.7 万人，全国初中招生 1634.7 万人，在校生 5066.8 万人，毕业生 1662.8 万人。公民素质的普遍提升，带动了旅游产业及相关产业的不断发展，主题公园是位列其中获得长足发展的产业之一。

（三）文化因素

我国是一个有着五千年文明的国家，文化底蕴深厚、自然景观绚丽多彩。各种历史传统、地域风情，著名人物、神话传说、文学遗产、宗教故事以及各地的自然风光、地质奇貌、植物观赏，可谓主题丰富。通过主题公园这一大众化的休闲方式作为传承我国传统文化和现代文化的载体，并通过这个载体来体现社会的内涵和文明的进步，使旅游与文化都得到应有的发展与张扬。所以，从这一角度来说，我国的主题公园充分运用我国丰富的文化资源作为依托来加快发展，这是主题公园可持续发展的新契机和转折，也是主题公园发展的一大优势。

随着我国经济的持续发展和国民素质的不断提高，人们的价值观发生了较大的变化，尤其是对现代年轻人而言，他们较多地融入了中西方文化。经济的发展和居民收入的提高，带薪假期和闲暇时间的不断增多，工作压力的加大，人际关系隔膜的不断增长以及经济全球化所带来的经济、社会、文化冲突等使得人们越来越向往充满自由意境的休闲生活，渴望以个性化的方式愉快、自愿地去体验各种场景和活动，感受从工作环境和物质环境的外在压力下解脱出来的相对自由的生活方式，追求获得生理和心理能力方面的"重生"机会，以提升自己的生存质量。他们以文化创造、文化享受为出发点，以身心放松，消遣娱乐和个人拓展为利益目标，采用娱乐、运动、社交和学习等方式，从个性化的愉悦、品质、成功和理想定义出发，体验和实践着个性化的生命状态和行为方式，追求快乐，完整，全面、健康地发展自己、实现自身的价值。社会经济开始向精神文化消费转型，精神文化需求以及由它带动的需求成为经济发展的新的空间。满足人们的精神文化需求成为经济增长的极其重要的动力，发展包括娱乐、旅游、咨询服务、教育、体育等的文化产业成为我国经济发展的内在的和必然的需求。通过发展这些带有文化特色的休闲产业，不仅引导社会的精神文化生活，提高了人们生活的质量，满足人们多方面的心理需求，还将带动一个新兴的、前景广阔的产业——文化休闲产业的发展。这对于我国主题公园的发展来讲，既意味着潜在的商机同时也蕴含着巨大的挑战。

四、技术因素

技术因素包括产品寿命，新技术、新工艺的出现，技术变化速度、发展趋势及应用前景。科学技术的发展为主题公园提供了新一代旅游产品。

(一) 科技的不断进步

一方面是科技的不断进步，使得主题公园可以建造设备模拟各种人们生活中甚少接触的高科技设备，如太空体验等；二是技术的不断升级，使得主题公园产品更具安全性；三是声、光、电、气等技术的发展和应用为游客提供了新奇别致的感官体验，为游客带来震撼的视觉和听觉享受。这些都提升了主题公园的产品层次，增强了主题公园的娱乐性和加大了对游客的吸引力。

上海迪士尼乐园项目的引进，在一定程度上也有利于促进我国主题公园由初级的观光、模仿和简单娱乐手段，向科技化、信息化、数字化领域转变，并将主题公园娱乐项目的表现和参与方式与先进的影视、动画动漫、音乐、互联网、无线广播等数字化多媒体技术紧密结合，从而改变原有的音乐、游戏、展览和机械娱乐为主的基础层面的主题公园产品模式，带动并全面提升我国主题公园产品的刺激性、娱乐性、互动参与性和科技含量，增强旅游吸引力。

同时，国内大的主题公园品牌华侨城和方特都成立了各自的技术公司，以支持品牌内旅游休闲产业的发展，例如方特成立了华强文化科技研究院，华侨城以对深圳远望落星山科技公司增资的方式，组建了华侨城文化旅游科技公司。该公司的成立，不仅能够为主题游乐项目提供丰富的主题文化内容和创意支持，而且以这个公司为运作平台，还将建立项目后续衍生产业链平台，包括动漫、游戏、主题游乐项目结合的特种电影及其他衍生产品等，有助于实现华侨城文化旅游产业链的完善和延伸。

此外，华强集团成立了华强文化科技研究院，构建了一个硬件设施完备、软件功能齐全、具有核心技术支撑、全方位的"华强文化科技产业技术平台"，成功研发了运动平台研发系统、机器人研发系统、自动化舞台研发系统、机械电气自动化研发系统、光声电特效研发系统、3D 立体拍摄系统、螺旋式空间凝固立体拍摄系统、幻影拍摄系统、大型三坐标程控维亚系统、六自由度运动仿真群系统、智能摇臂运动控制系统、实景动态影像仿真跟踪系统、动态捕捉系统、三维无纸动画生产系统、国际顶尖的 Harmony 二维无纸动画生产系统、高性能渲染阵列、苹果非线系统、RO-LAND 数字音频系统等多项高端研发系统（见附表1、附表2）。

目前，华强文化科技研究院已完全掌握了多自由度平台仿真技术、轨道游览车控制技术、软件自动控制技术、光机电一体化技术、灾害特效模拟技术、动态跟踪数字影视技术、特种数字影视技术、曲面数字电影投影技术、特技拍摄技术、球幕立体实拍技术、全景式数字立体影像呈现技术、立体特技特效技术、三维立体渲染基本模型、三维曲面矫正技术、无缝拼接技术、三维动态立体跟踪技术、三维巨幕电影制作技术、数字图像合成技术、虚实结合技术与智能同步程控技术等多项业界领先的核心技术。其中，多项首创技术已申请150 余项国内外专利，拥有近150 余项商标，120 余项著作权及近50 项软件产品登记，承担了多项国家技术创新基金项目、深圳市科技计划项目，拥有多项深圳市科技成果登记，多次获评国家重点新产品奖、广东省优秀新产品、优秀软件产品奖及深圳市科技创新奖等奖项。

可见，与主题公园相关的技术也在发生着日新月异的变化，为主题公园的产品、服务的升级提供了更大的空间。

（二） 信息技术的支撑

信息技术的进步改变了人们的生活生产方式，也对主题公园的行业发展产生了前所未有的影响，主要体现在以下几个方面：

（1）加强了主题公园企业的信息化管理，如电子门票、预约排队系统等的运用，为企业和消费者节省了大量的人力、时间，为消费者提供了一个更快捷舒适的旅游环境。

（2）促进了旅游电子商务的发展。中国在线旅游电子商务市场发展迅速，潜力巨大，根据相关数据显示，2010 年中国旅游电子商务产业规模达到 390 亿元，相比 2009 年的 275 亿元增长 42%，预计未来 2 年旅游电子商务市场的年增长率保持在 30% 以上，到 2012 年市场规模有望达到 680 亿元。目前，具有一定旅游资讯能力的网站已有 5000 多家，其中专业旅游网站 300 余家，主要包括地区性网站、专业网站和门户网站的旅游频道三大类。大部分主题公园都有自己的网站，开展各种各样的电子商务业务。虽然电子商务运用于旅游业仅有数年的时间，但是其发展势头十分强劲。电子商务已经成为信息时代旅游交易的新模式。

（3）拉近了客源地与主题公园的距离，游客可以提前感知主题公园的产品和服务内容。互联网和其他移动媒体的发展，使得消费者在选择主题公园的时候，可以通过这些媒介提前了解，提前感知，帮助消费者做出满意的选择。

（4）改变了主题公园经营模式与营销模式。传统的经营模式是现场购买门票模式，在互联网迅速发展的情势下，很多主题公园推出网上在线门票预订和咨询的服务。如今在线旅游与电子商务相结合，旅游电子商务服务平台迅速发展，消费者也乐意通过网上订购，接受在线旅游产品。营销模式也从传统的人员推销逐渐扩展到网络营销、媒体营销，为主题公园扩大了潜在客户群体。

（5）弱化了信息不对称的市场缺陷，增加了主题公园的核心竞争力。信息技术的发展使得主题公园可以更快更全面地获得各方面的信息，对信息进行筛选，充分利用有用的信息，为企业服务，对不利的消息可以快速进行应对和处理，防止不利因素的扩大。这些都进一步促进了主题公园经济的快速发展。

（三） 创新性服务

创新是发展的生命力所在，变革性创新是主题公园服务水平提高的重要特征之一，经营者已经意识到，要想获得竞争优势，仅仅局限于满足游客的现实需要是远远不够的。进入 21 世纪以来，全球主题公园市场竞争日趋激烈，经营者都在加快速度进行服务创新，开发具有更高价值的产品或服务，比游客自己更早地洞察他们无法表达的深层需要，并利用资源和技术优势来满足这种需要，丰富主题公园产品和服务的文化内涵，变潜在游客为现实游客。通过这种方法，经营者发现了许多市场空白，提供了更多的差异性产品和服务，对主题公园市场的把握程度大大提高了。因此，经营者进行服务创新，开发游客潜在需求，是促进主题公园发展的必然选择和最终诉求。

例如，北京欢乐谷是一个文化和相关产业的创新基地，他们有句口号叫做"永远建不完的欢乐谷"。欢乐谷的景点项目每年都要更新 1/3、保留 1/3、淘汰 1/3，而这仅仅是硬件上的要求。北京欢乐谷与国内公司合作，拍摄制作了中国第一部四维电影《明星战队》；设计了中国第一个预约排队系统，打破了迪士尼对这一专利的垄断；设计了中国第一个舞台360 度翻转和全方位水景特技；第一次与国际一流动画公司合作，推出中国主题公园吉祥物，并据此进行旅游商品开发。

第二节　未来主题公园发展面临的新变化

一、竞争加剧

(一) 国内竞争加剧

如前所述，面对主题公园带来的经济、文化、城市形象上的良好效应，国内各地都纷纷建设以各种主题为噱头的主题公园，期望以此提高城市形象，促进文化创意产业发展和拉动主题公园周区房地产业和商业以及其他相关产业的发展，这就加剧了国内主题公园业的竞争。如沈阳市政府已计划沈阳万泉公园建成东北地区最大的文化主题公园，建设一座具有国际水平的沈阳国际杂技表演中心，以适应举办国际杂技艺术节和大型国际巡回演出；按照哈尔滨市《城市近期建设规划 (2006~2010)》，哈尔滨市投资 15 亿元建设 18 个主题公园，分别是冰雪大世界四季乐园、国际冰雪文化公园、残疾人公园、原野公园、河口生态公园和健身体育公园等18个主题公园；西安世园会再投入20亿元用于建设一个400～500亩的电影主题公园；亚洲首个航天主题公园——海南航天主题公园也已开工，预计2013年投入运营；山东广饶的孙子文化主题公园也计划在2013年开园迎客；已打出品牌的华侨城和方特也都在全国范围内展开连锁经营，物色新园落址，武汉欢乐谷已于2012年4月29日开业，随后云南华侨城、天津华侨城也都陆续开业。可见，国内的主题公园将面临着激烈的竞争。

（二）国外主题公园巨头入驻带来的竞争

2003年夏季，以大型游乐设备为主的"环球嘉年华"在中国各大主要城市巡回，在中国创造了奇迹；2005年9月，迪士尼带着米老鼠和白雪公主等卡通形象来到香港，受到热烈欢迎，由内地赴香港的游客几乎都要去游玩；2014年，上海迪士尼乐园即将开业，各界对迪士尼入驻上海都翘首期待。有学者认为上海迪士尼将带来四大效应：直接拉动相关产业和周边经济；填补内地旅游产业空白；刺激本土文化产业和旅游产业加速发展；有助于上海和长三角地区的经济结构转型。由此可见，不仅中国游客期待体验迪士尼乐园，各界人士也都期待和看好迪士尼在中国的发展和作用。

与此同时，在京津等地，也刮起了一股大型主题公园"引进热"。未来数年，环球影城、派拉蒙等国外著名主题公园也将落户中国。中国极富潜力的客源市场吸引了国外众多知名主题公园投资者的目光，随着国际知名主题公园品牌的进入，中国主题公园将面临更激烈的国际化竞争，这无疑将对我国主题公园业的整体发展提出更高的要求。

面对国外主题公园巨头的进入，国内主题公园业要对应相当大的竞争。已经形成的国际竞争国内化的大趋势，使国内主题公园所面临的是全新的竞争对手，是世界顶级的主题公园，也就是面临一种全新的竞争方式，不仅仅是以往价格的竞争，产品的竞争，更变成了"品牌"的竞争。竞争标准也将是用国际标准来代替国内标准，这是未来的竞争形势。

二、产业联动（产业多元化发展）

面对激烈的竞争，作为主题公园业，多个产业联动发展的时代也已经来临，单靠主题公园一个产业的投入，必将面临着较大的风险。这种情况下，和别的产业进行联动发展必然是最好的选择，充分挖掘相互之间的边际效益才能使主题公园业有一个良性的发展。例如，迪士尼乐园借助其品牌在顾客心目中的良好形象和声誉，利用其品牌在广大消费者中的极高知名度，有计划地将迪士尼品牌运用于主题产品，巧妙地把消费者对迪士尼品牌的信任与偏爱转移和延伸到新的产品中，快速提高新产品的知名度，增加新产品在市场中获得成功的机会，从而促进了公司迅速形成多元化的生产策略，实现其产品多元化的市场扩张计划，利用品牌占领市场，利用品牌吸引新产品的消费者。迪士尼乐园与影视媒体、网络营运商、玩具商、服装商等合作，开发一系列拥有固定主题的"迪士尼"系列产品，包括主题卡通人物、主题玩具、主题服饰、网络产品、家用电器等。

迪士尼以自己的成功品牌，利用合作者的资金，结合相关行业的生产经验，联手推出一个又一个的新产品，为迪士尼公司带来了丰厚的利润，同时也进一步增加了迪士尼品牌的知名度和影响力。根据有关资料，迪士尼目前共有四个经营领域：主题公园和度假村、媒体网络、音像娱乐和消费产品，在公司收入中所占比例分别是28%、38%、24%和10%，这四个领域互有联系但又相对独立，这种链条的形成既可增加收入来源，形成以品牌为核心的多元化经营优势，也可有效地抵御风险。

有了国外主题公园成功案例的借鉴和我国过去主题公园发展的经验，我国现有的发展形势良好的主题公园都已经意识到了产业多元化的重要性，如华侨城建立了旅游业、房地产业和家电生产业三大支柱产业；银川镇北堡影视城、常州恐龙园都与影视文化业结合发展，大唐芙蓉园所属的西安曲江文化产业投资（集团）有限公司则以资本为纽带，以产业为导向，立足曲江，辐射全省，构建了以文化旅游、影视、会展、出版、传媒、演艺、动漫、重大文化开发工程为核心的文化产业集群。产业的多元化发展不仅有利于各产业整体协调发展，而且是未来主题公园发展的主要模式。

三、世博会潜在影响

回顾历史，现代主题公园的雏形发端于世博会。此后，历届世博会主办国对于世博园主题特征、分布格局、活动方式的再创新，皆为其所在时代提供了一种最新的主题公园发展思路。迪士尼乐园的创办人沃尔特·迪士尼声称他从纽约世博会得到启发，1971年建设在佛罗里达州迪士尼世界的"未来试验社区"就直接借鉴了1939~1940年纽约世博会中"明日世界"的主题。由此来看，2010年上海世博会也会为世界主题公园的发展，尤其是"主题"的组织模式、理念的传播方式，做出新的注脚，催生出一些新的可能。

上海世博园将成为主题公园的一种特殊形态。首先，"世博模式"会在主题公园中被继承发扬，例如，借鉴世博会的建筑组织模式，或引入标志性建筑，或设置世界展览区，或建立主题展馆区，或建造各国微缩街道场景、广场和纪念建筑物等；其次，借鉴世博会的理念传播方式，娱乐与教育相结合，利用现代化技术创造新的感受，如有人提议举办"网络世博会"，以及一些"虚拟"主题公园也开始向"实体"主题公园提出了挑战。

四、我国主题公园的未来发展趋势

可以预见，未来我国主题公园业将会经历一次大整合。各主题公园要在这次整合中占有一席之地，就必须围绕品牌塑造、市场开拓和经营创新来展开竞争。

（一）经营盈利的模式转变

1. 经营增长盈利模式

经营增长盈利模式的核心是从经营增长上谋求主题公园利润的增长，它主要是指主题公园采取传统的以门票为主要收入，在游乐项目不断更新和提升的基础上，实施更为人性化、个性化的服务，实现旅游产品的高品质和游客的高满意度，最终实现主题公园盈利的模式。主题公园经营增长盈利模式强调利用三个平台：内部调整平台和相关企业协作平台和游客沟通平台，通过更新游乐设施，餐饮企业进驻主题公园，从而在旅游产品的新奇性、服务的专业性和人性化、操作的信息化等方面形成优势，获得利润。

首先，将门票调整为弹性制。我国主题公园的票价普遍偏高，可以根据市场的需求和变化对票价实行弹性管理，采取节日票价和平日票价、日间票价和夜间票价，并且对成人、儿童、老年人、残疾人制订不同的票价，还可以将本次门票作为下次购买门票时的优惠券，给予游客一定的优惠，这样不仅可以适应各层次消费者的需求，并且在非节假日获得更多的收益，还可以提高本地游客的重游率。

其次，定期更新娱乐设施。主题公园的顾客群大多集中在年轻的消费群体，年轻人追求新奇、独特、刺激的体验格外强烈，为了创造出这种感受和体验来吸引游客，迪士尼在景点景物的设计上不仅强化其原始性创新，更注重发展过程中的不断更新。为了不断地推出新的惊奇和体验，多年来，迪士尼一直采用"三三制"，即每年要淘汰 1/3 的旧项目，同时新设 1/3 的新项目，使主题内容不断更新，具有长久的生命力，也使其成了一座"永远建不完的迪士尼"。只有这样，才能使主题公园亮点不断，克服游客的审美疲劳和体验疲倦，使其永葆青春和生命力。

最后，实现员工、游客的互动。主题公园提供的是一种体验型旅游产品，其中包含着员工与游客之间的交流和互动。这种交流和互动以公园的项目感应度、员工的服务满意度、游客的娱乐体验度为基本动力，其中的员工服务满意度是关键要素。这要求每一位员工扮演的不再是一个角色，而是多种角色，不但能给游客带来欢乐，也能为游客解决任何问题。同时，员工的多技能可以实现岗位的最少化、成本的最低化、效率的最优化。

2. 物业增值盈利模式

我国主题公园的物业增值盈利模式，主要是指地段增值。主题公园由于占地面积较大，不可能处于城市的核心区或是中央商业区，而是在具有很强增值潜力的新区或是近郊。主题公园通过科学的考察和市场调查，准确地选择具有很大升值空间但目前还处于冷区或是温区的方式实现主题公园物业的增值盈利。

主题公园通过自身的吸引力形成旅游流，利用人气带动整个区域，带来的大量人流带动当地的物流、信息流、资金流和商品流的运转，使区域经济的发展更具活力、竞争力和生命力，从而为酒店、景观房产的建造提供了必要的前提条件。这种通过旅游业的关联性，将生地变成旅游熟地和旺地，引起主题公园附近的地价升值，再进行房地产开发的物业增值盈利模式是目前大型集团采取的主要方式。目前，我国经营主题公园相当成功的华侨城便采取了这种盈利模式。

华侨城于 20 世纪 80 年代末开始在深圳湾开发主题公园，先后投资 18 亿元建设了锦绣中华、中国民俗文化村、世界之窗和欢乐谷 4 个颇具特色和影响力的主题公园，将过去的荒滩野岭变成具有极高知名度和美誉度的旅游城，带动了周边房地产的大幅升值。在此基础上，华侨城凭借低廉的土地储备成本优势进军房地产领域，现已建成 1 个工业区以及 13 个住宅小区 300 多幢楼宇，建成华侨城中学、小学、幼儿园、国际幼教中心、华侨城医院、体育活动中心、美术馆和华夏艺术中心以及四星级深圳湾大酒店、海景酒店和多幢商业服务楼、停车场等配套设施，获得了高额的投资回报。从动工建设到现在，华侨城的前期投资已悉数收回，而房地产项目盈利能力远远高于行业平均水平。

3. 品牌延伸盈利模式

品牌延伸盈利模式是主题公园长期盈利的最佳模式，主题公园品牌的发展和延伸可以分为三个阶段：品牌塑造阶段、品牌扩张阶段和品牌维护阶段。

主题公园品牌的盈利必须首先在品牌的塑造上投入大量的成本，主题公园品牌塑造具体包括品牌定位、品牌创意以及品牌形象塑造三大部分内容。通过品牌定位明确品牌的个性与发展方向；通过品牌创意设计有特色的、理想的品牌名称和标志；通过品牌形象塑造将良好的品牌信息传播给游客，强化游客对旅游品牌的正面认知和评价。

为了扩大主题公园品牌的盈利面，形成全方位盈利局面，第二阶段应该实施主题公园品牌扩张，即主题公园在成功塑造品牌后，为使该品牌不断发展壮大，相应采取的品牌延伸发展战略，该战略的核心是对成熟的品牌资源充分开发利用，使品牌的生命不断延长，品牌的价值不断扩大。目前主题公园取得成功后，将其品牌延伸到相关产业，如迪士尼品牌所涉及的产业，包括书刊、印刷、收藏品、纪念品、商业等。迪士尼乐园纪念品种类已达到 2800 多种，纪念品带有丰富的内涵和主题性，显示出极强的品牌文化，并且可以广泛传播和宣传。

主题公园品牌维护是指当主题公园的品牌进入成熟期后，其所关注的重点是确保所拥有的品牌优势不被削弱，这时主题公园要善于分析竞争对手，采取有效的应对措施。该战略的实施应注意自身品牌的保护（包括注册、防伪、维权等）以及品牌内容的创新等方面，从而实现主题公园品牌的全面盈利。

4. 客源共享盈利模式

客源共享盈利模式是指主题公园通过联合其他餐厅、酒店、商铺以及其他景点和娱乐场所，将食、住、行、游、购、娱六大要素开发形成完整体系，通过凭票打折的形式，实现客源的共享。

主题公园的客源共享盈利模式是分散经营上的整体协调。就其内容来说，客源共享包括以下几个阶段：

首先，主题公园根据自身的目标顾客群，然后锁定、选择拥有相同或相似目标顾客群的餐厅、酒店、出租车、商铺，以及其他景点和娱乐场所，并邀请他们加入联合发展的联盟。

其次，从应邀的企业中选择同行业中声誉、客源较好的企业，进行利益的合理分配，商谈打折和优惠的合适数目和幅度。在客源共享盈利模式中如果要牺牲某"局部利益"是不可能进行联盟的，如果利益分配不公平联盟也不能持久。

最后，实现会员卡制度，稳定客源。会员制，是主题公园及联盟商家为游客让一定的利，但这个"利"是作为一种长期行为，为会员"保存"起来的。消费的次数越多，"利"越大。通过提供成员企业的优惠打折方式，为会员提供了更多的增值服务，吸引了大量回头客。这对游客和主题公园以及联盟商家都是一举多得。

以上四种是最为常用的主题公园盈利模式，在主题公园的实际操作中，应该根据主题公园实际情况，结合市场环境及其影响因素，合理选择适合自身发展的盈利模式，强化主导盈利模式，适当选择多种盈利模式的协调功能，实现主题公园盈利的最大化。

（二）发展中国特色的主题公园

在现代文明的今天，我国的传统文化怎么同现代旅游相结合，同主题公园相结合是一个值得思考的问题。

国外主题公园投资者已经盯上了中国文化的蕴含巨大市场价值。全球首家"中国主题公园"将落户英国英格兰北部南约克郡罗瑟勒姆市。该主题公园取名为"中国愿景"（Visions of China），工程预算高达 1 亿英镑，园区占地 120 英亩，内设过山车、人工湖、唐人街、宝塔、庙宇、儿童乐园、剧院等旅游设施和景点，预计每年将接待游客 150 万人次。

据悉，"中国愿景"的开发商是一个国际财团，其中包括一家英国开发商、一名英国"奥尔顿塔"主题乐园（全球 10 大游乐园之一）前老板以及数家来自中国的投资商。"中国愿景"毗邻罗瑟谷郊野公园。该主题公园项目用地以前是一个名为"西部地坑"的煤矿遗址，自 2001 年后为罗瑟勒姆市议会所有。

预计，"中国愿景"总共将为当地市民提供 580 个工作机会，其中包括在施工阶段的 200 个工作机会，以及项目落成后的 380 个永久性工作岗位。

南约克郡罗瑟勒姆市议会指出，这个发展项目的审批"顶多几个月"，因为该块项目用地原本就是计划用于发展娱乐项目的。如果一切顺利，从开始施工到正式开门迎客，预计只需要 18~24 个月的时间。罗瑟勒姆市议会工党领导人罗杰·斯通表示："这个项目独一无二，充满想象力，令人兴奋，市场潜力巨大，承载我们对重振当地经济的厚望。"

（三）"主题"概念泛化

主题公园出现的意义已经不仅仅局限于增添了一种新的旅游项目，主题公园追求个性、统一风格的理念也影响了人们消费的观念，因为主题性是对传统产品同质化的颠覆，它引导并满足了人们个性化需求。因此，在主题公园发展日渐成熟的背景下，主题运作就会突破主题公园这一局限，"主题"概念会逐渐放大，表现在主题经营、主题建筑和主题服务三个方面。主题经营表现为主题酒吧、主题餐饮和主题商店的出现，主题建筑则物化在主题酒店、主题园区，主题服务则体现在"主题社区"等方面。以主题酒店为例，尽管在中国的发展只有 10 年左右的时间，但它的发展速度很快，"到目前为止，全国主题酒店或者说有文化特色的酒店约 130 多家"（国际主题酒店研究会执行会长安茂成）。目前我国的主题酒店大多选择极具影响力的文化主题，在完成基础性装修改造后，主题活动随之开展，几乎是每月有活动、每周有内容，酒店知名度和影响力迅速提升，远远超出常规宣传的规模与范围。

主题化是对市场细分的新诠释，主题概念的成功运用已经引起了业界的关注，从长远看，未来人们的消费需求会更多元化，更追求自由与个性。目前"90 后"一代的思潮已经提示我们"非主流"将成为主流。在这种背景下，主题概念将被更多地使用，另外，不同年龄、文化背景、购买能力的消费群会催生不同的主题设置。总体而言，主题公园建设将以娱乐化为主流，同时，其他的主题设置将显现出一定的"长尾效应"。

五、对主题公园发展的启示

（一）主题和选址

主题公园的成功与否，在根本上取决于选址和主题。选址和主题这两大因素的关系是密不可分的，要结合考虑才能在合适的地址上创建合适的主题。

1. 在深入调研下科学选址

在选址方面，在前期就要详细地做好市场调研，了解区位因素：包括开发区域的客源市场、交通条件、区域经济发展水平、城市旅游感知形象、空间集聚和竞争。例如，大唐芙蓉园在建设前经过了长达八个多月的调研论证，对其区位因素进行了科学系统的分析；广州世界大观则盲目模仿世界之窗，虽然客源市场、交通条件和区域经济发展水平与世界之窗基本相同，但却忽视了广州的城市旅游感知形象和空间集聚的影响，因此很快进入了停滞期。

2. 主题选择要有创新

因为主题公园是人造景观，因此很容易被模仿。长江乐园建立后国内一窝蜂地建乐园，正定西游记宫建立后两年内出现了 200 多个西游记宫，锦绣中华建立后一窝蜂地建微缩景观，世界之窗建立后又出现了世界大观、世界奇观、世界乐园等的"世界"系列主题公园，重复建设和主题雷同，在先天上已为主题公园的倒闭埋下了伏笔。因此，在主题选择方面首先要有创新，不可盲目跟风模仿，没有新意的主题公园是无法持续吸引游客的。

3. 主题选择要与区位因素相适应

主题的选择要考虑到区位因素，一方面要对客源市场进行分析，了解客源市场的特点和需求。对于世界大观的一级客源市场珠江三角洲及港澳游客来说，世界风情集锦类的主题公园并不新奇，因此世界大观的主题选择并不能长久吸引他们；另一方面主题的选择要符合城市旅游感知形象，如大唐芙蓉园的"唐文化"主题就符合西安市文化古都的旅游感知形象，这样可以在加深城市旅游感知形象的同时提高自身的吸引力。

4. 主题选择要与地域文化相结合

尽量选择具有当地独特地域文化的主题，以避免被模仿和复制。如大唐芙蓉园的"唐文化"主题是西安独特的地域文化，在别的地区建这样的主题就显得很"山寨"，很难去模仿，这样大唐芙蓉园就成为了独一无二的"唐文化"主题公园。郑州市的火车文化主题公园，正是结合了郑州作为全国铁路交通枢纽的地域特点，也是独具特色。

5. 主题选择要具有文化内涵

文化内涵是主题公园保持持久生命力的源泉，是主题公园发展的立足点，没有文化内涵的主题是无法长久吸引游客的。从旅游者的旅游动机和主题公园的发展态势来分析，深化的方向是提高整体的文化内涵。要挖掘民族文化，注重民族文化与地域文化的结合，以形成独具特色的新的旅游吸引物。

主题的确立必有一定的文化内涵作为支撑。旅游者进入主题公园，是在进行一种旅游文化的审美过程，进行一种自我精神的审美享受，必将凸显旅游审美的文化行为。另外，从旅游产品角度来看，旅游产品的一个根本属性就是具有浓厚的文化性，主题公园作为一种蕴含丰富地域文化内涵的旅游产品，也应当作为传承我国博大精深文化的物质载体。但目前，国内主题公园产品的文化内涵比较单薄，对文化的表现力上也不够生动。比如运动娱乐类主题公园只是简单地开发机械旋转项目，缺乏必要的背景设置，缺乏给予游客场景内的身份假设，从效果上说只有纯粹的惊险刺激，缺少回味和启发。此外，园内的旅游纪念品、餐饮服务场所也应成为公园文化特色的载体，将游客所看、所听、所玩、所尝、所买都打上统一的文化烙印，也有利于加强游客的文化体验。

（二）高度注重品牌建设

企业间的竞争已经从单纯的价格、产品、广告、推广、促销比拼，提升到品牌塑造、品牌文化、品牌情感等品牌运作阶段。对主题公园业而言也是如此，要想长远地发展下去必须加强品牌塑造，从品牌中增加收益，靠品牌发展壮大，用品牌争取更多的资源。如迪士尼公司在品牌开发上只有一次大的成本投入，但却能够通过品牌把各种商业连接起来产生不同收益的组合，使主题公园、主题玩具和影视传媒互动交融发展，组成完整的商业文化。当然品牌建设是个系统工程、是套组合拳，需要时间积累，是一个循序渐进的过程。主题公园运营商要有品牌意识，懂得品牌定位、品牌架构、品牌推广、品牌识别、品牌延伸等这几个过程，并且夯实品牌的基础——优秀的产品和出色的服务和管理。

从产品上来说，主题公园主题要有创意，项目要经常更新，只有这样才能取得高的满意度进而获得高的重游率。服务和管理则是考察企业的"内功"，依靠完善的制度和内化的企业文化实现高标准的服务对我国的主题公园来说还是任重道远。目前，国内已出现诸如华侨城之类的民族品牌，但其盈利模式、品牌维护还需要时间的验证，而更多的主题公园运营商还面临在品牌塑造道路上的搏杀。但无论如何，品牌之路是主题公园的未来发展之路，以品牌带动主题公园的全面发展，以品牌和资本的输出进行商业扩张，企业才可向规模化、大型化、集团化方向发展。

（三）灵活的营销策略

一般认为，主题公园的有效客源市场半径在 200～300 公里之内，有效客源半径内的潜在消费者是最有条件和最有可能进行二次游览消费的群体。因此，主题公园发展商需要针对有效客源半径市场采用灵活的营销策略，如加快信息传递、灵活定价、细分市场等，着力构造培育稳定的重复消费群体。

1. 信息传递

任何一种产品的问世，必定离不开营销策划，而主题公园更是如此。迪士尼乐园每一个新的主题产生，其广告宣传可谓铺天盖地，轰炸式地宣传。国内发展商需要将主题公园以及新的旅游内容通过有效的传播手段，及时传递给潜在消费者；利用高频度的广告提高主题公园的曝光率，加深其在潜在消费者心中的印象；或通过在主题公园内拍摄影视作品的方法激发潜在消费者的好奇心。总之，发展商应重视将主题公园的各种正面信息向市场传送，以保持其对消费者的持久魅力。

（1）争取旅行社线路推介

团体游客到某一城市旅游，首先会选择当地传统的、最具知名度的景区，而途径一般是查看旅行社推荐和线路，因而，得到旅行社的线路推荐是吸引团体游客最重要的方式之一。

（2）媒体营销

除了电视、报纸广告等常规媒体营销外，借助影视剧来营销具有很好的效果。大唐芙蓉园在开园前拍摄了同名电视剧《大唐芙蓉园》，该剧由国内一线影视演员范冰冰和赵文瑄主演，于 2007 年上映，大大提高了大唐芙蓉园的知名度。银川镇北堡影视城更是靠着影视剧从一个默默无闻的边防戍塞，成为了著名的影视文化主题公园。

2. 灵活定价

发展商需要针对主题公园所在地的经济消费水平和客流的淡旺季波动情况，进行灵活定价，以提高本地市场的重游率。如对本地游客发放公园年票；设计系列套票，对二次游览的本地游客给予价格优惠；拉大淡旺季价格差距等。

3. 细分市场

我国的主题公园客源市场定位一般比较广泛，随着市场竞争的加剧，一些发展商开始面对特定市场专门设计制作主题公园，在营销上全力争取细分市场客源。与此同时，一些大的主题公园发展商为防止新兴建的主题公园分流客源，在新主题公园的主题选择、旅游项目设计上也有意识地加强了客源市场针对性。如华侨城的欢乐谷就将主要市场定位于儿童家庭市场。这种细分市场、培育稳定消费群体的做法是十分明智的。儿童家庭和青年男女作为两大主力消费群体，理所当然是发展商应重点开发的细分客源市场。针对儿童家庭市场，发展商除了在主题公园选题和设计布局上切合儿童的消费特征外，还应加紧跟进主题产品的开发和销售。在主题公园刚开业的时候就同步推出系列主题产品和主题影视卡通节目是一种比较好的时机选择，它可以迅速打开主题公园和主题产品的市场知名度，从而提升主题公园收入，刺激主题产品销售。针对青年男女市场，发展商要抓住青年人喜欢运动、消费上紧跟潮流的特征，在主题公园内设计大量的惊险刺激的参与性旅游项目，或引进高科技在园内制造奇幻的效果吸引青年人参与其中。总之，细分客源市场开发一定要"对症下药"，紧跟游客的需求。

（四）重新规划盈利模式与产业联动发展

世界上成功的主题公园主要盈利点是娱乐、餐饮、住宿等设施项目，门票收入只作为日常维护费用。主题公园的收入结构中，门票收入只占20%~30%，其他经营收入占大头，主要靠不断地提升品牌知名度吸引游客，在获得门票收入的同时，通过出售具备知识产权特点的旅游纪念品获得二次盈利，又由于旅游纪念品的发售进一步扩大品牌的影响力，这一盈利模式具备一种顽强的生命力。因此，重新规划盈利模式才能成功转型并获得出路。

主题公园的一个成功盈利模式是"主题公园产业化发展"，即打造主题公园产业链，把主题旅游与主题房地产结合起来，再加上主题商业，突破了单一的旅游或房地产的概念，把关联产业相联合，互为依托，相互促进。地产、商业和公园的景观可以互为借用，三者的规划互为呼应，成为一个集居住、娱乐、商业等要素于一体的比较完善的人居系统。此外，还可推动度假设施及旅行社、歌舞演艺、策划设计、动画、网游、主题消费品等与主题公园相关联的其他产业的综合发展，以发挥整体效益。

（五）顺应休闲时代的发展趋势理念

根据国家旅游局制定的《旅游业发展"十五"规划》，到2020年，我国国内旅游总产出将达到 2.5 万亿人民币。在这样一个良好的趋势下，游客对旅游产品特别是休闲旅游产品的需求将增加和升级，这就为主题公园的发展提供了巨大的空间。作为大众化的休闲娱乐产品，主题公园的发展势必丰富我国休闲产品的内容，使我国的休闲产品从初级化、单一化向纵深化、多元化发展。休闲时代的五大特征是："休闲生活常态化，休闲消费脱物化，城市功能休闲化，生活泛娱乐化，休闲方式虚拟化和极限化"。针对这五大特征，主题公园的发展要调整原有的思路。第一，地点和规模上，主题公园不仅可以选择大型的郊外，也可以依托市区的公共场所来建立，规模缩小但内容精练，选准合适的主题，突出娱乐和教育功能，力争成为市民休闲的常态化选择；第二，在表现形式和传播形式上，主题公园要积极利用数字技术、网络技术，虚拟与实体结合，园内项目与园外参与相结合；第三，产品设计上，主题公园运营商应充分发挥想象力和创造力，考虑到游客的休闲需求，积极研究出大多数人都能够享受的突出人性化的休闲旅游产品，给旅游者带来亲切感、自豪感，使其感受到被关怀、被尊重。同时也要考虑到休闲旅游的多层次需求，研发出满足不同人群的多元化的休闲旅游产品，增加旅游者的互动参与性。

（六）企业行为与政府调控有机结合

政府在我国经济生活中充当了重要角色，虽然在打造服务型政府的理念下，政府逐渐减少了在微观经济中的直接参与，但对企业而言，了解、顺应政府的调控思路，减少方向性损失仍是非常必要的。如政府征地策略的调整（协议拿地变为公开拍地）向华侨城的"旅游＋地产"模式提出了挑战，作为企业在接下来的发展中必然要为此做出策略上的调整。再如企业在选题、选址过程中应充分考虑与当地的城市规划、城市定位一致，这样方可相互借力，顺势而为。当然可以预见政府将继续支持主题公园的建设，政府部门发挥宏观调控作用的角色不可缺位。经历了 20 世纪 90 年代主题公园"建设狂潮"与"倒闭狂潮"的教训，政府应在大型主题公园立项、选址方面给出指导性意见，另外加强信息统计工作，定期发布行业统计数据，为企业科学决策提供支持。

（七）实现主题公园与城市发展的良性互动

主题公园可以提升城市形象、增加税收、提供就业机会，因此各地的政府都很关注主题公园的发展。之前政府也做了大量工作，如打造主题公园的环境、交通、通讯等基础设施，以及为主题公园的发展提供财务和政策优惠的支持。作为企业，在享受公共资源的同时也要承担必要的社会责任感，主题公园也应自觉将自身的发展融入整个城市的发展中。一方面，要提高对城市的经济贡献力，除了加强主题公园自身实力，更重要的是要加强主题公园的联动效应，带动更多的行业和企业共同发展；另一方面，加强对城市的文化推广力，上文提到主题公园具有地方文化性，它对外地游客具有文化推广的效果。因此主题公园要加强自身产品文化内涵，要积极地参与城市形象的宣传活动，承担城市节事活动的任务。

六、对我国各地盲目建设主题公园的担忧

近几年来，全国各地刮起了来势凶猛的盲目争建主题公园的高潮。各地政府以振兴旅游、打造文化园区、修建名人故里等各种理由兴建主题公园，甚至不惜利用小说主角、强盗、历史丑角乃至罪人为噱头。随着美国迪士尼乐园落户上海，浙江安吉引进日本的 Hello Kitty 主题乐园，全国各地出现了争建动漫主题公园潮。江苏大丰决定投资 5 亿元建设海贼王动漫主题公园，滁州拟引资 200 亿元建设侏罗纪公园，淮南市拟引资 100 亿元建恐龙主题公园，合肥拟在大蜀山西侧兴建一座动漫主题公园。河南省要成为全国动漫强省，计划建设 2～3 个动漫主题公园。海南计划投资 6 亿元，开发九龙山动漫主题森林公园。山东青岛计划建设"动漫传奇海"主题公园。重庆市拟投资 100 亿元，建设一个确保在 2013 年底开园的中国西部最大动漫基地"中华动漫大观园"。连云港计划投资 40 亿元，打造西游记主题公园。天津市期待与好莱坞公司合作，建立一座主题乐园。仅仅一个老子，全国就有四处以他为主角的主题公园，即占地 160 平方公里的河南温县"东口老子文化产业苑"、投资 13 亿元的陕西洛南"老君山（老子）生态旅游风景区"、投资 9 亿元的深圳梧桐山"老子文化园"和北京圣莲山老子文化主题公园。拉萨市将投资 300 亿元建造以大型实景剧《文成公主》演出为中心的文成公主主题公园，并将在 3～5 年内以国际化水准建设"中国西藏文化旅游创意园区"。更大规模的还有长影集团将在海口市建设的世界级电影主题公园"环球 100"。据报道，该主题公园项目占地约 7000 亩，项目总投资估算为 436 亿元，包括三个大型主题公园（欧洲 100 影视公园、中国 100 影视公园、美洲 100 影视公园），三大节庆会址（国际乡村电影节、国际乡村音乐节、国际特效电影节），四大主题

酒店（电影主题酒店、节庆展演会议酒店、火山温泉度假酒店、幻灯精品酒店）、五名影人工作室（世界名导演、名演员、名编剧、名制片人、名经纪人工作室）、六大影视基地（国家级动漫产业基地、国家级农村题材电影创作基地、国家级特效电影产业基地、国家级电影摄制基地、国家级微电影基地和国家级电影教育基地），另有商业地产、酒店、高端电影院和购物中心等配套设施。

为打造主题公园，各地政府"名人故里"之争，更显得离奇古怪，此起彼伏，狼烟四起。从炎帝、尧帝、舜帝，到老子、姜尚、屈原、曹操、刘备、诸葛亮、赵云、李白、曹雪芹、朱熹，甚至就连女娲、牛郎织女、观音菩萨、孙悟空这种宗教、小说、神话故事中出现的虚拟人物、各路神仙，也被瓜分一空。湖北、河北、甘肃、山西、河南等地争女娲；陕西、河南、甘肃等地争伏羲；陕西、河南等地争黄帝；陕西、湖南、山西等地争炎帝；山西、山东、河南、湖南等地争舜帝；河南新蔡和安徽临泉等地争姜尚；四川、河南、青海等地争大禹；河南、安徽等地争老子；山东、河南、安徽等地争庄子；山东广饶、惠民等地争孙子；浙江诸暨、萧山等地争西施；山东、河南等地争墨子。"八仙过海"的吕洞宾、铁拐李、蓝采和、何仙姑等统统有了各自的"故里"；"化蝶"的梁山伯与祝英台，已在全国被封十几处"故里"，宜兴、宁波、绍兴、杭州、曲阜、清水、舒城、河间、嘉祥、江都、蒲州、苏州等地都在抢。最让人啼笑皆非的争论莫过于西门庆故里，这位在《水浒传》、《金瓶梅》里臭名昭著的人物，也被山东阳谷、临清和安徽黄山三地争抢。河南永成、安阳和安徽亳州争曹操，重庆奉节和四川彭山全民动员找刘备墓。河北正定、临城与四川元氏夺赵云，甘肃康乐、陕西米脂、山西忻市抢貂蝉。

以迪士尼、侏罗纪公园和欢乐谷为三巨头，让中国休闲地产进入全新的战国时期。目前，中国已成为全球主题公园行业发展速度最快、增长潜力最大的国家。至今，全国已累计开发主题公园式旅游点 3000 多个，投入资金达 3000 多亿元。据不完全统计，仅长三角地区用于投资主题公园的资金总额大约在 600 亿元。但是应该看到，中国主题公园已出现难以遏制的泛滥趋势，同质化竞争严重、文化内涵薄弱、经营模式单一等深层次问题日益凸显，主题公园投资高达上百亿元，规划面积多达上千亩。投资之大，规划面积之巨令人咋舌。主题公园业乱象丛生令人担忧。

主题公园为什么如此火爆？因为它隐藏着强大的地产角力。一些地方政府借主题公园之名来圈地，开发商业房地产项目，已经引起中央政府的高度警戒。为了遏制这种主题公园争建潮，纠正恶性浪费中对资源配置的扭曲，国家发展和改革委员会、国土资源部、住房和城乡建设部联合下发通知，要求自 2011 年 8 月 5 日起至具体措施出台前，各地一律不得批准建设新的主题公园项目。同时，已经办理审批手续但尚未动工建设的项目，也不得开工建设。

但是，尽管中央有关部门已下达了主题公园项目的停建令，但各地方政府为了政绩，企业为了圈地，还是盲目地扩大主题公园的建设范围，既不考虑经济效益也不考虑社会，这真让人担忧！

主题公园所使用的设备和技术一览表

序号	技术名称	技术描述	相关应用
1	球幕发生技术	70毫米球幕电影机成像技术	飞越极限、星际航班
2	水幕发生技术	垂直均匀循环水帘	所罗门封印
3	喷泉控制技术	控制直喷、摆喷、高喷、跑泉、旋转喷头等的摆动姿态	各类喷泉
4	轨道小车的运动控制	轨道小车的实时控制，车载多自由度平台，小车的远程与红外防撞，无线通讯技术	恐龙危机、飞跃极限
5	舞台灯光与特技	舞台灯光控制，舞台烟雾，舞台特技等	西部追忆、所罗门封印
6	仿真机器人技术	利用电机或液压驱动，控制仿真机器人各关节的运动	星际航班、海螺湾
7	动感仿真技术	多自由度平台的姿态控制	星际航班、仿真游艇、仿真飞机等
8	悬浮成像技术	利用光学玻璃的成像特性，使视频图像悬浮于空中	西部追忆、幻影剧场
9	液压系统控制	大型液压传动系统的设计、控制与实现	星际航班、飞越极限
10	智能仿真设备	仿真设计设备，仿真乘骑设备，仿真音乐器材	方特乐园
11	数码模具雕刻工艺	雕塑，小品的数码建模，模具雕刻与成品翻制	仿真恐龙、图腾柱等
12	仿真机器三维建模	仿真机器人，仿真动物的外观三维设计，模具加工	仿真机器人、仿真机械
13	轨道游乐设施安全运行的监控技术	实时控制轨道游乐设施安全、稳定运行	火流星
14	仿真手技术	包括五根手指、手掌、手腕、手臂，整个仿真手由两个电机驱动，其中五个手指通过一个电机牵动钢丝绳带动连杆驱使手指的抓取动作；另一个电机通过同步带轮实现手腕的弯曲	魔法城堡
15	水炮喷水装置	可以同时适用于大小型储水设备，并能喷射出不同效果的水花，适于进行综合喷水景观表演	神秘河谷、儿童水世界
16	空中飞行表演机构	用于空中飞行表演时，能实现多种形式的空中飞行轨迹，且飞行中的移动和升降速度可调，使空中飞行表演更加丰富	飞天、猴王

续表

序号	技术名称	技术描述	相关应用
17	油缸链升降舞台	通过采用链轮和链条将油缸的运动行程放大，减小了升降装置的安装尺寸，并通过导靴和导轨进行导向，实现了作业平台的平稳升降	猴王、天地之间
18	遮挡用立体造型装置	三维立体效果丰富，能够配合电影或文艺节目等内容，给观众带来视觉上的享受	未来警察
19	基于工控机的机器人伺服控制系统	通过使用高性能的工控机作为数据运算处理器，以及油缸伺服装置来控制机器人，系统控制精度高、响应速度快、信号处理灵活，可以完成点位控制和连续轨迹控制功能	未来警察、海螺湾、盘丝洞
20	水池闸门系统	通过利用液压系统旋转轴的方式旋转开启拍门，最小限度地使用启动动力；且拍门密封件在密封时只产生挤压接触，没有传统的滑动接触摩擦，极大地延长了密封件地使用寿命，且密封性能高；还通过滑轮机构改变驱动力方向，将动力系统安装在储水设备安装拍门系统的外侧，既节省了安装空间也方便了维修工作	水漫金山
21	灾害特效模拟系统及其方法	可以把声效、光效、影视、特技等各方面的模拟表演形式相融合，模拟出一种以水为主要破坏力的自然灾害的模拟表演形式，无论在视觉、听觉还是触觉上都会带给观众全新的体验，让游客有着全方位的心理享受	水漫金山
22	一种可运动观众席及剧场	通过设置多个观众席椅单元，并分别采用固定平台固定多个观众椅，再通过行走、旋转、倾斜及升降等装置来控制每个固定平台运动，使数量较多的观众椅可根据不同剧情和场景同时进行运动，实现两个或两个以上不同场景和视角的转换，使观众更真实参与故事内容，有不一样的心理体验，以达到设定的表演效果	未来警察
23	仿真枪出弹装置	将仿真枪出弹装置安装在仿真枪上，该装置可配合声光效果射出弹壳，从而更逼真细致地模拟枪击效果。同时，与普通的弹夹和弹链相比，本发明具有节省空间、装弹容量大、维护成本低等优势。而且，弹鼓拆装方便，可以快速装弹、卸弹，不会出现卡壳的情况	未来警察
24	中弹效果模拟装置	用于模拟对象表面被枪弹击中的效果，包括模拟对象表面被击中后破洞形成弹孔的弹孔效果组件和在所述弹孔处产生烟雾的烟雾效果组件。其应用成本低，且安全可靠，不会伤害到周围的人员，也不会因爆炸而破坏附近的道具、装饰等	未来警察
25	仿真虾	能模仿虾的各种姿态和动作，仿真度高，结构可靠、耐用	海螺湾

序号	技术名称	技术描述	相关应用
26	二氧化碳喷雾装置	通过采用喷雾控制器调节二氧化碳专用喷雾器喷射的喷雾的动态，通过高压储罐和高压管的设计延长了二氧化碳的有效喷雾时间，增加了二氧化碳专用喷雾器与二氧化碳专用高压储罐之间的距离，安全性较好，同时降低了喷雾时的噪声	未来警察
27	超声波喷雾装置	超声波喷雾装置，包括水箱和水箱盖，水箱中设有超声波雾化器；水箱盖一侧设有用于出雾的风管，一侧设有风扇，水箱盖上还设有位于风管和风扇之间的导风板，导风板斜向风扇的下方伸出。该装置技术含量高，应用成本低，环保无污染，而且形成水雾颗粒细腻，易于保存和运输	魔法城堡、未来警察、所罗门
28	天然气喷火装置	喷火效果稳定，喷出的火焰高度和直径大，易于调控，并能用于水面喷火表演	神秘河谷、魔法城堡
29	一种水炮装置	可以实现较大的水炮排量，并提高了水炮喷射高度	神秘河谷、儿童水世界
30	燃油喷火系统	通过加压装置、雾化装置和点火装置配合使用，对燃油加压，使燃烧充分，火焰性状稳定，从而更节能环保，安全稳定	神秘河谷
31	特种软体 PU 工艺	质轻高强软体 PU 包括有机和无机物的双重结合，而制得一种性能优良的软质泡沫塑料，它有着质轻、高强、软韧性以及高回弹的手感舒适性等，因而可广泛应用于装饰、工艺艺术品相关行业中。可延长或缩短凝胶时间并只需一面模型手工就可轻易操作，使得产物有抗高拉撕、耐老化等技术上的创新	海螺湾、盘丝洞
32	墙体升降及盖板伸缩联动装置构	包括升降墙体以及与其联动的伸缩盖板的结合运动，完成密闭的房子（墙体升起，伸缩架伸出形成密闭的房子）消失及出现的特技动作	星际航班
33	同步舞台控制系统	大型舞台整体升降的同步电气控制系统，解决了现有异步电机在没有配重的工况下，驱动的平台跨度大，同步精度高的高精度同步控制问题	飞天
34	叉架升降平台稳定机构技术	两个防斜装置在倾斜过程中始终能保持所联结平台在一条直线上运动，防扭装置能保持升降过程中始终在导轮的导向作用下防止叉架过度变形	未来警察
35	轨道岔道机构技术	用电机和气缸推进定位、由 PLC 控制的一种机构，电机带有编码器检测，气缸带有推进长度的传感器控制，可以用于大型过山车快速换向，换向时间间隔可调，可连续快速换向，换向定位精确，而且更加简化与实用	恐龙危机、魔法城堡、兵马俑

序号	技术名称	技术描述	相关应用
36	座椅压杆机构	用于成排的座椅中，当观众入场坐稳后，本排座椅的压杆机构锁定座位上的扶手，保护观众勿脱离位置	恐龙危机、魔法城堡、星际航班
37	固定轨道轮式游乐车转向方式	将转向机构从车辆主体分离出来，从而降低了对转向机构的强度要求，提高了转向机构的寿命，同时降低了对转向机构的维护要求	恐龙危机、魔法城堡、兵马俑
38	单轨导向小车技术	导向小车的导向轮位于导向单轨两侧，可依导向小车车身的倾斜做自动调整，保证导向轮轴也单轨面平行和前进方向为切线方向	恐龙危机、魔法城堡、兵马俑
39	座椅安全带技术	使用人可以独立进行锁紧操作，而不能在行进中独立打开安全带，只有在程序或管理人下达指令，电磁铁得电回位，才可以按下按键打开安全带。同时压下相应行程开关，实现信号反馈，可使管理人员了解电磁铁处于吸合或松开状态，完全实现程序控制的一种安全方式	飞越极限
40	手柄安全控制技术	设计有手柄运行轨道和传感器，利用手柄运动轨道和防脱卡槽，使手柄不自动松脱，同时利用传感器检测手柄的锁止状态，确保门锁正确上锁，保证设备内人员的安全	恐龙危机、魔法城堡
41	开门限位技术	隐藏性好，具有开门限位功能。门的最大开度被限制在设计的开度范围内，这样可以防止因门开的弧度超过预计弧度后对周边设备或人员造成伤害	恐龙危机、魔法城堡
42	开门机构技术	存在关门时减速且关门后自锁、开门时由慢变快	未来警察、神秘河谷
43	三自由度平台技术	传统娱乐设施中的运动平台机构一般仅限于进行前后、升降或旋转等几种简单运动，而不能实现左右旋转、前后旋转和上下升降等组合运动。其应用范围小，动作单一重复，缺乏趣味性。此三自由度运动平台机构，可实现多自由度的平台运动，可广泛应用于各种游乐设备上和各种特技特效运动模拟设备上。其技术含量高、性能稳定、响应快速、寿命长久、应用维护成本低	兵马俑

附表 2

主题公园所使用的数码电影、动漫、游戏及软件领域主要技术一览表

序号	技术名称	技术描述
1	数字环幕立体电影制作	立体影视制作、控制技术
2	三维立体渲染基本模型	三维电影制作中所需要的立体渲染模型
3	三维曲面矫正技术	三维电影制作中，对于平面、柱面、球面电影的曲面矫正要求
4	无缝拼接	满足平面、柱面、球面等特种电影的画面拼接
5	三维动态立体跟踪技术	视点沿固定路径移动的三维立体画面渲染技术
6	三维巨幕电影制作技术	满足 70 毫米播放的大型三维场景
7	数字图像合成技术	满足不同影像画面多层合成的技术
8	三维立体特效技术	三维电影中，具有立体效果的解算、流体特效
9	旋转剧场投影技术	多场景切换、场内环境装饰与实景表演，共同交织再现逼真 3D 立体效果
10	曲面电影投影系统及方法	满足数字曲面屏幕直径 22 米成像需要
11	跟踪视场及二次渲染制作立体电影的方法	运用虚实结合的透视变化关系，将影片中的画面与现场中的各种装饰特技融合在一起，用立体影视来表现实景难以实现的场面，通过动感游览车引领游客完美体验
12	一种动态图像同步播放系统和方法	提供一种完全解决任意分辨率动态图像的播放系统，和一种实现无隔缝，使图像连续完整的动态图像的图像处理技术
13	3D 电影播放技术	3D 电影播放技术
14	球幕投影放映的实现	扩大投影张角，扩展投影画面，减少胶片使用成本
15	三维影片拍摄和制作中的限制因素和计算方法	该公式可计算出实拍时应使用的拍摄参数
16	动作捕捉系统	三维制作中，采集动作点的软硬件技术
17	面部表情的软件跟踪	三维制作中，根据影像采集脸部动作点的软件技术
18	人体动作的解算技术	三维制作中，自动生成人体运动解算技术
19	无纸卡通动画制作	全数字的二维制作方法
20	二维动画数据库管理系统及方法	对角色、道具、场景等各资源建立标准化管理，调用便捷，节约能耗，极大地缩短制作周期
21	三维数据库插件管理系统及方法	为三维动画制作设立通用插件，为角色、表情、动作、场景、等各类素材建立通用标准与库资源
22	网络同步技术	
23	多屏图像动态拼接等	满足特种电影多画面播放的软件技术
24	图形图像动态扣像合成	对多个图像进行实时跟踪合成的技术，应用在虚拟演播室
25	多屏同步播放技术	对多个视频画面进行同步控制的播放技术

序号	技术名称	技术描述
26	大型数据票务系统	
27	机器人模拟控制技术	
28	平台控制技术	对具有多自由度平台的动作进行时间点控制的技术，应用在《星际航班》
29	特技小车控制技术	对具有多自由度的动态小车的位置、动作进行时间点控制的技术，应用在《恐龙危机》
30	实时智能交互播放技术	在后台控制的情况下可以实现多格视频的智能播放，应用在嘟噜嘟比脱口秀中
31	大型喷泉控制技术	对喷泉的姿态、动作做出严格控制
32	实时动态影像识别	计算机可以识别动态影像
33	一种机器人动作仿真的控制方法及装置	用于对液压驱动型机器人进行控制，使机器人能够按照预先规划好的动作运行，最终达到动作仿真的效果
34	视屏捕捉互动投影技术	混合虚拟现实技术与动感捕捉技术，通过计算机产生三维影像，提供给用户一个三维的空间并与之互动的一种技术。应用于《欢乐宫》交互投影
35	具有防撞功能的轨道车系统	通过车载 PC 上小车控制软件控制底盘 PLC 作动作，小车控制软件通过无线网络与总控软件相连，接受总控软件的自动调度，并实现了防撞处理。使目前大型主题公园车类项目中，轨道小车控制的便捷性、灵活性、安全性达到了一个新的高度。应用于《恐龙危机》
36	渐进式数据同步系统	包括一个总部的数据库和多个分部的数据库之间的渐进式数据同步的方法，使得总部和分部的数据同步在互联网的环境中不会因为网络不稳定而造成数据丢失。应用于"票务系统"的研发
37	每像素实时光照渲染技术	达到电影级的光影技术，使游戏画面效果居于国内一流水平
38	超大型场景渲染技术	解决游戏中数十万面模型的渲染表现，可以实现大场景的仿真
39	3D 物体动力学模仿	可以逼真再现物体的物理运动特点的算法
40	人工智能控制技术	游戏中 NPC（非玩家控制角色）的智能控制，居于国内领先水平
41	游戏角色控制技术	游戏中角色控制、智能控制
42	游戏特技效果控制技术	真实再现烟、火、光的特技效果，居于国内领先水平
43	大型场景组合编辑技术	可以有效地提高游戏中关卡设计的效率，居于国内领先水平
44	CIG 图像曲面变形再处理技术	实现了超高分变辩动态影像无缝连续视屏的实时处理

参 考 文 献

1. 阿尔弗雷德·韦伯：《工业区位论》，商务印书馆 1997 年版。

2. 埃德加·胡佛：《区域经济学导论》，商务印书馆 1990 年版。

3. 保继刚、楚义芳：《旅游地理学》，高等教育出版社 1999 年版。

4. 保继刚：《大型主题公园布局初步研究》，载《地理研究》1994 年第 3 期。

5. 保继刚：《旅游开发研究——原理·方法·实践（第二版）》，科学出版社 2001 年版。

6. 保继刚：《深圳、珠海大型主题公园布局研究》，载《热带地理》1994 年第 3 期。

7. 保继刚：《武汉市主题公园发展探讨》，载《地域研究与开发》2000 年第 1 期。

8. 保继刚：《主题公园发展的影响因素系统分析》，载《地理学报》1997 年第 5 期。

9. 保继刚等：《旅游地理学》，高等教育出版社 1999 年版。

10. 鲍春晓：《主题公园集群竞争力比较研究——以华侨城和长隆为例》，暨南大学硕士论文，2009 年。

11. 比罗·斯拉法：《李嘉图著作和通信集》（第一卷：政治经济学及赋税原理），商务印书馆 1962 年版。

12. 卞显红、沙润：《长江三角洲城市旅游空间结构形成的产业机理——基于旅游企业空间区位选择视角》，载《人文地理》2008 年第 6 期。

13. 卞显红：《城市旅游空间规划布局的影响因素分析》，载《地域研究与开发》2003 年第 3 期。

14. 卞显红：《城市旅游空间结构形成机制分析——以长江三角洲为例》，南京师范大学博士学位论文，2007 年。

15. 卞显红：《旅游企业空间区位选择影响因素分析》，载《商业时代》2008年第35期。

16. 蔡文辉：《社会学理论》，三民书局1986年版。

17. 曾万涛等：《论旅游业发展的区域协作与联合》，载《桂林旅游高等专科学校学报》2000年第2期。

18. 曾维源：《当代社会科学概要》，中国广播电视出版社1991年版。

19. 陈岗：《旅游文化：文化整合的过程与结果—文化整合的视角看旅游文化》，载《桂林旅游高等专科学校校报》2004年第6期。

20. 陈光照：《对我国当前人造景观的描述与思考》，载《中国园林》1996年第12期。

21. 陈静：《主题公园与区域经济的互动关系研究》，西北大学硕士学位论文，2006年。

22. 陈俊鸿：《粤港澳旅游业发展的现状和合作前景分析》，载《热带地理》1997年第2期。

23. 陈梅、肖磊：《我国旅游产业集聚特征与形成机理研究》，载《商业时代》2010年第29期。

24. 池雄标：《从城市旅游系统的角度看主题公园的发展》，中国旅游出版社2003年版。

25. 池雄标：《主题公园与城市发展的良性互动》，载《开放导报》2002年第6期。

26. 楚义芳、钱小笑：《关于旅游地理的几个问题》，载《经济地理》1987年第2期。

27. 楚义芳：《旅游的空间经济分析》，陕西人民出版社1992年版。

28. 邓冰：《旅游产业的集聚及其影响因素初探》，载《桂林旅游高等专科学校学报》2004年第6期。

29. 邓宏兵、刘芬、庄军：《中国旅游业空间集聚与集群化发展研究》，载《长江流域资源与环境》2007年第3期。

30. 邓敏：《民族旅游目的地社会文化影响因素研究》，西北大学硕士学位论文，2007年。

31. 董观志、李立志：《近十年来国内主题公园研究综述》，载《商业研究》2006年第4期。

32. 董观志：《旅游主题公园管理原理与实务》，广东旅游出版社2000年版。

33. 董观志：《深圳华侨城旅游客源分异规律的量化研究》，载《经济地理》1999 年第 6 期。

34. 董观志：《主题公园：城市的商业集群与文化游戏——解读发展历程和研判战略趋势》，载《现代城市研究》2010 年第 3 期。

35. 樊贞：《基于区位论的县域旅游空间结构研究》，湘潭大学硕士学位论文，2008 年。

36. 冯学刚：《2010 年上海世博会长三角地区参观人数的预测及应对策略》，载《上海经济研究》2004 年第 8 期。

37. 弗朗索瓦·佩鲁：《新发展观》，华夏出版社 1987 年版。

38. 龚映梅：《主题公园原理与可持续发展模式研究》，昆明理工大学硕士学位论文，2004 年。

39. 郭伟、沈洁：《借鉴东南亚经验开发我国旅游购物品》，载《商业研究》2004 年第 6 期。

40. 郭影影、李永文：《区域旅游系统空间结构模式与优化——以中原城市群为例》，载《安阳师范学院学报》2008 年第 5 期。

41. 郝寿义：《区域经济学原理》，上海人民出版社 2007 年版。

42. 黄邦姬：《海南旅游主题公园策划的基础性要素研究》，载《中国经贸导刊》2010 年第 7 期。

43. 黄海天：《上海迪士尼对长三角旅游业的拉动效应研究》，载《特区经济》2011 年第 1 期。

44. 黄基伟、鲁莹：《保罗·克鲁格曼：新经济地理学开创者》，人民邮电出版社 2009 年版。

45. 黄金火、吴必虎：《区域旅游系统空间结构的模式与优化》，载《地理科学进展》2005 年第 1 期。

46. 季明、王蔚、许晓青：《详解上海迪士尼四大"效应"》，新华网，2009 年 11 月 4 日，http://news. xinhuanet. com/fortune/2009 - 11/04/content - 12387429. htm。

47. 江燕：《中国主题公园发展案例研究》，兰州大学硕士论文，2011 年。

48. 姜华、朱颖：《旧工业建筑的改造思考——广州 TIT 纺织服装创意园项目策划》，载《建筑与环境》2008 年第 3 期。

49. 金书秦：《生态现代化理论：回顾和展望》，载《理论学刊》2011 年第 7 期。

50. 景秀艳：《关于旅游产业集聚的思考》，载《闽江学院学报》2005

年第 4 期。

51. 康利敏：《焦作市经济转型研究》，载《市场研究》2009 年第 8 期。

52. 科斯等：《财产权利与制度变迁》，上海三联书店、上海人民出版社 1995 年版。

53. 克里斯·约西：《世界主题公园对中国的启示》，载《21 世纪中国主题公园发展论坛》，中国旅游出版社 2003 年版。

54. 李灿佳：《旅游心理学》，高等教育出版社 1986 年版。

55. 李玲、李娟文：《湖北省旅游中心地空间结构系统优化研究》，载《经济地理》2005 年第 5 期。

56. 李宁：《主题公园的集群路》，载《新经济》2011 年第 2 期。

57. 李瑞霞：《泰国旅游业发展经验及其借鉴》，载《消费导刊》2008 年第 3 期。

58. 李万卿：《"官渡古战场"拖累中牟县财政》，载《中国商报》2011 年 9 月 10 日。

59. 李伟：《珠三角地区主题公园产业集群演进模式分析》，载《特区经济》2010 年第 1 期。

60. 李伟：《主题公园集群的成长机制与形成模式比较》，载《企业经济》2009 年第 11 期。

61. 李小虎：《现代城市主题公园发展模式研究》，武汉理工大学硕士学位论文，2005 年。

62. 李永文：《论主题公园的区域经济影响、建设与发展》，载《经济地理》2005 年第 5 期。

63. 李勇：《吉林省旅游产业区域影响力研究》，东北师范大学博士学位论文，2008 年。

64. 李有根、赵西萍、邹慧萍：《居民对旅游影响的知觉》，载《心理学动态》1997 年第 2 期。

65. 李舟：《深圳华侨城 2000 年游客调查分析研究》，载《旅游学刊》2001 年第 1 期。

66. 厉无畏：《中国产业生态化发展的实现途径》，载《绿叶》2008 年第 12 期。

67. 梁智、王碧舍：《旅游目的地社会心理承载力的实证研究》，载《北京第二外国语学院学报》2006 年第 9 期。

68. 廖春花：《金融危机对旅游业的影响研究综述》，载《商业时代》2010 年第 14 期。

69. 刘辰娜：《三亚地域民俗文化主题公园的设计》，载《中国商贸》2010 年第 10 期。

70. 刘纯：《旅游心理学》，高等教育出版社 1998 年版。

71. 刘少湃：《大城市近郊风景旅游区空间优化研究》，上海师范大学硕士学位论文，2005 年。

72. 刘赵平：《社会交换理论在旅游社会文化影响研究中的应用》，载《旅游科学》1998 年第 4 期。

73. 楼嘉军：《试论我国的主题公园》，载《桂林旅游高等专科学校学报》1998 年第 3 期。

74. 芦宝英：《国内主题公园开发存在的缺憾与反思》，载《西华师范大学学报》2005 年第 1 期。

75. 罗富民、郑元同：《地方政府在川西南、滇西北区域旅游合作中的博弈分析》，载《特区经济》2008 年第 10 期。

76. 马斯洛：《动机与人格》，中国人民大学出版社 2007 年版。

77. 马歇尔：《经济学原理》，商务印书馆 1964 年版。

78. 马志民：《国主题公园发展的几点看法》，载《中国旅游报》1999 年 5 月 25 日。

79. 迈克尔·波特：《国家竞争优势》，华夏出版社 2002 年版。

80. 孟珊：《世界上长盛不衰的主题公园代表》，载《华侨城报》1997 年 12 月 19 日。

81. 聂献忠、刘泽华：《主题旅游流的空间集聚及主题旅游集群发展研究》，载《商业研究》2005 年第 16 期。

82. 聂献忠：《区域旅游空间集聚》，社会科学文献出版社 2009 年版。

83. 彭红霞、李娟文：《我国主题公园开发的误区与对策》，载《湖北大学学报》2002 年第 5 期。

84. ［日］青井和夫：《社会学原理》，华夏出版社 2002 年版。

85. 邱竞：《北京经济增长方式转变研究——基于增长约束的分析》，中国人民大学博士学位论文，2008 年。

86. 三亚市统计局：《2009 年三亚市国民经济和社会发展综述》，2009 年。

87. 上海市统计局：《2011 上海统计年鉴》，中国统计出版社 2010

年版。

88. 盛洪：《分工与交易》，上海三联书店、上海人民出版社 1995
年版。

89. 石龙：《旅游产业集聚与城市化互动机制研究》，载《桂林旅游高
等专科学校学报》2007 年第 4 期。

90. ［日］石崎肇士、音哲丸，郭生发译：《主题公园在日本》，载
《造园季刊》1991 年第 9 期。

91. 苏州市统计局：《2010 年苏州市国民经济和社会发展概况》，
2011 年。

92. 孙刚：《新世纪中国区域旅游发展大思路》，中国旅游出版社 2001
年版。

93. 孙根年：《安康旅游业的区位开发与区域联合开发》，载《商业研
究》2005 年第 18 期。

94. 孙苗：《城市型旅游目的地空间结构研究——以温州为例》，浙江
大学硕士学位论文，2008 年。

95. 汤因比、池田大作：《展望 21 世纪——汤因比与池田大作对话
录》，国际文化出版公司 1996 年版。

96. 唐莉霞：《泰国旅游业发展的原因和正负面影响》，载《东南亚纵
横》2004 年第 7 期。

97. 陶小平：《旅游业区位论在绵阳地区旅游业布局中的应用》，载
《四川地质学报》1992 年第 2 期。

98. 田里：《旅游经济学（第二版）》，高等教育出版社 2006 年版。

99. 童恩正：《文化人类学》，上海人民出版社 1989 年版。

100. 汪宇明：《核心边缘理论在区域旅游规划中的运用》，载《经济
地理》2002 年第 3 期。

101. 王恒、朱幼文：《我国部分人造景点占地面积和投资额》，载
《中国旅游报》1997 年第 4 期。

102. 王家骏：《度假村区位探讨》，载《旅游学刊》1988 年第 1 期。

103. 王利娜、郑向敏：《论主题公园与城市的互动关系》，载《青岛
酒店管理职业技术学院学报》2009 年第 3 期。

104. 王夏炎：《旅游文化的整合与对接》，载《经济研究导刊》2009
年第 3 期。

105. 王兴斌：《主题公园游客群体特征探讨》，载《21 世纪中国主题

公园发展论坛》，中国旅游出版社 2003 年版。

106. 王一鸣：《中国区域经济政策研究》，中国计划出版社 1999 年版。

107. 王莹：《我国主题公园的行业发展反思》，载《经济研究导刊》2007 年第 11 期。

108. 王颖：《主题公园不可盲目兴建》，载《价格月刊》2000 年第 5 期。

109. 王渝飞：《深圳华侨城旅游发展及经营策略研究》，载《旅游学刊》1996 年第 4 期。

110. 王云才、郭焕成：《略论大都市游憩地的配置》，载《旅游学刊》2002 年第 2 期。

111. 王忠利：《论主题公园建设与城市旅游竞争力的提升》，河南大学硕士学位论文，2005 年。

112. 威廉姆森：《资本主义经济制度》，商务印书馆 2002 年版。

113. 魏守华：《集群竞争力的动力机制及实证分析》，载《中国工业经济》2002 年第 10 期。

114. 魏小安、刘赵平、张树民：《中国旅游业新世纪发展大趋势》，广东旅游出版社 1999 年版。

115. 魏佐国：《鄱阳湖生态经济区建设与赣鄱文化资源开发》，载《农业考古》2010 年第 6 期。

116. 文立玲：《主题公园走向何方二十一世纪中国主题公园发展论坛纪要》，载《旅游学刊》2002 年第 4 期。

117. 文彤：《城市旅游住宅地产发展研究》，载《城市问题》2006 年第 9 期。

118. 翁瑾、杨开忠：《旅游空间结构的理论与应用》，新华出版社 2005 年版。

119. 吴必虎、徐斌、邱扶东：《中国国内旅游客源市场系统分析》，华东师范大学出版社 1999 年版。

120. 吴必虎：《大城市环城游憩带（ReBAM）研究——以上海为例》，载《地理科学》2001 年第 4 期。

121. 吴必虎：《区域旅游规划原理》，中国旅游出版社 2001 年版。

122. 吴必虎：《上海城市游憩者流动行为研究》，载《地理学报》1994 年第 2 期。

123. 吴承照：《旅游区游憩活动地域组合研究》，载《地理科学》1999 年第 5 期。

124. 吴晋峰、包浩生：《旅游系统的空间结构模式研究》，载《地理科学》2002 年第 1 期。

125. 武有德、潘玉君：《区域经济学导论》，中国社会科学出版社 2004 年版。

126. 西双版纳傣族自治州统计局：《西双版纳傣族自治州 2009 年国民经济和社会发展统计公报》，西双版纳傣族自治州，2009 年。

127. 胁田武光：《观光立地论》，大明堂 1995 年版。

128. 谢春山：《旅游产业的区域效应研究》，东北师范大学硕士学位论文，2009 年。

129. 谢彦君：《基础旅游学（第二版）》，中国旅游出版社 2004 年版。

130. 徐菊凤：《中国主题公园及其文娱表演研讨会综述》，载《旅游学刊》1998 年第 5 期。

131. 徐小波、袁蒙蒙：《区域旅游空间结构演化及组织效率的系统学审视》，载《地理与地理信息科学》2008 年第 5 期。

132. 许春晓：《旅游地屏蔽现象研究》，载《北京第二外国语学院学报》2001 年第 1 期。

133. 许春晓：《中国旅游业的现状及发展趋势》，载《桂林旅游高等专科学校学报》1999 年第 4 期。

134. 许誉晓等：《旅游业空间结构理论研究概况及近期动向》，载《常德师范学院学报》2000 年第 3 期。

135. 许锡挥等：《粤港澳文化关系》，中山大学出版社 2001 年版。

136. 薛凯、洪再生：《基于城市视角的主题公园选址研究》，载《天津大学学报》2011 年第 1 期。

137. 薛莹：《对区域旅游合作研究中几个基本问题的认识》，载《桂林旅游高等专科学校学报》2001 年第 2 期。

138. 亚伯拉罕·马斯洛：《动机与人格（第三版)》，中国人民大学出版社 2007 年版。

139. 亚当·斯密：《国民财富的性质和原因的研究·上卷》（中译本），商务印书馆 1981 年版。

140. 杨公朴、夏大慰：《现代产业（经济学)》，上海财经大学出版社 2005 年版。

141. 杨桂华：《主题公园开发模式探析》，载《思想统战》2002 年第 6 期。

142. 杨俭波、乔纪刚：《旅游地社会文化环境变迁的时序特征与阶段发展模式》，载《广西社会科学》2005 年第 1 期。

143. 杨萍芳、苏云海：《基于 SWOT 分析的西双版纳旅游业发展新模式研究》，载《经济问题探索》2010 年第 8 期。

144. 杨倩：《主题公园项目仍未停建，全国 1500 亿元被套牢 70% 亏损》，载网易新闻 http://news.163.com/11/0826/10/7CCIL80800014AEE.html。

145. 杨睿：《我国主题公园市场营销组合策略实证分析》，华东交通大学经济管理学院硕士学位论文，2009 年。

146. 杨吾扬：《区位论原理》，甘肃人民出版社 1989 年版。

147. 杨吾扬、梁进社：《高等经济地理学》，北京大学出版社 1997 年版。

148. 尹贻梅等：《旅游空间合作研究进展》，载《旅游管理》2003 年第 2 期。

149. 禹登科：《长株潭城市群旅游空间结构及其优化研究》，湘潭大学硕士学位论文，2007 年。

150. ［英］约翰斯顿著，唐晓峰等译：《地理学与地理学家》，商务印书馆 1999 年版。

151. 项保华：《战略管理：艺术与实务》，华夏出版社 2001 年版。

152. 詹云娇、王雪梅：《上海主题公园旅游发展研究》，载《浙江旅游职业学院学报》2009 年第 3 期。

153. 张鼎衡：《旅游服务管理心理学》，吉林教育出版社 1990 年版。

154. 张广瑞等：《旅游绿皮书：2000～2002 中国旅游发展：分析与预测》，社会科学文献出版社 2002 年版。

155. 张海燕：《对旅游业"战略性支柱产业"定位的理解和认识》，载《中国旅游报》2011 年第 3 期。

156. 张华：《区域旅游系统空间结构模式研究——以岳阳为例》，华东师范大学硕士学位论文，2008 年。

157. 张立明、赵黎明：《城郊旅游开发的影响因素与空间格局》，载《商业研究》2006 年第 6 期。

158. 张玲：《旅游空间结构及演化模式研究》，载《桂林旅游局高等专科学校学报》2005 年第 6 期。

159. 张梦：《区域旅游业竞争力理论与实证研究》，西南财经大学出版社 2005 年版。

160. 张伟：《西双版纳与丽江旅游发展中政策作用的比较分析》，载《财贸经济》2005 年第 7 期。

161. 张文：《旅游与文化》，旅游教育出版社 2001 年版。

162. 张晓斌：《主题公园客源市场空间结构研究——以深圳欢乐谷为例》，暨南大学旅游管理专业硕士学位论文，2009 年。

163. 郑建明：《中美主题娱乐公园营销策略对比研究》，对外经济贸易大学企业管理学院硕士学位论文，2006 年。

164. 郑天祥等：《粤港澳经济关系》，中山大学出版社 2001 年版。

165. 郑维、董观志：《主题公园营销模式与技术》，中国旅游出版社 2005 年版。

166. 郑耀星：《区域旅游合作是旅游业持续发展的新路》，载《福建师范大学学报》1999 年第 2 期。

167. 中共芜湖市委宣传部：《"弯道超车"——安徽省芜湖市发展动漫产业的实践与思考》，载《求是》2010 年第 2 期。

168. 周春青：《主题公园虚拟体验营销研究》，青岛大学旅游管理学院硕士学位论文，2010 年。

169. 周向频：《浅论公园主题建设与园林文化精致原则》，载《城市规划学刊》1995 年第 4 期。

170. 朱文海、魏辉、何奔等：《广州主题公园何以纷纷落马》，载《羊城晚报》2005 年 6 月 16 日。

171. 朱银娇、袁书琪：《论旅游区位对区域旅游市场的影响》，载《福建地理》2005 年第 4 期。

172. 朱英明：《产业集聚研究述评》，载《经济评论》2003 年第 3 期。

173. 庄志明：《旅游服务的八大文化趋势》，载《南开管理评论》1999 年第 5 期。

174. 邹统钎：《旅游景区开发与管理》，清华大学出版社 2004 年版。

175. 李伟：《超竞争格局下的主题公园合作机制研究》，载《商业研究》2010 年第 3 期。

176. 王桂明：《生态系统生物多样性保护研究及其保护对策》，载

《农村生态环境学报》1994 年第 2 期。

177. 彭海、程子卿：《生态位理论的意义及应用》，载《黑龙江科技信息》2009 年第 35 期。

178. Adrian Bull. The Economics of Travel and Tourism. Melbouren：Longman，1995.

179. Andres PaDetheodorou. Exploring the Evolution of Tourism Resorts. Annals of Tourism Research，2004，31（1）：219 – 237.

180. Braun Bradley and Soskin Mark. Theme Park Competitive Strategies. Research Notes and Reports，1998.

181. Cindy Yoonjoung Heo and Seoki Lee. Application of Revenue Management Practices to The Theme Park Industry. International Journal of Hospitality Management，2009，28（3）：446 – 453.

182. D. B. Weaver，Peripheries of the Periphery：Tourism in Tobago and Barbuda. Annals of Tourism Research，1998，25（2）：292 – 313.

183. Edgar Malone Hoover. Location Theory and the Shoe and Learher Industries. Cambridge，MA：Harvard University Press，1937.

184. Enrique Bigne，Luisa Andreu and Juergen Gnoth. The Theme Park EXperience：An Analysis of Pleasure，Arousal and Satisfaction. Tourism Management，2005，26（6）：833 – 844.

185. Eric Smart：Recreation Development Handbook，Washington DC：the Urban Land Institute，1989.

186. John Ap. Residents' Perceptions on Tourism Impacts. Annals of Tourism Research，1992，19（4）：665 – 690.

187. John Brown and Ann Church. Theme parks in Europe. Travel and Tourism Analyst，1987，2.

188. John Friedmann. Regional Development Policy：A Case Study of Venezuela. Cambridge，Mass.，MIT Press. 1966.

189. Juergen Gnoth. Tourism Motivation and Expectation Formation. Annals of Tourism Research，1997，24（2）：283 – 304.

190. Karl Gunnar Myrdal. Rich Lands and Poor：The Road to World Prosperity. New York：Harper & Brothers，1957.

191. Malcolm Cooper. The Development of Tourism in A New Urban Environment：Using A Theme Park to Re-establish Tourist Flows to The City of Har-

vey Bay. Theory and Practice of Urban Tourism, 2001.

192. Peter Dybedal. Theme Park As Flagship Attractions in Peripheral Areas. Research Center of Bornholm, 1998.

193. Ren-jye Dzeng and Hsin-Yun Lee. Activity and Value Orientated Decision Support for The Development Planning of A Theme Park. Expert Systems with Applications, 2007, 33 (4): 923 – 935.

194. Richard Lyon. Theme Parks in The United States. Travel and Tourism Analyst. 1987, 1: 31 – 43.

195. T. Nunez. Tourist Studies in Anthropological Perspective. Hosts and Guests: The Anthropology of Tourism. Valerie L. Smith, 1997. Philadelphia: University of Pennsylvania Press.

196. Yoau-Chau Jeng and Fei-Rung Chiu. Allocation Model for Theme Park Advertising Budget. Quality & Quantity, 2010. 44 (2): 333 – 343.

后　记

　　2004 年，由于工作的机缘，我从房地产转主题公园的开发，直接主持了汕头方特欢乐世界·蓝水星主题公园的筹备、策划、设计、建设及开园准备等工作。对主题公园从一窍不通到产生极大的兴趣，在实践中也就自然萌发对理论探讨的强烈渴求，进而研究中国主题公园产业发展的整体状况，最后就中国主题公园与区域经济的关系为主题撰写成书，经历了 4 年的时间。在此过程中，得益于我原来所服务的广东锦峰集团有限公司和深圳华强集团有限公司这两个企业的密切合作，我有机会深入主题公园开发的各个环节。特别是锦峰集团董事长孙少杰给我以充分的信任，将这 10 多亿元投资的主题公园交给我全程操作，让我登上一个极具挑战性的大舞台，享有自由发挥的空间，在同事和朋友们的支持和帮助下，披荆斩棘，克服重重困难，完成建设并顺利开业，让蓝水星在美丽的海滨城市汕头冉冉升起。

　　蓝水星主题公园从酝酿到建成的岁月，几经曲折和艰辛，其间为保证项目顺利推进，确保建设质量而去排除各种难以想象的困难和障碍，耗费了我巨大的精力。在应对现实挑战之余，我将所有的业余时间用来阅读与主题公园相关的文献与资料，思考蓝水星公园的定位，努力寻求突破口，希冀在项目建设阶段为日后的成功运作打下良好的基础。与此同时，我参加了北京师范大学经济学在职博士研究生课程班的学习，并通过论文答辩获得菲律宾太历国立大学工商管理博士学位。我选择了主题公园作为博士学位论文的研究课题，接触到与主题公园产业相关更多的理论，如鱼得水，理论和实践的紧密结合过程使我获益匪浅。

　　最深的感触是我国主题公园与生俱来面临的多重矛盾和挑战。首先是资源和期望之间的矛盾。作为新兴旅游文化产业的一部分，主题公园本身是地方经济发展重要战略的一部分。一个大型主题公园的成功必须在资金、土地、规划、人才、技术特别是主题的文化创意等多方面的要求要得以充分满足，这对很多开发企业来说绝非易事；主题公园项目寄托着地方经济和精神文化生活的美好向往，于是地方对主题公园效应的期望值有增无减。这种美好向往受到地方资源严重制约，资源制约和高期望值之间的矛盾给予开发者以巨大的紧迫感和压力。其次是创新和经验的矛盾。主题公园是以创意为诉求的旅游文化产业，主题的构思必须大胆超越市场流行的成规俗套，以无限遐思和情景互动引领消费者的体验，才能拥有恒久的文化魅力；而作为商业项目，主题公园运作必须借鉴以往项目市场营销和管理的成功经验，在相当程度上模仿和学习既有的模式。这种艺术灵感和市场戒尺之间的张弛度，开发者始终必须谨慎加以把握。最后是引领和适应的矛盾。现代主题公园在一定程度上也是现代艺术和科技文化与本土传统文化的碰撞。主题的构造与呈现必须以超前、陌生、新奇、特异的元素给游客以艺术的震撼，制造全新愉悦的体验，但这种新颖和超然却不能过度脱离当地文化和风俗人情，以免由于水土不服而失去支撑的土壤。

这些多重的矛盾意味着主题公园的开发没有现成的模式可以照搬，难以沿袭以往成功的套路。资源限制约束了开发者自由运作的空间，主题的文化底蕴创意度影响了产品市场价值的升降起伏。面对充满各种不确定性的决策选择，主题公园的战略定位迫切需要系统的成败经验作为参照和借鉴，更需要理论的创新与实践。而整个主题公园产业的健康发展及其与区域经济的良性互动，更需要在宏观、整体、多学科理论的视域中探路前行。本书对国内外关于主题公园和区域经济的有关理论做一番梳理，概述了我国主题公园和区域经济发展互动前景，对拨正我国主题公园发展道路可能会具有一定的积极意义。

本书在撰写过程中得到了古华琼博士、杨彬彬硕士的大力支持与帮助，谨表示衷心的感谢！

本书在写作过程中参阅了大量的文献及资料，借鉴了其中的一些观点，在此向这些文献资料的作者表示感谢！

林焕杰
2013 年 3 月 13 日